THE RISE OF ROME

ANTHONY EVERITT [英] 安东尼·艾福瑞特——著 翁嘉声——译

罗马的崛起

帝国的建立

THE MAKING OF THE WORLD'S GREATEST EMPIRE

中信出版集团 | 北京

图书在版编目（CIP）数据

罗马的崛起：帝国的建立 /（英）安东尼·艾福瑞特著；翁嘉声译 . -- 北京：中信出版社，2019.5（2020.7重印）

书名原文：The Rise of Rome: The Making of the World's Greatest Empire

ISBN 978-7-5086-9879-3

Ⅰ . ①罗… Ⅱ . ①安… ②翁… Ⅲ . ①古罗马－历史－通俗读物 Ⅳ . ① K126-49

中国版本图书馆 CIP 数据核字（2018）第 300309 号

罗马的崛起——帝国的建立

著　　者：[英] 安东尼 · 艾福瑞特
译　　者：翁嘉声
出版发行：中信出版集团股份有限公司
（北京市朝阳区惠新东街甲 4 号富盛大厦 2 座　邮编　100029）
承 印 者：河北鹏润印刷有限公司

开　　本：880mm × 1230mm　1/32　　印　　张：15　　字　　数：347 千字　　插　　页：8
版　　次：2019 年 5 月第 1 版　　印　　次：2020 年 7 月第 3 次印刷
京权图字：01－2016－9922　　广告经营许可证：京朝工商广字第 8087 号
书　　号：ISBN 978－7－5086－9879－3
定　　价：78.00 元

献词

永怀诗人

José-Maria de Heredia

我的祖先

另一位罗马研究者

特雷比亚

恶兆之日的曙光已经照亮山顶。
军营苏醒。下方，河流急旋嘶吼。
一队努米底亚轻骑兵领马饮水。
罗马嘹亮号角响遍各处。

尽管大西庇阿反对，卜卦骗人，
特雷比亚泛滥，狂风骤雨，
执政官塞姆普罗尼乌斯，新官上任，虚荣求胜，
下令高举束棒随员前进。

在水平天际之处，高卢村落陷入火海，
灾难的冲天火焰染红黯黑天空。
遥远之处战象吼叫可以听闻。

在那里，在桥下，弯背斜倚拱门，
汉尼拔正聆听着，深思心喜，
那军团前进隐约的脚步声。

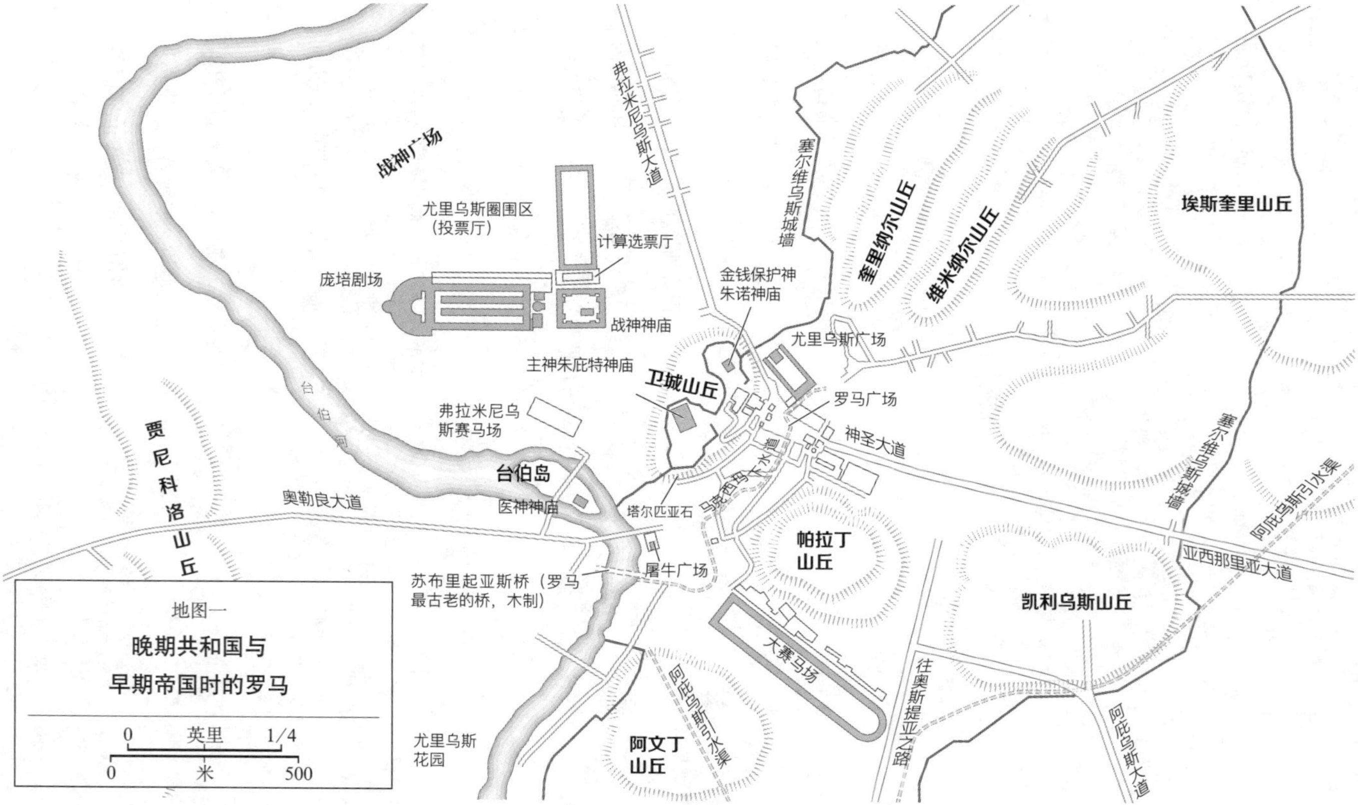

地图一
晚期共和国与
早期帝国时的罗马

地图二

罗马广场

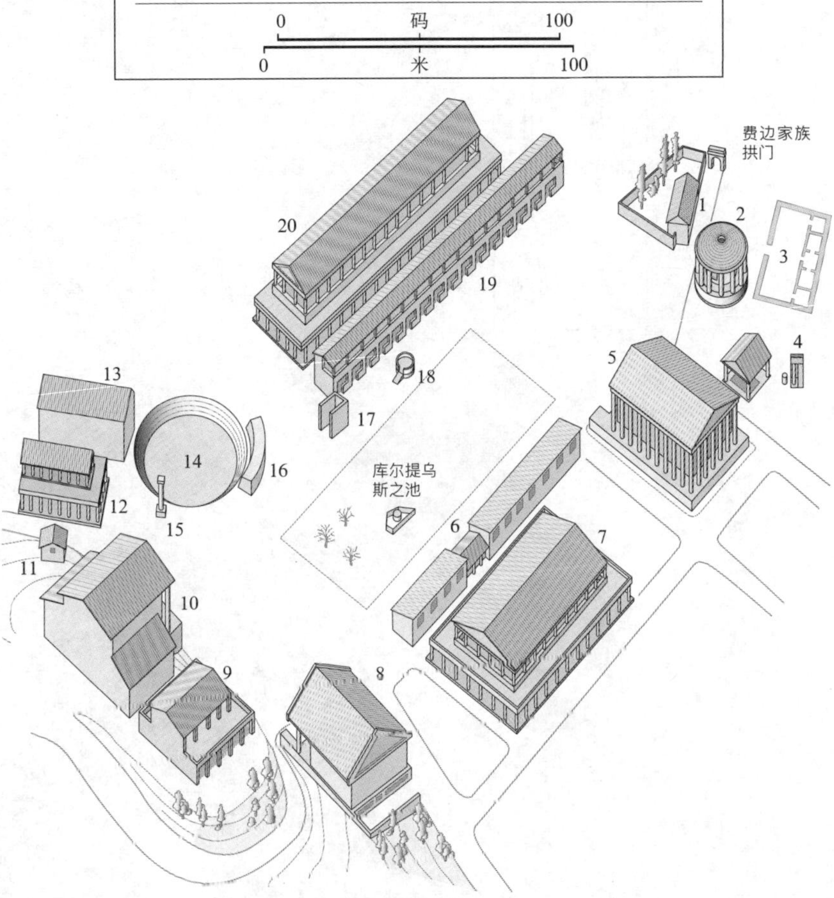

公元 2 世纪罗马广场重建图。从右上角开始按顺时针顺序是：（1）三角形的宫殿（Regia）；（2）灶神的圆形神庙；（3）规划中的维斯塔贞女的住处；（4）泉水女神之池；（5）卡斯托耳与波吕刻斯的神庙；（6）一列旧店铺；（7）塞姆普罗妮亚会堂，在旧店铺之后；（8）农神神庙，也是罗马国库；（9）奥皮姆斯会堂；（10）和谐女神的神庙；（11）规模很小的国家监狱；（12）波奇亚会堂；（13）元老院议事厅，从这里可俯瞰公民大会聚会处；（14）公民大会聚会处；（15）盖乌斯·迈尼乌斯立柱，此人是公元前 338 年在安提乌姆海战胜利的指挥官；（16）发言台，或称"乌嘴"，因展示迈尼乌斯在海战中俘获的敌船舰首而得名；（17）雅努斯神庙；（18）维纳斯·克罗阿西娜神庙；（19）一列新店铺；（20）埃米利乌斯会堂，在新店铺之后。

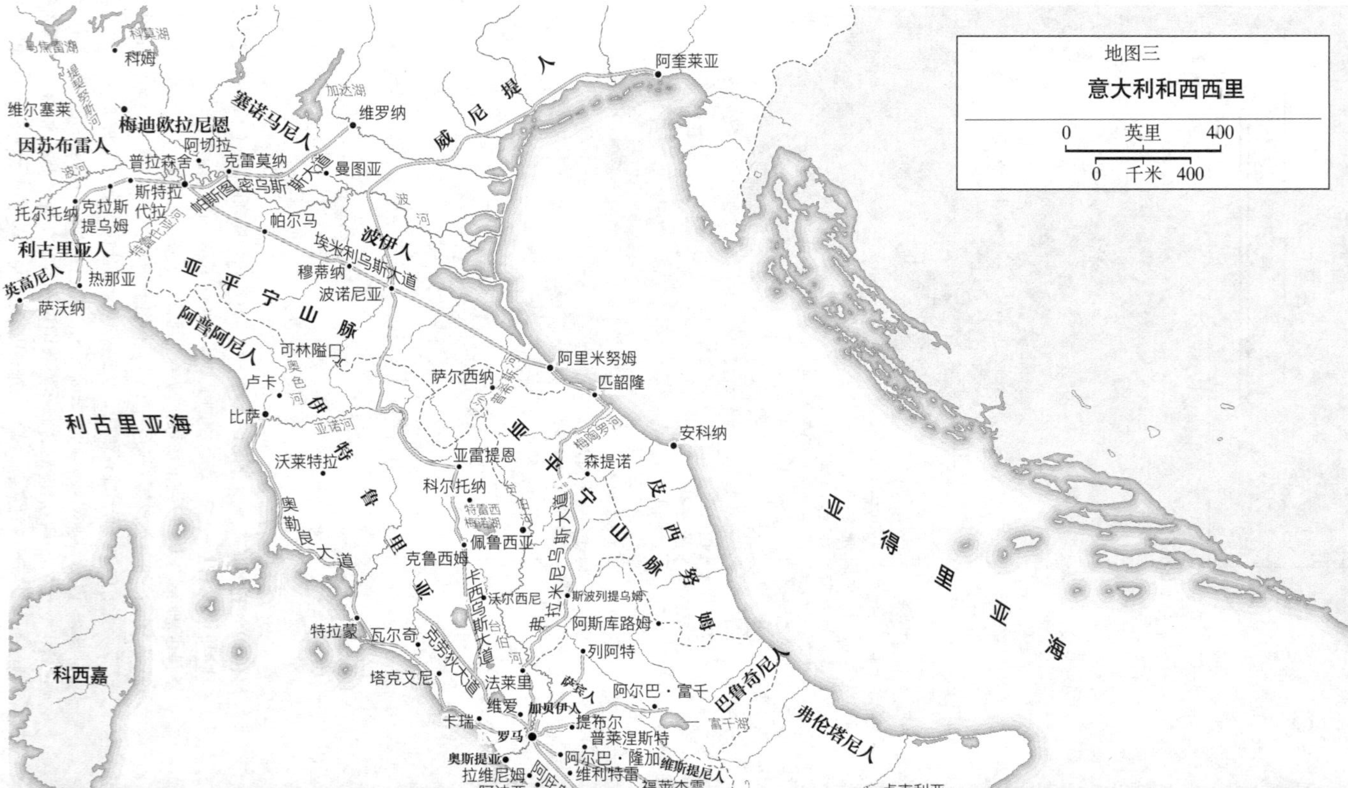
地图三
意大利和西西里
0 英里 400
0 千米 400
阿奎莱亚
威尼提人
维罗纳
加达湖
塞诺马尼人
曼图亚
梅迪欧拉尼恩
科姆
科莫湖
马焦雷湖
维尔塞莱
因苏布雷人
阿切拉
克雷莫纳
普拉森舍
斯特拉
代拉
托尔托纳
克拉斯
提乌姆
利古里亚人
英高尼人
热那亚
萨沃纳
帕尔马
波伊人
波河
埃米利乌斯大道
穆蒂纳
波诺尼亚
亚平宁山脉
阿普阿尼人
可林隘口
卢卡
比萨
伊特鲁里亚
亚诺河
利古里亚海
沃莱特拉
奥勒良大道
阿里米努姆
匹韶隆
萨尔西纳
安科纳
森提诺
亚雷提恩
科尔托纳
特雷西梅诺湖
佩鲁西亚
克鲁西姆
皮西努姆
亚平宁山脉
弗拉米尼乌斯大道
卡西乌斯大道
沃尔西尼
斯波列提乌姆
阿斯库路姆
台伯河
列阿特
特拉蒙
瓦尔奇
克劳狄大道
塔克文尼
法莱里
维爱
萨宾人
阿尔巴·富千
富千湖
巴鲁奇尼人
弗伦塔尼人
卡瑞
罗马
加贝伊人
提布尔
普莱涅斯特
奥斯提亚
阿尔巴·隆加
维斯提尼人
拉维尼姆
维利特雷
阿迪亚
福莱杰雷
卢克利亚
科西嘉
亚得里亚海

西尔策依
福米埃
敏特奈
卡普阿
贝尼温图姆
普利亚
坎帕尼亚
维努西亚
阿庇乌斯大道
库迈
那不勒斯
普提奥利
考丁岔路
庞贝
布鲁迪辛乌姆
塔林敦
佩斯敦
卢卡尼亚
梅塔蓬图姆
赫拉克利亚
萨丁岛
第勒尼安海
塔兰托湾
图里
佩特利亚
克罗顿
布鲁提乌姆
利帕拉群岛
米莱
洛克里
帕诺尔摩斯
爱格提斯岛
艾瑞克斯山
丁达里
麦西拿
利基翁
得雷帕那
塞杰斯塔
希美拉（特迈）
陶罗米尼姆
爱奥尼亚海
利利巴厄姆
埃特纳山
西西里
恩纳
尤蒂卡
阿克拉加斯
迦太基
伊克诺姆斯海岬
叙拉古
帕库奴斯海岬

地图四
公元前一世纪中叶的罗马帝国
罗马帝国公元前 44 年大致范围
已知的行省界线
不列颠
贝尔盖人
威尔尼提人
特瑞维累人
大西洋
高卢
赫尔维提人
山外高卢行省
山内高卢行省
马西利亚
纳博
卢卡
意大利
卢比孔河
努曼提亚
埃布罗河
路西塔尼亚
近西班牙行省
远西班牙行省
伊里帕
卡地兹
拜库拉
萨贡托
新迦太基
萨丁岛行省
科西嘉
萨丁岛
罗马
福米埃
卡普阿
那不勒斯
普提奥利
伊利里亚行省
布鲁迪辛乌姆
塔林敦
马其顿行省
色雷斯
阿波罗尼亚
帖撒罗尼迦
特洛伊
伊庇鲁斯
科孚
法萨卢斯
德尔斐
帕特莱
雅典
科林斯
亚细亚行省
以弗所
黑海
锡诺普
俾斯尼亚及本都行省
捷拉
加拉太
亚美尼亚
卡帕多奇亚
卡雷
西里西亚行省
塔苏斯
安提阿
帕提亚
叙利亚行省
利利巴厄姆
西西里
尤蒂卡
迦太基
波恩海岬
叙拉古
毛里塔尼亚
非洲行省
努米底亚行省
塔普苏斯
克里特岛
罗得岛
塞浦路斯
推罗
地中海
犹太地
昔兰尼加行省
亚历山大
孟菲斯
埃及
0 英里 500
0 千米 500

目　录

第3部 历　史

译者序

一个民族之所以是一个民族，因为他们是一群聆听有关自己的故事，述说有关自己故事的人，而这些故事随着时代的推移不断出现，不断被创造。罗马人便是一个听、说关于自己故事的民族。罗马城在建立时罗穆路斯杀死亲弟弟，罗马人集体抢夺萨宾（Sabine）妇女，以及推翻王政、建立共和，都起因于一位罗马贵族少女被塔克文家族的人强暴而蒙羞自杀。不能仅仅认为这些故事是荒诞不经或可随意解释的，因为这是他们理解自己过去的说法。安东尼·艾福瑞特所著《罗马的崛起：帝国的建立》便是从这种角度来叙述罗马人如何建立西方史上伟大帝国的故事，讲述罗马人是谁，他们是怎样的人。尽管在罗马做人质的希腊史学家波利比乌斯（Polybius，约公元前200—前118年）在分析罗马向外扩张成功时认为原因是其混和政体，他的理性论述强调罗马社会里不同组成部分在政体里选出代表，彼此以包容妥协的态度来面对政治危机，并且以建立意大利联盟的方式，来邀请被罗马击败的小城邦或王国，成为罗马下一阶段扩张的伙伴。但这种结构性的理性分析其实很少，不容易在其他作者的论述中见到。我们能获得的大多数罗马史料仍是故事。*

这种以故事为主的历史亦见于希腊史。所以在希腊的一些关键发

* 另一个类似以结构的方式来处理历史现象的好例子，是亚里士多德以经济资源分配不均和其中相当数量集中在女性手中的现象，来分析为什么斯巴达在公元前371年留克特拉（Leuctra）战役之后，便一蹶不振，沦为二流国家。但同样地，这种分析在古代史中也属罕见。

展时刻，常会出现神谕这样的东西。这并非否认希腊人在做重大决策时会征询神谕，但对他们来说，神谕是解释惊天动地巨变的适当概念工具。例如决定第二次希波战争结果的萨拉米斯（Salamis）战役，便和德尔斐“长墙”的神谕有关。这或许是因为希腊人或所有古代人普遍缺乏分析长期趋势及复杂状态的抽象概念，所以会采用故事来解释，而这常将整个问题变得戏剧化。大概是出于这个原因，古代的历史往往读起来充满趣味。但这并不意味着我们不可以用现代发展出的概念去了解过去。只是我们仍先应尽量以当时人所拥有的概念工具来了解他们的决定和作为。这样的方式或许才不会出现“吾道一以贯之”的自满，更能体会古代人与我们的不同。而我们与他们之间的差异，常会是我们创造灵感的来源，因为我们可以变得和现在不一样。

艾福瑞特以这种说故事的方式来了解过去，将《罗马的崛起》所涵盖的时代（公元前753—前79年，苏拉过世那年）分为三段，分别代表早期王政时期（公元前753—前509年），共和初期（公元前509—约前300年），共和中晚期（约公元前300—前79年）三个断代，将相关史料性质归为“传奇”、“故事”与“历史”三类。读者在阅读过程中可以清晰感受到，艾福瑞特在“传奇”部分里，不断耐心地探讨在传奇背后究竟为什么是这样；这在“故事”部分仍可见到别出心裁的见解，试图拨云见日。这两部分时常会带来令人惊喜的洞见，解释当时的罗马人为什么如此思考和论述。我觉得这些是本书最有趣的部分。但到“历史”部分，艾福瑞特似乎接受大部分流存下来的史料，如波利比乌斯和李维，依据主流说法来述说有关罗马人的故事，仿佛罗马人究竟是谁，随着有关罗马人的史学作品的出现，答案越来越透明，越没问题。读者刚开始好像跟着艾福瑞特在进行“地毯式搜索”，逐渐开始“重点式轰炸”，随着艾福瑞特觉得“历史”部分没那么多“故事”的性质，整个阅读从高密度的解谜，变得平铺直叙。

由格拉古兄弟流血改革启动的晚期共和历史，在艾福瑞特的呈现下似乎流于“群众派”与“贵族派”的巨人之争，而后苏拉宰制罗马“恢复共和”，在他身故之后则由后起之秀庞培整顿东方，完成罗马崛起的使命，至此本书结束。但是这些中晚期共和国的史料常是站在保守的元老阶层立场出发，所以对格拉古兄弟的改革评价，艾福瑞特接受他认为是“历史”的故事，似乎站在负面评价的一边。一方面承认这对兄弟改革的必要性，另一方面更强调其利用政制漏洞，以护民官的立法权，忽视共和国到目前为止由元老阶层所享有的政治威望和他们所经营的共识政治，而这凝聚的共识是目前罗马政治得以大致和谐的主因。另外，元老院又是如此成功的领导阶层，共和国实在没道理不继续接受其领导。这保守立场其实便是主流史学的立场。当故事说得像是“历史”或“史学”一样，不见得其中的故事成分就少一些。这些仍然需要艾福瑞特在处理“传奇”与“故事”这两部分时所展现的耐心和谨慎，虽然这时候的分析与处理会有不同的着重。

因此我对艾福瑞特那种基本上保守的立场有不同见解。由于海外征服，种种资源迅速流入，造成国内经济失调，进而影响国力，导致屡战屡败，如果这便是元老院共识政治要解决的问题，那他们也同时是整个过程最大的受益者，实在无法在解决问题的过程中，不伤害自己的利益。艾福瑞特似乎应该问这种“共识”究竟是“谁的”共识。他隐含的逻辑似乎是：“共识—和谐—强大”。但罗马只有少数人有共识，只是少数人有和谐，而现在罗马管辖的人民如此众多，土地如此广袤，共和国可以强大，元老可以富有，但人民很不快乐。常被赞誉的罗马共和时常被忘记就只是那一小撮人的共和，或是那少数人的权力分赃。罗马共和绝非我们现在所在世界的共和，因为我们绝不乐见一小撮人来决定我们的命运。

这指出格拉古兄弟依据宪制挑战既有体制的必要性。但就像现在的世界一样，国家或社会乱到何种状况，造反才会有理？这便是公元前 133 年起格拉古兄弟所提出的问题。这对兄弟接连被政治暴力除去，其实这表明元老院除了诉诸暴力，没有其他解决方法，更没有解决的决心。这结果更证明他们的造反有理。当"最后一位共和主义者"* 苏拉在"恢复共和"，径自以屠杀政敌、剥夺公权和抄没家产来安顿"他的"老兵时，这只透露出元老贵族共和意识形态的窘困和破产。这也表明那公忠体国、顾全大体、每个罗马人（遑论罗马元老）都是爱国者的时代已经过去，只成为存在于"传奇"与"故事"时代之中的夙昔典型。唯一可能提出方法解决"贵族派"大难题的人是那满腹政治良心却无实力的保守主义者西塞罗。他在公元前 63 年担任执政官，面对喀提林（Cataline）叛变时，提出所谓结合"国内较好的成分"（即元老和骑兵阶层），鼓吹他们的"阶层和谐"**，来对付如喀提林之属的革命分子与那些与日俱增的"数人头者"——对现状极为不满的无产者。这似乎是"贵族派"唯一理性的回应，但仍是偏狭的，注定失败。格拉古兄弟被谋杀之后，护民官开始与军官联合，进而与控制法庭的骑兵阶层合作，甚至与在罗马横行的暴民帮派携手，形成"群众派"在政治上的必胜组合，最后出现如恺撒之流的独裁者。结果如恺撒在公元前 44 年巡视希

* 这出自 Arthur Keaveney 的书名《苏拉——最后一位共和主义者》。

** Concordia Ordinum, harmony of orders。

腊北方法萨卢斯（Pharsalus）的内战战场看见战败的敌对贵族派元老尸首时所说："这是你们要的！"罗马共和国在自己埋葬自己。学罗马史的学生最大的诱惑是常将自己想成元老，无论是共和时期还是帝国时期的元老，他们也跟着元老、想象自己是元老的史学家一起指责暴民与皇帝。

艾福瑞特慷慨地邀请我们继续研读他有关西塞罗与奥古斯都的著作，这的确有助于更全貌性地了解罗马共和的结束。但还有一点可以一提。在"西方史上最强大帝国的建立"时，艾福瑞特强调罗马疆土的完整为罗马帝国奠定基础，而在这点上庞培的确贡献良多，至少在东方的部分是这样。我们很难否认庞培是绝佳的行政人才，在这方面厥功至伟。但是帝国更是种"心态"，没有人比庞培更能代表那种政治上的犹疑不决，他在参加"前三头同盟"与希望被贵族派元老院笼络接纳之间的撕裂挣扎。或许不太理会元老院的恺撒更适合为帝国奠基，而且恺撒的征服及整顿高卢，对罗马帝国而言，在重要性上丝毫不输庞培的东方。此外，恺撒曾批评苏拉自愿退休，让恢复的共和自行运转，其实是不懂政治，因为正是苏拉领军进攻罗马，树立了毁灭共和国的榜样。或许因为苏拉是"最后一位共和主义者"而且他发动了内战，这也可以成为另一个结束故事的适当时机。无论如何，我想代表人物绝不是艾福瑞特看重的庞培。庞培是行政人才，不是政治家，我们很难去推崇这位见风使舵、缺乏政治信念的人物。至于西塞罗，这位充满良心的真正的共和主义爱国者，却在当时的政治上充满着无力感。

抛开这些补充的意见，任何熟悉罗马共和史的读者在阅读完艾福瑞特《罗马的崛起：帝国的建立》时应该会如我一样，觉得这是种享受，因为在过去这段历史不是常常充满技术性的纠结，就是容易成为陈腔滥调的道德教训合集。艾福瑞特在流畅得甚至有些悠闲的叙述中，始终标记着明确的编年架构，集中在重点事实和就一般而言相当持平的诠释上，在上述的两难之间取得一种细腻的平衡。我相信结束阅读之后，这本书会让读者更深刻地理解罗马这个伟大民族的政治智慧，以及他们如何建立这西方史上最强大的帝国。

台湾成功大学历史系教授　翁嘉声

自　序

自爱德华·吉本（Edward Gibbon）起，历史学家一直在思考罗马帝国的衰败及沦亡。但是帝国是怎样崛起的？是什么促使一个位于台伯河津渡之处的蕞尔市镇，最后征服当时已知的世界？我以述说罗马崛起的故事来尝试回答这些问题。这是多年来第一次为那些对历史有一般兴趣，特别是对西方的起源有兴趣的读者，去陈述有关罗马共和国的故事。对意欲深入探索这一题目的读者而言，本书权当抛砖引玉。

罗马的过去值得花功夫去发掘，因为罗马人与我们仍然有关。他们仍然启发我们，仍然对我们如何看待社会、政治及道德价值有所影响。我们生活的世界，是他们创造的。

罗马的概念烙印在我们的基因中。它产出了我们在日常生活中使用的谚语、格言以及词汇，几乎无须思索它们的原始意义：条条大道通罗马，那属于罗马人的荣耀，在罗马做罗马人做的事，罗马不是一天建成的，罗马永恒之城，等等。

每隔几年，好莱坞便会出品一部电影，来重现这个已经消失的文明。其中有《角斗士》、《斯巴达克斯》、《宾虚》以及《暴君焚城录》。我们对罗马的权势及冷酷感到敬畏。我们惊恐但也着迷于它的“竞赛表演”，一种角斗士彼此对战来娱乐众多观众的血腥游戏。

罗马人是讲求实际的民族，对工程极感兴趣。他们开创了修筑经久耐用道路的技术。他们证明了生活在城镇之中既舒适又文明，即使这主要针对富人而言。

一个社会绝不仅有房屋建筑之事。罗马人还以另一种方式讲求实际，因为他们非常相信法律的统治。他们从最一开始便创立了一种法律系统，并在历史的进程中不断地完善它。罗马法已经影响到许多现代欧洲国家以及美国的法律体系。

虽然拉丁文在公元5世纪西罗马帝国灭亡后便不再是一种常用语言，但它有很长久的影响力。直到20世纪60年代第二次梵蒂冈大公会议（the Second Vatican Council）之前，罗马天主教的礼拜仪式一直都是用拉丁文书写的。即使在今日，花卉草木、一部分人体部位和疾病的学名仍使用拉丁文。夜空的星宿也以拉丁名字称呼，以此对应希腊罗马神话故事里的男女英雄。许多美国政府体制的称呼，如Senate（参议院）、Congress（国会）以及President（总统）也是来自拉丁文。许多高中、学院及大学仍提供拉丁文课程。古罗马诗人与史学家作品的现代译本在美国和英国的书店均有销售。

美国的开国元勋是在阅读罗马古典文学的过程中成长的。他们被罗马共和体制深深吸引，他们喜欢三种权力之间的制衡：君权（以握有极大权力的行政官为代表）、寡头政权或一些贵族家族（元老院）的统治和人民统治（罗马公民所组成的集会可影响立法）。美国最早效法这种模式，设计出由三部分组成的政府，三者相互制衡，它们是总统、参众议院和司法系统。

这座城市的创立神话和最初几个世纪里发生的事件几乎完全不是历史性的，但罗马人相信这些故事。这些材料是一场丰富且有诗意的盛宴，两千多年以来一直滋养着欧洲文明。只是在过去几个世代中，我们的集体意识才开始抛弃它们。假如本书还有点用处的话，那便是要提醒我们那些正在失去的东西。

我对一些重大的主题进行了思考，并分析了罗马的政治、战争以及社会的发展。特别由于本书是“故事”的历史，所以我设法让曾经活在其中的一些特殊人物起死回生：从傲慢的塔克文（Tarquin）到马略（Marius），从科里奥兰纳斯（Coriolanus）到苏拉（Sulla），从“非洲的征服者”大西庇阿（Scipio Africanus）到格拉古兄弟（the brothers Gracchi）。但其中最具领袖魅力的却不是罗马人，而是几乎将其毁灭的那个人——伟大的、悲剧的、愤世嫉俗的汉尼拔（Hannibal）。

罗马史令人好奇的特征之一是它经常暗示过去与现在之间的相似之处，但是这样的比较会有风险，所以我让读者自己去建立其中的关联性。

有个永远无法浇灭的传奇故事一直支撑着这出长剧中许多角色的希望及野心，这个故事记述了特洛伊——或是如荷马在他的史诗《伊利亚特》（*Iliad*）里所称的伊利昂（Ilium）——被围攻直至沦陷，以及希腊勇士阿喀琉斯（Achilles）注定英年早逝的悲剧英雄主义。后来还有一位“阿喀琉斯”，那位惊天动地的亚历山大大帝，也开创了一条路径，让许多年轻的希腊人与罗马人，从皮洛士（Pyrrhus）到庞培（Pompey），都倾其毕生之力去效法。一般认为罗马是特洛伊的再生，随时准备对曾经打败特洛伊的希腊人进行复仇。当准备入侵意大利时，伊庇鲁斯（Epirus）的国王皮洛士（这也是阿喀琉斯儿子的名字）相信他正准备再次进行特洛伊之战，而神话中的诸神，如朱庇特的妻子朱诺和半神半人的赫拉克勒斯，便被汉尼拔用作对付罗马的宣传战武器。

罗马城本身也是我的众多主角之一。它的神殿、雕像、仪式以及符号，是这种集体记忆的视觉记录。罗马人深深着迷于他们和城市中的地点、神祠、神殿以及塑像之间的历史关联。祭典仪式里的习俗经常会神秘地反映出很久以前发生过的事。如果谨慎地加以诠释，这座城市的景观便是它自己的历史书，过去重新化身于现在之中。活着的人会意识到他们其实正依循那些伟大的往圣先贤的足迹前进，所以，那发生在遥远过去的事情会稍作伪装，重新登场。

罗马人是战士，会花费许多时间与他们在意大利的邻居甚至与地中海之外的势力进行战斗。在他们的政府体制中，政治与战争无法厘清地交织在一起。凡有野心之人，如要获得权力，则必须结合在国内的公共演说技巧与在战场上领兵作战的能力。而权力——“统治权”（*imperium*），是他们被教育去追求的目标，这么做很少是为了公共利益，更多是为了自己的荣耀（*gloria*）。

我对故事和英雄人物（他们确实通常是男人）事迹的强调，实际上就是还原罗马人看待自己过去的方式，我的目的与其说是提供一部完整的历史，不如说是提供一幅肖像素描，让罗马人自己也能认同。不可避免的是，这些篇章中将会有许多战争、死亡以及血腥，需要辛苦跋涉，但如有机会，我也会讲述和平带来的轻松欢乐。

非常幸运的是，公元1世纪的演说家及政治家西塞罗（Cicero）的许多私人书信被保存下来。它们为我们开启了一扇窗，可以窥视那些面临国家崩溃的罗马人的心灵。这些罗马人借着研究早期罗马的历史和文物，作为治疗对当下局势的悲观情绪的解药。假如他与其他志同道合的朋友没有进行这些研究，我们不仅会对这座城市的历史知道得更少，也不会明白这座城市究竟为什么对他们意义深远。

学者们一直合理地质疑文献史料中事件的真实性。古代历史学家尽其所能地利用现成的材料，凡是有信息缺漏的地方，他们会填进那些看似合理的东西。其中最伟大的李维（Livy），既是一位艺术家，也是一位学者，他的多卷本巨作《自建城以来》（*Ab urbe condita*）拥有一部优秀历史小说的许多特质。他是位卓越的作家，但并不总是可靠的向导。

现在的学术研究者有时会不自量力，他们将这些事件弃置一旁，因为对于理性的大脑来说，它们根本就说不通，所以必然是捏造出来的。可惜历史中有许多事件是说不通的，人类事务就是这么一回事。

对于这本书所涵盖的时间跨度，特别是对最初几个世纪，学术争论从未间断。有些时候已经取得一致的意见，但在更多时候，争论仍在持续，且经常十分激烈。时常让人觉得他们是自作聪明。我倾向于接受这些不确定的文本，如果不是写在正文里，也会放在注释里，但我不会在这些花太多时间去解释这些难题，因为除了专家，这些对其他人毫无吸引力。

在考虑了文献史料的不同性质后，我决定将这本书分成三部分："传奇"，这是国王的时代，在此期间大多数的事件其实并未发生，至少不是以字面上的那种方式发生；"故事"，包括征服意大利以及制度冲突，事实与虚构在这些故事之中同时存在；"历史"，罗马共和国成为地中海强国，在此处的史料会尽可能做到客观、准确。

我以公元前1世纪苏拉和马略两人间激烈的内战，以及庞培凭借政治家的才干对东方进行开拓来结束这一叙述。外部胜利与内部瓦解之间的反差，实在无法更加强烈了。

虽然尚有更多未征服的地方，但罗马共和国此时已经毫无疑问地统治着一个庞大的地中海帝国，同时它也濒临最终无法挽回的政体瓦解。那些统治世界的人，却无力统治自己。

读者若希望知道接下来发生的事，或许可以参考我撰写的有关西塞罗和奥古斯都的传记，我在其中详细追述了罗马从部分民主到全面独裁的血腥过渡阶段。

罗马人的姓名有些复杂，所以需要解释。大多数的男性公民有三个名字。* 第一个是前名（*praenomen*）。在共和国后期，普遍使用的教名只有 18 个，使用最普遍的有奥卢斯（Aulus）、德奇姆斯（Decimus）、盖乌斯（Gaius）、格奈乌斯（Gnaeus）、卢修斯（Lucius）、马库斯（Marcus）、普布利乌斯（Publius）以及昆图斯（Quintus）。照例长子会与他父亲取相同的前名，因此必须小心区别有相同姓名的历史人物。

接着是氏族名（*nomen*），这等于我们的姓氏。在此之后是家族名（*cognomen*）。最早的时候，这是针对某些特定之人的绰号（因此“西塞罗”意指“鹰嘴豆”，这或许是指曾经出现在某位图利乌斯脸上的粉刺），但长年累月之后，它开始被用来指称更大家族或氏族里的分支。一位成功的将领也会被给予一个额外的第四名（*agnomen*），这指他曾征服的敌人。所以在北非打败汉尼拔之后，普布利乌斯·科涅利乌斯·西庇阿（Publius Cornelius Scipio）成为普布利乌斯·科涅利乌斯·西庇阿·阿非利加（Publius Cornelius Scipio Africanus）。

女人的从属地位可以由她们只被分配到一个名字——氏族名的阴性词——这一事实来佐证，所以马库斯·图利乌斯·西塞罗（Marcus Tullius Cicero）的女儿叫图利娅（Tullia）。姐妹们会分享相同的名字，这在家族圈里必然会引起混乱。她们通常会在结婚之后保留她们娘家

* 这不算完全正确，至少在共和时期，世家贵族与平民的差异之一，便是姓名。一般来说世家贵族的名字会有三个，如作者的举例，但平民时常没有氏族名，只有两个名字，如盖乌斯·弗拉米尼乌斯（Gaius Flaminius）或盖乌斯·马略（Gaius Marius）。这些人都是所谓的政治“新人”。——译者注

的氏族名（*nomina*），所以西塞罗的妻子叫特伦提娅（Terentia），而非图利娅。

当使用完整的正式称呼时，罗马公民会在他的氏族名之后加进他父亲的前名和所属部落的名字。所以，西塞罗的完整名字是 Marcus Tullius M [arci] f [ilius, or "Marcus' s Son"] Cor [nelia tribu, "in the cornelia tribe"] Cicero. *

* M f Cor 在罗马是定型化的常见缩写，[ ] 中的字母是作者填上去的，用来解释。——译者注

序　曲[1]

两位老朋友现在都已经上了年纪，期待彼此能够再相会。这一年是公元前46年。马库斯·特雷恩蒂乌斯·瓦罗（Marcus Terentius Varro），那个时代著述最丰的作家，正在前往离罗马数千米远的乡间别墅。瓦罗是个精明实际的人，不是深刻的思考者，但他仍尽其所能地去了解所有已知的事物。他的邻居马库斯·图利乌斯·西塞罗是位伟大的演说家，无论是在法庭还是在元老院那种政治缠斗的竞技场，其演说技巧均能发挥自如。自我中心、口若悬河又敏感的西塞罗，遇见圆滑的瓦罗，就像醋遇到油一样，尽管看似不容，但调和之后，风味极佳。他们喜欢彼此，这大体上是因为他们有共同的兴趣。其中之一，便是对罗马过去所怀有的热情。

因为极妙的巧合，西塞罗写给瓦罗的一些信件躲过时间之火的摧残而幸存下来。在其中一道便笺中，西塞罗敦促瓦罗快点来："我已经开始希望，你的光临不会太远。我希望我能在你的来访之中找到一些安慰，尽管折磨如此之多，且令人伤心，除了彻头彻尾的傻瓜之外，没有人应该期望会有任何解脱。"[2]

西塞罗脑海中的"折磨"源于罗马统治精英之间发生的内战。领导人物在其中会蒙受失去生命或断手断脚的风险。他们焦虑地自问：罗马共和国这古代世界的超级强权，虽在海外睥睨寰宇，却在国内一心一意要自我毁灭，在这样的时代中，我们究竟能够做什么事？

大多数评论者认为，这种崩溃和瓦解在大约一个世纪以前就已经出现。罗马征服希腊与许多近东土地，得到数量无法想象的金银财宝，更不用提那些“人类黄金”——无可计数的奴隶。财富涌进罗马，而罗马实际上已经成为世界之都，发展成一个多元文化的熔炉和拥有多达百万人的超级大城。

这是在赢得帝国时所未预期到的结果，所以对罗马历史的严肃研究从此时开始，或许亦非偶然。对瓦罗和西塞罗之流而言，那些曾经强悍、对社会负责、足智多谋而且生活俭朴的罗马人，现在正被贪婪、奢华和放纵性欲的东方恶习所侵蚀败坏。城邦政体数世纪以来运作良好。一个负责立法的公民大会力求与一小群统治的贵族阶级保持平衡。但这系统要有效率地运作，妥协和讲理的能力十分重要，但现在这种能力已经丧失。

西塞罗年轻时，这危机就发生了。在公元前82年，共和国一场50年来打打停停的浴血内战，现在到达它第一次骇人的高点。士兵过去一向被禁止进入罗马城，但是一位图谋报复、充满野心的将军，卢修斯·科涅利乌斯·苏拉（Lucius Cornelius Sulla)，却率领一支罗马公民军队进入城市，对他的敌人进行屠杀。

不知谁将是受害者的不稳定使上流社会瘫痪。最后一位年轻人鼓起勇气，去求见苏拉。[3]

> “我们不会要求您去豁免那些您已决定要去杀的人，但至少让那些您决定要放过一马的人不再心惊肉跳。”这年轻人如是说。
>
> “我尚不知道我将宽恕谁。”
>
> “那好，至少先弄清那些您即将要杀的。”

苏拉采纳了这个意见，于是罗马的中央广场（罗马广场）上不时竖立以白漆为底的公告栏，上面书写那些即将被处死之人的姓名。没有正式的行刑，所以任何人只要愿意便可以自己执行杀戮，并且在上交砍下的头颅后，有资格获得可观的赏金。受害人的资产则被充公没收。这过程叫“剥夺公权”（proscription，来自拉丁语的“公告栏”即*proscriptio*）。

苏拉的目标是清除他的政敌，但是他的支持者经常趁此机会来了结私人恩怨或是让自己致富。一位运气不佳的房产所有者抱怨说：“这是何等的灾难！我正因为在奥尔本（Alban）的地产被追杀。”[4]

西塞罗此时20多岁，是一位有野心的律师，直接经历过这种残酷的欺骗行为。在他的第一次刑事案件辩护中，他勇敢地揭发苏拉圈子中一个曾经是奴隶的希腊人克里索古努斯（Chrysogonus）的行为。西塞罗揭露出，他谎称一位已死的房产所有者被剥夺公权，这样死者的地产可以充公，再以大甩卖的价格卖给克里索古努斯。

西塞罗多少必须冒着个人风险来描绘一位不择手段的、一心追逐名利的“调停者”：

> 各位陪审先生，且看看这个人。你们看见他小心梳理头发，上面抹着发油，在罗马广场四处行走，周围有群跟班相随，他们这些人（西塞罗暗示这很丢脸）都是罗马公民。你们见到他如何瞧不起所有的人，他认为无人比他更高尚，相信只有他自己才能富有且强大。[5]

很幸运的是，当时权力当局放过了西塞罗，不仅如此，或许苏拉其实也并不知道像克里索古努斯这样的人，正利用这混乱局势从中谋利。

苏拉不只杀人如麻，他也是有想法的政客。他引进一些改革措施来强化精英统治阶级的权力，确保没有其他人可以仿效自己曾带兵挟持国家的行为。这些改革均告失败，而一些忠于宪法的政客，如西塞罗和瓦罗，他们的生涯被一连串潜在的“苏拉”弄得偏离原来的路径。这众多“苏拉”中的最后一位是盖乌斯·尤里乌斯·恺撒，他发动内战，最后搞垮罗马共和国。恺撒的成功，意味着他们这些忠于宪法的政客在公共舞台上不会再有任何空间。

一位爱国的罗马人要如何回应？就瓦罗和西塞罗而言，除了躲避到学术生活中，别无他途。这主要是指去书写罗马历史，或撰写政治论文，或去考证古文物。

“且让我们只在一点上始终坚定，我们要在文献研究领域共存”，西塞罗在四月时告诉瓦罗：

> 假如有任何人想召唤我们去成为建立共和国的建筑师或者只是工人，我们将不会拒绝，反而欣然尽速着手。但是若不需我们的效劳，那我们必须仍然勤读并奋笔疾书有关理想共和国的作品。[6]

瓦罗当然会继续从事他的研究。他被认为曾书写过不同寻常的490本书，虽然只有一本关于农业的手册完整地留存下来。[7]他享年甚高，在生命结束之前完成了他最出名的大部头著作——《论农业》（*De re rustica*）。他告诉妻子：“假如人是泡沫，那老人更是如此。我的第80年警告我在终止人生旅程之前，要先准备行囊。”事实上他又成功地多活十年。瓦罗的成就还包括曾建立一套年表，将罗马建国日期设定在公元前753年。这年表虽然有些差错，但仍作为传统沿用至今。

瓦罗与西塞罗持续见面，两人对时局事态抱持相同的消极看法，并同时回想起罗马过去的荣光。他们互相造访各自位于乡间或海边的别墅。西塞罗可能是位爱挑剔、要求甚多的麻烦客人。“假如你有空造访图斯库卢姆（Tusculum），”他写道，“我将会在那里见你。假如不能，那我将会随你到库迈（Cumae），并且让你事先知道，所以您能先准备好浴缸。”[8] 过一些时候，他开玩笑地威胁说，“假如你没有到我这里，那我会冲到你那边”[9]。

在通信中，他对这位鸿儒朋友的钦佩跃然纸上：“你现在待在图斯库卢姆的这些日子，依照我的想法，值得去过一辈子。我愿欣然将我的俗世财富和权势让给他人，只求交换如此生活的机会，完全免除外力干扰。我正在尽我所能地追随你的榜样。”[10]

罗马历史学家与文物研究者并不认为自己是专业学者，但像西塞罗与瓦罗那样，他们往往是统治阶级中失意的成员。他们的目的是教育他们时代里那堕落的一代人。他们忠于史实，不过当缺乏史料而受阻时，他们也接受传奇，而且无法避免会在信息缺漏之处填上他们觉得会发生，甚至应该已经发生过的事。

他们这些共和国穷途末路之时的绝望政客，以自己希望的方式，来塑造早期罗马的故事。重建出的过去被用来取代满目疮痍的现在。19世纪的英国诗人、史学家与政治家托马斯·巴宾顿·麦考莱（Thomas Babington Macaulay）想象罗马建国神话最初来自民谣，并用令人难忘的诗句加以重现。

麦考莱以前无古人的气势，成功唤起罗马爱国者那种坚强不屈的精神：

对于这地上的每个人
死亡或早或晚将至。
在面对可怕悬殊的不利时
有什么比为祖先骨灰
以及为神明殿堂
捐躯来得更好？[11]

诸如瓦罗与西塞罗等人陈述的这些故事，不仅彰显了失落已久的美德，而且包含了很久之前的恶徒行迹，就算不是凭空杜撰，这些故事也是借助有限资料的创造发明，意图要对当时那些想要毁灭国家的恶徒提出严厉警告。他们对事件的说法只与事实大概相符（我们在将近3 000年之后仍然能够辨识出），但是，它折射出了罗马人面对理想化的镜子反观自己时的所见，与之相比，历史的不可靠就显得微不足道了。

第1部

传说

LEGEND

第 1 章

新特洛伊

罗马的起源可以追溯到木马中的一位巨人。

一群希腊统治者组织的联军围攻特洛伊长达 10 年。特洛伊位于达达尼尔（Dardanelles）海峡南侧，今土耳其西北。这支远征军之所以会出现在该处，是因为三位神明的设计：众神之王朱庇特的妻子朱诺、以智慧见长的密涅瓦（Minerva）、掌控情欲的女神维纳斯（Venus）。她们一起竞争一颗金苹果，上面刻着“给最美女人的奖品”。即使是她们的神明伙伴，也不敢在这些强大且容易动怒的神明之间进行裁判，所以，这害人的工作被交给了凡人，一名叫作帕里斯（Paris）的年轻牧羊人，他在特洛伊几千米之外的艾达（Ida）山的山坡上照顾牧群。他唯一的裁判资格似乎是那惊人的俊美面容，因为他个性中没有一样品德会使他在众人之中出类拔萃。

女神适时下凡，不着一物。她们无法免俗地去进行贿赂，于是分别提出权势、知识以及获得与这世界中最美丽的女人即斯巴达王后海伦一亲芳泽的机会，作为不同的礼物。帕里斯无能但好色，接受了第三项礼物，并将金苹果颁给维纳斯。输家盛怒之下离去，开始计划报复。

帕里斯其实出身王室。他的父亲是特洛伊国王普里阿摩斯（Priam）。当他母亲怀他的时候，她梦见他所要生出的不是婴儿，而是火炬。这梦是神明的严厉警告，他将是未来的祸害灾难。于是这对夫妇安排一位牧羊人将这婴孩丢在山腰上，暴露于荒野中（在古典世界里，这是一种处理不想要的婴孩的惯常做法），让禽兽吃掉。牧羊人不忍遵守这样残酷的命令，自己将男孩养大。

这男孩身份一揭开，他的双亲便将噩梦抛诸脑后，承认他们是其父母。普里阿摩斯派遣他率领一支舰队到希腊诸岛进行友好访问。但帕里斯有更好的想法，他径自前往斯巴达，光顾国王墨涅拉俄斯（Menelaus）和他妻子海伦的宫廷。海伦甚至比他所能想象到的还美。当墨涅拉俄斯因造访克里特岛而离家时，帕里斯携海伦一起私奔，带着这奖品驶回特洛伊。

虽然普里阿摩斯知道他的儿子因偷取人妻而破坏待客之道，但他还是不明智地接受了这对男女，并将他们引入城内。他本应意识到，他正在欢迎一支点燃的火把进入他的城市，正如他妻子之前梦境所预言的。

这被戴了绿帽的丈夫墨涅拉俄斯，其兄长阿伽门农（Agamemnon）是无数希腊小国组成希腊联盟的霸主。这对兄弟齐心协力赢得这些小国统治者的支持，一支希腊联军随即出发前往特洛伊，旨在夺回海伦，并惩罚接纳她的城邦。经过十年鏖战，双方各有胜负，但均未能获得决定性的胜利。其中最著名的事件发生在围攻的第九年。起因是希腊人中最伟大的军事统帅、年轻但脾气火暴的阿喀琉斯的一段积怨。

根据一种传统说法，这英俊红发男子是在一群姐妹中当作女孩子来抚养的。因为他的母亲忒提斯（Thetis），海神波赛冬［（Poseidon），即罗马神话中的尼普顿（Neptune）］的孙女 *，预知他的命运不是赢得永世名声后英年早逝，便是在默默无闻之中度过冗长一生。因为她是慈爱的母亲，所以选择孩子能够长寿。阿喀琉斯被给予一个女性名"皮拉"（Pyrrha，希腊文的"火焰颜色"，因为他的发色）。他俊美到很长一段时间没有人察觉他男扮女装，一直到这男孩让一位少女同伴怀孕。阿喀琉斯刚一获准恢复男儿身，便拒绝他母亲的心愿，决心选择荣耀。他很快便以最伟大的战士而闻名于世，高兴地前往特洛伊作战，并充分意识到他将永远不能返回家乡。

根据荷马等史诗诗人的记载，这英雄世代的战斗并非由一群训练有素的团体来进行的，实际上是由一系列同时发生在国王及贵族之间的个别战斗或对决构成的。行伍士兵完全依赖他们领袖的成败来行事。阿喀琉斯在与希腊联军统帅争执一番之后，便留在营帐中，拒绝参战。然而他允许他的朋友和（有些人说）爱人普特洛克勒斯（Patroclus）借用他的武器装备，代表他出战。普特洛克勒斯被杀，而他的死亡使得这位英雄愤怒地重返战场，并在战场上解决了特洛伊最勇敢的领袖、普里阿摩斯的长子赫克托（Hector）。

很快，阿喀琉斯自己也被帕里斯射出的箭杀死。随后，作为所有这些悲哀伤痛的源头，帕里斯自己也被杀死，成为另一名弓箭手手下的受害者。战争陷入僵局。

光明磊落、无畏无惧、荣耀至上，但复仇则绝不留情，拥有这些

* 原著似乎有误。这里的海神是指古老的海神涅柔斯（Nereus），而非奥林匹亚神尼普顿。另外她是海神的女儿而非孙女。——译者注

品质的阿喀琉斯是古代世界的偶像角色。在历经多个世纪之后，年轻的希腊人和罗马人仍崇拜他，并以他为榜样。马其顿的征服者亚历山大大帝便在他床头存放传唱阿喀琉斯愤怒的旷世巨作——荷马的《伊利亚特》。

有天早晨，防守城墙的特洛伊人往大海的方向望去，并为他们所目睹的一切而感到惊讶。沿着海岸部署的希腊营区已被放弃，舰队远离。显然战争已经结束，入侵者已经在返国途中。人们在极为兴奋之际，如潮水般涌出大门。他们被一匹庞大木马的景象弄得十分困惑，但一位希腊逃兵告诉他们，这是献给密涅瓦的祭品。很显然有位预言家之前宣布过，假如特洛伊人将其破坏，必将引起神明愤怒；但假如将其迎入城，它则会成为他们的守护者，金苹果事件引起的不悦也将一笔勾销。

有人认为必须销毁这匹马或将其推入海中，但特洛伊人最后还是决定将其拖入城中。城门太小无法让木马通过，所以部分城墙必须被敲掉来增加出入空间。当晚成为欢庆的宴饮之夜，没有安排卫哨。当狂欢的人最后上床时，这沉睡的城市在星空之下，处于完全没有防备的状态。

希腊人当然没有离开。他们的舰队停泊在外海的提涅多斯（Tenedos）岛，离海岸有数英里远，静待夜晚降临后再回到特洛伊。位居爱奥尼亚（Ionia）海的岛国伊塔卡（Ithaca），长于谋略的国王尤利西斯（Ulysses）* 已经巧妙地规划，木马便是他的想法。他在木马中设计制造了一个能够容纳二十名战士的密室。他之前已经指示被安排为逃兵

* 即希腊的俄底修斯（Odysseus）。——译者注

的人要如何虚构整个故事。在清早时刻，这人开启一道暗门，放出密室里的战士。同时，一支希腊军队已经自海岸进发，畅行无阻地进入城中。

作为特洛伊王室一个次要分支的成员和普里阿摩斯的女婿，埃涅阿斯（Aeneas）那晚在他父亲家中过夜，这在城市里是一个隔绝开来的区域。他的母亲是维纳斯，就如往常积极介入特洛伊事务，特别是男女情事那样，她曾诱拐年轻时的安喀塞斯（Anchise，埃涅阿斯的父亲），将他拘禁将近两周时间，不停地与之进行性爱。埃涅阿斯在深夜做了个噩梦，见到阿喀琉斯的受害人赫克托，满身尘土污血，警告他说城市即将沦陷，陷入火海，他必须逃命。他醒来发现这已是实情。他爬上屋顶，看到烈火已经往四面八方蔓延。

埃涅阿斯了解到，现在任何作为也无法改变这场灾祸。正如梦境告诉他的，他神圣的职责是引领一群劫后余生的人，在另一个地方重建特洛伊。他随身带走这座城市的家庭守护神“珀那忒斯”（*Penates*）神像，以及（有人说）著名的“守护神”（Palladium），一座古老、神圣而且从天而降的密涅瓦木雕神像。[1]

这一小群人包括埃涅阿斯年迈的父亲以及他年幼的儿子阿斯卡尼俄斯（Ascanius），亦名尤路斯（Iulus）。他们前往其中一道城门，利用黑暗小巷避开四处劫掠的希腊人。这位特洛伊王子突然惊觉到他妻子失踪了，立即冲回去寻找，但徒劳无功。在破晓时空手而回，他惊讶地发现有一大群人正等待他发号施令。

根据另一种故事的说法[2]，埃涅阿斯掌控撤退到特洛伊卫城的增援盟军，避免敌人攻占全城。他分散敌人的注意力，让许多平民百姓能够逃命，并在与希腊人协商休战之后，井然有序地引领他的人民离开城市。

不管怎样，确实有相当数量的特洛伊人幸存下来，并在埃涅阿斯的命令下，做出要永远告别故土的决定。他们修建舰队，然后集体离开，没有明确的目的地。他们只是要找到栖身之处，并建立新的家园。

说来容易，实施则颇为艰难。他们在色雷斯以及克里特建城的努力都没能成功。埃涅阿斯曾与一位已经成为希腊西海岸伊庇鲁斯（Epirus）地区统治者的亲戚待了一段时间，这亲戚暗杀了残酷的年轻国王——阿喀琉斯的儿子皮洛士（Pyrrhus）——之后登基。这位亲戚建议他前往意大利。然而无法忘却仇恨的朱诺和密涅瓦决心要阻碍她们所憎恨的特洛伊在异地重生，所以埃涅阿斯被迫要历经许多艰难险阻。就像之前的尤利西斯在返回伊塔卡家乡的漫漫长路一样，埃涅阿斯差一点就死于独眼巨人波吕斐摩斯（Polyphemus）的毒手。最后特洛伊人被风暴吹离航道，在北非海岸发生船难，被迫登陆。

他们发现自己并非唯一寻求新世界的难民。一群腓尼基人正在从当地部落所租赁的土地上建立一个群落。他们来自伟大的港口城市推罗（Tyre），在今天的黎巴嫩。

推罗是一个君主国。它肆无忌惮的统治者谋害了一位富有的地主，没收了他的财产。死者遗孀狄多（Dido）召集了一大群仇视国王的人，并（在她丈夫鬼魂相助下）挖掘出一个秘密的黄金宝藏，来资助航行。在港口掳获一些船舰后，她本人及其追随者成功脱逃。

当特洛伊人抵达北非时，他们受暴风雨摧残，浑身沾满海盐，极为疲惫，此时，这些来自推罗的人正在由南北各一浅滩所围绕着的海岬上，兴建迦太基（腓尼基文是“新城”的意思）。特洛伊人对他们所见到的情形相当惊讶，无疑还有一丝嫉妒。

维吉尔（Virgil），这位罗马诗人以及有关埃涅阿斯冒险犯难的史诗《埃涅阿斯纪》(*Aeneid*) 的作者，想象了这样的景象：

> 埃涅阿斯惊奇地看着这些坚固的建筑物，在之前只有非洲式茅屋的地方竖立起来，也望着城门、熙攘的行人和铺设石板的街道。推罗人匆匆忙忙，有些人为城墙画出界线，努力将石头往斜坡上推去，修筑卫城，其他人则在为一些建筑物选址，并以挖出壕沟来标示出轮廓。[3]

狄多欢迎这些陌生访客，并在聆听他们的故事之后，同情埃涅阿斯所遭遇到的不幸。女神朱诺发现自己陷入尴尬的处境：假如埃涅阿斯被说服以迦太基作为他的新家园，那么他将放弃预言过的在意大利的光荣未来，毫无疑问一个新特洛伊将拔地而起。但不幸的是，这位令她厌恶的特洛伊人将迎娶狄多，后者是女神所钟爱的人，也是迦太基城的标志。这是一个痛苦的牺牲，但她除了玉成其事外，别无选择。

在与维纳斯的合作下，她做出安排，而迦太基女王也适时地爱上这位流亡之人。在一次山丘上的狩猎中，朱诺安排了一场突降的雷雨，这对男女只得在山洞中避雨，而人的天性在那种情况下顺应了令人愉悦的发展。狄多认为这次相遇是一个婚礼。

不幸的是，一位非洲的部落首领对狄多亦情有独钟，不希望失去她。他是朱庇特极为虔诚的信徒，向朱庇特祈求助他一臂之力。他抱怨说："现在这位再生的帕里斯，穿戴着弗里吉亚（Phrygia）式的无边帽，束紧下巴，遮覆着油腻的乱发，并有一群阴柔的男人相随，将会成为赃物的新主人。”[4]

朱庇特本来对他妻子的计谋一无所知，得知后大为震怒，立即派遣使者去警告这位特洛伊王子，要他切记自己的命运，立即前往意大利。埃涅阿斯，这真诚的人[5]（如此称呼是因为他以忠诚而知名），对这样的责备如遭雷击，所以毫不迟疑地放弃了狄多。

由于感到极为尴尬，他设法向她解释并为自己辩护，将整个罪责归诸众神之王。“所以不要以这些抗议来困扰自己以及困扰我，”他说，“我航向意大利并非我自己的选择。”[6]

狄多被遗弃一旁，选择一死了之。她下令堆积出一个巨大的火葬堆，借口说是要焚毁埃涅阿斯留下的剑、一些衣物以及他的肖像。这是个谎话，因为这火葬堆是为她自己准备的。她爬上去，并将自己刺死。在死去之前，她口出诅咒，预言她的新城迦太基，与她的特洛伊爱人及其后代在意大利所建城市，必将永远为敌：

> 友爱或是盟约在这些国家之间必将不存。从我死去的骨骸之中将会出现一位复仇者，以火焰及刀剑来迫害这些来自特洛伊的定居者，很快或者在未来的某个时刻，只要力量足够！且让你们的海岸与他们的海岸为敌，你们的波涛与他们的波涛相斗，你们的武器与他们的武器对抗。这是我的诅咒。且让他们互相拼斗，他们及他们的儿孙后代，永远为敌！[7]

最终，埃涅阿斯与他的同伴抵达意大利。当他们沿着西海岸行进，一大片树林映入眼帘，透过树林可以看见台伯河滔滔的黄色河水注入大海。特洛伊人在此下船登岸，他们的航行告一段落。他们受到拉丁人年迈而惧内的国王拉丁努斯（Latinus）的欢迎，这个部落生活在台伯河及阿尼尔河（Anio）之间，拉丁姆（Latium，今日的拉齐奥，Lazio）这个地区因此得名。他和他的人民出身希腊民族。但因为他妻子的影响，他的女儿拉维尼娅（Lavinia）已经许配给路提里亚（Rutilia）年轻又充满活力的国王图努斯（Turnus）。这年轻国王一度要捍卫自己的权益，但他现在改变心意，愿意将她让给这位新来的特洛伊人。

战争成为无可避免的结果，而埃涅阿斯在决斗中杀死图努斯。在他胜利之后，他以他妻子之名，建立城市拉维尼姆（Lavinium）。路提里亚人被打倒，但还没出局。敌对行动再次发生，一场大战在靠近拉维尼姆附近的努米起亚斯（Numicius）河畔爆发。双方均有许多伤亡，在夜晚降临时，两军停战分开。

但埃涅阿斯已经消失无踪。有人认为他已经被神接走，有人则认为他已溺毙。他的神明母亲依旧不肯服输，安排埃涅阿斯被敬拜为神。哈利卡纳苏斯的狄奥尼修斯，一位活跃于公元 1 世纪的古文物学者，声称在他自己的时代，这战斗地点仍然竖立着一块纪念碑。[8] 这是一个小型的坟冢，周围环种着排列整齐的树木。一道碑铭书写着："致管理着努米起亚斯河流域的父及神。"

自从埃涅阿斯离开特洛伊的烟尘废墟，已过匆匆七年。[9]

第 2 章

国王与僭主 *

亚平宁山脉贯穿意大利，像一道石头的脊椎，而台伯河发源于此间山毛榉树林中的两道泉水。在历经三次大转弯之后，它横越 400 千米的平原，注入地中海。在离海岸大约 24 千米处，台伯河呈 S 形，绕过一群茂密林木，时而穿过陡峭的山丘。这些山丘环绕着下方一大片沼泽，中间有溪流贯穿。在一些山丘上有些其貌不扬的村落，每个村落都是由枝条泥墙搭建的茅屋组成的。这些村落易守难攻，而且空气清新，不像谷底那般潮湿污浊。这些半游牧的居民主要以饲养动物为生，夏天时溯流而上将牲畜带往牧场，冬天时将其带回亚平宁山下的平原。

就是在此处，古代世界最伟大的英雄和神人之一赫拉克勒斯杀死了卡库斯（Cacus），后者是一只以人肉为食、以山丘洞穴为家、会喷

* tyrant（希腊文 tyrannos）一词可能最先源于小亚细亚的吕底亚（Lydia），原指光鲜亮丽、炫耀排场的东方君王。此处译为“僭主”，因为这是希腊政治史中一种特殊的政治制度，强调在城邦（polis）这种力求公民平等的共和政体里，有人以武力或其他方式僭越揽权，形成类似“强人政治”的现象。——译者注

火的怪物。赫拉克勒斯是位超越群伦的角色，有许多爱人，无论男女。他由朱庇特与一位凡人女性结合所生，因此引起了很少能够控制情绪的朱诺的怨恨。在她的煽动下，赫拉克勒斯发了疯，杀害了自己的孩子，他必须完成十二件需要超人力气及勇敢才能胜任的“苦劳”或功绩来赎罪。

赫拉克勒斯后来成为冒险航行地中海的希腊殖民者及商贾的守护者，而这十二件苦劳的故事就是在漫长的漂泊中一件紧跟着另一件发生的。他从自己在西班牙西南部所建立的卡地兹（Gades，今日的加的斯，Gadiz）开启旅程，这是腓尼基人的社区。那里的腓尼基商人与希腊人进行竞争，同时也以“迈尔卡特”（Melqart）之名来敬拜赫拉克勒斯。这位神人从西班牙向北行进，沿着高卢（今日法国）南部，横越阿尔卑斯山，向南进入意大利，之后渡海抵达西西里，在希腊结束旅程。根据哈利卡纳苏斯的狄奥尼修斯记载：

> 赫拉克勒斯是他那时代最伟大的指挥官，他率领一支大军，穿越大海（指大西洋）这一边的所有领土，推翻任何压迫子民的暴政，或是冒犯及伤害他们邻居的国家，或是生活如野蛮人且无法无天处死陌生人的团体。他取而代之，建立合法的王政、秩序良好的政府以及人性化与合群的生活方式。此外，他令野蛮人与希腊人，内地之人与滨海居民混合居住，而这些团体在之前则彼此相疑相忌。[1]

英雄到达台伯河旁这成群的山丘上，驱赶着在第十件苦劳中所杀的一个令人恐惧的三脸巨人的牧群。他渡过河流，因为酒足饭饱，所以在长满青草的岸边睡着。怪物卡库斯把握时机，偷走其中一些最好的公牛。他捉住牛尾巴，将它们拖至自己的洞穴中，因此它们留下的蹄印将指向错误的方向。当赫拉克勒斯一觉醒来，他注意到有些牛不见了，但无法猜出它们在哪里（这半人半神的头脑显然还不如今日之凡人）。然而在牧群移动时，一些小牛开始哞哞叫，而被掳走的公牛也以叫声响应，因而暴露了它们的位置。卡库斯设法抵抗这位被激怒的英雄，却被他的大棍打死。赫拉克勒斯为这座山丘设下防御工事，之后便离去，该山丘后来被称为帕拉丁（Palatine）山丘。

台伯河在大雨之后常会暴涨，四处泛滥，将山丘变为岛屿。在其中一次泛滥中，一个载有两个新生儿的木制水槽被冲向一道斜坡。当水退去时，它击中一块石头，因此翻覆，将婴孩甩出，他们在泥水之中啜泣滚动，最终停靠在一棵无花果树下——动物寻求树荫时常会去的地方。

一头刚生产完的母狼现身此处，它的乳头因奶水而肿大。它将婴孩脸上的污泥舔去，让他们吸奶。一只啄木鸟飞来协助，进行保护。而这竟然行得通。一些牧人在驱赶牧群时来到此地，因眼前发生的一幕而惊讶地说不出话来。这母狼毫不畏惧地回瞪人类，然后安静地迈步离开，消失在一个其上覆盖着茂密林木、其内有溪流流出的洞穴中。

这异常景象标志着建立罗马的漫长进程到达了下一个阶段。距埃涅阿斯抵达拉丁姆已经过去三百年。特洛伊王子的儿子阿斯卡尼俄斯（Ascanius）统治着他所建立的城镇阿尔巴・隆加（Alba Longa）将近四十年，该城位于一座死火山阿尔巴山（现在叫 Monte Cavo）的山脚下。一长串的国王相继执政，皆无所成就。最后，在公元前 8 世纪初，继承权落到两兄弟头上，他们是哥哥努米托（Numitor）以及弟弟阿穆利乌斯（Amulius）。

阿穆利乌斯骗取了他兄长努米托的王位。他并未伤害或囚禁努米托，却杀死努米托的儿子，并采取措施来防止他的女儿生下后代，否则，他们会在长大成人后，挑战他的王位。他强迫努米托的女儿成为服侍灶神维斯塔（Vesta）的祭司，这将迫使她终生保持处女之身。然而，诡计并未得逞，原因是这年轻女性吸引了战神马尔斯（Mars）的注意，所以九个月后她生下双胞胎——罗穆路斯（Romulus）及瑞摩斯（Remus）。这对孩子被带走，仆人受命将他们抛弃，暴露在大自然的荒郊野外中，使他们丧命。

就在这时候，母狼遇见这对男孩。路经此地的牧人中有一位叫福斯图拉斯（Faustulus），是王室的牧人。他将婴儿抚养长大，随着时光流逝，两个男孩已长成有个性的年轻人：勇于冒险、无所畏惧且行事冲动。他们个性刚烈。据传记作家普鲁塔克（Plutarch）记载：

> 他们与同侪或是长辈相处和善，但是他们轻视国王派出的监察、警卫以及牧人的首领。他们全身投入……体能锻炼、狩猎、跑步、驱逐盗匪、捉贼以及将受压迫的人从暴力中解救出来的活动。[2]

这对兄弟长到约18岁时，与努米托的牧人发生了争执。双方都指控对方在不属于他们的草地上放牧。他们经常斗殴。努米托的一些手下受到严重伤害，失去耐心，决定要逮捕罗穆路斯及瑞摩斯，并将他们交给执政者。

在倚靠着台伯河的山丘之中，位于正中的帕拉丁山丘拥有陡峭山壁，在其中可以发现母狼躲藏的山洞。这是崇拜牧神的神圣地点，每逢二月便会举行一个礼敬他的古老节日。[3]当地年轻人只在腰间系上一块由刚被献祭野兽的兽皮所做的遮羞布，几乎裸体绕着山丘奔跑。在欢喜庆祝之中，他们会用皮鞭抽打旁观的人。这仪式的目的是要洁净这社群里的牧群，但在之后的世纪中，它还被认为可以促进人类的繁殖：在瓦罗与西塞罗的时代，女人会站在这些年轻人的必经之路上，认为假如她们被击中，那便可避免不孕，还能缓解生产时的痛苦。

在两兄弟那时，有两队男孩参加典礼，其中瑞摩斯在第一队，罗穆路斯则在另一队押后。那些被他们激怒的牧人于路途中一狭窄处躲藏静待；当第一队出现时，他们大声呐喊，猛冲过去，投掷石块和标枪。瑞摩斯和他的朋友完全措手不及，在没穿衣服以及欠缺武器的情况下，他们很快便束手就擒。罗穆路斯逃脱，并召集一支力量，来解救自己的弟弟。

瑞摩斯和其他人被押解到国王面前，国王乐于杀鸡儆猴。努米托和他的牧人一样愤怒，但为了讨好他的弟弟国工阿穆利乌斯，便交由他来定夺。努米托看着这些双手缚后的囚犯被带走，但瑞摩斯的俊美脸孔以及在不幸之中仍然保持沉默的尊严，让他大为惊奇。他无法相信这年轻人的出身会不高贵，所以将他带到一旁，询问说："你是谁？谁是你的双亲？"

年轻人回答说，他只知道，抚养他长大的人是在树林之中发现刚出生就被遗弃的两兄弟的。努米托对他的说法感到难以置信，所以稍作停歇之后，提醒瑞摩斯说他尚未决定如何惩罚，而这很可能是死刑。"假如我释放你，你是否愿意协助我完成一件对我们双方都有利的计划？"他问道。

努米托接着解释阿穆利乌斯如何窃取他生来即享有的权力。他要求瑞摩斯协助他夺回王位。瑞摩斯对任何事情都跃跃欲试，立即决定抓住这机会。他被告知要等待指示，而在此期间，要送出讯息给罗穆路斯，要求他尽快前来会合。当罗穆路斯抵达时，努米托向他确认了其弟弟关于两兄弟从何而来的说法。

同时，福斯图拉斯担心瑞摩斯的故事不被相信，决定要将那放置这对婴儿兄弟的水槽带给努米托，作为证据。他将水槽藏在衣服下面，带进阿尔巴·隆加，但当他穿过城门时，引起一位守卫的怀疑，因为该守卫无法理解，为何他要隐藏如此平常的物品。因为不幸的巧合，那最初将婴儿带到水边的人也在场，认出了这水槽，所以福斯图拉斯立即被拖到国王之前，并被要求做出解释。

他讲述了整个故事。阿穆利乌斯以一种令人可疑的友善做出回应，所以当他问及两个男孩现在何处时，福斯图拉斯谎称他们在田野间看守牧群。国王派他去寻找，并把他们带到宫殿，声称在那里他们会受到热烈欢迎。这老牧人有数名卫士陪同，而他们受到秘密指示，要拘捕罗穆路斯及瑞摩斯。在此期间，国王派人监视努米托，直到这双胞胎被适当地处理掉，永绝后患。

然而使者却将事情缘由告知努米托，他因此警告男孩们、他们的伙伴以及他自己的随护和朋友。他们强行闯入防守薄弱的城镇。阿穆利乌斯很快被杀，努米托夺回王位。

如哈利卡纳苏斯的狄奥尼修斯所言，那些相信“任何接近传奇或无稽之谈的东西都不会在历史作品中占有一席之地”[4]的怀疑主义者，诉说了一个不同的故事。努米托用两个陌生的婴儿替换了这对双胞胎，因为他担心阿穆利乌斯将会杀害他们，而事实上阿穆利乌斯确实这么干了。他将他的亲外孙交给福斯图拉斯及其妻子。她是位品行不佳的放荡女人，绰号“鲁帕”（Lupa）也即“母狼”，这在俚语中代表娼妓。但这两位男孩接受了良好教育，并在针对阿穆利乌斯的政变成功时，准备进入公共生活。

无论是哪一种说法，都给这对兄弟的故事带来了圆满的结果，却让另一对孩子的命运悬而未决。要如何处理这两位冲动莽撞的年轻人呢？他们渴望政治权力，但是随着他们外祖父重新获得王位，在阿尔巴·隆加便没有机会了。然而，这国度里的人口正在增加，所以会有足够多的冒险者愿意去建立一座新城。这正是适合罗穆路斯和瑞摩斯的任务（我们或许可以猜测，这也让努米托松了一口气）。

这对兄弟将台伯河旁的丘陵群确定为新城市的理想地点。控制津渡的人，将能够管控西部平原的出入；丘陵则确保易守难攻；沿台伯河可航行至此，这将促进贸易并获取河海交汇之处的盐地。后来，这条通往河口的道路被称为“盐道”（*Via Salaria*）。

从公元前1世纪进行回顾时，西塞罗无疑认为这选址对罗马后来的成功至关重要：

> 河流使得城市能够利用海洋来进口所欠缺之物，并外销其生产的剩余物品；借助这种方式，这城市不仅可以通过海洋进口，也可以通过水路运输，从陆地取得其生命和文明的根本所需。因此，我认为，罗穆路斯最初必然得到了神明启示，知道这城市有朝一日必将成为一个强大帝国的基地和柱石。[5]

这对兄弟决定要加固其中一座山丘来作为开始，但他们无法确定究竟选择哪座山丘。罗穆路斯选择帕拉丁，但瑞摩斯则挑中旁边的阿文丁（Aventine）山丘。由于双方互不相让，所以他们回到阿尔巴·隆加，去询问外祖父要如何解决这纠纷。外祖父提议两人各自站在自己选定的山丘上，而且在向神明进行祭祀之后，观察飞鸟的踪迹，这是一种传统辨识神意的方法。裁决权将交给见到最吉祥飞鸟的那一位。

瑞摩斯最先遇到吉兆，因为有六只秃鹰飞过他那有利位置。罗穆路斯不愿被超过，谎称已经见到十二只秃鹰。瑞摩斯不相信他。但当他走向帕拉丁山丘，要挑战他的兄长时，他事实上恰好见到十二只秃鹰出现。所以问题仍未解决，因为两个人都见到了相同种类的飞鸟。瑞摩斯主张自己获胜，因为他是首先发现秃鹰的人，而罗穆路斯则坚持他获胜，因为他见到最多数量的秃鹰。

瑞摩斯开始动怒，对罗穆路斯在帕拉丁山丘上刚刚挖出的防御壕沟颇有微词。他不屑地一跃而过，而他的兄长现在也开始动怒，去攻击他。他们的朋友及随从加入战斗。福斯图拉斯本人赤手空拳地置身于混战当中，企图分开斗殴者。尽管费尽力气，他还是被杀死。瑞摩斯同样在他兄长手下丧命。在瓦罗和西塞罗生活的时代中，市民广场上有一尊破旧的石狮子，据说正是福斯图拉斯坟墓的标志。[6]

当重归平静后，罗穆路斯认识到自己做了些什么。他在暴行上建立了新国家。但这并不是任何其他一般的罪行，而是破坏了一项最为神圣的禁忌，杀死了自己的亲兄弟。兄弟相争是古代世界一个常见的主题。俄狄浦斯的儿子厄忒俄克勒斯（Eteocles）和波吕尼刻斯（Polynices）在决战中杀死对方；[7]在《圣经》故事里，该隐谋杀亚伯。[8]但是一个国家建基的神话源自兄弟仇恨和暴力，这倒是新鲜事。对于生活在共和国垂死之年的罗马人来说，这可怕地预言了那手足相残并导致罗马统治阶级被大肆杀害的内战。

罗穆路斯心中充满悲伤悔恨，丧失了活下去的欲望，至少有一阵子是如此。当野心回归后，他最终在山丘上建立了自己的城邦。这既是一种政治行为，也是一种宗教行为。他挖出了一个地基坑，这个“洞”（*mundus*）成为地狱的象征性入口，洞里会放置土块及最初的收获。之后，罗穆路斯身为首领或国王，将牛轭架在一头公牛和一头母牛肩上，沿着城市的边界线犁出一道深沟。这标志着城市的“城界”（*pomerium*）；这城界是神圣的，而且祭司只有在城界之内，才可以观察飞鸟的飞行运动，察觉神意。城墙或防御工事在这条界线之外来建造，其两侧不得有建筑物、坟茔或植物［后来，这样的仪式典礼会在罗马每次建立殖民地城镇（*colonia*）时重复出现］。

共和时代的罗马人积极地想要确定罗马奠基的日期。现在普遍认为，这发生在公元前8世纪，但对于准确的年代，则有激烈的辩论。计算出来的日期包括公元前728年或公元前751年，但赢得最多支持的则是由西塞罗最好的朋友、一位叫作阿提库斯（Atticus）* 的博学富翁，以及老邻居瓦罗计算出的日期：他们认为是公元前753年。即使在今天，史学著作也认为罗马传统上的诞生是在这一年。瓦罗是那种会被这类模糊计算吸引的古文物研究者，他曾经邀请一位占星家研究罗穆路斯的生平，并据此计算出他的出生日期。对那个相当于反向倒推的命盘，这个占星家总结说：

> （罗穆路斯）是在第二个奥林匹亚周期的第一年，埃及历法的科亚（Choeac）月份的第23天第3时，当日全食发生时，在他母

* 原名为泰特斯·庞普尼亚斯·阿提库斯，Titus Pomponius Atticus。——译者注

亲子宫内受孕的；他在托特（Thoth）月份的第21天的日出之时诞生。[9]

换言之，那是公元前772年。

最早的罗马城只有3 000多点的拉丁人。[10]假如罗穆路斯要建立一个能够存活并发展的社会，不仅需要有人负责防卫，而且也需要提供人力来从事他们期望有所收获的各种贸易，那他需要更多的公民。于是，他制定了一项政策，给外来人口提供罗马国籍，该政策一千年来持续受到欢迎。

他的第一项措施，是为流亡者、身无分文者以及各种类型的罪犯与逃犯、自由民和奴隶提供避难所。很快，一群鱼龙混杂的暴民便聚集起来。（这故事和澳大利亚的开国状况有些相似。）但女性太少，与逐渐增加的男性公民不相匹配。他必须要做出某种紧急决断，以期达成一比一的性别平衡。

国王发出公告说，在"大赛马场"（Circus Maximus）发现一处地下祭坛，并决定将其奉献给专门提供建议的神明康苏斯（Consus）。[11]罗穆路斯提议举办一场壮观的祭祀，其中的表演竞赛以及娱乐将对所有人开放。这并非罗穆路斯第一次耍诡计。一旦大批观众聚集起来，人群中将不仅有罗马人，还有邻近萨宾部落的人，国王则坐在最前头。而他的就座便是信号，一大群武装之人迅速出现，挟持所有随她们家人一起前来观赏表演的未婚萨宾妇女。男人们不会受害，反而被鼓励逃跑保命。

在有多少女性被以如此方法掳获的问题上，罗马史学家无法达成一致：估计的数字在30 527到30 683之间。但有件事是清楚的，她们都是处女。

萨宾人是骁勇善战的族群，但是在采取军事行动之前，他们先派遣特使到罗马要求归还妇女。罗穆路斯予以拒绝，并提议允许罗马人与萨宾人通婚。接下来发生了三场非决定性的战斗，最后，在一位被称作提图斯·塔提乌斯（Titus Tatius）的将军的领导下，萨宾人入侵罗马，攻占卫城山丘（Capitol Hill）。一位年轻的罗马姑娘塔尔皮亚（Tarpeia）背叛了她的同胞，在夜晚开启一道城门，作为回报，她将获得"萨宾人左臂上携带的任何东西"。她意欲得到的是萨宾人佩戴的金臂章，但事与愿违，萨宾人虽喜欢背叛行为，但不喜欢叛徒，他们用左臂上的盾牌将她压死。卫城山丘地区有一个非常陡的悬崖被命名为"塔尔皮亚石"（Tarpeian Rock）。凡被定罪为谋杀或叛国的人（还有那些有严重肢体或心智缺损的人）都被从该处抛下，坠崖而死。

在罗马山丘间泥泞的山谷（现今的"罗马广场"）中发生了一场战斗。罗马人屈居下风，撤退到帕拉丁山丘。罗穆路斯头部被一块石头击中，但仍奋力站起来，向他的人马呐喊要守住阵地。他们在"神圣大道"（Via Sacra）旁的一块地方坚守下来，之后在该处兴建了一座神庙，用来对"稳住阵脚的朱庇特"（Jupiter the Stayer）表示感激。* 战争形势开始逆转，罗马人推进到了如今维斯塔神庙所在之处。

此刻发生一件超乎异常之事。萨宾妇女从各个方向涌入山谷，她们之前曾被掳走，被迫结婚，但现在接受了命运。她们使自己置身于战斗双方之间，强迫战争结束。于是条约签订，罗马丈夫承诺要以适

* 希腊罗马诸神之名，常会结合"祭祀名"（cult name）出现，这祭祀名强调神明的某一面相，在祭典仪式中被强调。此处便是朱庇特在战争时的面相。——译者注

当的敬意对待他们的萨宾妻子，所有希望继续维持婚姻的人，将如愿以偿。大多数妇女留了下来，没有离去。

罗穆路斯（他依循旧有的政策）和萨宾人做出一个甚至更加激进的决定。他们同意将两个国家合并，所有萨宾人将被给予罗马公民身份和平等的公民权利。塔提乌斯与罗穆路斯成为共同的统治者。

罗穆路斯是个顽固任性的人。身为国王，他希望能够随心所欲。和他共享王位的人在五年后过世，罗穆路斯从那时起便单独统治。他的成就有两方面。首先，他建立了行政体系的基本形态。国王领导军队及司法，并创立一个（或许只是临时的）委员会——元老院——作为咨询机构，该机构最大容纳两百多人。这些元老院成员出身世家贵族，是国家的“父亲”（*patres*）。他们享有重要的宗教特权。只有他们才能够成为祭司，而且由他们执行主要祭典。他们有权征询神意，并决定每年的历法，包括许多的神圣节庆之日，而在这些时日是不得执行公务的。他们也在国王死去后的王位虚悬时期负责监督，并组织王位继承人的选举。

公民则依据血缘关系分为三个部落，其中两个由拉丁人和萨宾人组成。每个部落选出一位护民官（tribune）来代表其部落的利益，并在战争时期统率部落征召的战士。而这三个部落又依序分为十个“区域”（*curia*），各自依照30位被挟持的萨宾妇女来命名。它们构成了一种民众的集会——“区议会”（*Comitia Curiata*），它以“区域”为单位，对国王或执政官提交至其面前的议案进行投票。一个区域又再度细分为十个氏族（*gentes*）。当考虑提案时，这些氏族组织会各投下一票，然后再依据多数票来决定这一区域的投票结果，然后这些多数票最终决定区议会的议决结果。

在古典时代早期，地中海的城邦往往偏向直接民主，公民聚集在大会之中决定所有重大事件，一人一票；或是偏向寡头政权，由少数人组成的统治阶级负责治理国家；或是偏向王政或僭主制（tyranny，源自*tyrannos*，即希腊文的“独裁者”，但不必然是贬抑之词）。它们经常从一种政府形态激烈地转换成另一种。罗马早期政体的有趣之处是它发明了一种虽然复杂，但颇为巧妙的安排，结合所有这三种统治形态。

如同在议会上那样，罗穆路斯在战场上同样精力充沛。他为军事侵略奠定基调，并确立了贯穿整个历史的那种罗马式集体人格。他一直和新崛起的邻国作战，扩张领土，增加人口，长达二十多年。

所有这些并不意味着国王的独断专行不会遭到挑战。他对士兵慷慨，给他们分配土地和战利品，但是随着时间过去，他在态度上越来越专断，特别是针对元老院。当他们无法达成协议时，他说道：“我选了你们，诸位元老，不是让你们来统治我，而是让我来对你们下命令。”[12]他在公开场合中的现身极有排场，戴着王冠，手持顶端有一只老鹰的令牌；他穿着紫色鞋子以及绣有紫边的白色及地长袍。[13]

在他统治的第37年，国王前往位于卫城山丘以北开阔空间的“战神营区”（Campus Martius），并在山羊沼泽地（Goat’s Marsh）附近（今万神殿坐落之处）举行阅兵大典。突然之间，一阵夹带雷电的暴风雨出现，晴空被笼罩在黑暗底下（或许是日食）。浓雾急聚，而罗穆路斯则从视野中消失。当空气重新变得清澈，他已不在王位上，事实上已经遍寻不见了。站在一旁的元老声称他已经升天。其中一两位说他已经成神，于是所有在场的人都敬颂他为神。

另一个关于罗穆路斯死亡的说法也流传下来。据说是元老院里世家贵族的成员对他的独裁统治极为厌恶，所以才计划了谋杀。他们在元老院会议进行之时将他击倒，随后将他切成碎片，每一位“父亲”在离开议院时，均在自己衣服里隐藏了部分尸体。罗穆路斯因此消失。

普通公民并不喜欢元老院，但是他们的注意力因有关阴谋的谣言而转移，如史学家李维所言，“某人精明的计谋已经使众人相信（罗穆路斯成神的）这个故事”。一位政客领袖在公民大会里声称罗穆路斯从天而降，向他显灵。罗穆路斯的魂魄说，他要人们以“奎里努斯”（Quirinus）的圣名崇拜他，并承诺说：“我的罗马将成为世界之都，所以且让我们罗马人珍惜战争的技艺。”[14] 根据罗马最早的一位历史学家记载[15]，这是相当玩世不恭的伎俩。但它无疑行得通。

罗穆路斯被神化的官方说法最为流行。即使经验老到且容易起疑的评论者，如西塞罗，都倾向于接受它。他注意到在遥远及未开化的过去，“虚构传说故事极为流行，而无知之人很容易被诱导去相信它们……但和600年前相比，我们知道罗穆路斯的寿命并没有那么长，原因是此时书写和教育已经存在很久了”。[16]

奇怪的是，对这国王过世的非官方说法竟然会在西塞罗生活的公元前44年得到怪异的再现。在这一年，他那个时代最大的独裁者盖乌斯·尤里乌斯·恺撒，被他的同僚在元老院会议中刺杀身亡。西塞罗当时出席了元老院会议，必然会对如此的巧合感到惊讶。紧接着长达七天，天空中可以见到一颗新的彗星[17]，百姓们认为这是恺撒的灵魂，恺撒就像罗穆路斯那样已经升天，加入众神之列。罗马尘世生活的终结正是恺撒封神的开始。

罗马王权并非世袭，而是由公民大会经过选举（加上元老院的参与）来确定的。大多数罗马国王彼此并无关系，甚至是外国人，或至少是局外人；这种安排带来了幸运的结果，使得元老之间免于竞争，从而使元老院作为国家体制得以巩固。

根据西塞罗记载，元老院曾经一度设法在没有国王的状况下统治，但罗马公民不可能同意。于是举行选举，努马·庞皮留斯（Numa Pompilius）胜出，这是一位来自罗马城外的萨宾人。假如说罗穆路斯是位战士国王，那他则是祭司国王。西塞罗写道，他将土地分配给每位公民，阻止盗匪行为，进而培养和平的技艺。他对宗教特别有兴趣，认为宗教是一套规范、仪式以及信仰的复杂系统，被设计用来发现神意，并确保他们能广被恩泽。在这些事情上，一位友善的水中仙女爱吉莉雅（Egeria）为他提供建议，他会在属于它的圣林之中（靠近公元3世纪所兴建的卡拉卡拉*浴室附近），向她请教，但其实他的许多创新取自伊特鲁里亚人的宗教仪式。西塞罗写道：

> 他要使正确实施仪式变得困难，但必要的道具应可随手取得，因为他规定有许多事情要牢记在心，谨慎遵循，不过要让金钱开销变得没有必要。以这种方法，他使宗教职责变得劳心费力，却并不花钱。[18]

“劳心费力”是关键词。资深罗马贵族担任公职时，会将他们的大多数时间花费在典礼仪式的相关事宜上。假如有错误发生，无论是说错或忘记词句，还是任何种类的中断，即使是一只老鼠的吱吱声，也必须重复整个冗长的过程，直到完美演出为止。有一次，一场祭祀执

* 卡拉卡拉（Caracalla），罗马皇帝，在位时间为公元211—217年。——译者注

行到第30次，祭司才完全弄对。[19]

努马的王位由图卢斯·奥斯蒂吕斯（Tullus Hostilius）继承，这位国王甚至比罗穆路斯更为好战。他统治时期的标志性事件是与阿尔巴·隆加进行长期战斗，阿尔巴·隆加由埃涅阿斯的儿子建造，而罗穆路斯及瑞摩斯正是从该城离去，另建罗马城。这冲突实际上是罗马的第一场内战。双方签署了协议，冲突的输家将无条件投降。罗马人对这种代表集体的话语至为重视，往往设计出一套繁复的宗教仪式来制定条约。国王发誓，假如罗马人民违背与外国签订的协议条文，他必将恳求众神之王朱庇特以雷电来轰击背叛者，正如他杀死作为祭祀品的猪那样。说完这些话，他便以尖锐的燧石击杀那头猪。

为了避免全面战斗以及所有随之而来的伤亡，双方决定由两边各自的三胞胎兄弟进行对决：阿尔巴·隆加方面是库里亚提（Curiatii）家族，罗马方面是荷拉斯（Horatii）家族。在战斗中所有库里亚提的兄弟皆受重伤，而荷拉斯兄弟有两人阵亡。存活下来的普布利乌斯·荷拉斯（Publius Horatius）接着杀死了所有敌人，逆转战局。库里亚提兄弟因为伤势而彼此分离，所以普布利乌斯得以将他们各个击破。

此时此刻，普布利乌斯成为英雄，他行军返回罗马，带着他的战利品：三位死者的武器装备。在城门处他受到自己妹妹的欢迎，而她恰好婚配给库里亚提兄弟中的一位。所以，当她注意到普布利乌斯正拿着丈夫的外袍，她披散长发，泪水喷涌而出，高声呼唤她爱人的名字。

普布利乌斯在盛怒之下，拔剑刺向他妹妹的心脏。“带走你女人的爱情，将它送给你地狱里的爱人，”他咆哮着，“所有为敌人哀伤的女人都得去死！”[20]

他因为杀人而被判死罪，但是公民大会宽恕了他，他们拒绝处决一位民族英雄。然而他还是必须做些事情来消解如此恶名昭彰的罪行。荷拉斯家族必须要进行赎罪的仪式。一根木桩悬挂在普布利乌斯的必经之路上，他必须蒙头在底下走过，作为屈服的象征。

有两段回忆录存留下来，一般认为它们记载了这件事。李维的回忆写于公元前1世纪末，他评论道：

> 这木头仍然可见——不时会以国家经费来更换新的——而且被人称为“妹之木桩”。被杀害的少女的坟墓是用粗石料所建，立在她被刺死的地方。[21]

对西塞罗和瓦罗这样的人来说，罗马是个进行伟大及恐怖事件的舞台。现在的人会被那不复可见的行为所激励和鼓舞，那些行为属于一个光荣的过去。荷拉斯做了一件非常“罗马”的事：他犯下一个不是展现邪恶，而是展现勇敢品德的罪行。就这件事而言，是那勇敢中高贵的愤怒。

与阿尔巴·隆加的战争激起的不只是个人的愤怒，而且是集体的。在恢复敌对行为之后，战争最后以罗马胜利而告终。敌人被带到罗马，而且正如之前被击败的敌人一样，他们被授予罗马公民身份。但是他们的城市被摧毁。李维写道，“每栋建筑物，无论是公是私，皆夷为平地。[22] 在一个小时之间，400年的成果完全毁灭”，就好像阿尔巴·隆加从未存在过。罗马会彻底消灭敌人的城市，来充分释放恐惧带来的仇恨。但这不会是最后一次。

有两种方法可以横渡台伯河。人们可以行走或驾车穿过一处通向“台伯河岛”（Isula Tiberina）的津渡，然后再经由另一处津渡到达河的对岸。但这并不是非常方便的，而另一种途径则是盐商在往来河口的盐田时经常会使用的渡船。

图卢斯的继任者安库斯·马尔西乌斯（Ancus Marcius）的成就之一，便是建造罗马第一座桥——苏布里起亚斯桥（Pons Sublicius）[23]，来取代渡船。这桥是用木材打造，而且因为某种已失传的仪式禁忌，在建造时严格禁止使用金属。它的维修保养由罗马最具领导地位的祭司们（*pontifices*，意为“造桥者”）来负责。这座桥经常被洪水破坏，所以重建便成为一项宗教职责。这座桥延续将近千年，可能直到公元5世纪才被移除。

宗教也介入宣战的过程中。罗马人相信假如他们找借口来发动战争，必将引起神明愤怒。因此战争理由必须正当。安库斯·马尔西乌斯被认为设计出一套标准仪式，确保罗马会站在有理有据的立场上。

当进攻和开战理由确定下来，一个代表团的首领（*pater patratus*，意为“负责的父亲”）会由三位同僚陪同，他们皆从宣战祭司团（fetiales）中选拔出来，前往他们要讨回公道的那个国家的边界。他会以羊毛呢帽蒙头，宣布说：“请听我说，朱庇特！听我说，某某地方！我是罗马人民授权的代言人。我是以他们特使的身份，以正义及宗教之名前来，请相信我说的话。”他之后详列对方罪行的具体细节，并且召唤朱庇特来见证，最后总结道：“假如我提出要赔偿的人或东西违反宗教及正义，那我不再是我国家的公民。”

之后使节团越过边界，而“负责的父亲”会重复这种说法给第一位他遇到的人（或许多少会受到惊吓），然后在城门前再说一次，而最后一次是在对方的集市中。假如所提要求在30天之内未被接受，他会前去正式宣战，不仅召唤众神的领袖，还会召唤城门之神，召唤自上而下所有神明："请听我说，朱庇特；请听我说，雅努斯和奎里努斯；请听我说，所有在天上、地上以及地底下的神明：我呼唤你们来见证，某某地的人民是不正义的，拒绝赔偿。但是关于这些事，我们将会征询我们国家的元老，要如何讨回我们的公道。"[24]

假如他们的诉说未被接受，那么使节团会回到家中，与元老院讨论形势。每位成员都会被征询意见，典型的回答是："我认为这些事要以公正及合法的战争来解决。"假如大多数人同意，其中一位宣战祭司便会回到敌国的边界，正式宣战。他会投掷一只标枪，使其越过边界，象征敌对行动已经开始。

后来，当罗马的疆域扩大，此类程序变得越来越难以执行。于是城市里的一块土地会象征性地被指定为敌人的土地，好让标枪可以投进去。一位特别任命的元老则取代宣战祭司。但是必须确保战争是正义的，至少在理论上如此。

安库斯·马尔西乌斯也将阿文丁山丘及凯利乌斯（Caelian）山丘并入罗马，扩大城市范围。他修建起位于台伯河口的奥斯提亚港（Ostia），这是罗马正在发展贸易的明确迹象。

位于帕拉丁山丘的小小聚居区，开始逐渐壮大起来。

第3章

驱逐暴君

在罗马北方居住着一个神秘但高度文明的民族。他们是伊特鲁里亚人，而他们的家乡伊特鲁里亚（Etruria）大约是在今天的托斯卡纳。他们最早在公元前900年到公元前800年之间出现。他们的语言用一种希腊文字的拼写方式，但并非地中海及中东社会大多使用的印欧语言的一种，因此尚未被解读出来。这语言的起源直到今天尚不可知。

事实上，我们也仍不清楚究竟伊特鲁里亚人出自何处。有些人说他们来自吕底亚，一个土耳其沿岸的王国［该处稍后在6世纪时由克罗伊斯（Croesus）统治，变成巨大财富的代名词］，由当时的王子第勒努斯（Tyrrhenus）所领导。希腊文的伊特鲁里亚是“提伦尼亚”（Tyrrhenia），这说法相当可信。曾经长达数百年，意大利半岛相当于古代世界的美洲，是一个开放给一拨又一拨殖民者的新世界。勇于创业冒险的腓尼基人及希腊商人往返于海洋，寻找商机。贵族们视自己为一个跨国性的阶级，彼此横跨国家界线来形成人脉网络。所以一支吕底亚（或更广泛地说，亚洲）的军队并不是不可能入侵意大利，正如威廉公爵及他一小群诺曼骑士跨海去占领盎格鲁–撒克逊的英格兰。

想象一个民族熔炉，在其中的本土居民由于希腊及腓尼基美学风格、新式冶金技术，以及先进城市规划知识等的浇灌，人口不断扩充，这想法确实诱人。然而现代学者有更多疑问，认为这是由一群村落社群，经过缓慢且自发性的发展，逐渐形成小型城邦组成的松散联盟。其他人则双手一摊，不再加入辩论，认为这问题相当于赫库巴（Hecuba）的母亲名字是什么一样，“既无法知道，也不值得知道。”[1]

伊特鲁里亚社会到公元前 8 世纪时，不知以何种方法，已经从简单朴的农夫社会，而变为商人及工匠的社会。他们被组织成一个联盟，而每个成员城邦由国王所主宰，他以相当规模的排场来统治，身穿紫色衣袍，头戴黄金顶冠。他有手持束棒（fasces）的随从保护，这束棒是一支棍杖环束单面斧钺的仪杖。伊特鲁里亚人在军事上积极活跃，在意大利中部和北部建立一个有相当规模的帝国，北方远及波诺尼亚（今日的博洛尼亚），南及坎帕尼亚部分地区。然而罗马似乎保持独立，虽然它深受伊特鲁里亚艺术及建筑的影响，但特别在宗教行为上如此。

伊特鲁里亚人，根据李维记载，“对所有类型的神圣学问都极为精通，比其他民族都更关切宗教事务”。[2] 他们的教条被记录在一系列的书籍上，他们的罗马学生对其善加利用，称之为“伊特鲁里亚学”（*Etrusca disciplina*）——这涵盖了诸如观察动物内脏，诠释雷声及闪电形态，还有“关于建立城市、祭坛及神庙祝圣的规定，有关城门的法律，有关部落、区域及百人军团（*centuriae*）划分的方法，以及所有其他关于战争与和平的议题”。[3]

每件普通事件或大事都隐含秘密及神圣的意义。[4] 看似无辜的动物或植物都隐藏着无法预期的威胁或是希望。所以，例如说，有些种类的树木是不吉利的，是在地底下邪恶势力的保护之下成长的。多花蔷薇、蕨类植物、野梨、黑无花果（black fig）以及任何会产生黑色果实或浆果的树丛，只要看到它们发芽，便必须将之拔除及摧毁。相反月桂会带来好运。孕妇的梦境可以预言胜利或灾难，用于祭祀的动物内脏的任何异常情形也可以预言。人们发现了一个铜制肝脏模型上面分割为44个区域，标记神明的名字，显示出在伊特鲁里亚的宇宙里每位神明被分配到的位置。天象需要特别留意。暴风、降雨（特别是有不寻常颜色或是规则的）、彗星以及鸟类及蜂类的飞行，都需要谨慎研究，需要专家诠释。伊特鲁里亚贵族被训练为“占卜者”（*haruspices*），而且在罗马的整个历史中被广泛需要。

伊特鲁里亚人以棋盘方格规则来规划他们的墓地及城镇。在他们的鼎盛时代，富人坟墓是由生前所住房舍改建过来的，包括通道及房间。所有类型的家庭器具均被纳入其中。在一位身份显赫的女性的墓室之中，考古学家发现，

> 黄金饰品，装油膏及香水的小梳妆瓶，模仿木箱而造来储存小饰物的陶制有盖圆盒（*pyxides*）……所有这些东西原本只会献给一位生活在阳间的女性。但与这些物品在一起的是不可或缺的厨房用品：薪架（放着燃烧木头的铁架）以及铁串，一个有三角架支撑的煮锅。还有一整套的晚宴餐具，这正是礼敬逝者的丧礼飨宴所要用的：瓶具、双耳罐（两个把柄的瓶罐，可以装酒或油），用来取水或是混酒的器皿，酒杯以及餐盘。[5]

墓室里颜色鲜艳的壁画描绘了伊特鲁里亚人的日常生活。虽然有

时会描绘骇人的地狱妖魔鬼怪，但它们大部分是以人生多么美妙的方式，让人想起种种的生活快乐：飨宴、年轻人载歌载舞和演奏音乐、赛马、钓鱼、摔角以及其他运动。

古代世界里读者最广泛且有影响力的历史学家之一塞奥彭普斯（Theopompus），对伊特鲁里亚风格的性爱交合，留下一个直白得或许有些过于露骨的描绘。[6]显然，女人一丝不挂地来运动健身。他写道，她们十分健美姣好，但喝酒太多。孩子是由女方家人抚养的，无论他们的父亲是谁。男人会在一些有如理发厅一样平常的设施里，对身体涂蜡除毛。

> 他们一点都不以性爱为耻，所以当一家之主在进行性爱时，如有人要找他，他们便会说："其正在和某某做爱"，直接指名道姓，一点都不尴尬。当家庭或朋友们举办宴会，他们会借此发生关系：首先，他们喝完酒之后准备上床，而火把仍然亮着，仆人会召进妓女、俊美男孩或他们自己的妻子。当他们已经享受过女人或男人之后，他们会让健壮魁梧的年轻人和男人睡在一起。他们做爱，并且在众人面前充分享受快乐，但通常会在他们的卧床上放置包覆起来的树枝，上面可以披挂斗篷。他们经常和女人进行性爱，但通常和男孩及年轻男子发生关系时更为享受。

有证据显示女性在伊特鲁里亚社会里是受尊敬的成员。她们既有自己的名字，也有家族姓氏，不像罗马社会里的女性同胞。墓室的壁画显示出妻子可参加晚宴，这种事会让希腊人吓一跳，也会表现快乐的婚姻。这与普遍放纵并没有必然的冲突，而且塞奥彭普斯以限制级的陈述确认了女性的相对独立。

一个陌生人正是从这种在智识上和文化上占压倒性优势的社会出发，抵达罗马，并赢得王位。令人惊讶的是他甚至没有伊特鲁里亚人的血统，而是一位被科林斯流放的希腊贵族之子。科林斯在当时希腊世界是个强大且著名的城市。

希腊是个充满小型的激烈竞争城邦的"疯人院"，而科林斯是当时最为富有的国家。位于连接希腊大陆以及伯罗奔尼撒半岛的狭窄地峡之上，其作为国际港埠，在地理位置上极为理想，它的商人向东与小亚细亚，向西与意大利进行贸易。科林斯的陶瓷器及香水闻名于地中海各地，并且在伊特鲁里亚上流社会中获得极大需求。

这座城市是由一个叫巴奇士家族的统治世族来经营管理的，但是在公元前620及前610年之间，他们被一位异见分子推翻。[7]这个人是库普塞鲁斯，他自立为受人民支持欢迎的领袖；他是位僭主，反对贵族，并以下层人民利益的名义来统治，特别是小农。他没收敌人财富，并扩大群众的民事权利。

巴奇士家族激烈地抗拒对他们的放逐，因此有许多人被处决。其中有个逃离这种血腥屠杀的人叫狄马拉图斯（Demaratus），一位富有的商贾贵族。他曾航行到伊特鲁里亚，已经在那里经营商业关系，所以他这次携带财富及庞大随从前来，包括一位知名画家和一些陶瓷工匠。他在伊特鲁里亚的城市塔克文尼（今日的塔尔奎尼亚），或者也可能在邻近的卡瑞，占有一席之地，并且生产科林斯风格的陶瓷器。他受到热烈欢迎，地理学家斯特雷波（Strabo）甚至声称狄马拉图斯成为城邦的统治者。[8]

这种跨国生涯或许并不如所想象的令人惊讶。碑铭透露出在伊特鲁里亚有希腊、拉丁以及意大利裔的高阶官员出现。一个人的财富以及家世比其对某特定社群、城邦或国家的忠诚来得更为重要。

狄马拉图斯娶了一位当地贵族女性，后者出身高贵但是贫穷，他们生有二子，阿伦斯（Aruns）和路克摩（后一个名字或许是个错误，因为它与 *Lauchme* 即伊特鲁里亚文的“国王”相近）。狄马拉图斯依据希腊教育系统传授孩子所有的技艺。当路克摩长大之后，他移民到罗马。在那里他幻想一位精力旺盛如他的人，或许会比在自己家乡发现更多的机会来改善自己。他将名字改为卢修斯·塔克文（Lucius Tarquinius），他后来被给予一个额外的头衔“较长者”，来和隔代的另一个塔克文相区分。对西塞罗而言，塔克文的到来是个历史转折点，因为他将希腊观念及器物带入一个偏远落后地区：从对世界那种无穷无尽的好奇到政治理论，从美丽陶瓷器到荷马诗篇——史诗《伊利亚特》及《奥德赛》，被认为是美好及勇敢生活的权威指导。特别是这些文化成就对罗马人来说都洋溢着更高尚文明的光彩。西塞罗说道：“那从希腊流入我们城市的确实不是条小溪流，而是条文化及学问的大河。”[9]

卢修斯·塔克文移居罗马的决定得到他高贵出身的妻子塔娜奎尔（Tanaquil）的支持。她厌恶别人对她和外国流亡人士的婚姻所表现出的那种势利和轻蔑。她感觉在罗马这种没有旧家族的新城市，必能得到她所应得的尊敬。

当这对夫妇从塔克文尼出发，乘坐一辆有车盖的马车，在离罗马较远的台伯河一侧，离新桥不远的贾尼科洛山丘，她的乐观得到极大的鼓励。一只老鹰在他们上方盘旋，然后俯冲叼走塔克文的帽子。这只鸟飞到空中，然后再度俯冲，而且很灵巧地将帽子戴回物主的头上。塔娜奎尔就像大多数的伊特鲁里亚人那样，是位诠释征兆以及异象的专家，她认为这是她丈夫即将走向伟大的迹象。

她无须等待太久便证明这是对的。一位富有如卢修斯·塔克文的人到达这座城市，会吸引许多注意，所以他被引荐给国王。塔克文亲切温和，博学多闻，具有极大的个人魅力，所以很快便成为一位值得信赖的朋友和顾问，并且资助了国王安库斯·马尔西乌斯的军事征战。[10]

这国王育有二子，他们即将成年，并期待会继承王位。塔克文却有不同想法。在安库斯·马尔西乌斯过世时，根据国王遗嘱，他被任命为这两位男孩的监护人。他立即派他们出去进行狩猎。在将他们摆脱掉之后，他说服公民大会选他成为新的国王。

就像他的前任那样，塔克文与邻国交战，并且击败伊特鲁里亚城邦的联军。罗马大胆进取，逐渐成为一支不可等闲视之的力量。它增加的财富来自军事上征服邻国、扩大领土以及扩大公民基础。掠夺让城邦致富，而许多重要建设计划亦开始着手。这些建筑包括罗马“大赛马场”，坐落在阿文丁山丘及帕拉丁山丘之间。国王在战争期间曾发愿要在卫城山丘建设一座神庙给最伟大的朱庇特，而现在他要兑现承诺。在城市防卫有漏洞之处，他便修筑城墙，这是用小心切割出的巨大方形石块来建造的。

塔克文是罗马第一位举行胜利游行的指挥官，这是种军事游行，用来庆祝胜利。他进入城市时，在军队前面行驶着四匹马拉的战车。他穿戴华丽衣物并佩戴印绶，这包括一件衣身为紫色、布满黄金的托加袍（toga）和短上衣，一顶在黄金上镶有珍珠宝玉的王冠，以及一支象牙令牌和座椅。他的脸孔涂抹朱砂（红铅，如果作为日常用的化妆品便会中毒），将他的五官染红如卫城山丘上的朱庇特神像。就像一位伊特鲁里亚国王，他有十二位执束棒的仪杖官，这是他能惩罚及处决的权力象征。

所有这些权力的象征是一位依赖人民支持的独裁者具有自信的自然表现，豪华壮丽，既吸引人，但也令人敬畏。我们或许会怀疑，这些罗马世家贵族，这些从罗穆路斯时代就流着古老血统的人，面对一个意大利版的希腊僭主，究竟是否会比面对库普塞鲁斯的科林斯的巴奇士家族更热烈欢迎和崇拜他们的国王。当塔克文要在世家贵族之外去征召额外的100名元老时，他确实是想削弱他们的地位的。

他也在军队中扩大骑兵（*equites*）的名额，这些公民富有到负担自己的战马，所以代表一个非世家贵族的权力核心。他设法借由将他们登记到公民大会里三个新的“部落”或者说投票团体之中，来强化他们的力量。一位世家贵族的领导人物内维厄斯（Nevius）反对这一改革。国王被激怒，决定报复。

内维厄斯是位占卜官，是负责诠释飞鸟踪迹的祭司。塔克文想揭露他是个骗子，没说半句真话。他召唤内维厄斯到他面前，并且说：“我心中有个计划，希望了解这是否可行。请替我占卜吉凶，然后迅速回来。我将静坐在此等候你。”

这占卜官按吩咐去做，并回报说他已经取得吉兆，所以这计划是可行的。“关于神意，你公然说谎，将自己定了罪，”国王扬扬得意地说，“我要知道假如我以这把剃刀来撞击这块磨刀石，究竟能否将它切成两半。”这事情显然不可能，旁观的群众因此大笑。

内维厄斯毫不在意，回答说：“去做，击下去，您会将它切成两半。如若不然，我将会接受您选择的任何惩罚。”塔克文照做了，铁竟如此轻易切开石头，刀子反而弄伤握住石头之人的手。

国王很明智地承认失败。他取消原来的改革计划，并且在市民广场立下一尊崇内维厄斯的铜像，作为对他成就的认可。哈利卡纳苏斯的狄奥尼修斯回忆说："这塑像直到今天还在。它立在元老院之前，靠近神圣的无花果树。它比真人小，而且头上蒙着一件披风（像一位正在进行祭祀典礼的祭司）。磨刀石及剃刀据说埋在不远处的祭坛之下。"[11]

塔克文没去动安库斯·马尔西乌斯的子嗣。在这几年间，他们受委屈的感觉逐渐增加，并且不时密谋要对付塔克文，但没能成功。因为塔克文始终对他们的父亲怀有忠诚，所以他通常都会原谅这些罪行。有次当内维厄斯毫无征兆地突然从城中消失，马尔西乌斯的两个儿子理所当然地认为其中必然有阴谋，而国王必须负责。他们资助几群贵族指控塔克文谋杀。他们说，这种人不该被允许担任国王，玷污他主持的宗教祭祀。更糟的是，他"不是罗马人，只是某个新来的人，没有国家的人"[12]。

塔克文现在是位八十几岁的老人，前往市民广场，积极为自己辩护，来反驳指控。群众支持他，将这些指控看作谋图私利的毁谤。马尔西乌斯的儿子向国王道歉，他如往常一样原谅他们。三年过去，没有事端，所以他们又开始新的阴谋，惹是生非。

他们将两位最大胆的共谋者打扮成牧羊人，配备毫不引人注目的镰刀，并指示他们该做什么、该说什么。然后，他们在正午时被派往王宫。当这两人接近大殿时，他们假装陷入争论，并且开始斗殴。像是来自乡下的一群人聚集起来，开始为争吵叫好助威。

最后塔克文下令将这两人带到他面前。他们假装这争执是有关一些山羊的，然后彼此对骂，完全词不达意。在这种把戏引起阵阵笑声之时，他们突然攻击国王，其中一人以镰刀攻击国王的头部，造成致命一击。杀手来不及捡起凶器，夺门而出，但是被仪杖官逮住。在酷刑之下，他们透露出阴谋的主使者（已经逃走流亡），然后被处决。

国王已经死去，但这政权有能力应付危机。皇后塔娜奎尔关闭宫门，将所有见证之人全部逐出。她接着派人去取药，宛如塔克文仍然在世，并且匆忙召唤她的女婿来做紧急咨商。

这人是塞尔维乌斯·图里乌斯（Servius Tullius）[13]，关于其出生有不同的传说。流传最广的说法认为，他是一位王后的女奴隶之子[14]；他的父亲记录不详，也许很快便被遗忘。西塞罗写道：

> 虽然他是以奴隶身份被抚养长大，并且在国王餐桌旁服务的，但是天才的火花即使在他年轻时候便已闪现，使他无法不被注意到，因为他的每项职责以及所说的每个字都显示出不凡能力。因此亲生孩子仍然年幼的老塔克文变得如此喜欢塞尔维乌斯，他甚至被大家认为是老塔克文的儿子；国王依照希腊人最为谨慎的做法，耗费极大心血让他去接受他自己曾经接受过的各种教育。[15]

种种吉兆也增添了这男孩给国王和王后的好印象。有人报告说，当塞尔维乌斯的母亲在宫殿的灶火之处进行祭祀时，发生了一件非常惊人的事。一只阳具从灶中升起，然后塞入她的身体。她告诉塔娜奎尔所发生的一切。王后立即感到是某个神明促成此事。她观察这女人的身孕，并设法为这婴儿的神圣父亲保守秘密。这并非易事，因为征兆持续显现。有一次当小孩睡觉时，他的头部着火，但他丝毫不受损伤，而且人们偶尔之间会在他的头部周围看见光晕。通常见解是他父亲必然是火神武尔坎努斯（Vulcan）。

塔娜奎尔建议自己的丈夫说，年轻的塞尔维乌斯明显大有前途（要强过他们自己的孩子）。于是他们将这男孩当作自己的孩子抚养长大。塞尔维乌斯成年后，又在适当时机娶了国王的女儿。

在塔克文被谋杀之后，他的遗孀建议塞尔维乌斯·图里乌斯夺取王位。在宫殿之外，群众呐喊推挤，所以她在一楼的窗口，做了简短演讲。“国王被突然的一击震昏，但凶器并未深入体内”，她宣布说，“他现在已经恢复意识，血渍已经被擦净，而头部也已经检查过。我向你们保证你们将会很快看到他。与此同时，每个人必须服从图里乌斯，他将主持正义，履行国王职责”[16]。

在接下来的几天，塞尔维乌斯担任摄政。这给他足够的时间去强化自己的政治地位，并指派一支强大的卫队。当一切都准备妥当，宫殿里传出悲悼的声音，表示塔克文死去。虽然塞尔维乌斯尚未得到公民大会的认可，但他对王位的主张得到元老院的支持。所以从那时起，他在名义上及实质上都开始以国王身份行事。他小心地去赢得人民的支持，并且很精明地将他的两个女儿嫁给死去国王的两个儿子，卢修斯及阿伦斯，希望借着这种谨慎，避开他前任所遭逢的命运。

塞尔维乌斯·图里乌斯就像后来罗马历史中的伟大人物，虔诚地相信自己的运气。[17]他声称自己与“命运女神”（Fortuna）有特别的关系，[18]塞尔维乌斯在整个城市里奉献许多神庙，其中一个古代神庙位于“公牛广场”（Forum Boarium，一个有四条街道相会的交通要冲，这是因为一尊牛的铜像而命名，而不是因为其为买卖牛的地点），或许就属此类。女神据说会在夜晚与他相会，从窗户爬进他的卧房。他或许是在进行一个叫“神圣婚礼”的仪式，统治者据此仪式在神庙中与女神交合，这使其权威具有合法性，并确保其国境之内的丰饶及福祉（很自然地，一个女奴或是神庙里的妓女会代替女神）。

认为罗马在其历史早期阶段是原始社会，那是错误的。城邦国家如罗马无法在没有普遍识字率的基础下——无论如何至少在精英阶级之中——进行发展。塞尔维乌斯·图里乌斯主要以其对国家进行大胆改革而知名。这些绝对要依赖当时的信息技术，这不仅只是书写（包括字母及数字），而且还有能够将资料储存在档案之中，以及为种种不同目的而取得资料并加以利用的技术。否则由中央来处理军事及政治活动几乎不可能，而且罗马出了名的复杂政府机构的建立，也不是件容易事。

国王废除罗穆路斯所建立的 3 个原始部落及 30 个“区域”，代之以完全根据地理位置来考虑的部落：包括 4 个城市，加上一些周围乡村地带。每个部落均由一位资深官员或是“统领”来治理，负责组织地方防御、缴纳赋税以及军事征召。

部落也进行固定人口普查。为计算人口数量，一种巧妙的方法被发明出来。每个部落的统领都会进行某种祭祀以及庆典活动，而每个人都会被要求为其中开销做出捐献。男人捐出某种币值的钱币，女人则是另一种，而小孩又是第三种。以这种毫不费力的方式，便能根据钱币的总数，判断部落成员中不同年龄和性别的数量。

所有罗马人都必须去登记他们以及父亲的名字和年纪，还有他们妻子及孩子的姓名。他们要在宣誓后，为他们的财产报一个数额。任何人被发现虚假申报的话，他的所有资产会被没收，本人被卖为奴隶。

塞尔维乌斯·图里乌斯甚至以更为精巧的方式来设计一个系统，同时控制公民大会的投票和公民的军事责任。这个设想既要维持民主的价值，又给予富人更大的投票权力，富人在军队里服役的同时，要承担相当分量的财务负担。

这如何做到？我们以“百人团”（*centuria*）这个词为例，就其字面而言是有100个人的集团（虽然在实际上不一定有这么多）。这是军队里主要作战力量“军团”的最小单位，60个百人团或多达6 000人的队伍构成一个军团（到公元2世纪时，这一数量缩减为4 200人到5 000人之间）。百人团也是公民大会里的投票单位。共有18个骑兵百人团，170个步兵百人团。步兵根据财富以及支付武器费用的能力，分为五个等级。最富有的第一等级装备有80个百人团，第二、第三及第四等级各有20个，而第五等级则是30个（非战斗人员如号手以及木工则分配到这五个等级中的其中一个）。在每一等级中的所有百人团里，年龄在47岁到60岁之间的士兵以及年龄在17岁到46岁之间的士兵各占据一半。年龄差距的范围在第一个等级比在后面的等级中更小，这样安排是强调年纪及经验的重要。最后，任何人的财产若低于某个最低标准，则单独登记，不允许加入军队。

当公民大会投票时，每个百人团先从自己团体里投票选出一人，再为某个议案投一张赞成或反对票。计票从第一个等级开始，依序下来。只要一方达到多数，投票便停止。这种安排意味着富人比穷人控制更多的百人团。的确，较低等级的百人团发现它们很少有机会进行投票。

富人在公民大会中的权力超过其理应获得的，但他们在战场上也负担较多的责任。他们要接受定期征兵，担任重装步兵，所以必须购买昂贵的装备（铜制头盔、护胫、胸甲以及长枪和刀剑）。较低等级的人以轻装突袭的形式来战斗。塞尔维乌斯改革是金钱政治的，亦即它们是一个有产阶级的宪章。其中的想法是，城邦内只有那些有许多资产会失去的人，才会做出谨慎以及周全的决定。不用说，世家贵族不满这些改革，因为他们在政治上的优势是基于出身，而非财富；他们主张享有竞争权力的绝对资格。

对数百年之后的西塞罗及温和的保守人士来说，塞尔维乌斯·图里乌斯是罗马的第二位建立者（*conditor*），因为他发现驯服民主的革命力量的方法。“（国王）执行的是共和国之中应当一直遵守的原则，即最大多数的人不可拥有最大的权力，”他肯定地说道，“虽然没有人被剥夺投票权，但多数的票在把国家最高利益看得最重的人的手中。”[19]

根据李维的记载，塞尔维乌斯的普查计算出约 80 000 名公民，也就是能拿起武器捍卫国家的成年男性。[20] 这是相当大的数字，而且国王扩大罗马城的“城界”，即城墙或城垣范围内的神圣地带，并以一段绵延不断的城墙来容纳逐渐增多的人口以及在罗马城之内的七座山丘。这伟大的塞尔维乌斯防御工事部分留存至今（时间其实是错误的，事实上这些城墙是在 4 世纪末才修建的，在那之前，罗马没有足够的防卫措施。塞尔维乌斯·图里乌斯或许只不过修建了一些大致可用的防御土墙）。

这人口普查数字同样有问题，所以现在学者提出在公元前 6 世纪末的人口约为 35 000。[21] 尽管如此，仍可以送出一支超过 9 000 名役龄男子组成的军队，换言之，即一个 6 000 人的军团，外加 2 400 百人的轻装部队以及 600 名骑兵。按当时的标准，这是不可小觑的军队。所以罗马是一支必须要谨慎应对的重要力量，甚至有记载说塞尔维乌斯针对强大的伊特鲁里亚人发动了一场战争，其中包括进攻维爱（Veii）这座伊特鲁里亚联盟中最富有的城市。

前任国王的后代又再度为现在的统治者带来麻烦。如我们已经了解的，塞尔维乌斯设法借着让老塔克文的儿子娶他的两个女儿来确保他们的忠诚。但这两对结合都不是快乐的。较长的儿子卢修斯是个火暴浪子，积极求取王位；他的妻子敬爱自己的父亲，尽其可能地安抚自己的丈夫。相形之下，第二个女儿则鄙视自己的丈夫阿伦斯，后者是一位爱好和平的年轻人，所以，她很强烈地悔恨自己没被许配给卢修斯。

第二个女儿可称"麦克白夫人"的原型，她安排了与卢修斯的秘密会面，她责备他缺乏野心，鼓励他设计来对付她父亲。第一步先成他们两人之间的好事，分别除掉自己的配偶，没有任何假装的哀悼，并且不顾年迈的塞尔维乌斯的反对，结为夫妻。

之后这对新人便着手实施主要行动。

当预感时机到来，卢修斯便带领武装侍卫强行进入市民广场，进军元老院，径自坐上王位（这被称为"官椅"，是一种华丽的座椅，镶有象牙饰片，有X形交叉的椅脚，两边低扶手，没有靠背），并命令司仪召集元老来晋见"国王"塔克文。他接着发表长篇演说，攻击塞尔维乌斯。根据李维的记载，主要的指控是：

> 他自己出身卑贱，用卑鄙手段加冕，他与自己出身的下流社会中人交朋友；他厌恶他自己无法企及的高贵地位，他剥夺富人的财富，并将其赠予游民。[22]

换言之，就像老塔克文一样，塞尔维乌斯是希腊风格的僭主，世家贵族的敌人。正如他自己曾极力强调想成为僭主，也许他自己也会承认这些指控。

当塔克文正在讲话时，国王被告知了正在发生的事。塞尔维乌斯极其愤怒，但也有所警觉，匆忙前往罗马广场，并在元老院前厅打断正在说话的人。

> “塔克文，这是什么意思？当我还活着时，你竟敢召集元老院，坐在我的位置上？”
>
> “这是我父亲的座椅。国王的儿子比奴隶更适合继承王位。”

接着一阵混乱，随后是敌对的呼喊。暴动的乱民冲到元老院。塔克文已经走得太远，无法回头。他身体强健，拦腰将老国王举起，将他从路口的台阶投掷到罗马广场，转身回到元老集会之处。在此期间，塞尔维乌斯的随员逃跑，留他独自一人，没人随侍。他受到惊吓，在走回宫殿时，一些塔克文的人捉住并杀害了他。

据说这谋杀是在他女儿图里雅授命下完成的。她搭乘一驾马车前往市民广场，将她丈夫从元老院叫出，并头一个对他致意，如对国王一般。塔克文建议她回家，因为在人群中或许会相当危险。所以她离去，李维如此写道：

> 在“柏树街”的尽头，在那里立有一座狄安娜的神庙，直到近期还保存完好，她的驭者正在右转爬上“欧比亚斯斜坡”，前往埃斯奎里（Esquiline）山丘，在那里驭者突然恐惧，立即将马车停下，并指向躺在路上被割裂的塞尔维乌斯的尸体。接下来发生的是一件如野兽般惨无人道的行为。历史会以街道之名（罪恶街）保存其中的记忆。故事是这样的：这疯狂的女人……让马车直接从

她父亲身上碾压过去。尸体喷出的血沾污了她的衣服，洒落在马车上。[23]

在神话般遥远的过去，阿波罗，太阳、音乐以及射箭的神明，设法说服一位年轻女子与他通好。他承诺会应允她一个心愿。她握着一把沙，并要求活到如手中沙数的年纪。这心愿被应允，但是就像曾吸引古典神明那好色眼光的诸多凡人，她忘记把青春永驻加入要求中。随时间过去，她逐渐凋萎。她是女预言家（“西比尔”），居住在库迈的一个洞穴之中。她在橡树叶上书写，预测未来，并将树叶放在洞口。根据公元1世纪的小说家盖乌斯·佩特罗尼乌斯的记载，西比尔通常坐在一个从屋顶悬挂下来的瓶子之中，[24]每当有人询问她要什么，她回答说：“我要死。”（现实中的洞穴被现代考古学家发现，[25]在西塞罗及瓦罗时代，它被当作一个神龛，有一位女祭司负责照看。）

当罗马尚年轻时，这位西比尔多少还能活动。有一天她现身宫廷，看起来像是位老妇。她携带九卷书，里边写满预言，并提议要以某种价钱卖给国王塔克文。国王拒绝。西比尔离去，将其中三卷书烧掉。不久之后，她又回来，提供给塔克文剩下的六卷书，但价钱一样。国王以嘲笑来回应这提议。所以她再度离去，烧掉三卷，又回来提供这最后仅存的三卷，价钱还是一样。

现在西比尔已经充分引起国王注意，他要求占卜官提供建议。他们警告说，他没有购齐整套书，已经为罗马招致灾难，所以应该至少取得那些剩下的。于是他付钱，并将书藏在卫城山丘上朱庇特神庙的地下密窖，这是他当时仍在监造的建筑物。在公元1世纪神庙及书卷一起被烧毁之前，它们一直留在那里，在国家遇见紧急事态时会被拿出来咨询神意。

这故事透露出塔克文个性中相互对立的特征：性急且傲慢，但也会对反对意见做出看重现实的反应。他会赢得“傲慢”（Superbus）的别号，不令人觉得惊奇。西塞罗说过，政治智慧的基础是要理解“政府会经历的固定的曲折路径”。[26]就傲慢的塔克文而言，这曲线是从暗杀无可挽回地走向独裁。西塞罗继续说：“他没有以干净良心开始他的统治，害怕会因为罪行而被处死，所以他希望让其他人都害怕他。”

塔克文并非懂得放权之人，[27]他或是将公事牢握在自己手中，或是交给他的三个儿子，提图斯、阿伦斯及塞克斯特斯（Sextus）。接近他的机会被严格管控，而且他对所有人都表现得十分高傲残酷。有一次，他曾粗暴地违反成规，在罗马广场将一些罗马公民剥除衣物，绑在木柱上，在那里将他们鞭笞至死。

尽管拥有暴力的性格，塔克文的统治在许多方面算是成功的。就像之前的国王，他结合了武力与计谋，采取积极扩张的外交政策。他的主要目标是使罗马成为一个拉丁姆部落联盟的领袖，而且他也往更南的地方进军，攻击在拉丁姆南部的沃尔西人（Volsci）。罗马城的领土现在延伸到大海，在那里的奥斯提亚港埠促进了贸易，并且因为塔克文，这座城市正向南侵犯拉丁邻国。在此，我们将见证罗马帝国生涯的开始。

某一次，塔克文正在攻击拒绝加入联盟的加贝伊人（Gabii）城镇。他没什么进展，于是设计出一个巧妙的策略。他的儿子塞克斯特斯假装自己被父亲虐待，逃往加贝伊，背部留下被严重鞭打的痕迹。塞克斯特斯很快便赢得当地居民的信任，并被任命为指挥官。他随后派人去询问其父下一步的计划。傲慢的塔克文怀疑这使者的忠诚，一言未发，他看到一些罂粟花，只是向前走去，并打掉其中长得最高的一朵。

这困惑的使者回到加贝伊，将国王奇怪的行为报告给塞克斯特斯。塞克斯特斯立即捕捉到要点：他要除掉城镇里起领袖作用的市民。有些人被公开处决，有些人因无法安上合理的罪名，被秘密处死；还有一些人被允许流亡，但家产被没收充公。塞克斯特斯将充公所得到的利益分配出去。李维简洁地写道："在私人利益的甜美之中，公共灾难被遗忘。"[28] 在没有怨言或抵抗的情况下，加贝伊人向罗马人屈服。

国王本人是位忙碌的建设者。他为"大赛马场"安装层层座椅，并且在卫城山丘较低的山顶上完成巨大的朱庇特神殿。(其父老塔克文充其量只做了基础工程。)这座神庙建筑在一个庞大的53米宽、62米长的基座平台上，这是塔克文王朝时代的辉煌罗马所做出的骄傲宣言。这基座或许是由泥砖、外面敷上灰泥而制成的，包含三神坛（*cellae*，内部的神殿)，分别奉献给朱庇特、其妻朱诺以及密涅瓦（这些女神以最尊贵的姿态出现，而帕里斯那丑闻般的判决已经是遥远的记忆）。朱庇特的祭祀神像是由素陶制成的，他正挥舞着雷电。他穿着短上衣及紫色外袍（如我们已见，这是将军在庆祝胜利游行，穿过城市到达卫城山丘时所穿的衣服)。屋顶是木制的，覆有明亮多彩的赤陶装饰，三角形的门面上则竖立一尊朱庇特驾驭驷马战车的陶像。

在开始建设之前，占卜官先调查已经在此地留有神圣足迹的诸神意见。他们都同意迁移他处，唯独疆界之神忒耳弥诺斯（Terminus）例外，所以在新神庙旁专门加上一间供奉他的神庙。他不愿合作被视为是个吉兆，因为这意味着罗马疆界会是永恒的。这神殿很快成为罗马宗教生活的中心。它将成为获胜将军们奉献的财富、贡品和战利品的典藏之处。这些房间变得越来越拥挤，所以在公元前179年时，大量的塑像和挂在庙柱上的纪念盾牌被清除掉。

一个更有实际价值的发展是将通过罗马广场的小溪流改造为城市的“马克西玛下水道”（Cloaca Maxima）。其他更小的溪流汇聚到此。在塔克文的时代，这是一个开放的下水道，上面横跨一座桥，这桥既是通道也是“两面神”雅努斯的神庙。结果市民广场终于不再像是沼泽，大型建筑物可以在此兴建。

一个可怕的征兆出现。有人看到一条蛇从宫殿里一根木柱裂缝中溜出。每个人都惊慌逃走。即使塔克文也心生警惕，虽然对他而言，其中的情绪不是害怕，而是心中有所预感。他决定要征询德尔斐（Delphi）神殿的阿波罗神谕，并要获得权威性的解释。

德尔斐是希腊中部的一个城镇，雄踞在沿着帕纳萨斯山（Mount Parnassus）北坡的阶地上。在这险峻的地形上矗立着阿波罗的神庙。这是神示所的所在地，是整个地中海地区的最神圣地点之一，在这里神明会回答对有关未来的询问。德尔斐的神谕世界知名，很多国家和个人都争相向其咨询神谕。

国王不敢将神谕的回答交给除了至亲之外的人，所以他指派他两个儿子提图斯及阿伦斯到希腊。用李维的话说：“穿过罗马人双脚未曾踏过之地，以及罗马船只未曾航行之海。”[29] 他们由国王外甥卢修斯·尤尼乌斯·布鲁图斯（Lucius Junius Brutus）陪同，此人是埃涅阿斯当初伙伴之一的后代。他是位奇怪的年轻人，刻意戴上“面具”来隐藏他的真实人格。他家庭巨大的财富已经吸引了国王那不光彩的兴趣，这之前已经使其兄长丧命。布鲁图斯深知塔克文会毫不迟疑地处死贵族，担心自己将会是下一位。所以他假装是个傻瓜，容忍国王占有他的财产，却不抗议。他甚至接受后来加上去的别名“布鲁图斯”，拉丁文意思是“傻子”。

德尔斐是个引人入胜的旅行目的地。当这群人接近旅行的终点时，道路逐渐狭窄，变成一条陡峭的小径。根据古代著名的希腊导览之书作者保萨尼阿斯（Pausanias）的记载，这路变得“甚至对一个灵活的人也是困难的”。[30]一旦到达城镇，访客便走上一条被称作“神圣大道”的游行道路，直达阿波罗神庙区域，这是城市顶端一个有挡土墙圈围的地带，四处都是纪念碑以及奉献物，这些是回应神明所赐恩惠的还愿回礼。神圣大道途中总计有20个宝藏室，这是小型建筑物，类似迷你版的希腊神殿，内藏献给阿波罗的绝佳贡品，常是艺术作品，包括铜制的马车驭手，[31]这是残存至今最伟大的希腊铜像作品之一，还有一件特洛伊木马的铜像，以及胜利运动员的裸体塑像。

这两个塔克文男孩进到阿波罗神庙，神庙位于被圈围起来之圣域的中间。刻写在神庙外墙的是三道著名的格言，具体而微地表现出希腊人对美好生活的想法：“认识你自己”、“凡事不可过度”以及多少有些小气的“别做担保，否则要遭殃”。他们支付了征询神谕的费用，并且进行祭祀。一切进行顺利，而作为牺牲品的动物在被淋上圣水后，达到了预期的表现，因此他们进入神殿区域内，再度祭祀，将全部或部分牺牲品放在祭献台上。神意代言人引领罗马人到一个他们可以听见但看不见的空间，一位女祭司皮提亚在神圣密室发出预言。

皮提亚是特定年纪的当地妇女，[32]终身服务神明，而且宣示守贞。在神明降临附体之前，她在附近卡斯提琳泉洁身，并且在神殿里一个象征灶台的地方，焚烧一些月桂叶（月桂是阿波罗的圣树）及大麦的食物。之后她坐上一个三角鼎，头戴月桂叶，手持一碗神圣的泉水，开始被神明附体。在可能是自我暗示而成的恍惚状态下，她“口说呓语”，说出某种形式的不连续的、神志不清的话语。

神意代言人则将这些呓语转变为幽雅的七音节诗句。这些神谕的讯息常是语焉不详、模棱两可的，而那些征询神意的人在采取任何后续行动之前，必须仔细思考它的意义。这并不意味皮提亚两边下注，减少错误。假如她希望的话，她可以清楚且颇具权威地说；她和神殿的人员对国际政治多有知晓，而对于个人咨询时，她们无疑已经建立有关人类心理学的经验。然而希腊人还是认为神意就其性质而言便是幽暗不明的，而人类对准确预测未来的知识是有限度的。

布鲁图斯知道如何讨好皮提亚。他拿出一根木棍来做献礼，提图斯及阿伦斯大大嘲笑他拿出如此寒酸的礼物。他们并不了解这木棍已经挖空，布鲁图斯在里边藏好一块金条。在塔克文兄弟从神谕处取得回应之后（我们没被告知这是什么），他们决定要再问一个问题：他们哪一个人将会是罗马的下一位国王？神谕典型的模棱两可答案是："那第一个亲吻他母亲的人，将会在罗马拥有最高权威。"

提图斯及阿伦斯做出明显和直接的诠释。他们决定应该要保守这神谕的秘密，所以至少塞克斯特斯将会出局；他们将以抽签来决定在回到罗马时，由谁来亲吻母亲。但是布鲁图斯猜测阿波罗是在搞诡计。他假装跌倒，而且正面扑地，以双唇接触大地，大地是所有东西之母。

这绝非最后一次，罗马高级官员为了紧急求取引导而登上这陡峭的路径到神明的殿堂里。

是性丑闻，而非政治或军事危机，造成王朝的最终垮台。在长期围攻一个拉丁部落鲁图里（Rutuli）的首府阿迪亚（Ardea）时，罗马营区的军纪开始松懈。在前线战场请假离营很容易获得批准，特别是对于军官来说。年轻王子们在他们的营帐之中举行豪华奢侈的娱乐活动。有一次，在塞克斯特斯营帐里，每个人都喝了许多酒。有人恰好提出有关妻子的话题，而且每个人都以夸张方式来称赞自己的妻子。但一名王室成员卢修斯·塔克文·克拉提努斯（Lucius Tarquinius Collatinus）插嘴说："停！当我们只需几小时的时间就能毫无疑问地证明，我自己的卢克丽霞是最为优秀的，我们何以在此大费口舌？"

他提议大家都骑马赶回罗马，回到自己家里，不要事先通知，观察妻子正在做什么。他们在酒酣耳热之际答应此事，急驰回家，发现他们的妻子正和一群年轻朋友在一场豪华奢侈的晚宴中尽情享乐。他们接着前往克拉提努斯位于罗马城以北数千米之外的家乡科拉提亚（Collatia）的家里。一幅非常不同的景象出现在眼前。虽然已经深夜，他们发现卢克丽霞和一群忙碌的女仆在努力纺织。所有人皆承认，她毫无争议地赢得了女德竞赛的胜利。

克拉提努斯要求这群人与他一起吃晚餐。没有其他事情发生，于是这些人骑马回营。在众人吃喝时，塞克斯特斯深深着迷于卢克丽霞的美，决定要挑战她的贞节。所以他下决心要与她上床。

他的计划颇为简单。几天之后，他与一位随从骑马回到科拉提亚，没有提及克拉提努斯的出征。卢克丽霞欢迎了他，并招待膳食。之后塞克斯特斯被安排住进一间卧房，而卢克丽霞全家则在入夜后退下休息。他热切等待万物寂静，并判断每个人都已经熟睡。他拔出刀，溜进卢克丽霞的卧室。他以左手压胸将她制服，并细声说："不要作声，我是塞克斯特斯·塔克文。我有武器，假如你出声，则性命不保。"

卢克丽霞惊醒。塞克斯特斯费力去说服这受到惊吓的女人同意与他交合。她拒绝，甚至以死威胁。塞克斯特斯随后使出杀手锏。假如她不愿与他同睡，他说，他将杀掉她，然后杀掉自己的奴隶，而会裸体躺在她的床上。他要声称撞见她和奴隶在进行交合，所以将两人一起处死。（女通奸者可以当场被杀死，而杀她的人在法庭上没有太多被定罪的风险。）

这种死后留下娼妇名声的结果，令卢克丽霞难以承受，所以她放弃抵抗。塞克斯特斯占有她之后，得意扬扬地骑马回营。在此期间，这个被侮辱的女人托人到罗马给她父亲送信并到阿迪亚给她丈夫捎信，告诉他们有件可怕的事发生，他们必须立即前来，每人带着一位自己信赖的朋友。当消息传来时，布鲁图斯恰好与克拉提努斯在一起，同意在这神秘的任务上成为他的同伴。

卢克丽霞哀伤地坐在自己的房间里。当克拉提努斯及她的父亲卢克莱修（Lucretius）进入房间时，她泪水溃堤，并告诉他们所发生的一切。她说："只有我的身体被污染，我的心则是无辜的。死亡将为我见证。给我你们严正的承诺：这犯奸淫之罪的人必须被惩罚。他就是塞克斯特斯·塔克文！"

他们都对她做出承诺，然后尽他们所能来安慰卢克丽霞。她回答说："我是无罪的，但必须接受惩罚。"她拔出一把藏在衣服里的匕首，刺进心脏，并身体前倾，随后倒地死去。

一个突然以及不寻常的转变发生。布鲁图斯将匕首从卢克丽霞身上拔出，然后抛弃他装傻的表现，以智慧、强势以及丰富的情感演讲。他的听众都相当震惊。

他以卢克丽霞的鲜血严正宣誓，咆哮说："我将会追杀傲慢的卢修斯·塔克文和他邪恶的妻子以及所有孩子，而且他们之中任何人都永远不会在罗马为王。"

卢克丽霞的尸体被抬到了公共广场，在那里群众很快地聚集。布鲁图斯激起他们对塔克文王朝的义愤，带头进军罗马。他在挤满人的罗马广场向人民发言。他以有感染力的语言来描绘塞克斯特斯的罪行，据此他继续攻击国王独裁的行为。他回忆起好国王塞尔维乌斯·图里乌斯那不该遭遇的谋杀，还有他女儿的残酷，她现在是傲慢的塔克文之妻图里雅，之前曾以马车碾过她父亲的身体。公民大会要求罢黜国王，并放逐他和他的家族。

这些事件很快传到塔克文耳中，他立即离开阿迪亚的营区，前往罗马试图恢复秩序。与此同时，布鲁图斯带领一支志愿者组成的部队，前往阿迪亚来激起军队叛变。在得知国王行踪之后，他绕路避开国王，并在塔克文抵达罗马的同时，到达营区。他们受到非同寻常的欢迎。军队热情欢迎布鲁图斯，而罗马当局则对之前的独裁者关上了大门。国王与他的两个儿子撤退到伊特鲁里亚；塞克斯特斯则前往加贝伊人的城镇，在那里，他立即被他曾屠杀之人的亲属处决。

这一年是公元前509年，国工已逃走，历史即将取代传奇，而罗马也准备踏上它伟大的冒险之旅。

第 4 章

那么到底发生何事？

到目前为止，故事讲的是罗马人希望得到讲述的，也是他们相信应当这样讲述的。但是，之前章节中有关罗马建国以及君主的故事，有多少是真实的？这实在难以确定，但问题似乎有两个答案：有一些很少，有一些则很多。

罗马人自己认识到传统中有些成分是不能相信的。李维以原谅的口吻说："一些古老故事有比较多诗歌的魅力，而非完整的历史记录。"他又继续说："将神圣的事物与凡俗的事物相混是古人的特权；这会为过去添加尊贵，而假如有一个国家配得上一个神圣的起源，那便是我们的国家。"[1]

希腊的历史学家把他们与特洛伊的关联算在罗马人身上，希腊人喜欢把他们有兴趣的外来新强权，纳入自己的文化网络之中，但这并非不受欢迎的赠礼。在希腊人看来，特洛伊人并非靠不住的亚洲人，而是荣耀的希腊人。的确，有人说他们"就像任何之前来自伯罗奔尼撒半岛的希腊人一样，属于真正的希腊民族"。[2] 这意味着罗马人因为相当慑服于希腊文化，而且对自己的文化有种严重的自卑情结，因此会赋予自己一个希腊身份。他们这种崇拜与羡慕隐藏了嫉妒和充满敌意的模仿。在将自己与特洛伊人关联在一起时，他们将自己塑造为竞争者，或许终有一天会征服希腊，来为自己的祖先报仇。

或许在传统看法中，公元前1184年前后，特洛伊发生过某种形式的战争。特洛伊这地点当然存在，而且它的遗迹也已经被现代考古学家挖掘出来。即使在这个早期舞台上，希腊人与腓尼基人也已经在地中海四处航行，最后建立"殖民地"，即独立的城邦国家，但这些大多都发生在特洛伊战争四个世纪之后。所以埃涅阿斯几乎不可能到过迦太基，因为迦太基那时尚未存在。希腊史学家陶罗米尼姆的蒂迈欧（Timaeus of Tauromenium）相信狄多在公元前814年建立这北非城市。但那时埃涅阿斯尚不存在。荷马史诗《伊利亚特》中描写的所有神祇和英雄的冒险苦难，也都是被虚构出来的。

至于罗穆路斯和瑞摩斯，他们一样是虚构的。在其字源上，*Romulus*意味着"罗马建立者"[3]（-ulus是伊特鲁里亚文，并且指的是"建立者"），而*Remus*或许在词源上与*Rome*相关。被抛弃的婴儿后来变成伟人，是古代神话传说中常见的特色（想想摩西，俄狄浦斯，当然还有特洛伊的帕里斯）。罗马人真正面对的困难是他们有两个互相抵触的建城神话，看起来似乎相隔数百年，其中之一是流浪的特洛伊英雄，而另一则是当地小孩罗穆路斯及瑞摩斯。他们决定要接受这两种说法，然后将它们调和，并以一种说得通的叙述将它们连接起来。埃涅阿斯的事迹限制为发现意大利并在拉丁姆建立王室，这样罗马才能由双胞胎来建立。为了要填补较长的间隔。所以阿尔巴·隆加的一系列纯属想象的国王就被捏造出来，来将这两个不同年代的传说连接起来。

共和国末年的罗马史学家不一定凭空想象出这些事件，但是他们往往透过自己时代的眼睛来看待遥远及传奇的事件。罗穆路斯发展出独裁者的倾向并在元老院遭到暗杀，或许很有道理地反映出他们对当时所受历史创伤的响应。因此李维在写恺撒之死时，会令人费解地重提旧事。

对罗马建城的日期有许多争议。大多数评论者倾向于公元前 8 世纪的某年。如我们之前提到的，瓦罗认为是公元前 753 年。这成为被普遍接受的日期。但这导致第二个编年上的难题。从罗穆路斯到塔克文家族被驱逐这段时期，只有七任国王统治。这意味着每位国王平均统治 35 年，任期长得不合情理。

罗马人接受这一点，但现代学者较为怀疑。或许还有其他国王没有被史书记载。考古学家似乎已经解决了这个问题：一些原始聚落的痕迹可追溯到几百年前，但与村落不同的城镇生活的确切证据表明，城镇生活是在公元前 7 世纪中期才开始的。所以真正的建城日期大约比原先人们相信的还晚一百年。虽然有些国王会从视野中消失，但正史中的七位国王却正好吻合这段时间。不仅如此，一些考古证据与文学传统的联系开始显现。罗马广场的“王宫”（Regia）是在公元前 7 世纪末修筑的，而这正是新编年确定为努马 · 庞皮留斯统治的时期，他下令修建了宫殿。罗马第一座元老院则由图卢斯 · 奥斯蒂吕斯（因此名为“奥斯蒂吕斯的元老院议事厅”）建造，它的遗迹已经被确认，可追溯至公元前 6 世纪初，我们认为这是图卢斯 · 奥斯蒂吕斯统治罗马的时候。

在我们遇见确实活在（或是多少活在）历史中而非神话里的人物之前，还需一段时间。头四位国王似乎大体上是虚构的，即便他们任内的事件的确发生过。他们每个人都被认为做出特定成就，的确是在王政时期时完成的，但不必然是由哪一位国王来成就的。

罗穆路斯建立了一个有秩序的社会政治系统，划分部落以及“区域”；不喜欢战争的努马·庞皮留斯则完成有关宗教及（西塞罗的话）“宁静和平精神”[4]的所有事务：祭祀牺牲、祭司团体以及规定神圣日及世俗日的公共历法；而静不下来的图卢斯·奥斯蒂吕斯和安库斯·马尔西乌斯以一支有力的征召部队来进行开疆扩土的战争。无论安库斯本人是否与此有关，奥斯提亚港及苏布里起亚斯桥无疑已经修筑。我们可以有信心地说，这两位塔克文以及塞尔维乌斯·图里乌斯是真实存在的（虽然这两个塔克文可能是同一个人，因为他们被记录下来的成就非常相像）。最准确的估计是，老塔克文在公元前570至前550年在位掌权。

当我们接近王政时期的终点时，图像越来越聚焦。虽然卢克丽霞的故事被放大，但它戏剧般夸张的修饰细节或许隐藏了一个真实的丑闻。即便我们可以怀疑布鲁图斯怪异的行径，但他是一个主要的历史角色，协助建立那延续将近五百年的共和体制。

一旦我们掀开神话的迷雾，我们可以勾画出一个事实的地图。在全面地贬抑传统叙述之后，我们还是要承认，它们毕竟包含了历史真相的重要成分。在王政时期，罗马从一个津渡旁的小城镇，通过与拉丁姆的地方部落进行无数的小型战争来扩大疆土，最终发展成为中部意大利的强权。我们几乎可以确定政治体制如元老院和公民大会得以建立，而且有国王（非常有可能是一位叫塞尔维乌斯·图里乌斯的国王）发明了某些方法将财富与政治影响力和军事责任挂钩（复杂的“百人团”系统还涉及稍后的一个时期，因为罗马人往往犯下“现代化”的错误，亦即他们认为早期共和与之后世纪那更加复杂的共和形态并无区别，或许只是规模略小）。

所以一个可以辨识出的政体正在演化着，正如普通平民与高高在上的世家贵族的未解冲突也在演化。王政后期的国王的确非常像是“僭主”，他们声称有群众的授命，执行侵略性的外交政策，并且赞助艺术和建筑。

一座繁荣且富于野心的城市所需的壮丽公共建筑也已经被修筑起来了，罗马广场从一个泥泞的水洼沼泽，转化为一个庞大的公共广场。有些人辩称，罗马曾一度被迫加入伊特鲁里亚城市，但因为此事缺乏证据，近期学者已经提出异议。罗马看似深受北方有如帝国主义般的伊特鲁里亚文明的影响，并接纳了从那里来的两位国王，但罗马仍保持着坚定的独立地位。

罗马以多样化的社群来发展自己的文化，欢迎外来者，但也以自己及传统的做事方法为荣。这两种性格上的特点就像最早有关罗马的故事一样古老。毕竟罗穆路斯特别重视邀请外国人成为公民，而他的继承人努马·庞皮留斯，如西塞罗所说，引进“宗教典礼以及仍然留在我们档案里的法律”。[5]的确，这种世界主义式的对外开放以及忠实于“祖宗成法”（*mos maiorum*）或许是互相交织的。如果要保持社会凝聚力，一种因素必须由另一种因素来修正或平衡。无论如何，这成为随后罗马史中的一种显著张力。

当公元前1世纪时的罗马人——例如西塞罗和他的朋友——在遥远过去王政的镜子里看自己时，他们究竟会看到什么？首先而且最重要的是，他们是一个被选中的民族，他们的命运就是要建立世界上最伟大的帝国。凭借着武力的成就，他们将会胜过地中海世界的主宰力量——希腊人，后者的艺术和文化及军事成就是无与伦比的。特洛伊人并非文明教化之外的野蛮人，而是客串的希腊人。身为特洛伊后代最后将会弥补特洛伊战败的遗憾。

罗马不是一天建成的。在许多建国神话中，城市突然间从无到有，茁壮成长，然后随时待命。罗马则不然，罗穆路斯这官方的建国者只不过是从特洛伊灰烬中开始、结束于卢克丽霞的卧房的冗长过程中的一个里程碑。在塔克文家族被驱逐、共和国来临之时，故事才真正开始。

罗马人极为虔诚，但他们的宗教信仰深受伊特鲁里亚人的影响，只不过是一个复杂的迷信网络而已。神明是不可测知的力量，必须时时刻刻被安抚。生活的方方面面都由仪式来规范，无论是修复和保养桥梁还是订立条约。

这是一个相当具有侵略性的社会，但也让人从中理解一种重要政治真理：真正的军事胜利只有在与失败者握手言和的情况下才能取得。虽然大多数古代世界的帝国建立者残酷且无情，但罗马人掌握的这一政治真理并非独特洞见。亚历山大于公元前4世纪征服波斯帝国之后，决定在他的新行政系统中提拔选用优秀的东方人，并坚持征服者与被征服者之间的和谐相处，哪怕这引起他所信赖的马其顿人的愤怒。他甚至强迫他的战士娶当地妇女，令人回想起罗马人强占萨宾妇女。但罗马人的最可观之处，是他们在数个世纪之中始终一致地推行这样的政策。他们能够了解到，这使他们不仅可以在过去的敌人中建立统治信任，而且能增加他们的人口，并以相同的方式扩充军队的人力。

但这里有个困难。战争必须是正义的，是对其他人挑衅侵略的回应。那正是宗教及法律所谈及的。罗马人很自以为是地相信条约的神圣性。但很清楚的是，即使他们自己也不会一直符合道德期望，强占萨宾妇女是显而易见的恶行（虽然由妇女自身所补救）。

依照相同之理，罗马人的混合政体是一个世世代代集体智慧的结晶，是一项值得骄傲的成就。但从一开始，伟大人物就在削弱它，这是个强烈的悖论。罗穆路斯是城市建立者，但他也开启了独裁的先例。罗马人非常善于去做他们真正想要做的，同时也会尽可能道貌岸然地说服自己，这些行为是完全恰当的。

或许罗马人生活的最怪异之处在于，它将大多数社会中互相分离的三种功能聚集起来。政治、法律及宗教活动完全混为一谈：没有独立的祭司阶级，因为祭司和政客是同一个人。政客与将军、政客与律师，也是同一个人。最重要的是，政治活动既会被神圣仪式影响，也根植于神圣仪式中。罗马人千方百计要确保神明的许可。

第2部

故 事

STORY

第 5 章

土地与人民

除了塔克文的帽子外，当盘旋的老鹰在拉丁姆上空潮湿的空气里时而盘旋攀升，时而滑翔下冲，不停歇地搜寻猎物时，它还看见了什么？

这是一块长年不适合人居的乡间地带。迟至公元 1000 年，火山还在沿海的平原上喷发出大量火山灰及岩浆，而且该平原容易遭遇另一种危险——频繁的洪水。在罗马方圆 40 千米范围内有超过 50 个火山口。当最后的爆发终于停息时［有关在阿尔巴山丘（Alban Hills）所降下火山石[1]的记录迟至图卢斯·奥斯蒂吕斯统治时期仍然存在］，一层富含碳酸钾以及磷酸盐的火山灰覆盖着土地。森林迅速覆盖了山丘，形成一层肥沃的表土，其中包含氮类物质。此时农业这种新技术已经被掌握，所以之前的放牧者现在可以定居下来耕种土地，并且过得繁荣富庶。

现在，谷物收割是在六月，而在夏季的几个月太阳毒辣，空气干燥，森林遭砍伐的山丘以及田野都十分干枯。地表裸露，如骨架般荒凉。这只老鹰当时飞过的乡野与今天相当不同：翠绿、丰饶以及覆满植被。收成时间是在一个月之后，即七月。拉丁姆雨水充裕。月桂、香桃木、山毛榉、橡树[2]在平原生长，而常绿松树以及冷杉则生长在山坡。水塘、湖泊、潟湖及河流散布在森林里的各个地方。后来的罗马广场则建在山丘之间的谷地，沼泽土壤在台伯河冲过其边界时，会临时变成小溪流，这在拉丁姆是很典型的。

在飞过拉丁姆时，老鹰可以看到50个左右的村落，或许有栅栏保护，其中一些接近小镇的规模。它们矗立在被清理过的土地上，那里种植着小麦、粟以及大麦。畜养的家畜分布甚广：牛、山羊、绵羊和猪。人们栽种无花果，还有橄榄；伊特鲁里亚人带来的葡萄是新作物。对木材的需求加速了对森林的砍伐。地理学家斯特雷波在公元1世纪时写道："拉丁姆到处是天赐沃土，无所不产。"[3]位于南拉丁姆的沼泽会带来疟疾，这是唯一的缺点。

然而农夫太清楚了，雨水落在山丘斜坡上，会逐渐冲刷掉他们赖以为生的肥沃的火山土。他们修筑隧道以及水坝，部分是要灌溉田地，但同样重要的是稳住薄薄的土层。可是台伯河将大量泥土冲刷入大海，老塔克文前任国王在位时才修建的奥斯蒂亚新港口，很快就开始淤积。

假如这只老鹰展翅飞翔，往更远的地方冒险前进，它便会巡弋狭窄的意大利半岛，其长度约为1 126千米。冰封的阿尔卑斯山将它与欧洲大陆隔绝；在它的山脚下则延伸着一块宽广平坦的平原，巨大的帕度斯河（Padus，今日的波河）悠闲蜿蜒地通过这地方，而近于东西走向的亚平宁山将平原与意大利其他地方分隔开。罗马人视这平原为凯尔特高卢（Celtic Gaul）的一部分，与严格意义上的意大利无关。

山脉向南延伸成为一条长长的石灰岩脊椎，中间有狭窄山隘越过并截断山脉。梯田、深谷以及长满草的高原，使得这些高地极适合人居，而且容易由吃苦耐劳的放牧族群防守。他们擅长培育牲畜，贩卖羊毛、皮革及奶酪等副产品。

在东部海岸一侧，险峻高山和大海之间很少有空间可以让一条路穿过。这里缺少良田及良港。最后，当老鹰接近意大利的靴子及脚跟时，绵延的山脉在阿普利亚（Apulia）地区铺平整，成为干燥而多风的草原。

西部海岸则是一个较友善的地方。伊特鲁里亚美丽的丘陵乡村被山脉阻隔，中间有数量极少但极具生产力的平原。与瓦罗一样，另一位公元前1世纪的博学之士波西多尼乌斯（Posidonius），作为希腊哲学家、政客、地理学家及历史学家，认为伊特鲁里亚人非常高的生活水平大体归功于他们肥沃土地滋养出的各种蔬果："伊特鲁里亚整体富庶，由开阔延续的平原所构成，每隔一段距离就被隆起如山丘的土地穿过，适合耕种；而且它享有温和的降雨，不仅在冬季，夏季亦然。"[4] 在伊特鲁里亚南方则是广阔而多产的拉丁姆以及坎帕尼亚地区。罗马幸运地在此成立国家。

意大利面向西方，其唯一的不利之处是很少有可以航行的河流，而且它的沿海地区少有天然良港。所以，那里出现的任何伟大国家，必然都会是以农业立国的陆地强权，而非水手的国家。

这一事实深刻影响了罗马人对自己的认识和集体认同。拉丁姆富庶的乡野深深嵌入他们对居住地和美好生活的最深刻感受之中。在城市时，他们会盼望有个理想的小农场。诗人贺拉斯（Horace）* 活跃于西塞罗稍后的时代，他在形容一个快乐的人时，对这种怀旧想法做出经

* 全名为昆图斯·贺雷修斯·弗拉库斯（Quintus Horatius Flaccus）。——译者注

典的陈述：

（他）避开伟大人物的高傲大门，
同样也对罗马广场敬谢不敏；
他让高耸的白杨树
娶适婚年龄的葡萄藤；
在某处隐蔽的山谷检视
他四处流连低哞的牧群；
他用钩子清除枯死枝条
嫁接上丰饶多产的新枝；
他将浓缩蜂浆装进干净瓶子；
他修剪温驯的绵羊。[5]

在其他地方，一个人在获得一个小农庄时，会感恩般地承认自己的好运：

这是我所祈求的。一块田地，无需太大，
有个花园，离家很近，有永不枯竭的泉水，
以及一些树林将它围起。所有这些及更多，
神明已经赐予。就这样，我别无他求。[6]

这种对乡间简朴的偏好，与一种想法一起出现：罗马人原先是勇敢而节俭的。邻近的萨宾人，一群与现在的罗马公民相当不同的人，以数世纪以来一直维持一套严厉而老旧的道德，忽视后来堕落时代的舒适而闻名。罗马城本身在它几乎还不算城市时，便表现出更有道德、更令人钦佩的特点。普罗佩提乌斯是比西塞罗及瓦罗更为年轻的同时代人，他呼唤出一个遥远又受人钦慕的过去：

这元老院现在高高矗立，
元老绣有紫边的托加袍华丽无比，
紧接着是穿兽皮的父老，乡人的领袖。
号角声召唤昔日的公民前来集会：
他们百人在田野中围成一圈
便形成元老院。[7]

在这个黄金时代，几乎找不到什么黄金。政客贫穷无私，热爱国家。只有时间才能判断这理想的状态能否在罗马经历财富及权势的增加后安然保存下来。

石器时代在约250万年前开始，那时的早期人类开始使用石制工具。一个空荡荡、能够提供生存条件的意大利成为一拨又一拨移入者的家。以大约25人到100人为单位的小群体，在半岛四处流浪，采集可食的植物，狩猎或以野生动物为食。

大约在一万年前，整个星球明显变暖，海平面上升，生活条件改善。人类开始学习耕种，放弃游牧生活方式。他们发展出陶器，打磨并抛光石材以制作复杂的工具。大约五千年前，定居的农业社群出现在半岛上。它们出现的证据已经在北边的利古里亚（Liguria)、亚平宁山的山脚下，以及罗马邻近地区被发现。来自东方的移民（或许是在横跨亚得里亚海之后）到达阿普利亚北方。他们居住的村落有防御性的壕沟围绕。这群畜养山羊、猪、牛、驴及狗的放牧民族，在开垦完他们家乡周围的土地之后，会移居到新的地点。

大约在公元前第二个千年时，石制工具以及武器开始转变为铜制。此时出现两个主要的社会群体：在中央的波河平原上的“黑土”（*terramare*）文化（如此命名是依据在青铜器时代社群里低洼村落中发现的成堆黑土，以现代的当地方言来说，叫作 *terra mara*），以及南方没那么先进的亚平宁文化。

在这个千年结束之前，一连串巨大的动乱震撼了东地中海比较先进的文明。赫梯人的帝国疆域［或更恰当地说：哈图沙（Hattusa）城市的领土］最大可包括今日的土耳其与叙利亚的大部分地区，号称是世界上第一个君主立宪国家，它自夸有套复杂的法律系统。但大约在公元前 1180 年时，赫梯这个国家由于内战以及某种外来的但我们几乎一无所知的威胁，开始土崩瓦解。

大约在同时期，特洛伊被攻陷。我们无须依赖荷马来获得这个信息，因为考古学家已经挖掘出一座被焚烧过的城市的遗迹，该城市存在于公元前 1270 年到公元前 1190 年之间（与《伊利亚特》里十年围城的传统年代接近，也和荷马所记述的地点相距不远），或许可以和任何其他地方一样有资格被称为特洛伊。

在希腊大陆，迈锡尼文明是主宰。在伯罗奔尼撒半岛的迈锡尼巨大遗迹仍然令今日的游客惊叹。不仅如此，作为一个希腊神话悲剧故事的背景，它讲述了阿特柔斯（Atreus）家族的没落。阿特柔斯的儿子阿伽门农和墨涅拉俄斯领导远征军攻击特洛伊。阿伽门农在回家后被背叛的妻子暗杀，其妻随后又被自己的儿子杀死。在约公元前 1100 年时，迈锡尼人在暴力横扫之下消亡。他们的许多城市被攻占，而后到来的时代没有任何文字记录，“黑暗时期”由此开始。不知是谁造成了这样的灾难，或许是后来所称的多利安人（Dorians），这是古希腊人中的一个族群。

埃及人的记录告诉我们，有神秘的流浪团体入侵，以“海上民族”为名。现代学者不能确定他们是谁，但是他们很有可能是造成迈锡尼人及赫梯人的崩溃瓦解的原因之一。无论他们来自何方，均四处肆虐，带来破坏。

无论是否有真正的黑暗时期，我们都必须等待几个世纪，才会见到经济复苏的证据。从公元前700年中期开始，航海者开始展开探险及贸易之旅，正如整个地中海地区大量发现的陶器所显示的那样。旅行的方向大致是由较富庶、较先进的东方到比较不发达的西方，也就是沿着北非海岸到意大利及西班牙。腓尼基人依靠他们在迦太基及卡地兹的繁荣商业港埠在贸易中领先。之前已经提过，希腊逐渐出现许多小的城邦国家的拼缀，其中许多国家派出成群的市民去其他地方建立“殖民地”，亦即类似的独立城邦国家，它们通常只与母国维持感情上的关联。在150年左右的时间里，古典世界里几乎每个可能的区域都能见到希腊定居者的踪影。

西西里及南意大利是特别受欢迎的目的地，有许多大型城邦国家在那里建立：它们之中有帕德诺皮（Parthenope）或那波利斯（Neapolis，今日的那不勒斯）以及库迈，均位于拉丁姆以南的坎帕尼亚平原；塔林敦（Tarentum，现今的塔兰托）、布鲁迪辛乌姆（Brundisium，今日的布林迪西）以及叙拉古（Syracuse）位于统称为“大希腊”（Magna Graecia）的区域。如这名字所示，希腊文化重心已经不可逆地往西边移动，正如在19世纪美国的发展开始超过欧洲的“旧世界”。

当希腊人到达半岛时，他们在意大利中部及北部所看到的是学者今天称之为维拉诺瓦（Villanova）的文化（该称呼依据的是1853年时挖掘出的一个古代墓园）。我们所知的一切均来自坟墓里的物品。维拉诺瓦人不是一支民族，只不过是一群共享相同文化特征的人。不像其他的意大利社群，他们将死者火葬。最重要的是，他们开始使用铁器。他们的经济是以狩猎以及畜养牲畜为基础的。在公元前8世纪时，他们高质量的陶器和青铜制产品强烈暗示，工艺品制作是专业匠师的特别职责。人口持续扩张，在一些聚落可能以千计。

伊特鲁里亚也有维拉诺瓦人。不过，是什么让他们融入伊特鲁里亚人那种复杂又独特的文明，在公元前8世纪开花结果的呢？古代理论认为，这是因为吕底亚移民的到来，如第三章所说；而有些说法认为到来的是皮拉斯基亚人［这是原居住在克里特的传奇民族，但被后来的多利安人及爱奥尼亚人（Ionians）所取代］*，这些观点被发明出来似乎是为了赋予伊特鲁里亚人适当的希腊血统。

事实上，有个可信的答案其实就在探索者眼前。伊特鲁里亚人掌握着丰富的铁矿矿藏，而随着铁器发展，铁的需求极大。他们和希腊人交易铁矿石，换取财富的积累和许多物质（如雅典的陶器）及生活态度（如对性爱晚宴的嗜好）等方面的希腊文化附带产品，所以伊特鲁里亚人的经济及艺术都很发达（谜语般的伊特鲁里亚语言尚未得到解释，但是我们可以猜测，这是在说印欧语言的人到达意大利之前，偶然保存下来的语言）。

虽然伊特鲁里亚人是松散的独立城邦联盟，而非单一国家，但他

* 皮拉斯基亚人（Pelasgians）这个词在古代希腊用于统称希腊人之祖先，或是在希腊人移入希腊大陆之前的原住民。——译者注

们在托斯卡纳地区之外进行领土争夺，占领坎帕尼亚的大部分地区。他们甚至与西地中海的超级强权迦太基结盟，在公元前535年并肩作战，对付希腊商人及马西利亚（Massilia，今日的马赛）的建立者*，获得大胜。结果是迦太基人控制萨丁岛（Sardinia），而伊特鲁里亚人拥有科西嘉（Corsica）。

在家门外闪耀的世界，对当时村落正合并为城市的朴实的罗马人来说，具有极大的吸引力。伊特鲁里亚人占领罗马城的说法虽无法被证实，但他们的影响却十分深刻。伊特鲁里亚人在宗教仪式、农业改良、大规模疏浚、冶金以及营建公共建筑上，均留下范例。伊特鲁里亚的新城市鼓舞了拉丁姆的村落合并，创造出更大的聚落。公元前509年塔克文家族被逐出之时，原来位于拉丁姆平原的50个左右的小型社群已经被转化为10个或12个颇具规模的城镇。它们主宰着这个地区，而人口最多者，如普莱涅斯特（Praeneste，今日的帕莱斯特里纳）、提布尔（Tibur，今日的蒂沃利）以及图斯卡仑（Tusculum，今日已成废墟），甚至可与罗马分庭抗礼。

经济增长带来社会阶层分化，或以更简明的措词来说就是阶级系统。拉丁姆出现贵族阶级，已被挖掘的这些王公大人的墓穴中，包括了首饰珠宝及其他贵重物品，如武器装备、战车、铜制煮锅、三脚鼎、金银器皿，还有产自科林斯的陶器，以及腓尼基的双耳瓶。

希腊人如魔术师，为伊特鲁里亚，也缓慢而间接地为拉丁姆带来这些变化。他们的商人引进字母的概念（我们也可假设是腓尼基人引进的）、先进技术、艺术和建筑、奥林匹亚男女诸神，还有神话及传奇，

---

* 这是指小亚细亚的希腊城邦福西亚（Phocaea）人。——译者注

当然包括特洛伊的故事。荷马或许在公元前8世纪稍早之时完成了他伟大的史诗《伊利亚特》与《奥德赛》。[8]这些史诗颂扬了贵族品德。英雄人物如阿喀琉斯，对个人荣耀有明确的意识，在他们眼中，作战或从政是为了赢得荣耀——一种永不磨灭的名声，这是人类所能企盼最接近永生不朽的东西。他们超乎寻常地对自己的家世（经常是虚构的）感到自豪，并对陌生人慷慨大度。他们认为血统和勇敢是比追求财富更可取的品质。

所有这些东西罗马人都加以消化，并将其变成自己的。世家贵族都是荷马式的人物，比如，他们对荣耀的自负和野心，对这个国家有世袭权力的主张，以及厌恶任何像是民主形态的政府。在之后的时代中，罗马传统主义者喜欢声称是罗马人自己发展了这些品德，只有在后来成熟时，才发现了希腊文明。西塞罗在他的对话录《论共和国》(*De Republica*）中，借其中一位交谈者之口谈道："罗马文化并非源自从外国引进的艺术，而是源自我们民族自身的优秀。"[9]没有比这更错误的事情了。希腊人不仅在罗马诞生的产房中现身，而且正是其助产士。

我们或许对罗穆路斯及瑞摩斯的冒险一笑置之，但是当古典作家想象罗马最初起步的地点时，他们并没犯错。在他们的描绘中，覆盖森林的山丘及山谷被不同村落占据，村落的居民是牧人，虽然没过多久便出现了农民。维吉尔在书写他的民族史诗《埃涅阿斯纪》时，说居民是：

> 没有固定生活方式，没有文明：犁田播种、
> 共有食物储存以及经济，那时一概不知。
> 他们依赖树木所产以及猎人辛苦所猎为生。[10]

他们是群“倔强的人”。[11] 卫城山丘“今日金光闪闪，昔日则是荆棘丛生[12]……牲畜遍地，在今天的罗马广场上低哞流连”。[13]

如前面所提到的，罗马人相信罗穆路斯把设防城镇建立在帕拉丁山丘之上，并且把山丘西侧的“罗穆路斯之屋”（Casa Romuli）看作建城时期的纪念物。这是枝条编就、草草涂抹并带有茅草屋顶的房舍，[14] 但它留存数世纪，必须经常修缮，也许是因为不够小心的祭司在祭祀时用火不慎，将其烧毁，也许是因为天气和时间对其造成了摧残。

一座村落的地基就是在这里被挖掘出来的。[15] 在最低的一层，与茅屋同时期，在那里发现了炉灶和具有公元前 8 世纪普遍特点的陶器，这与瓦罗确定的公元前 753 年罗马建城之年不谋而合。还有其他有意义的发现，例如坟墓，其中的陶器以及铜制器具和罗马以南奥尔本群山中同时期的文化产物非常相似。不仅如此，后来成为罗马广场的沼泽地的坟墓有两种类型：深沟（*fossae*），在里边放置装尸体的棺木；深洞（*pozzi*），尸体焚化后的骨灰被放置在里面的瓦瓮之中。这可能证明了不同的群体曾占据不同山丘的传统说法。

然而，如我们所见，瓦罗确定的日期实在太早。从地底下出土的证据已经确证，七座山丘上的村落至少还要 100 年才会合并成一座城镇。也只有在这时候，即公元前 600 年末，罗马才会以城镇化的社群出现，而且很有可能，王政才在此时建立起来。

我们如何知道这些？在帕拉丁及卫城山丘下边的沼泽地曾有一个市集，无疑只由几张桌子或手推车构成。在大约公元前 7 世纪中叶，有些茅屋被拆毁，人们填土，整平地面，一个粗糙的、经过夯击打平的地面被铺设起来：这是罗马的第一个公共广场。后来铺设的地面扩大，纳入公民大会会场，成为举行公民大会的露天场所。在最早期，马克西玛下水道让地面保持干燥，适合公众集会、商铺营业以及神庙供奉。一座公元前600年左右的建筑已经被断定是元老院。

在罗马广场的另一端，一个小型的三角形建筑存留至今。曾经的建筑比现存的遗迹更大。这里之前有10间或12间茅屋，拆除后腾出空间来修建该建筑。这便是努马·庞皮留斯的王宫，而它的名字也暗示，这便是国王的官邸。

今天仍可在卫城山丘上看到一座巨大而古旧的神庙基座。这是塔克文王朝建立的朱庇特神庙。它见证了他们曾经统治的罗马的雄伟。

那只在贾尼科洛山丘上叼走老塔克文帽子的老鹰，会看到河流另一边覆盖森林的山坡平顶上有零星茅屋。假如这只鹰能正常地活过三十年，再度翱翔在台伯河畔层层山丘之上，它必将对下方的景象感到惊讶：一个熙熙攘攘的市民广场，色彩鲜艳的神龛和神庙，店铺与公共建筑。一座闪亮、崭新的城市！

第 6 章

终获自由

在处理掉塔克文家族之后，布鲁图斯以及与他一起策划阴谋的人必须决定下一步要做什么。原则上，他们每个人都有理由向公民大会自荐继任王位。但他们并没有这么做，反而建立了一个共和国。这是一个象征，显示出这不是一场“由下而上”的反叛，而是一群对贵族不满的人的密谋，他们要让精英分子来统治。

我们已经注意到最后三任国王并非世家贵族，而是外来的人，他们的权力源自人民的支持。根据文献记录，傲慢的塔克文毫不留情地恐吓贵族，所以现在看起来像是他们在进行报复。他自己家族的成员布鲁图斯及卢克丽霞的丈夫克拉提努斯，会出面领导这一政变，说明就连塔克文的核心支持者也已背叛了他。前面提到过，背叛相当有可能是因为一桩性丑闻[1]，而非因为政治上的歧见。卢克丽霞的故事看起来像是舞台剧情节，但如同我们所猜测的，真相或许不只如此。

因为他们的传统心态，罗马人不喜欢径自废除宪政体制，所以虽然王政必须废除，他们却仍以某种相似的东西取而代之，只不过将王权做了若干分割。这目标不是要移除国王的权力，而是要驯服驾驭它。国王的宗教职责交给祭司，后者是“负责圣物的国王”（*rex sacrorum*）；国王的行政权力，也就是统率军队和诠释及执行法律的权威，即“统治权”（*imperium*），则交给两位被称作“执政官”的官员。[2] 执政官非常像美国总统，他们无须向代议的大会团体负责。如他们被称呼的那样，这些“官员”也是被选出的，国王也曾如此；这两位执政官穿着相同的官袍，端坐在“官椅”上，并且有相同数量的仪杖官随侍。最初的两位执政官在公元前 509 年就职。[3]

贵族们要消除有野心的人复辟君主统治的危险，因此将权力分割，赋予两位执政官。这看上去是一个怪异的决定，可能会让人怠惰，因循苟且。但此类性质的权力分享在古代世界并非首例。例如，著名的希腊城邦斯巴达便有两位国王，且分别来自不同王室，斯巴达的公民以自我节制闻名。

但有两项限制加于执政官。他们的任期只有十二个月，而且其中一位可以对另一位的决定进行否决（intercessio）。在罗马，“不”通常会胜过“是”。在权力交接的日子，其中一位执政官将成为领头人。仪杖官排成一排，走在他前面，携带他们的束棒（在城外时，则是斧钺），而他的同事则退居第二位。这些新制度的设计者还认识到，国内及国外危机或许会不时需要强有力的行动。所以他们还创造了独裁官（dictator）一职，该官职由执政官任命并将最高权威交付独裁官一个人去执行。独裁官任职期限是六个月。[4]

在王政时期，元老院或许不过是一个由世家贵族及其他领导性人物构成的临时组合。[5] 这种情形或许一直延续到公元前 4 世纪，但之后元老院则成为一个永久的、常设的委员会。人们期待元老们要行为正直；他们不被允许从事金融或海外贸易，并被禁止参与公共集资；他们的职务没有薪俸。但元老总是能找到方法来避开规定，这并不令人惊讶。

虽然元老院的功能是担任执政官的顾问，但它拥有一项有分量的东西，即“道德权威”（*auctoritas*）。这是一个很难翻译的字眼，指的是一种随经验以及担任高级职位而来的影响。蒙森认为“道德权威”的力量“胜过建议，但不如命令，可以称作一种若将之忽略则会有风险的建议”。[6]元老院代表的是一种延续性，而元老院的集体经验及专长意味着其影响力会与日俱增。元老院里没有党派及政纲，只有分分合合的个人和集体的结盟，通常是为了贵族家族的利益而进行的。

如我们已了解到的，还存在一个公民大会，这被认为是由国王塞尔维乌斯·图里乌斯成立的：百人团会议（*Comitia Centuriata*）。在共和时期，公民大会握有最高权力。这是因为它是唯一有权去选举官员及通过立法的机构。实际上，其民主影响是被限制的，因为它的结构是扭曲的，给予富人“百人团”的投票权力远多于分配给穷人的。

庇护者及受庇护者的庇护制度（*clientela*）亦与民主程序相抵触。自由人会因为处境或个人选择，而成为那些处在较高社会、经济及政治阶层的富人的“受庇护者”。他们尽其所能地拥护庇护者的利益，而以获得庇护作为回馈。当事情出差错时，他们可以要求庇护者协助，通常是在财物或法律方面，并且百分之百能够得到。庇护者之子可以期待继承他父亲的受庇护者名单。就像封建制度的金字塔一样，这个受庇护者制度为穷人及财务不稳定之人提供明确的保障。

这种环环相扣的责任义务网络绵密地编织在一起，使得变动极为困难。这是罗马是个保守社会的原因之一，在它的政制安排上，会设法避免革命性的巨大变动。

作为前所未有的第一对执政官之一，布鲁图斯说服公民大会宣誓绝不允许有任何人在罗马为王。共和国的一道早期法律规定，任何不经选举而担任领导官员的人，均犯下重罪。自此之后直到西塞罗的时代，罗马统治精英一直担心他们的成员之一将会追求建立王国（*regnum*），因此毫不留情地除掉任何企图政变的人。他们喜欢在同侪之中彼此竞争最高位置，虽然大家族会在这几个世纪之中来来去去，但任何有能力的贵族都能体会到担任公职是他们的天赋权利。

即使塔克文王朝因为高压统治而失去民心，但布鲁图斯及他的朋友并不能指望人民的支持。假如羽翼未丰的共和国有机会存活下来，他们就必须做些事来使人民与新秩序彼此妥协。所以在对人民讲话时，早期的执政官会诚惶诚恐地提醒他的仪仗官要放低他们的束棒[7]，表现出向人民低头的姿态，并且通过一道法律，使百人团会议成为最高法庭，有机会反对死刑或鞭笞（假如刑罚是在“城界”之内所下达的）。[8]我们并不能确定这种让步是否足够，因为最后普通百姓将会注意到，如西塞罗所言：“虽然人民是自由的，但行政法令很少由他们来实施。”[9]

关于这新政制的一个关键点是，只有在各有取舍的情况下才能运作。为了避免独裁，国内的力量在彼此制衡上几乎完全平衡。妥协精神与拒绝诉诸暴力，对政体成功是根本的。

塔克文有“傲慢”的绰号不是没有道理的。傲慢在他和他儿子的垮台中影响很大，但是也促使他去抗拒变局以及设法夺回权力。当共和国的命运仍在未定之天时，发生了三个故事，它们确实都是虚构的，却以耸人听闻的方式表达出了什么是罗马人认为好的，什么是坏的行为。

傲慢的塔克文派使节到罗马去宣布退位，并承诺不会使用武力来进行复辟。他以看似合理的甜言蜜语提出，他要求的只不过是归还他和他家族的金钱及财产。但其实他真正的目的与财富无关，而是要测试民意，看谁是支持者。在一场公民大会中，克拉提努斯，这卢克丽霞的鳏夫及布鲁图斯的执政官同僚，发言支持塔克文的请求，但布鲁图斯始终不愿妥协，对此予以激烈反对。然而塔克文的请求还是通过了，这或许显示在较低阶层的人当中，持续有着对塔克文某种程度的喜爱。

使节们将前国王的财产清点，拍卖，分散，买通一些身居高位的年轻人，包括克拉提努斯的侄子，更叫人害怕的是还有布鲁图斯的两个儿子。叛逆腐蚀了这新国家的核心。这些阴谋者决定一起发下毒誓，在杀死一个人之后，以他的鲜血来祭奠，他们将手放在他的内脏上发誓。[10]

某个晚上，一个奴隶恰好身处即将举行仪式的房间里。当年轻人进入时，他在黑暗中躲在柜子后，聆听他们的交谈。他们同意要杀害执政官，并且准备书信，勾画出他们的计策，使节在回到塔克文那里时会带走它们。奴隶将所听闻的事报告给当局。在经过一场搏斗之后，这些阴谋者被逮捕，而定罪的证据也被发现。

现在的问题是要如何处置这些罪犯，因为他们都来自如此尊贵而强大的家族。在公民大会中，大多数人都觉得为难，只得保持缄默，希望卖布鲁图斯一个人情，所以建议流放是最适当的惩处。

但执政官一点都不愿领情。在仔细考虑过证据后，他依次呼唤自己的儿子。“过来！提图斯，过来！提比略（Tiberius），你们为何不愿针对指控来进行辩护？”[11]他问道。他们没有回应，所以他又两次问了相同的问题。当他们仍然缄默时，布鲁图斯转向仪杖官说："现在由你们来做剩下的事。"他们当场剥光两个男孩的衣物，将两人的双手捆在背后，用他们的仪杖来责罚男孩们。布鲁图斯以坚定的、无所顾忌的眼光观看这个场面，即使他的孩子倒在地上，头被砍下。

其他阴谋者的案件也在审理，克拉提努斯担心他的侄子，要求温和惩处。当布鲁图斯反对时，他讽刺地咆哮道："我有和你相同的权威，既然你是如此粗鲁以及残酷，那么我下令将这男孩释放。"骚动随之而来，克拉提努斯似乎随后未经正规仪式就被解除职务。为了缓和这次政制危机，他同意主动辞职并且自我流放。

这种对法治的信仰，加上几乎没有人性的严厉，是典型的罗马特质。自我牺牲换来的暗淡报酬是自尊心。讲求实用的希腊人困惑地发觉布鲁图斯的行为"残酷而不可置信"。[12] 普鲁塔克所写的希腊及罗马将军和政客的传记，探索公共生活的伦理，也令人极为惊讶，虽然他太温文儒雅未对此做任何说教，但他写道，布鲁图斯"做了件很难让人赞美或谴责的事……（这）不是有如神明般，便是像野兽一般"。[13]

傲慢塔克文对事情的转折大失所望。他未经深思熟虑便引兵进攻罗马，打了一场没有结果的战争，便放弃整个计划。他在强大的伊特鲁里亚克鲁西姆城的国王拉尔斯·波塞纳（Lars Porsenna）的宫廷避难。波塞纳认为这涉及原则问题，不赞成将君王驱逐，所以与塔克文团结一致。他担心会有"骨牌效应"，发生在塔克文身上的事情或许有一天也会发生在自己身上。所以在公元前 507 年他同意率军远征，对付这新兴的共和国。

当敌人出现在台伯河彼岸时，在田间工作的罗马人撤回城市，城市很快便被包围。河流本身被认为是个坚固的障碍，岸边并未设防，所以仍是罗马唯一渡河处的苏布里起亚斯桥便是个弱点。假如波塞纳的人马能够成功渡河，罗马就会输掉战争，而傲慢的塔克文必将能够返回就任。

负责防守大桥的军官是一位世家贵族，名叫普布利乌斯·贺雷修斯·科可列斯（Publius Horatius Cocles）。他过去在战场上失去一只眼睛，因此绰号叫“科可列斯”，这在拉丁文里是“独眼”的意思。敌人突然之间攻占贾尼科洛山丘，并向下冲到大桥边。所有守卫陷入恐慌，争相逃走，除了贺雷修斯跟他的两位同伴斯普利乌斯·拉克里亚斯（Spurius Lacrius）和提图斯·赫米纽斯（Titus Herminius），两个人都是伊特鲁里亚出身。他们努力冲到台伯河靠近贾尼科洛山丘那边的桥头，准备进行防守。他们的目的是争取足够时间，让他们后面的人来拆桥。这桥梁实在太窄，波塞纳的人马只有少量可以趁隙立即通过，所以这三人希望堵住敌人的去路。

他们兼具勇气及运气，近身搏斗，杀死许多伊特鲁里亚人。贺雷修斯命令他的伙伴保护好自己，他独自一人奋战，不顾一支标枪已经刺穿他的大腿。最后，他听到他身后大桥垮掉的声音，所以他在向河神祈祷后，跃入水中，游回对岸的罗马。[14] 这城市得救，至少暂时保住了。

在第二个比较少争议的大公无私的案例中，贺雷修斯卓越的勇气综合了所有罗马人对“勇敢”（*Virtus*）品德的理解——这个词囊括了男性的勇武、力气、能力、道德高尚以及军事才能，英语中更温和的品德（virtue）一词，便从这个词衍生出来。一座贺雷修斯的雕像被竖立在公民大会会场上。[15] 后来它被闪电击中，这是恶兆，所以在某些伊特鲁里亚民族主义者预言家所做的不诚实建议下，雕像被移到一个地势较低且没有阳光照射的地点。当这件事败露时，有人被处死（或许这是一个过于严厉的处罚，但它表达了人民对贺雷修斯的虔诚怀念）。这雕像接着被移到火神丘；这是卫城山丘上的台地，上面有一座火神的祭坛，是一个具有威望的地点，因为当时执政官在那里处理公务。它立在那边多年，直到公元1世纪，百科全书作家老普林尼（Pliny the Elder）还见证了它的存在。[16]

波塞纳安顿下来进行长期围攻。[17]随着时间流逝，罗马城里的食物供应逐渐短缺，而伊特鲁里亚国王认为他可以不做任何事，便能够达成目的。一位罗马年轻贵族盖乌斯·穆修斯（Gaius Mucius）决定采取主动。在暗杀波塞纳的计划取得元老院同意后，他溜进敌人营区，穿着伊特鲁里亚人的衣物，说着流利的伊特鲁里亚语，并将一把匕首藏在身上。不幸的是，他并未见过国王，也不想因求见国王而冒身份被揭穿的风险。但是他看到了国王的座台，并混入包围着他的人中间。

这一天是发薪俸的日子，一个衣着体面的人坐在国王旁边，匆忙地分发钱财。几乎所有的人都同他说话，穆修斯无法确定谁是臣子，谁是主人。他做了错误的选择。他跳到台上，刺杀了财务官员。他设法从人群中逃跑，但是被捉住，被带到愤怒的波塞纳面前。

穆修斯并未露出恐惧的神色。他说："我是罗马人，我的名字是盖乌斯·穆修斯。我能死得像我行刺时一样坚决。勇敢去做、勇敢去死是我们罗马人的作风。"他接着暗示说，有许多其他想要进行暗杀的志士会跟随他的脚步，前仆后继。

波塞纳在盛怒及震惊之下，下令将囚犯活活烧死，除非他透露出他所暗示计划的全部细节。穆修斯叫喊道："且看那些将双眼紧盯名誉及荣耀的人，他们是如何轻视自己的身体的！”他接着将右手伸入用来祭祀的火中，让火灼烧它，仿佛感觉不到疼痛。国王大为震动，叫卫士将穆修斯带离祭坛。随后，国王释放了他，并视之为值得尊敬的敌人。

但穆修斯并不想让波塞纳逃脱。他以令人信服的方式撒了个谎，他说：“作为回报，我将会告诉您一件无法通过威胁从我这里获知的事情。在您的营区之中有300名年轻罗马人，装扮成伊特鲁里亚人，他们所有人都宣誓要取您的性命。我恰好通过抽签得到行刺的机会！”震惊的国王决定放弃塔克文，协商换来和平后撤军回城。穆修斯后来被称作斯凯沃拉（Scaevola），意为“左撇子”，这是间接指明他的右手已经无法使用。

就像之前的故事那样，这第三个英雄的故事也提倡自我牺牲，但有个怪异的转变。在原则上，罗马人轻视在战争里使用诡计诈术——埋伏以及类似不够光明正大的伎俩。但他们仍是实用主义者，经常撒谎，却很少承认。此时虽然右手已经烧焦而痛苦万分，但穆修斯仍然非常冷静，撒谎说有300名罗马刺客混入伊特鲁里亚军营中，我们或许会认为，这是对波塞纳之前慷慨释放他所做的背信弃义的回应。

学者们无法确认这故事的历史真实性。或许它来自对作伪证的审判，因为一只手放在火中烧烤，是对破坏誓言或承诺的惩罚。以伪装潜入敌人营区让人想起雅典国王[18]打扮成农夫潜入敌人营区的传奇故事。这事件部分或全部都有可能是虚构的。然而，它戏剧性的特质并不会令其中的道德教训受到轻视。

有观点认为，穆修斯的英勇足以说服波塞纳放弃战争，这根本不可能。事实上，一些线索显示出完全不同的事情发展。一位伟大的罗马史学家在600年后不经意提及一段参考文献，也许是伊特鲁里亚方面的材料，指出国王并未放弃围攻，而且攻占了罗马。史学家提到卫城山丘上的朱庇特神庙在内战中毁于大火，他注意到甚至“当罗马城投降时”[19]，波塞纳也没有破坏建筑物。对所有事情都表达意见的老普林尼也告诉我们：“在国王被驱逐之后，在一个由波塞纳与罗马人民签订的条约中，我们发现它特别提及铁器将只能用于农业。”[20]这是一个羞辱的条件，因为它意味着罗马人必须解除武装。另一个资料说罗马人给波塞纳一座象牙制王座、一支令牌、一顶金冠以及一件胜利的长袍，总之，均为国王的标志。假如有先例，这其实可以看作罗马称臣的行为。这是我们所知道的一切，但能得出一个合理的推论：波塞纳非但没想帮助傲慢塔克文复位，反而驱逐了他。

罗马最大的幸运是，虽然克鲁西姆国王在此事之后，持续侵扰邻邦，但在靠近拉丁城镇阿里西亚（Aricia）的地方，拉丁城邦所组成的联盟得到强大的希腊人社群库迈的协助，并由一位怪异却极有效率的独裁者（他最初是一名男妓）阿里斯托德莫斯（Aristodemos）领导，充满历史意义地给了波塞纳致命一击。波塞纳在战场上被杀，他所造成的威胁也随之消失。

这些事件在城市里留下两道痕迹。战争一结束，罗马人开始照料伊特鲁里亚的伤员，而且罕见地表现出博爱心，将他们带回罗马并加以安置。他们被允许在沿着从帕拉丁山丘附近的罗马广场到“大赛马场”的街道上修建房舍。根据一般的看法，这条街因此被命名为“伊特鲁里亚街”（vicus Tuscus）。[21]另一个结果是，产生了一个公开拍卖战利品的古老习惯，一直延续到公元前1世纪。[22]拍卖者通常会在形式上将“国王波塞纳的物品”纳入拍卖物品。这必然是指这位攻占罗马的国王，在离开罗马城出军远征尚未遇到不测命运时，留在罗马这座新基地的财产。

无论是以哪种方式，罗马共和国都不会再面临任何针对共和政制权威的挑战了。

第7章

大罢工

这是罗马建国之后所出现的最奇怪而壮观的景象。许多家庭排成一列，正在离开罗马，看起来像是大规模撤离。他们往南走，登上几乎没有人居住的阿文丁山丘[1]，这与罗穆路斯最初的聚落帕拉丁山丘有一个山谷之隔。大致而言，他们是穷人和弱者，包括工匠、农夫、乡村及城市劳工。他们携带可以维持几天的食物，在抵达时，他们建立营区，竖立栅栏并挖掘壕沟。他们安静地停留于此，像是一支没有携带武器的军队，不会攻击别人或是制造暴力。他们只是等待，无所事事。

这是一个群众性的抗议，[2]是世界史中最值得一提且最具想象力的抗议。它就像现在的大罢工一样，但是还有另外一面：工人不只是停止劳动，还主动撤离。

当然，一些人留了下来，富人，还有一些下层人民，他们因为某些理由无法或不想加入他们的伙伴，但是半个罗马百业凋零。元老院束手无策。假如罗马在中部意大利邻邦的诸多敌人抓准时机，发动进攻，那将如何是好呢？这些暴民是否在假装消极罢工背后，正计划暴力行动？倘若如此，元老院要如何回应？那些仍然留下来的人会是私下作乱的“第五纵队”吗？内战要如何避免？

刚才已经说过，所有公民必须自己购买军事装备。只有富有之人才能够负担军团士兵的重型装备，其他人则担任轻装部队及突袭部队。所以在一场与中下层人民的正规作战中，支持现状的富有之人可能会赢得战争。但是这样一种胜利将产生反效果，罗马无法仅凭富者的力量来存活，每个国家都需要它的劳动力。

统治精英感觉势单力薄，决定要派遣一个由年长而包容的贵族组成的使节团，前去与抗议者谈判，说服他们结束这种所谓的分裂，并且返回家乡。他们的发言人是位前执政官，盖乌斯·梅尼乌斯·阿格里帕（Gaius Menenius Agrippa），一个温和派的人。

他进入山丘上临时搭建的营区，向群众讲话。根据古代史料（正如以往，这会是有趣的虚构演说），他并没有口出威胁，但也没做出让步。事实上，他似乎根本不谈正题，开始讲故事：

> 曾经，人类身体的不同部分无法如现在一样，彼此协调配合，而是每一部分都有自己的想法，并想表达自己的话语。所有的部分都怨恨它们竟然必须要担惊受怕，承受麻烦以及做单调的苦工，去提供各种东西给肚子，而这肚子在所有器官之中，除了享用其他器官所给予的美好东西外，始终都无所事事。
>
> 这些不满的器官一起计谋，手不再拿食物给嘴巴，嘴巴不接受提供给它的东西，而且牙齿拒绝咀嚼任何食物。因为它们愤怒，所以它们设法以饥饿来让肚子屈服，却发现所有器官以及整个身

体都开始虚弱。从这里可以很清楚地看出，肚子的确有它的用处。是的，它接受食物，但依据相同之理，它滋养其他器官，并且透过血管，回馈血液给身体的每个部位，这是它在消化时制造出的。我们便是借助血液而活命并成长的。[3]

梅尼乌斯·阿格里帕用这身体器官的反叛来比喻现在的政治危机以及人民对局势的愤怒，试图说服他的听众回心转意。他们开始协商，为这些分裂者寻求他们可以接受的安排。

那他们抱怨的是什么？这些人不是革命者，不是要推翻政治体制。在获得自由之后的最初几年，共和国遭遇了一场经济危机。造成经济萧条的原因不明，但一系列军事挫败或许与此有关（见下一章）。似乎也有食物短缺的原因。另一个长期的问题是土地不足。农民自己所握有的田产极少，虽然他们可以使用“公地”（*ager publicus*）来放牧或耕种，但富人及强者往往控制公地，无情地将小农排挤出去。考古学家告诉我们，这时候少有公共建筑物被修筑，但有一座贸易之神墨丘利（Mercury）的神庙[4]是明显的例外，因为墨丘利在商业陷入衰退时需要得到安抚。

但西塞罗或许指出了这种不满最严重的原因。他说：“人民从国王的统治下被解放后，主张要有较大程度的权利。”他再酸溜溜地补充道：“如此的主张或许并不合理，但是共和国的实质经常不是理性可以理解的。”

穷人被负债重压，承受那些当权者的粗暴对待，他们寻求改变。许多人已经山穷水尽，唯一可以用来还债的是他们自身——他们的劳动，他们的身体。在那样的情形下，他们会进入一个被称作债奴

(*nexum*)的系统中，“债奴”这词直译为纠缠、束缚。在五位证人面前，一位放贷人会衡量要出借的财物或铜钱。欠债人可以清偿他所亏欠的，用自己来还债，这包括他自己的人身以及劳务（虽然他仍保留他的市民权利）。债主会陈述道：“因为这样的一笔钱，你现在将是我的债奴，被我束缚。”他接着用锁链拴住欠债人，使自己身为债主的一面变得戏剧化。

这残酷的安排就其本身而言并不会引起非难，因为它的确针对极端的欠债情形提供了解决办法，无论这办法是如何的粗糙。真正引起愤怒的是债奴遭受的压迫或不公平对待。债权人或物主甚至有权将其处死，至少在理论上如此。李维为我们讲述了一个受害老人的故事，[5]他突然有一天出现在罗马广场，苍白虚弱，穿着脏污破烂的衣服，他的头发以及胡须散乱不整。他整个人让人目不忍视。一群人聚在一起，得知他曾经是位战士，指挥过一个连队，为国家尽忠效力。但他如何沦落到此种境地？他回答说：

> 当我在萨宾战争中服役时，我的收成被敌人偷袭破坏，我的茅舍被焚毁。每件我拥有的东西都被抢走，包括我的牛。当我无能为力的时候，却被要求缴税，结果是我欠了债。借贷利息加重了我的负担，我丧失我父亲和祖父之前所拥有的，然后我又失去我自己的财产。灾厄散播有如传染病，感染了我所拥有的一切。即使我的身体也无法豁免，因为我最终被债主抓去，沦为奴隶，不，比这还糟，我被拖到了监狱和刑房中。

喧哗紧接着出现，而恰好在罗马广场现身的元老感到惊恐。其他债务缠身之人也站了出来。群众包围元老院，要求执政官召集议会，看起来暴动就要发生。执政官应允，但难以说服紧张的元老现身，并且凑足开会的法定最低人数。

当会议最后终于开始时，消息传来说有一支沃尔西人的军队正在赶往罗马。这时除了答应群众要求外，别无他法。其中一位执政官发布一道命令，其内容是：如果将罗马公民束缚或囚禁，因此使他无法加入服役，那便是违法的；第二点，夺取或贩卖任何在服役期间士兵的财产也是非法的。这命令安抚了群众，抗议者志愿加入军队，离城出兵去迎战，并击败了进犯的敌人。

但事情并未就此结束，这是因为一位轻蔑他人又很容易愤怒的执政官阿庇乌斯·克劳狄（Appius Claudius）[6]，他是一个萨宾移民家族的建立者，这家族在接下来数个世纪都以傲慢态度和高压手段闻名。他坚持要以最严格的法律来追索欠债人，而且完全不去考虑这将会导致暴动。平民领导者开始在夜间秘密聚会，计划他们的应对。

这便是发生在公元前494年的大罢工和集体撤离到阿文丁山丘的背景，这大约发生在驱逐傲慢塔克文十多年之后。牵涉其中的人将自己视为平民（plebs）群体中的一员。[7]在后来的世纪中，“平民”这个词开始接纳每一个不是世家贵族或是一般贵族的人，亦即所有的普通民众。但是在共和早期，这个词特指从大众群体中招募人手，来参与政治或选举运动，但不与大众群体本身画等号。它并非工会组织，但代表了所有种类的手工行业和工作场所。

就像工会，平民并不想用武装斗争来推翻国家，或是引起制度混乱。它并无意与主宰的世家贵族相对抗。它的存在只是为了保护以及提倡平民成员的利益。执政官及元老院已经失去方寸，丧失斗志，至少就现在来说是这样。

领导阶层意识到重组的必要。于是一个特设的“平民议会”（*Concilium Plebis*）被创造出来，它以部落为单位进行投票。这时候罗马人口（或许）被划分为21个地方部落，据此公民以其居住地来划分。平民以部落为单位来达成决议，每个部落一票（这比“百人团大会”中的百人团投票还要公平些）。平民议会的决议叫*plebiscita*（由此而出现英语的plebiscite，即全民投票），对共和国本身并无约束，但执政官和元老院却难以忽略。随着时间流逝，平民议会成为“国中之国”。[8]

与梅尼乌斯·阿格里帕及其他元老使节的谈判，见证了平民进一步强化其影响力。双方达成协议，平民议会可以选出政制之外的官员，最早或许是两位“平民护民官”（*tribuni plebis*）。（在公元前5世纪中叶时，他们的人数已经增加到十位，而且之后始终维持这一数量。）最先担任护民官的有阿文丁山丘营区的领导人卢修斯·西新尼阿斯·维路图斯（Lucius Sicinius Vellutus）和卢修斯·尤尼乌斯·布鲁图斯，他是一个虚荣且自命不凡的人，第一个如此崇拜共和国的执政官，所以他为自己加上“布鲁图斯”的别名，目的是能与另一位布鲁图斯享有完全一样的名号。[9]

护民官的职责是要在城界之内护卫平民的权益。他们的权威源自“神圣法”（*lex sacrata*），平民们的宣誓说他们将会服从他们的护民官，并且誓死保护后者。任何伤害他们的人都将被当成对神的“牺牲”（*sacer*）。

“牺牲”这丰富且强大的字眼有两个定义，一为正面，一为负面。它可以代表圣物，奉献给神明，因此*Via Sacra*是一条引导进入罗马广场的路，被译为“神圣大道”。它也可以指献给神明来摧毁。在这意义上，英文里最接近的同义词是语气大为削弱的“受诅咒”（accursed）或

“不敬神”（impious）。“让他成为牺牲！”（*Sacer esto*！）这句话会宣布给那些行为已危害神明之人，说这样的人已经被神没收，所以当他死去时，也无法得到神的饶恕。任何杀害他的人都是在执行一件神圣的工作，而非犯下血腥罪行。这是一个恐怖的诅咒，所以是以一种看不见的却无法破坏的神圣武装，来保护护民官。

正是这种神圣武装使得护民官可以提供协助（*auxilium*），来护卫平民免于富人和强者的压迫以及官员武断的对待。这意味护民官可以亲自干预，去解救一位受到欺压的普通公民。他以强制力（*coercitio*）来执行他的意志，他可以罚款、监禁或是处决任何挑战他权威甚至是对他恶言相向的人。假如他面对别人的强迫，他可以威胁要祭出“神圣法”的可怕后果。一位当代学者很简洁地指出，这是“被掩饰为神圣正义的私刑”。[10]

最初，护民官的权威在法律之外，不构成罗马法的一部分。许多不愿妥协的世家贵族拒绝认可这新的平民体制，因此必须要再经过二十年，才会有一道法律[11]出现，给予平民正式权利去举行他们自己的会议，选举自己的官员。在这个世纪中叶或稍后，护民官达到权力无与伦比的顶峰：他们有权去“干预”政府事务。如之前所提，“干涉权”（*intercessio*）其实是“否决”的体面说法。[12]护民官可以自行撤销民选官员（直到公元前300年，唯独“独裁官”例外）公布的任何命令，任何法律和任何选举。假如他想要的话，他的权威足以让国家完全停摆。

即使在第一次集体撤出罗马结束之后（据不可靠的陈述，这将会发生更多次，最后一次约在公元前287年），平民仍然维持与阿文丁山丘的关联。事实上，山丘成为平民奋斗的纪念地，一个激进主义中心，一个象征性的“反罗马”城市。在公元前493年，即危机一两年之后，一座谷物及丰饶之神刻瑞斯（Ceres）的神庙在该处修建。这是对几年前饥荒时期时祈祷的还愿，而且很快便成为平民的重要据点。

这神庙是远远就能见到的朱庇特神庙的小型且逼真的翻版。其中的相像不可能是偶然的。它和在卫城山丘那座对应建筑物一样，是以古老的伊特鲁里亚风格修建的，有深深的屋檐，屋顶上有五颜六色的烧陶；里面有不同的房间分属三位神明，其中不仅供奉刻瑞斯神像，还有她的一个女儿普洛塞耳皮那（Proserpina）* 和其父里博（Liber），也就是希腊神话中丰饶与酒的守护神明狄俄尼索斯。这座神庙有大量藏品，其中许多艺术品是长年累月搜集而来的。墙壁上面装饰着壁画以及一幅狄俄尼索斯的画像，这是在公元前 2 世纪时从希腊掠夺来展示在神庙中的。

平民在食物短缺时，利用这建筑物为基地来分配食物，而且（连同附近的狄安娜神庙，她的祭祀在奴隶中特别受欢迎）是一个可以为逃跑之人提供避难地的安全处所。神庙管理者是被护民官任命的，并且向护民官负责，他们被称作“市政官”［这个词从神庙的拉丁文“寺庙（*aedes*）”一词而来］。

“市政官”的工作内容很快便添加了其他项目。执政官与元老院找到一个可以维持权力的办法，禁止散播有关他们活动的消息。他们的活动过程记录从不公布，[13] 而执政官会压下甚至伪造元老院的决议。在公元前 5 世纪中叶，来自平民的压力迫使他们开放政府活动记录，供大众审查。“市政官”被授权去管理所有平民、平民议会及元老院的记录，他们在阿文丁山丘建有档案储藏机构，“因此所有发生的交易和谈

* 其希腊名字为“珀耳塞福涅”（Persephone），但根据 Homeric Hymn to Demeter，其父为宙斯。——译者注

判都不会逃过他们的眼睛”。[14]

共和国早期留存下来的执政官年表（*fasti*）显示，那些不是世家贵族的人真的可以获选。但随着时间流逝，执政官在实际上已经成为世家贵族的特权，这结果或许是针对平民在政治上所获得的进展，表达出有所不满的回应。平民对此反应激烈，原本针对不公平待遇的运动，逐渐发展成世家贵族与生俱来的权威和对国家宗教的控制，与由平民带头的其他社会阶层之间的敌对。就是在这个时候，*plebs* 这一字眼才开始代表“人民”。

有一个不愿屈就的骄傲的人和他的结局，可以很好地体现逐渐激化的敌对。这个故事再一次意外地讲述了一个人为创作的真相，哪怕它实际发生过，我们也不知道有多少真实成分。格奈乌斯·马尔西乌斯（Gnaeus Marcius）是位世家贵族，一名英勇的战士，而且在年轻时曾赢得“市民桂冠”。这值得珍惜的荣耀是一顶橡树叶编成的花冠，奖赏给任何在战场上曾解救市民同胞生命的人。

在公元前 5 世纪初，罗马在南方与沃尔西人经常处于敌对状态，时常爆发战争。罗马人围攻敌人城镇科里奥利（Corioli）。突然之间，一支沃尔西军队出现在眼前，而且同时，城内向外发动突围。马尔西乌斯当时恰好在进行警戒。他带领一支精兵，不仅击退了从城里发动的突围，而且设法攻进城里。他握住一支火把，将它扔进一些伸出城墙的房子里。火焰与女人和小孩的哭叫声让沃尔西人相信科里奥利已经沦陷，所以他们撤离战场。罗马集中精力围攻该城，这城镇很快便被攻陷。

统率军队的执政官大为赞美马尔西乌斯，并且赏给他尚未分配给士兵的所有战利品（装备、人员、马匹）的十分之一。他谢绝了，激动地说这是报酬而非荣耀。他只接受一匹马，并要求释放一位战俘——他在沃尔西的朋友。作为回应，执政官奖赏他“科里奥兰纳斯”的别名，来纪念他在这场胜利中表现的领导地位。

回到罗马，科里奥兰纳斯竞选执政官。他突出的军事服务记录使他有很大可能胜选。他如其他候选人一样，出现在罗马广场拉票，而且借着展示他在战场上的伤痕，以博得大众好感。然而不幸的是，在选举那天，当他在元老院及一群世家贵族的陪同下耀武扬威地进入广场时，群众情绪激动，突然转而反对他。

科里奥兰纳斯对自己被拒绝感到愤怒，决定要惩罚投票者。他周围环绕着一些傲慢且炫耀的年轻世家贵族，想尽办法来骚扰护民官布鲁图斯和西新尼阿斯。他嘲笑他们说：“除非你们停止以言论来扰乱共和国以及煽动穷人，否则我将不是以言语而是以行动来反对你们。”[15]当时食物短缺，一大批谷物从西西里运达时，人民认为这应会低价出售。科里奥兰纳斯发言反对这样的提议。“任何这样的措施必将是纯粹的疯狂，”他说，“假如我们有智慧，我们就该从人民那里拿走任命护民官的权利，因为这权利使得执政官变得无用，并且使城邦分裂”[16]。

贵族中头脑较清楚的人感觉到科里奥兰纳斯有些过火，但他被自己的急性子左右。护民官在平民议会中攻击他，他拒绝出席并回应指控。当市政官设法逮捕他，世家贵族将他们驱离。夜晚降临后，这些骚动才告结束。

次日，群众再度聚集在罗马广场。心生警惕的执政官再度保证了市场的供应价格，所以广场的氛围变得轻松一些。然而布鲁图斯及西新尼阿斯认为，科里奥兰纳斯主张要废除公民权利，并对市政官暴力相向，那他应当回应由此引发的指控。他们设想他应以道歉来表示谦卑，但更有可能他将做出或说出不可原谅的事情。

他们了解这个人以及他无法驾驭的脾气。当科里奥兰纳斯出现时，他以惯常轻蔑的态度说话，因而爆发斗殴。他再度被世家贵族突然带走。现在双方同意他应该接受适当的审判。科里奥兰纳斯因为企图僭夺政府而被起诉，并且要面对作为陪审团的公民大会。起诉的一方无法证明所提出的罪名，所以放弃指控，但是在最后一分钟，他们附加了对战利品做出错误分配这项指控。这让被告措手不及，因为他没有准备好为此辩护。公民大会依据部落来投票决定判决，结果因三票之差，科里奥兰纳斯被判定有罪，惩罚是永久流放。

他决心要报复，所以离开罗马回到沃尔西人的首都，在那里他自愿服役。沃尔西人大为喜悦，授予科里奥兰纳斯全权，命其领军征讨他的祖国。他攻无不克，很快地就作为沃尔西军队的先锋，打到罗马城外。共和国看起来岌岌可危。

城里一片混乱。平民士气低落，急于撤销原来的判决，但元老院不愿宽恕叛乱行为，拒绝这一提议。一个使节团被派往沃尔西人的营区，双方达成停战协议，但科里奥兰纳斯坚持严厉条件。当他母亲福伦妮娅（Volumnia），在他的妻子维吉利娅（Vergilia）及孩子的陪同下，意外地出现在他面前时，才打破僵局。[17] 她请求他放过城市，并且协商出一个公平的安排。

一时之间，他站在那里呆若木鸡，沉默不语。“你为何不说一句话？”福伦妮娅问道，“在没有任何压力下给予我所要求的，这是儿子对他母亲表达敬意的标志。但既然我无法说服你，我必须孤注一掷。”说完，她和他的妻子儿女一起跪在他脚下，做出自我贬低的卑微行为。

“母亲，您在做什么？”他回应道，并将她扶起，“您赢了。您已经解救罗马，但您也将我毁掉了。”

她确实如此。科里奥兰纳斯如她所要求地签订和约，于是沃尔西人撤军，带走他们现在已经不信赖的罗马指挥官。他在沃尔西公民大会面前陈述他的战争行为。当时有人被这背叛行为激怒，所以将他砍死。在场没人出面帮助他。

在公元前 5 世纪中叶，世家贵族及平民之间的冲突是共和国要面对的主要国内政治议题。李维笔下的一位保守政客抱怨说：“你们被选为平民的护民官，不是元老院的敌人。”[18] 话虽如此，但时代已经改变。世家贵族借机将自己转化为一个垄断统治而且排外的世袭阶层。在共和国初期曾担任执政官的富有而非世家贵族出身的人，发现自己如今已被排挤出去。所以他们便联手平民阶层，组成联合阵线，来对付贵族的这种反扑。这种力量的联合不应遮掩一个事实：这两个团体最终还是有不同的目标，一个团体要求公平对待，另一个团体则想获取高位。

一位有领导力的政客不满这种逐渐增加的对立仇视，他是曾三次担任执政官的斯普利乌斯·卡修斯（Spurius Cassius）[19]。他是位优秀的协商者，曾带回一项与 30 个拉丁城市签订的长期和平条约，这就是著名的“卡修斯和约”（Foedus Cassianum）。条约文本在西塞罗时代仍然可见可读，被刻写在罗马广场发言台背后的一根铜柱上。

卡修斯支持平民的目标，而且是第一个提出土地改革计划的人。对贵族而言，这一点是无法原谅的，因为他们强占了大量的公地。在公元前 485 年时，卡修斯在一件看起来没有根据的案件中，被人指控有当国王的野心，他父亲做出对他不利的证词，[20] 他被认定犯下背叛共和国的最严重的罪行，随后被处死。他被宣布为献给平民守护神刻瑞斯的牺牲品。平民的领导阶层并没有保护他免于世家贵族的攻击，但很不寻常，或许是护民官并没有足够信心为他辩护。他的住所被拆毁，从此这地方不可重建。李维写到，在他的时代，这一地点被认为是大地女神特勒斯（Tellus）神庙前的空地。很凑巧的是，这里视野开阔，可以看到代表人民的阿文丁山丘。

民主进程一度受到阻碍。但在表面之下，有一股压力逐渐累积，即将爆发。护民官在有关元老院记录的事情上赢得胜利之后，他们继续要求政府更加透明。寡头政权将权力握在手中的方法之一是控制司法系统。在罗马，法律文本并没有公开发行。它们由祭司团管理，他们将这些法条封锁起来，好像圣书一般，而只有世家贵族才被允许去阅读它们。在公元前462年，一位护民官试图防止执政官做出专断行为，要求规范执政官权力的法律必须完全公开。这项运动很快波及共和国的所有法律。官员及元老院积极抵抗这种压力，[21]但在公元前451年，双方被这旷日持久的争执弄得筋疲力尽，于是达成一个相当惊人的协议。

罗马的政制被废止，而且执政官和护民官职位均被废除，但仅为期一年。一个新的“十人委员会”（或称作 *decemviri legibus scribundis*，亦即“书写法律的十人”）来管理国家；他们被授予全权，他们的决定人们不能上诉反驳。他们的任务是修改、编订然后公布罗马法律。他们做到了这一点，制定了“十铜表法”（Ten Tables of Laws）。第二年，原来都是世家贵族的十人委员会成员退出，由另一批包括几位平民的委员来取代。只有一人被再度聘任，他就是阿庇乌斯·克劳狄，那位在罗马建立新家族者的孙子，与其祖辈一样脾气暴躁。第二个十人委员公布了两个新增的铜表法，但在年底时，他们不愿退出委员会，打算在第三年继续任职，于是引发抗议的风暴。

所有这些都令人困惑。为何要把共和国及其宪政交给一小撮人，而这群人实际上是一个探讨某项特定议题的委员会？假如他们并未同时获得治理这国家的任务，他们必然能更容易地进行他们的工作。另一方面，或许设计十人委员会的用意是为了某种永久性的改革，或许是要将平民及他们的“国中之国”纳入政制之中。在那种情形下，一年后重新选举一个委员会就是完全有道理的（虽然我们可以怀疑为什么第一届的十人委员会成员全部是世家贵族）。此处主要的问题是：文献中称新的官员仅是暂时性的角色，因此必须在他们对法律的检讨完成后，再将权力移交给执政官及护民官；文献还说，会选出第二个委员会，正因为第一个并未做到令所有人都满意。

古代史家显然搞混了，而现代学者则耽溺于自作聪明的臆测。[22]最说得过去的解释是十人委员会意图成为一个永久的新政府体系，编纂法律则是整个计划里的首要项目。这既综合解释了许多史料，也符合政治生活的现实。

但因为某种情况，这改革失败了。李维写道：“十人委员会在枝繁叶茂的开始之后，很快被证明是一棵不会结果的树木，都是木头，没有果实，所以它无法延续下去。”[23]他对接下来所发生事情的陈述是他那部长篇历史中最好的故事之一，虽然（就如以往）我们并不清楚其中有多少是事实，多少是虚构的或想象的重建。

在第二年的选举之后，新的十人委员会成员就职，阿庇乌斯·克劳狄作为非正式领导。一旦掌权，他们的行为变得残酷且不负责任，而且有私下信息传出，他们彼此发誓，不再举行更多的选举，要无限期地维持他们的权力。两个额外的铜表之一规定禁止世家贵族与平民通婚，这几乎等于贵族向平民的宣战。

新的选举日期是公元前450年5月（因此是罗马政治年度的开始），但那天到来时什么都没发生，便平淡地过去了。理论上十人委员会的任期已经结束，但没有新官员任命。阿庇乌斯·克劳狄与他的同僚继续掌权，好像没有不妥的事情发生。

然而，萨宾人和埃魁人的陆续宣战改变了局势。大为惊骇的十人委员会深知他们自己不受欢迎，除了征询元老院外，别无他法。一位同情平民的资深元老卢修斯·瓦勒里乌斯·波蒂图斯（Lucius Valerius Potitus）要求对政治局势进行公开辩论，而另一位愤怒的元老马库斯·贺雷修斯·巴尔巴图斯（Marcus Horatius Barbatus）说十人委员会是“十个塔克文”。[24]阿庇乌斯提议征兵，但是没有任何动静，因为他没有任何正式的官位。虽然如此，在他说了更多的重话之后，元老院最终让步，不再反对征兵。

战争进行得十分不顺利，而且不满情绪在士兵中扩散。然而最后降临的危机和军事与政治没有关系。正如国王塔克文的垮台一样，这显然源于一桩性丑闻。[25]阿庇乌斯心仪一位来自平民家庭的美丽年轻女子维吉妮雅。她是正在军队里服役的百夫长卢修斯·维吉尼乌斯（Lucius Verginius）的女儿，也是前护民官卢修斯·伊启利乌斯（Lucius Icilius）的未婚妻。罗马少女结婚早，所以我们或许可以假设，她在十几岁时便已为人妇。她抗拒阿庇乌斯的花言巧语，所以他决定巧妙设计，强迫她就范。

他派一位受他庇护的随从，宣称维吉妮雅是他的奴隶并逮捕她。在某个早晨，这个随从在她上学时，在广场上抓住她。他主张说，她就和她母亲一样，是他的奴隶，并且下令跟他一同离去。这少女既惊讶又恐惧，但是她的奶妈仍然保持冷静，呼喊求救。群众立即聚集。

阿庇乌斯正坐在附近的发言台上，主持法庭，见到绑架已不可行。他因此传唤维吉尼雅现身，并向大家保证这事情会完全公开透明。他说，提出主张的人有无可反驳的证据[26]，证明她就在随从家里出生，是被从他家中偷出来并被卖给维吉尼乌斯的。

广场的氛围开始变得恶劣，因此阿庇乌斯很不情愿地将听审延期，直到维吉尼乌斯从前线被召回。在此期间，他坚持维吉妮雅应该由原告来看管。在这时候，伊启利乌斯赶到，在愤怒的言辞交锋后，阿庇乌斯让步并将女孩交给她的未婚夫。第二天早晨，父亲与女儿出现在法庭。庭审几乎还没开始，阿庇乌斯便打断发言，做出判决：维吉妮雅是个奴隶，必须将其交还给合法的物主。

支持者环立在少女周围，拒绝让她离去。一位十人委员会的成员吹响号角，要求肃静，阿庇乌斯借机说话。“我有确切的证据，”他说，“昨天整个夜晚，城市里一直出现怀有叛乱目的的聚会。我因此带来武装随从，来制止破坏和平的人。聪明一点的话，要保持肃敬。仪杖官，请驱散群众。让物主通过，来领走他的奴隶。”

直到此刻，维吉尼乌斯一直都在大声抗议，但是他又改变方法。他向十人委员会就他的行为道歉。“且让我在小孩面前质询奶妈，”他说，“假如我不是她的父亲，我将会理解，并以较平静的心情离去。”这请求被同意，所以他带着这两个女人来到一排店铺前面，这称为“新店铺”，靠近维纳斯·克罗阿西娜（Venus Cloacina）的神庙附近，维纳斯是罗马广场用于排水的马克西玛下水道的守护神。

他接着从屠夫那里拿过一把刀。“这是唯一可以让你自由的方式，”他说，同时刺向他女儿的心脏，“阿庇乌斯，愿这鲜血的诅咒永远降临在你的头上。”

十人委员会毫不在意，传唤伊启利乌斯。现在群情鼎沸。瓦勒里乌斯和贺雷修斯加入这年轻人周围拥挤的群众，并下令仪杖官不要再效命于阿庇乌斯，因为他已经失去官位。这时十人委员会的领头人突然开始害怕，担心自己的安危，便以外袍蒙头，隐入附近的一间民宅。

十人委员会拒绝下台，而元老院无法下定决心要如何行动。战场上的一支罗马军队替他们做了决定。他们回到罗马城，并在阿文丁山丘扎营，[27]在那里又有许多的平民百姓加入。这第二次的撤离奏效。十人委员会辞职，但希望免除惩罚，虽然阿庇乌斯说："我很清楚将会降临的一切。"[28]

他是对的。旧制度被恢复，新执政官贺雷修斯和瓦勒里乌斯，以西塞罗的话说，"由于很睿智地接受群众的判断，来维持秩序"[29]而当选，同时选出的还有护民官和平民市政官。经过简单讯问，阿庇乌斯便被关入监牢。他向公民大会上诉，获得了一次开庭机会。他维持着一位克劳狄家族成员的典型高傲态度[30]，但他感觉得到，随着听审之日逼近，城邦里那逐渐升高的怒气。他决定不去面对他出庭的日子，于是自杀。[31]

对罗马人来说，在面对"无望"（*nulla spes*）的局势下，自杀是个恰当的行为。但是身为克劳狄家族的成员，他被认为应当处变不惊，所以克劳狄家族假装他是自然死亡的。他的儿子主持丧礼事宜，并请求护民官及执政官在罗马广场召集公民大会，这是知名人物死后的习俗，而他自己会在该场合赞美死者。他的请求被拒绝。

十人委员会的结局带来一系列重要影响。首先，它提供给未来世代一个鲜明的道德和人性的范例。维吉尼乌斯和布鲁图斯一样成为另一位大义灭亲的英勇杀手，流血成为一种品德。在这次事件中，我们可以知道罗马人对女儿贞洁极度重视。与未婚的自由民出身的女性发生性关系是绝对被禁止的，因为这会扰乱血统的继承。（相比之下，与非公民上床，无论是男是女，都可被接受，虽然不一定值得赞美。）

十人委员会体制的崩溃以及第二次平民集体撤离，标志着平民在政治上进一步成功。执政官通过百人团会议，这正式而符合制度的大会，通过了三道法律。[32]第一道正式赋予平民护民官神圣不可侵犯权，或许还有否决权；在此之前，他们的地位是通过体制之外的平民议会宣誓来保证的。在未来，共和国本身将承担确保护民官安全的职责。这"国中之国"终于融入共和国。

第二道法律则关系到公民的上诉权。有关上诉的基本原则在公元前509年就已确立，但是十人委员会的设置特别强调平民不得对他们的决定进行上诉。这漏洞必须被填补，瓦勒里乌斯和贺雷修斯规定共和国任何官职都必须受制于上诉权。

最后也最具争议性的提议是平民议会通过的决议应具有法律效力，但必须先由其他机构确认其合法。这是个显著的进展，我们还记得这种议会是以部落来投票的，而非根据不公平的百人团来划分的，而后者会大大有利于富人的投票。

虽然十人委员会最终失败，他们却有一项显著的成就，可以为之自豪，那就是"十二铜表法"（由十铜表法加上二铜表法）。这些被编订的习惯法成为法条，将司法开放给公众检视，至少在原则上如此。李维认为它"直到今日仍是公法及民法的源头，在今日法律庞大而复杂的上层架构中仍能清晰看见它的脉络"。[33]西塞罗回忆说，当他仍是学童时，必须将这些铜表法牢记在心。

很怪异的是，这样一个受到很高评价并广泛传播的文件，它的文本却没有留存下来。许多片段以古老的拉丁文保存下来，但是我们不能确定它们记得有多准确，是否有代表性。平民立即废除禁止贵贱通婚的恶法，但十二铜表法的其他部分则被接受。妻子权利的加强，缓和了父权对家庭的独裁。其他规定则促成奴隶的解放，并规范了继承、债务和债奴、借贷利息、契约以及让渡等事项。奢华的行为不被提倡。

十二铜表法所强调的是个人与个人之间的日常往来，而很少关注个人与社群之间的关系。因此“一个人以去收集掉落到另一个人农地上的果实”[34]，“让他们将道路维持好。假如他们没有铺设路面，那每个人都可以将他的牧群赶到任何他想去的地方”。[35]

一些罗马早期法律极其怪异的特征让我们困惑。其中有一道最可怕的条款：“若一个人向多个人欠下债务，在他于罗马广场示众三天后，债主们若是愿意，便有权利去将他分割为不同的部分，而且假如他们之中的任何人，因为在分配时获得比他应得的更多或是更少，他也不用负责。”[36]就其字面意思来说，这意味着，假如有超过一位债权人，他们有权去将欠债人的身体分割成不同部分，而其大小反映出所欠债务数量的多少。

在莎翁剧《威尼斯商人》里，即使波西娅在努力寻求宽恕时，夏洛克也会觉得自己要求合情合理。

这些是人民取得的著名胜利，但很快就会显示出这场游戏尚未结束。在几年之内，又发生另一个具有戏剧性但颇为神秘的动乱。公元前444年执政官被废除，由“拥有执政官权力的军事护民官”（*tribuni militum consular potestate*）取代。每次选举中，会有不少于三位这种新官员被任命，而且经常多达六位。

这改革的目的隐藏在迷雾之中。一些史料说这是世家贵族的妥协，因为他们拒绝接受两位执政官的其中之一是平民出身，但如果是在一个治理委员会中，他们则不会反对。这个方法的缺点是平民很不幸地很少被选任这样的新职务，至少在最开始的时候是如此。其他人则主张，罗马需要超过两位的军事护民官。那么当没有战争的时候，为什么要有军事护民官呢？共和国为什么要在无法预期的情况下，年复一年在军事护民官和执政官之间转换？第二个解释或许比较有说服力，而且很有可能这时的国内政务在增加。我们还必须记得，是否要选举出军事护民官，以及若要的话，要有几位，必须在任期前一年内事先决定。所以一些有根据的猜测哪怕时常大错特错，也会蔚然成风。

富人与穷人、一般贵族与普罗大众、世家贵族与平民百姓之间的被称为“阶层冲突”的斗争，还有一个半世纪的时间去变化和发展。尽管平民会遭受挫败，但大多数罗马人可以看到，权力的钟摆正在不可逆转地摆向平民。

第8章

罗马沦陷

在公元前496年7月15日下午[1]，两位高大而超凡俊美的年轻人，正处于刚长胡子的年纪，出现在罗马广场。他们正在那源自灶神神庙旁的泉水边上[2]，清洗他们流汗的马匹。他们全身武装，看起来很像是刚从战场上归来。人们聚集在他们身旁，询问是否有任何新消息，因为罗马已经派出军队去对付拉丁邻邦。

年轻人回答说，是的，今天在雷吉路斯湖有场大战斗，而罗马是赢家。随后他们离开广场，从此再未出现。

次日军队报告胜利消息。已经年迈的傲慢塔克文在战场上攻击拉丁人的侧翼，自己则腹侧受伤。敌人营区被攻占。有两位骑马的年轻人突然出现在罗马骑兵的前头，刺杀所有他们所遇见的拉丁士兵，击溃敌人，使其匆忙败逃。他们明显是神明，而且就是稍后在广场上出现的两个人。每个人都认为他们是双胞胎神明卡斯托耳与波吕刻斯（Castor and Pollux）[3]，他们也被称作"宙斯双子"（Dioscuri）。特洛伊的海伦是他们的姐妹，而且他们出现在伊阿宋（Jason）的探险船亚尔古舟

（Argo）的航海冒险中，去寻找金羊毛。他们以人类协助者的姿态显灵，会在危机时现身进行干预。他们在雷吉路斯湖有座神庙，所以战争是在他们的家门口进行的。

罗马指挥官发誓要建立一座神庙来对这对神明兄弟表达感恩。虽然显灵的故事明显是神话，但考古学家已经确定这神庙正是当时在罗马广场修建的，靠近他们与马匹现身之处。罗马人尊崇这双胞胎神明，后来又将神庙修筑两次，每次都更加宏伟。最后一次由皇帝提比略 * 在公元 1 世纪下令修建，其庞大遗迹至今在罗马广场仍可见到。这建筑物耸立在一座高台上，元老经常在里面聚会，其正面阶梯的顶端有个平台，这在晚期共和国那动荡不安的政治中，常被政客们用来发表鼓动人民的露天演说。

在每年的战争纪念日这天，都会举行对卡斯托耳与波吕刻斯的壮观纪念仪式。罗马的骑兵会进入广场，好像刚从战场归来，行军通过神庙。他们头戴橄榄枝编成的顶冠，穿着带有深红色条纹的紫色衣袍并佩戴战斗勋章。“这构成一幅美好的景象，”[4] 一位在公元前 1 世纪见证了典礼的人写道，“而且配得上罗马的强大。”

国内 200 年的阶层斗争并未阻止罗马在国外进行几乎是连续不断的征战。这些征战在古代历史中，写得就像是一个大国在进行的战争。但这些战争实际上大多仅是突袭掠夺和反制措施，即由国家所赞助的强盗行为。因此看似决定性的胜利显然没有多少决定性的效果，让李维“大为震惊”[5]，埃魁人和沃尔西人会随着新的征战季节的到来，重新回来搅局。然而就长期来说，这些战斗是具有破坏性以及耗损性的，

---

* 提比略于公元 14—37 年在位。——译者注

因为年复一年的收成会被糟蹋，建筑物会被焚毁。

在几位国王的统治之下，罗马已经主宰了拉丁姆，但是共和国到来时恰好发生了削弱国力的经济危机。在战胜波塞纳之后，拉丁人已经清除了伊特鲁里亚人在该地区的影响力，但他们也要教训缺乏经验的新生的罗马共和政权，让它知道分寸。然而共和国的新统治者送出讯息说，他们意图要维持傲慢的塔克文那种扩张式的外交政策。

最早期的执政官曾和迦太基签订条约。能获得像迦太基这样的地中海强权的认可是个相当大的成就。这条约内容规定迦太基的势力范围包括西西里，同时也表达了罗马对拉丁姆（较为有限）的主权主张：

> 迦太基人将不得伤害阿尔代亚（Ardea）及安提乌姆的族群、劳伦特斯人（Laurentes）、西尔策依人（Circeii），或是任何其他臣服于罗马的拉丁族群。至于那些没有臣服于罗马的拉丁族群，迦太基人不得干预任何属于前者的城市，而假如他们已攻占这些城市的任何一座，他们必须完好无损地奉还。他们不得在拉丁人的领土上建立要塞。假如他们携带武器进入该区域，他们不得在那里过夜。[6]

罗马人在条约中夸大他们的影响力。安提乌姆、西尔策依及塔拉奇纳（Tarracina）这时其实是在拉丁姆的疆域之外[7]，而且正好在沃尔西人的疆界之内。但是这条约说明了罗马侵略的意图，而且由此推论，它的目的是要重新取回王政崩溃后随之丧失掉的优势。对国内遍地丛生的贫穷及负债问题，海外冒险是个可以用来分散注意力的受欢迎之举。

拉丁人彼此团结一致。每个春天他们都会举行一个“民族的”庆典——“拉丁节（Feriae Latinae)”，在典礼中庆祝他们之间的血缘关系。每个社群都会携带羔羊、奶酪、牛奶或一些类似的东西赴宴；他们会献上一匹白色公牛用来祭祀，而公牛的肉会由所有与会者共享。拉丁人形成一个联盟，而罗马被排除在外，所以战争很快便在拉丁联盟与罗马之间爆发。

彼此间的敌意并未持续很久。虽然有那双胞胎神明的努力，但在雷吉路斯湖的战争不一定如罗马所声称的那么成功。而且彼此敌对的力量开始了解它们拥有共同利益：它们其实都面对一圈外围的敌对部落及社群。自北边顺时针列举下来，他们是伊特鲁里亚人，特别是富有而强大的城邦维爱；然后是萨宾人、埃魁人、赫尔尼西人（Hernici）以及百折不挠的沃尔西人。一片片领土正在失去，拉丁姆处于被入侵的严重危险中，除非罗马人和拉丁人愿意彼此消除歧见。

这便是他们在公元前493年所做的。执政官斯普利乌斯·卡修斯(如我们所见，他后来被认为企图争夺王权而遭处决）协商出一个“卡修斯和约”，以他的名字来命名。其条款被刻写在广场的铜柱上，在西塞罗的时代中仍然存在。[8]其核心是承诺彼此互助合作：

> 且让罗马人及所有拉丁城邦和平，只要天空和大地没有转变。且让他们彼此之间不要战争，也不要引进外敌，也不要让那些会进攻其中一方的人安全通行。且让一方在遭遇战争时，另一方以他们所有的武力来协助。[9]

几年之后，赫尔尼西人也加入这一和约。罗马人与拉丁人分别有自己的部队，但统一接受罗马指挥。最后，终于聚集了足够的军力来对付周围各个方向的全面威胁。

这些小规模冲突的背景是公元前 5 世纪之初，有大量的族群移入意大利，并沿着半岛的亚平宁山脊南下。萨贝利（Sabellians）人是居住在山区、说奥斯肯语言（Oscan）的族群，在面对人口过多，以及可能越过阿尔卑斯山进入波河河谷的凯尔特人制造的压力时，他们开始从中部亚平宁山的居住地南迁，去寻找生活空间。

我们知道这移民遵循一个叫“神圣春天”(*ver sacrum*) 的宗教仪式。每年都有新生的动物及人被献给战神，成为奉献之物（*sacrati*)。动物被献祭，而年轻人在到达 20 岁或 21 岁的年纪时，会被他们的社群送走，去寻找其他地方生活。在一个领袖的带领下，他们跟随一只动物，如公牛、野狼或是啄木鸟。在它停留下来的地方，他们建立一个新聚落或定居点。

这些年轻牧人战士的团体会启动一连串反应，冲击远至意大利半岛脚拇指的地方，威胁泛希腊地区的希腊城邦。说奥斯肯语的萨莫奈人（Samnites，这是个萨贝利人的部落群）会从山上流窜下来，入侵肥沃的坎帕尼亚。他们攻占主要城市，并创建一个新的国家，他们放弃畜牧，改为农耕。位于卡普阿（Capua）的伊特鲁里亚统治阶级不明智地让这新来的群体进入，并接纳他们为社群成员，结果伊特鲁里亚人在公元前 423 年的一个漆黑夜晚被集体屠杀，当时他们因庆祝节日而大醉不醒。[10]

许多年来罗马在拉丁人的协助下，勉强从埃魁人和沃尔西人的入侵中求生，不过在公元前 5 世纪下半叶时，形势开始发生逆转。在公元前 431 年 6 月 19 日发生了一场对抗埃魁人的决定性战役：这准确的日期烙印在共和国的集体记忆之中，显示这次胜利是何其珍贵。失去的拉丁城市被夺回，而罗马的军队终于可以采取主动攻势。

在这断断续续的征战时期中，发生了一次半偷袭及半正式的战斗，一位坚决反对平民的罗马人卢修斯·昆克提乌斯·辛辛纳图斯（Lucius Quinctius Cincinnatus）的故事出现。[11] 这位资深而杰出的世家贵族出身的政客已经沉寂一段时间，耕种着 1.6 公顷大小的田地。一天，一位代表从城市来，发现他在田地里工作，或许是在挖沟或犁田。他问道："一切都好吗？"不，不好，但是表面上的礼貌还是要遵守。在祈祷神明赐福给他和他的国家之后，他受邀前往罗马城。为此他穿上"托加袍"，这是自由罗马人的制服。

他之前没有穿着它，这一点也不奇怪，因为它是裁缝设计出的最不方便的衣着。一块宽大、厚重的半圆形布料，宽 3 米多，披覆在身体上，穿着时也没有固定布料的东西。要防止它滑落需要相当的技巧，而且在冬天容易透风，在夏天则窒息般闷热。

辛辛纳图斯穿戴整齐回到罗马。直到那时候他才得知军事危机的严重性。一支执政官的军队被埃魁人的军队围困在营区。辛辛纳图斯将担任独裁官，而且要出兵解围。他迅速完成任务。他与埃魁人签订一个和解的条约，但要在他们身上举行一种羞辱性的仪式之后：罗马人架起一个由三支刺枪所搭建的轭门，整支被击败的埃魁人军队被迫在底下低头通过，承认战败。使命达成，辛辛纳图斯在两周后辞掉独裁官一职，回家犁田。

虽然他的形象并不完全基于史实，但辛辛纳图斯代表了罗马人最为仰慕的品格的集合，即便实际上这些特质很少获得尊重。它们包括：俭朴生活、遵守乡村道德、不容置疑的爱国心、公平待人处事以及轻视荣华财富。和往常一样，这种仰慕体现在土地的命名上：老人的农庄在台伯河以西，正对着帕拉丁山丘下的船坞。这农庄至少在名字上保存下来，被称为“昆克提亚斯草地”（Quinctian Meadows）。

直到公元18世纪，辛辛纳图斯仍然被视为道德典范。美国城市辛辛那提（Cincinnati）的名字是在向乔治·华盛顿致意，因为他不贪恋权力，被视为辛辛纳图斯再世。这样的典范不仅在古罗马，也在近现代时常发生。

大约在罗马以北16千米，两条小河的汇流之处，一座高耸的裸露岩石上有大片长草的平原，面积上几乎有200公顷，这在过去两千年中一直都是耕种及放牧的地方。更仔细地检查会发现一段隐藏不宣、失落已久的历史。在夏天，航空或人造卫星能拍到田地上那已经褪色的痕迹，已经消失的建筑物所留下如幽灵似的图案，而且不时会出现断垣残壁以及已经突出地表的坟墓圆顶。

著名的城市维爱曾在此繁荣过，这是伊特鲁里亚联盟在最南边的前哨站［今日则与伊索拉·法尔内塞（Isola Farnese）村落接壤］。这陡峭断崖上的平原或许有稀疏分布的建筑物。在中间，城市里的街区以棋盘格的形状来安排，围绕着中央广场。精致的墓室已经在邻近山丘上被挖掘出来。这城市容易防守，而且水源充裕，可以抵挡长期围攻。

宗教对维爱人民很重要。在最南端有一座高耸的要塞（今日的军事广场，Piazza d’Armi），其中有一座供奉天后朱诺的神庙。维爱山丘西边开凿出来的山路上修筑着一个神庙建筑群，在那里有一尊美丽的阿波罗（或是伊特鲁里亚语的“阿普卢”，Apulu）素烧陶像，在20世纪初被挖掘出来。这神像比真人稍大，穿着一件短上衣以及短外套。阿波罗的头上有密集编织的头发，发梢处很像长长的辫子。他露出神秘而端庄的笑容，嘴唇的两端都往上扬，这是一种古希腊雕像的典型微笑。几乎可以确定这是最知名的伊特鲁里亚雕刻家福尔卡（Vulca）创作的，塔克文曾委托此人去装饰罗马卫城山丘上的朱庇特神庙。

维爱显然是个强大且富庶的城邦，李维声称它是“所有伊特鲁里亚城市中最富裕的”。[12] 它战略地位优越，控制着宽广而肥沃的土地，面积超过 880 平方千米，其中大多数适宜耕种或是放牧。一个修建精良的道路系统将中央与边陲的据点串联在一起，形成方便的贸易通道，一个复杂的排水地道（*cuniculi* 或叫“兔子洞”）系统，使得有稠密人居的土地富饶肥沃。这些地道收集来自沼泽表层的水，并将水导引至另一个山谷中，这壮观的地下水道叫“欧迈提渠道”（Fosso degli Olmetti），长达 5.6 千米。在城市里，水道聚集、疏导并将水储存在水塘之中。此处是个井然有序、生产高效、管理极佳的社会。

位居台伯河右侧，维爱自从罗穆路斯以来一直是罗马的劲敌，与之竞争控制盐业和贯穿半岛南北的贸易路线。假如维爱切断商业上的联系，就能威胁并扼杀新兴的罗马共和国。所以决定性的生死之战是不可避免的。除了常见的掠夺之外，严重的敌对行为也偶尔爆发。维爱经常在战斗中占据上风。其中有一次，它的军队到达罗马，[13] 而且令罗马人紧张的是，它在台伯河对岸的贾尼科洛山丘上建起一座防御工事。

作为罗马的领袖家族之一，费边家族（Fabii）一直控制着执政官一职。在公元前 5 世纪 80 年代，一个又一个费边家的人在八年中连续出任执政官。他们在与维爱接壤之处拥有一块田产，所以将这老对手困在原处符合他们的利益。这家族的一位代言人向元老院做出一项慷慨的提议：

> 如你们所知，各位先生，在我们对付维爱人时，我们所需要的是一支常备军，不必是一支大军。因此我们的建议是，请你们将面对维爱人的任务交给我们，而你们去应对其他地方的战争。我们保证，罗马的尊严在我们家族的保护下会是安全的。[14]

元老们在同时面对埃魁人及沃尔西人时，觉得难以拒绝费边家族的提议。这家族骄傲地从罗马出兵，并在靠近维爱的克律美拉河（Cremera）边建立一座要塞。目标是要减少维爱人对罗马（以及费边家族）领土的侵袭及劫掠。但是两年之后，在公元前 479 年，这举动并未奏效。他们被一个精心安排的诱人牧群所吸引，离开他们的安全要塞，人数不多的费边军队中了埋伏。整个费边家族共计 106 位成员（或许包括随从以及其他仆人）全部遭难。只有一位年轻人存活下来。

这故事颇有些著名的“温泉关”（Thermopylae）之战的色彩，300 个斯巴达人在面对波斯大王薛西斯（Xerxes）时，战斗至死方休。有民族主义情操的史学家希望让希腊人看到，罗马人也可以在一个自我毁灭但崇高的事业里牺牲。很有趣的是，费边家族自此便从执政官的年度名单上消失十多年的时间，直到克律美拉战役的幸存者的年纪足以担任最高职务。所以这场灾难似乎有些旁证的支持。历史经常会发生一些意外，而宣传者会为了自身的目的而善加利用。

在公元前 5 世纪的当中，伊特鲁里亚的势力开始衰微。一支来自西西里叙拉古的舰队在一场海战中击败了伊特鲁里亚人，并且骚扰提伦尼亚海（Tyrrhenia）海岸。在北方，高卢人越过阿尔卑斯山，于波河河谷定居下来，开始压迫曾经在那里进行扩张的伊特鲁里亚人，将其排挤回他们原来的祖国伊特鲁里亚。维爱的同胞城市没有在维爱需要的时刻伸出援手（或许是因为他们已经以民选官员取代了国王，而维爱却恢复了王政）[15]，所以在这漫长的斗争中，它是在单独对抗罗马。

维爱的作战计划是要立足于台伯河左岸，威胁罗马且堵住“盐道”。费德那（Fidenae）这小城镇控制着这条路，所以已经在双方之间易手数次。

战争在激烈进行，其中一个非凡的壮举经过时间的流逝而仍然耀眼夺目。一位执政官奥鲁斯·科涅利乌斯·柯苏斯（Aulus Cornelius Cossus）[16]，单挑击败维爱的国王，赢得共和国奖赏给战场上勇敢行为的最高荣耀：“辉煌的战利品”（*spolia opima*），这是奖赏给军队指挥官的，只要他在战场的对决中亲手杀死对手。柯苏斯将国王从马上击落，并跳到他身体上，反复戳刺。接着他剥除尸体上的铠甲，砍下头颅，将头颅挂在一支长枪上直奔敌阵，敌人在惊恐和沮丧之中撤退。

柯苏斯在随后于罗马举行的胜利游行中，仍携带着这些战利品。之后，他将战利品保存在卫城山丘的“御敌者”朱庇特（Jupiter Feretrius）的小型神庙之中。这神庙是传奇国王罗穆路斯所献的，罗穆路斯是柯苏斯之前唯一赢得过“辉煌的战利品”的人。（在柯苏斯之后，要等到公元前 222 年才有人再次获得这个荣誉。）维爱国王的装备一直陈列在那里，展示的时间有数百年之久，直到公元前 1 世纪结束。

到公元前 1 世纪时，神庙已年久失修，屋顶垮塌，内部屡遭风吹雨打。罗马第一个皇帝奥古斯都是一位宗教上的传统主义者。他造访神庙，检视遗留下的战利品，包括亚麻制的胸甲[17]，上面刻写着柯苏斯的丰功伟绩。他下令全面修复这神庙。

公元前426年是罗马与维爱长达20年休战期的开始。在公元前5世纪的最后10年，埃魁人及沃尔西人的军事活动逐渐减弱。不知原因是什么，或许罗马的韧性最终胜出；或许疟疾、瘟疫的传播和屡次发生的食物短缺导致大量死亡；或许凶猛的部落战士逐渐转变为和平的农耕者。无论如何，喘息机会出现，罗马能够趁机恢复精力。

一旦休战协议到期，罗马立即去寻找借口，打算一劳永逸地解决维爱制造的麻烦。在维爱的元老院中恰好有人口出侮辱性的话语。罗马的回应是要求赔偿。毫不奇怪，这最后通牒被拒绝，所以罗马人便以这最轻微的借口宣战，前去围攻维爱。为了要符合战争的要求，军队很自然地从4 000人扩增到6 000人。[18]

征战最初失利。维爱人在城市里储备军事装备、投掷类武器和许多粮食。无论如何，他们有理由期待获得好的结果。围攻一直在持续。罗马士兵习惯于在收获季节到来之前的短暂夏日中出征，然后他们便可回家，下田收割作物。但是现在，他们被长久地牵制在维爱那易守难攻的悬崖前，年复一年，他们几乎已无法负担这样的战争。在此前，每个人都自己承担服役的开销。从现在起，元老院不得不支付军队开销（通过调整税收来弥补）。民兵现在正走上专业化军队的长路。

有件事情在迷信的罗马人之中造成极大的焦虑。在阿尔班树林中有一个小型火山口形成的湖泊，其水位涨到远远超过平常的高度，但当时并没有超常的降雨。这是种令人心生警惕的异象，因此元老院派代表到德尔斐去征询神谕。

一天，当罗马人和维爱士兵正在各自所在的防守岗哨讥笑谩骂对方时，一位维爱老人突然出现，并做出预言。他说，罗马人将无法攻占维爱，除非阿尔班湖的水被排空。一位罗马的哨兵说，他希望咨询老人家一件私事，说服他出来与他秘密谈话。当他们碰面时，这哨兵立即将这年迈的预言家抱起，将他带到岗哨去。

随后这老人家被带到罗马，在那里他向元老院建议如何排泄湖水。毫无疑问，他推荐自己家乡使用的技术：挖掘地下水道或“兔子洞”。这也获得德尔斐的确认，在那里女祭司曾一度相当地不符合德尔斐的传统，直截了当地建议用湖泊多余的水灌溉田地。[19] 一旦这么做，维爱必将沦陷。罗马人立即照做，并将湖水排泄到原来的高度。

要理解这故事的含义并不容易。初看之下，这似乎荒谬，而且明显属于传说。但正如早期罗马的历史一样，隐藏在底层的事实仍是可以被探知的。阿尔班湖所在位置的确有一条古老的下水道，直至今日仍然可见，虽然它原先建于何处无法确定。[它离教皇的避暑地甘多尔福堡（Castel Gandolfo）并不远。] 假如除了一个老迈预言家的沉思默想外，修建排水道还有其他理由的话，或许是用来避免湖泊渗流到疟疾丛生的沼泽。[20] 换言之，这是一个为了健康及安全着想的计划，因为某种我们猜不到的缘由，富于想象力的罗马人将其变为维爱人将毁灭的预言。

我们不知道下水道最终的效果如何。一位罗马最著名的英雄现在被选任为紧急状态的独裁官，并承担圆满结束围攻的任务。这人是马库斯·福利乌斯·卡米卢斯（Marcus Furius Camillus），在其长久的职业生涯中，他担任过共和国所有主要的官职，而且五度担任独裁官。他计划要在维爱中间的碉堡下方挖掘一条地道。这不是简单任务。如李维所描写：

> 工作现在开始，并且要持续不断地进行，进行工程的人被分为六组，每组工作六小时，六组轮流工作，因为持续在地底下工

作会令人崩溃。命令规定说挖掘必须日夜进行，直到地道完成，通往敌人卫城的道路打通为止。[21]

战争的决胜点正在逼近。就像他大多数的同胞一样，卡米卢斯也深受恐惧迷信之苦。对他而言关键的是，他必须争取维爱的神明来支持他的事业，特别是这城市的神圣守护神朱诺（以及她所偏好的奥林匹亚诸神明）。朱诺在维爱被称为伊特鲁里亚的伟大女神乌妮·特朗（Uni Teran）。他们在卫城的神庙里供奉着她古老的木雕像，[22]这是一个极受重视的圣物。罗马人在每种场合都有一种仪式，而在这关键时刻，卡米卢斯进行一种叫“唤神”（*evocatio*）的仪式，将神明从她在维爱的家中召唤过来。在一次阅兵中，他要求朱诺“离开这个现在居住的城镇，随着我们胜利的武装，进入到罗马我们的城市，您未来的家，这城市将会恭迎您进驻一个配得上您的伟大的神庙之中”。[23]

挖掘出的地道极为有效。据说维爱统治者正在进行祭祀，而一位祭司宣布说切开祭品内脏的人在战争中会得到胜利。挖掘地道的人偷听到这句话，所以立即打破地板，进入碉堡，抢走内脏，将它们交给卡米卢斯。即使李维那种容易相信这类事的人，也觉得这个传说缺乏真实性。他写道，这故事“太像一出浪漫的舞台剧，所以无法严肃看待。无论是肯定还是否定，我觉得它几乎不值得注意”。[24]

然而，考古学家再度于虚构故事中发现一丝细微的事实。他们在维爱半岛上对罗马当时必然会扎营的地点进行了发掘，防御土墙跨越了之前用来排水的“兔子洞”。这些水道被填满陶片、石头及泥土，或许这是维爱人的防守措施。罗马人发现了不止一条这样的地道，将它们挖空，然后进攻这城市。我们实在难以否认这样的猜测。

无论情形如何，维爱在罗马坚决的攻击之下沦陷。尽管发生了许多杀戮，但是卡米卢斯下令要宽恕每一个没有携带武器的人。他并非善良仁慈的，维爱被扫荡摧毁。次日，所有可以拿走的东西都从城市搬离，而剩下的人口则被贩卖为奴。（事实上，看起来市场似乎无法消化数量如此庞大的人口。既然维爱这国家已经被消灭，所以对于那些未被卖掉之人，只能给予他们唯一的市民身份：罗马公民。[25]）

现在是时候来迁移朱诺神像以及神庙资产到罗马去了。年轻士兵被指派要将神像从底座举起，这行为对他们来说像是宗教亵渎。一位男孩开玩笑地喊出："朱诺，您要到罗马去吗？"这神像竟然点头，做出令人敬畏的回答。李维并不相信这些：

> 我们也被告知，有话语被说出来，代表同意。无论如何，杜撰的说法除外，确实只使用了最轻量的机械力量便将神明从她的位置搬离，而且神像轻盈容易移动，她几乎是自愿前来的，并且在没有损坏的情况下，被带到她在阿文丁的永久住所，独裁官就是在此做祈祷时呼唤她的。[26]

朱诺首先被迁进一个临时住处，或许是平民的狄安娜神庙，而卡米卢斯履行承诺，在维爱被毁几年之后，在附近修建了一座新的神庙，奉献给这位天后。我们只能暂时假设，女神因为被这新居所吸引，所以抛弃了她对罗马长久以来的仇恨。

维爱城完全无人居住，如一位公元前 1 世纪的诗人所哀悼的："多悲哀，古老的维爱！你曾经是强大王国，一尊黄金王座安置在你的广场。现在牧人徘徊在你的城墙内外，吹响号角。人们在你的坟墓之上收割黍麦。”[27]

罗马人对这次的胜利深感自豪。他们声称这围攻持续十年，将这场针对维爱的长期征战当作他们自己的“特洛伊战争”。在战略上，这的确是一次伟大的成就。它象征伊特鲁里亚权力的削弱以及罗马崛起为意大利中部的领导国家。这里也有很多针对国内利益的考虑。“维爱公地”（*ager Veientanus*）被分割成块，分配给罗马公民，以缓和平民因为贫穷所提出的要求，至少现在或许还能够帮助缓解负债。

但是如经常所发生的，骄傲之后便出现差错，直白地说，就是罗马城的沦陷。即使李维，这位一直很忠实地去淡化罗马每一次不幸的历史学家，也承认“这规模史无前例的灾难正在逼近”。[28]

公元前390年有谣言传来，说一大群野蛮人正在沿着意大利南下，没人知道究竟为什么，但每个人都同意他们已构成可怕的威胁。两个多世纪以来，凯尔特部落已经从他们在中欧的核心地带向外溢出，越过阿尔卑斯山，而且（如已经说过的那样）倾泻而下进入今天的意大利，他们在那里定居，而且贪婪地注视着他们南部邻居的土地，这伊特鲁里亚人的帝国。

文明世界，也就是希腊人及他们的崇拜者罗马人，不知要如何去对付这群粗鲁又无从预测的部落居民。* 一位曾在罗马度过相当长时间，总体可信的希腊人波利比乌斯写道：

---

* 在公元前390年入侵意大利之后，凯尔特人在随后100年里继续南移，但这次主要的目标是希腊大陆，先击败暂时统治的马其顿国王托勒密·克劳诺斯（Ptolemy Keraunos），直逼德尔斐神殿，但在附近被埃托利亚联邦和其他希腊人击败后，退出希腊。另一支则进入小亚细亚，最后在小亚细亚中部，今天安卡拉所在的地方停留下来。——译者注

> 他们居住在没有城墙的村落之中，家中没有任何不必要的家具，不知任何精致文明。他们睡在稻草树叶上，以肉食为主，除了战争与农业外，没有其他事业，所以他们的生活非常俭朴，不识任何文艺或科学。他们的财产是由牲畜和黄金组成的，因为无论处境为何，只有这些东西他们可以轻易随身携带，并运送到任何他们想去的地方。对他们而言，最重要的事是拥有随从，而一个人若被认为在周围有最大数量的依附者以及追随者，那便是部落里最受人敬畏而且最强大的一员。[29]

凯尔特人或称高卢人（罗马人喜欢以此称呼他们）[30]通常身材高大、健美并有一头金发。他们留长发，经常在石灰水中洗涤头发来使其白而硬挺。他们接着将头发往后方摆过去，就像是马的鬃毛一样。他们让嘴唇上长满胡须，所以“当喝酒时，好像酒会流经过滤的装置”。据说男性同性恋行为相当普遍，男人特别喜欢一次有两个男孩在床上：“年轻人提供自己给陌生人，假如这提议被拒绝的话，会觉得受到羞辱。”女性同样享有相当的性自由，并且若丈夫没有恪守婚姻责任便有权与丈夫离婚。与希腊或罗马的女人不同，她们在公共生活上扮演着受人尊敬的角色，担任特使，甚至偶尔在战场上作战。

凯尔特人缺乏纪律，贪恋食物和美酒，而且经常彼此争吵；政治上他们似乎反复无常，前后不一；他们对事情甚难采取长远观点，然后据以行动。

我们很难确定这些说法会有多大的分量，因为我们没有来自凯尔特人方面的说法。但就整体而言，对这支高贵野蛮人种族的这些描绘算是一致的，只是我们切不可忘记，这描绘在反映了观察者体验到的凯尔特人生活的同时，也反映了观察者对凯尔特人的恐惧。很明显，希腊罗马作家丝毫没有注意到凯尔特冶金技术和手工技艺的杰出以及美感。

可以确定的是，凯尔特人是优秀的战士，知道如何去惊吓敌人，让敌人完全不知所措。他们无所畏惧，裸体冲向战场，让他们的长发飘动，发出怪异的吼叫，伴随着尖锐的号角声。他们的骑兵以铁蹄行进，这是军事上创新之举，而步兵则是携带精致锻造出的宽幅砍刀。凯尔特人能够聚集极为庞大的军队，难以被击败。他们即将到达中部意大利的消息，无疑被视为紧急情况。

无数的战士，甚至更多的妇女及小孩，抵达克鲁西姆，这是一个重要的伊特鲁里亚城市，曾是拉尔斯·波塞纳的基地。有个愚蠢的故事[31]说他们是被克鲁西姆大量的酒藏引诱才到达那里的。罗马人响应这城市所发出的求援，派遣使节去会见凯尔特国王布伦努斯（Brennus），但抗议失败。特使和克鲁西姆居民想并肩作战拒退凯尔特人，但徒劳无功。这打破了使者保持外交中立的原则，所以被激怒的布伦努斯下令对罗马进行报复性的进攻。罗马离这儿只有约 130 千米的距离。

真正发生的似乎是布伦努斯领导一群掠夺者，意图抢夺战利品，而非率领一支民族去寻找生存空间。很有可能他们受雇于西西里叙拉古的僭主戴奥尼夏一世，因为他首要的目标是削弱罗马的盟友，包括卡瑞这个伊特鲁里亚的贸易港口，还有位于大希腊的其他希腊城邦。假如是这样的话，凯尔特人其实正在前往南部意大利的路途中。

罗马人或许已经派遣出一支先锋部队去打探凯尔特人进军消息的真相。但可以确定的是，罗马在台伯河支流阿里亚这小河旁，匆忙聚集一支军队，准备在一场大战中面对入侵者。人数不详，或许是两个罗马军团，亦即大约1万人，去面对3万高卢人。[32] 为了避免被包抄，罗马指挥官将阵线拉长，但是阵线变得太轻薄。或许那些较富有的重装步兵被部署在中间，而较贫穷公民组成的轻装部队则位于两翼。结果中间无法撑住，接着阵线断裂，然后被突破。

这理应是一次高伤亡率的溃败[33]，但布伦努斯之前曾预期将会遭遇一支规模更大的军队，怀疑有伏兵，所以按兵不动。罗马人于是得以逃脱，其中相当多的人逃到了维爱，这里的卫城几乎固若金汤。

然而，罗马却门户大开。

李维在他最伟大的故事段落中形容接下来所发生的事情。[34] 罗马并无环城的护墙，这或许是过度自信或漫不经心的象征。土墙的壁垒及山丘被认为是足够的防御。甚至更糟的是，大多数士兵不是战死，就是畏缩在维爱的废墟中。没有任何东西可以阻止布伦努斯长驱直入，对罗马人做出那种他们先前对维爱人民所做的事情。

凯尔特人几乎无法相信他们的眼睛，再度担心这是个陷阱。他们观察并等待，直到夜晚降临。被围攻的城市充分利用夜晚的喘息机会。一群残余的部队在卫城山丘上驻守，在那里他们应该可以无限期地守下去。平民被允许可以逃命到卫城山丘上，但其他的许多人，特别是较贫穷的居民，都鱼贯地穿过城门，跨越苏布里起亚斯这木桥，到达贾尼科洛山丘，消失在荒郊野外中。灶神是城邦圣火的女神以及罗马永恒的守护者。它那些宣示守贞的女祭司讨论要如何处理圣物（sacred emblems）。她们决定要将那些没办法带走的圣物埋起来，而携带其余的圣物到友好的伊特鲁里亚城市卡瑞。女祭司的主要任务是看管灶神永恒的圣火，而她们或许是用火炬和火炉带走圣火的。在离开祖国时，她们步行出发，途中遇见一位爱国的马车夫，后者顺道送了她们一

程 *。罗马已经死去。

凯尔特人与清晨一起到来。卫城现在是安全的。但元老们非但没有将自己隐藏起来，反而决定在一场名为“奉献”（*devotio*）[35]的怪异典礼仪式（顺便一提，这是英语单词 devotion 的由来）上，将自己变成献给地狱的圣物。他们在牺牲生命时，相同的“奉献”也会降临到他们敌人的头上，换言之，这同样会使凯尔特人将他们自己摧毁。原来只有握有国家权威的现任官员（如执政官）可以奉献出自己，但一位前任官员可以借着一种攥紧自己下巴的仪式手势，来重新获得他的统治权。元老们于是回家，穿上他们之前的旧官服，安静地坐着，在他们的庭院里静待自己的命运。

罗马城最北方的城门“科林门（*porta Collina*）”被开启，而凯尔特人正是从此处侵入罗马。他们冷静沉着地沿着长而笔直的道路前进，道路一直引导他们到达卫城山丘的山脚下，然后到达罗马广场。他们在广场游荡，注视着神庙以及卫城。在结束观光之后，他们发现虽然穷人的居所或被锁上或被堵住门，但是富人的豪宅却没有任何保护。

他们被静坐不动的元老吓了一跳，其中一位凯尔特人触摸一位名叫马库斯·帕皮里乌斯（Marcus Papirius）的元老的胡子，打断“奉献”仪式姿势。被冒犯的帕皮里乌斯立即用他的象牙令牌击打这个人的头部。愤怒的凯尔特人当场将他乱刀砍死，而其他元老也遭遇了相同的命运。“奉献”仪式已经完成。

现在抢夺疯狂展开。几乎家家户户都被劫掠，被放火烧掉。许多公共及私人性质的档案在大火中被焚毁，[36]这大大妨碍了诸如李维等罗

* 因为她们被认为在离开服务神明的圣域时，双脚不可着地。——译者注

马史学家的写作。但是卫城仍在支撑。凯尔特人安顿下来，开始进行围攻。

卡米卢斯心中产生复杂的情绪。这位维爱的胜利者因为战利品分配上的纠纷而遭流放。他感觉到自己已经老迈无用，却也为自己的命运愤愤不平。他居住在一个离罗马不远的小城镇上，无能为力，保持距离去观察事态的发展。

命运之神将一些凯尔特人带到他住所附近去劫掠，激起他的爱国愤怒，于是他领导居民进行了成功的突袭。这小小的胜利消息迅速传播开来。在维爱这个他建立功名的地方，罗马士兵开始悔恨没有卡米卢斯的领导。所以他们在与元老院商量后，将他召回来第二次担任独裁官，这共和国“命定的领袖”（*fatalis dux*），将重新指挥军队。

他很幸运没有到达得太晚，因为卫城山丘几乎就要沦陷了。其中发生过的故事是罗马历史中最激动人心的故事之一。凯尔特人发现，司职生育的女神卡门塔（Carmenta）神庙所在的那面山崖，可以轻易攀爬。在一个漫天星光的夜晚，一名没有携带武器的人先被派去探路，而一支攀登的队伍随行在后。虽然这是勉强的攀爬，但他们还是登上距离主神朱庇特神庙不远之处的悬崖。罗马哨兵没听到任何声音，而睡着的狗也未被惊扰。

李维继续写道：

> 是一群鹅救了他们，这些是朱诺的圣鹅[37]，尽管粮食缺乏，但是它们并没有被杀掉。这群禽鸟的咯咯叫声以及它们翅膀的摆动声惊醒了马库斯·曼利厄斯（Marcus Manlius），一位已经担任三次执政官的杰出战士。他握住剑柄，发出警告，不待他那些仍在困惑中的

> 战友赶来，直接冲到危险之处。一位凯尔特人已经爬了上来，但曼利厄斯以他盾牌上面的尖突物实施攻击，将他推落至悬崖下。他的坠落也拖累其他人，许多人丢掉武器，好能较稳固地攀住岩石，但仍被曼利厄斯杀死，很快罗马部队到达现场，以刺枪和石头将攀登的人击打下去，直到他们全部从山壁上滚落到悬崖底。[38]

在夏天的炙烤中，时间过得缓慢。在古代军队中要维持好的卫生条件通常很困难，所以疫病就在凯尔特人的阵营中散播开来。入侵者没有精力给每个人举办丧礼再焚烧尸体，所以将他们一起堆在“屠牛广场”上集体火葬，这地点靠近苏布里起亚斯桥。迟至李维的时代，它仍然被叫作“高卢火葬场”（Busta Gallica）。

对于卫城山丘上的防守者来说，时间也是敌人。出现在他们面前的挑战是饥饿而非疾病。他们借着将面包抛下至凯尔特的卫哨，来掩饰补给上的短缺。但随着食物的存量减少，希望也在变小。几乎没有健康的人可以值勤，只能盼望卡米卢斯快快到来，解救城市。虽然人们相信他近在咫尺，却听不到他的消息，也见不到他的身影。

布伦努斯传出消息说，他和他的大军会离开罗马，代价是一笔不是很多的金钱。所以元老院集会，授权军事护民官来谈条件。最终他们谈好了一个价码：一千磅的黄金。李维写道：

> 在原来已经足够羞耻的事情上又添加了侮辱，因为凯尔特人带来砝码比标准的更重，所以当罗马指挥官抗议，傲慢的野蛮人将他的刀放在天平上，说出这句令对罗马人的耳朵无法容忍的话：“这是被征服者的悲哀！”（*vae victis*）[39]

在最后的紧急时刻，卡米卢斯终于率领一支军队现身。他转移黄金，下令凯尔特人离开。因为他是独裁官，所以军事护民官已经失去指挥权，他们与布伦努斯的和解是无效的。一场混乱的交战随之而来，结果是被突袭的凯尔特人撤离罗马。在罗马以东约 13 千米处前往普莱内斯特的路上，发生一场较为正式的战争。凯尔特人有足够的时间来重组军队，尽管如此，这无所不能的卡米卢斯又再度胜利。共和国陷入的最大危机已经过去。

这精彩的叙述是事实与虚构的混合。其中基本的事实是凯尔特人攻占罗马，这点不容争议。其中所经历的羞辱从未被忘记，而布伦努斯傲慢的嘲笑，是个无法抹除的羞辱。更糟的是，野蛮人虽然离去，但并非永久如此。[40]

在许多世代，他们始终恰好在视线边缘之外，罗马人一直做着他们可能卷土重来的梦魇。而且我们已经知道，在共和国历史中，凯尔特人的确会行军南下，进入和平的意大利半岛。几百年之后，在罗马帝国那漫长的死前阵痛时期，一拨又一拨的野蛮人接踵而至。而在公元 5 世纪，令人担心的灾难终于发生，罗马将被另一个布伦努斯一样的人攻占，他就是西哥特人的国王，令人畏惧的阿拉里克。[41] 之后不久，罗马帝国就随之崩溃。

但眼下这次入侵的故事中有些成分并不可信。卡米卢斯被放逐可能是虚构的，为了使他在罗马沦陷时有个不在场的证明。他面对凯尔特人最后获胜并抢回黄金，听起来像是虚构的。我们或许可以猜测：入侵者其实完好无损地离开，口袋里装着相当于那时候的“丹麦金”*。波

* 丹麦金是中古时期维京人从盎格鲁-撒克逊人那里收取的保护费。——译者注

利比乌斯说：“在那个时候威尼提人（Veneti，在今日威尼斯所在之处附近的一个非凯尔特部落）入侵他们的领土，转移他们的注意力，他们便与罗马人签订条约，将城市交还，取道回家。”[42]

罗马在相当惊人的时间内便完全恢复。城市被劫掠及焚毁明显是个大灾变。据说一些传统的敌人（伊特鲁里亚人、埃魁人及沃尔西人）曾经想试试运气，在罗马倒下的时候去攻击罗马，但收获很少。拉丁联盟的一些成员搁置或放弃它们与主宰这联盟的罗马霸主的双边关系。但罗马仍然保存着完整的部队，更何况维爱及其领土也仍在罗马共和国的掌控之下。维爱地区及其邻近两个城镇的居民被授予公民权，土地被分配给罗马新公民。公元前387年，在新征服土地上又出现四个新部落。所有这些措施看起来都不像一个陷于危机的国家会做的。

至于凯尔特人，他们没有消失，但是要等到三十年之后才会回来。在那时候，罗马已经充分恢复元气。这城市很快重建，虽然有些杂乱。根据李维的记载：

> 所有工程都匆忙加速进行，没人在意街道是否笔直。个人的财产权利被忽略，而建筑物随处而起。这解释了为什么古代的下水道是依循街道的路线而铺设，现在的许多下水道却跑到私人宅邸之下，罗马的大致布局比较像随便占地而居之人所形成的聚落，而非一个经过适当规划的城市。[43]

在修建环绕城市一圈的护城墙的工程上，罗马人展现出更高的效率，目的是防范下一次入侵。它的周围长达11千米，比之前的防御土墙更长。在后来的时代，如我们已见，这城墙被认为是国王塞尔维乌斯·图里乌斯修建的，但其实在公元前378年就已开始。[44]高达7米，宽达3.5米，城墙是用被没收的维爱采石场的大型凝灰岩石块所建成的。在越过这城市的奎里纳尔、维米纳尔和埃斯奎里三座山丘之外的向南的高地上，城墙则变成一个巨大的防御壁垒，上面用石块覆盖巩固，而城墙之前还有一条30米宽、8.75米深的壕沟。这个富于野心而代价昂贵的计划是由一项不受欢迎的税收来承担的，这些都沉重地压在穷人身上。不过城墙一旦修筑完成，罗马几乎坚不可摧。

这些伟大的塞尔维乌斯时代的防御工事部分留存至今，但是很久以来，它们就已丧失作为防御工事的重要性。在公元前1世纪时，郊区已经远远延伸到城墙之外，“这给观看的人以一种这城市会无限制扩张的印象”。[45]由于被建筑物覆盖，城墙现在变得几乎看不见了。

第9章

在轭门之下

在凯尔特人入侵半个世纪之后，罗马又出现另一个大灾难，他们显然如第一次一样惨遭羞辱。一支完整的罗马军队集体投降于来自亚平宁山脉中部的萨莫奈山地部落的敌人。这对罗马的威胁要比当凯尔特野蛮人来临而罗马没有城墙保护时更为严重。

在公元前321年，两位执政官率领他们的军团，或许一人带着一个军团，沿着在几年之后将会成为罗马第一大道的阿庇乌斯大道南下。萨莫奈人最近蒙受了一次大挫败，消沉地诉请和平。罗马元老院拒绝协商，萨莫奈人因此激怒，恢复士气。他们在一个叫作卡夫丁峡谷的地方设下陷阱，来对付即将逼近的罗马人。[1]

根据李维的记载，这是一个长满草的利于灌溉的小型平原，周围有陡峭的、覆盖森林的山丘围绕。其西侧及东侧两端狭窄的隘口是唯一的通路。能干的萨莫奈领导人盖乌斯·庞提乌斯（Gaius Pontius）在最隐蔽的状态下推进他的部队，在附近扎营。他派出10名士兵装扮成牧人，命令他们在离罗马前哨站不太远的地方将牧群散开，让它们吃草。无论何时，只要他们遇见罗马的劫掠部队，他们都会讲述相同的故事：萨莫奈军队在向南往阿普利亚地区征战。类似谣言之前已经传开，所以放牧者的消息必将是更具说服力的证明。

这计谋颇为奏效。执政官决定通过最近的道路进军萨莫奈人控制的区域，即使这意味着要经由卡夫丁峡谷，直接穿过敌人的领土。他们进入第一个西边的隘口，很惊讶地发现第二个隘口已经被砍倒的树木以及巨石等障碍堵住。萨莫奈的部队正在通道的另一端。

罗马人转身，却意识到他们走上的这条分岔的道路现在已经被障碍物和武装人员堵住。他们已经掉入陷阱。执政官下令军团士兵扎营、挖壕沟、修土墙、建栅栏，虽然这看起来毫无意义。

在此期间，萨莫奈人实在无法相信他们的运气，不太能确定接下来要做什么。盖乌斯·庞提乌斯捎信给他年老但精明的父亲赫连尼亚斯·庞提乌斯（Herrenius Pontius），要求指引。赫连尼亚斯回答说："我的建议是让所有罗马人自由离去。"他的建议立即被忽视，儿子要求他再仔细想一想。这一问，他说："他们都应该被处死，直到最后一个人。"

庞提乌斯担心他父亲那曾经精明的头脑会变得柔软驽钝。他被众人说服，将这位老人请到营区作亲自指导。老人拒绝改变意见，并说出他的理由。李维写道：

> "我的第一项建议，"他说，"也是我认为最好的建议，施舍给他们一个极大的恩惠，从而与一个非常强大的族群建立持久的和平。第二项建议会使战争延迟数个世代，而在那期间罗马人将无法轻易恢复国力……这里没有第三种选项。"

萨莫奈人能不能选择折中的做法，让罗马人不受伤害地离开，但又让罗马人必须遵守战争法中对战败者的条款？赫连尼亚斯对这些想法一概不感兴趣。“你们的想法既无法赢得朋友，也没有消灭敌人，”他说，“罗马人在战败时是不会放手停歇的。”在第三次也是最后一次提议被拒绝后，他决定回家。

罗马人做了几次突围的努力，但没成功。食物开始变少，所以执政官派代表去和庞提乌斯协商条件。假如他们无法赢得和平，那他们将会与敌人一战。“你们罗马人即使被征服和俘虏，也从不承认遇到过灾难，”萨莫奈领导人回应说，“所以我将令你们在没有武装的情况下，每个人身上只穿一件衣服，低头走过轭门。”（所谓的“轭门”是由三支刺枪所搭建成的拱门，被打败及俘虏的士兵必须从下方走过，来交换他们的自由。）他又加上更多条件：罗马人必须从萨莫奈领土撤出，而且撤离它的两个前哨殖民地——卡莱斯（Cales）及福莱杰雷（Fregellae）。

这明显是一个羞辱的安排，但是执政官认为这总比被完全歼灭的结果要好。然而李维告诉我们，他们只能提出罗马会接受这些条件的“口头契约”（*sponsio*）。最终确定的条约必须要等待罗马公民大会的通过。轻信的庞提乌斯接受了这一点，允许军团离去，来交换执政官和资深军官的“口头契约”。然而，他要求600名罗马骑兵作为人质。所以发生了一个戏剧性的场景：

> 执政官几乎半裸着，第一个被押着走过这轭门，然后他们的军官被羞辱，依他们的官阶排列；接着是军团士兵，一个跟着一个。敌人围在旁边，嘲笑并讥讽他们。许多人被刀剑威胁，

一些人则被伤害或杀害，因为他们的脸上显示出无法忍受羞辱的怨恨。[2]

部队一回到罗马，大众的情绪便陷入低潮。许多人开始哀悼，宴会和婚礼被取消，店铺关门，而位于罗马广场的公务也随之暂停。新执政官被选出，元老院就究竟是否要接受这个“口头契约”进行辩论。其中一位被击败的指挥官甘于自我牺牲，建议他的同僚说，因为遭到敌人以欺瞒伎俩所设的埋伏，所以他们的行为是被迫的，而非自愿的。但是因为事关罗马的荣耀，他与其他参与此事的所有军官均应该被交给萨莫奈人。

他的说法被接受，但是在他们抵达萨莫奈营区时，庞提乌斯拒绝接受他们的投降。他辩称，假如和约被拒绝的话，那一切都该回到原点。换言之，军团应该回到卡夫丁峡谷。“你们没有理由不去遵守你们在被击败时所做的承诺吧？”他问道，“你们同意与我们达成和平，所以我们归还你们已被逮捕的军团。现在你们已经取消和约。你们总是给自己的诈欺行为披上某种合法的外衣。”[3]

我们很难不去同意这样的论断，值得一提的是，正是作家之中最爱国的李维，记载了萨莫奈将领口中的这些话。罗马人相当重视公平交易，在这次的场合里他们主张遵守协议的字面意思，但给我们的印象是，他们其实充满罪恶感地感觉到自己并没有遵守其中的精神。根据一个传说，罗马人非但没感激萨莫奈人让他们的士兵离开，“事实上表现得好像他们自己才是某种罪行的受害者”。[4]

无论如何，战争再度发生，据说罗马人赢得辉煌的胜利，之后他们强迫庞提乌斯和他的俘虏同伴共同接受轭门的羞辱，这是一个以牙还牙般的报复。但这或许从未发生。

事实上我们有足够的理由去认为，官方的说法与实际所发生的并不相符。一些古代作家认为在战争中双方所达成的协议事实上便是“条约”，不是“口头契约”，所以为罗马辩解的人是在设法掩盖事实。例如西塞罗这位深思熟虑的智者，便两次称之为“条约”。[5]

那600名人质身上发生了什么？他们是深夜里没有吠叫的狗。他们是被杀还是被放？可疑的沉默笼罩他们的命运。要使得“口头契约”成立，他们作为人质是有必要的，一旦“条约”达成，他们将变得多余而被遣返。但是假如“口头契约”遭到拒绝的话，可能的后果便是他们被处决。从史料对他们不置一词来看，我们或许可以推测罗马公民大会的确批准了条约。很可能这失败的“口头契约”是后世的发明，故意诬陷罗马缺乏诚信。

一个更深入的问题混淆了叙述。对卡夫丁峡谷的描述只是大致准确。我们无法确定峡谷究竟在何处，但是唯一说得过去的候选地点是坎帕尼亚的一个隘口，介于两个现代意大利城镇阿列恩佐（Arienzo）以及阿尔帕伊阿（Arpaia）之间，这在古代笼统地被称为Furculae或Furcae，皆是“岔路”之意。在此有两个入口通往一个被群山峻岭围绕的地区，如李维所言。虽然东边的隘口狭窄到可以轻易被堵住，但西边的隘口则有3.2千米宽，如果萨莫奈人要竖立障碍物使罗马军队掉入陷阱，这显然太宽。不过，当时必定发生过某种导致投降的战斗。史料何以有这种不准确？或许罗马因为中诡计而投降，与被正面击败而投降相比少一些羞耻。

可以确定的是罗马在卡夫丁峡谷遭受过一场灾难级的军事挫败。现在要准确还原此中细节已经太迟，但是可能的情况大致如下：萨莫奈人将卡夫丁峡谷的东边隘口堵住，强迫罗马与之进行一场战争，于是双方集体出现在西边的出口。战争爆发，罗马人被击溃，无处可逃，所以他们投降。当罗马人被要求批准一项“条约”时，双方最终达成了一个“口头契约”。

有可能这“条约”的条款被废除，重新开始敌对行为。这是一件不光彩的事（而且罗马人要尽其可能地对后代隐瞒），但是有证据证明战争持续发生（在公元前319年，史载一位罗马将军庆祝萨莫奈战争的胜利游行）。[6] 另一种说法是，有人辩称罗马其实仍恪守它所接受的“条约”，即在若干年中双方停止敌对。假如那是事实，很难解释古代史家为什么要虚构出一个被取消的“口头契约”和被破坏的“条约”，因为这两件事相对于一个完美体面的故事对罗马更为不利。

罗马人在卡夫丁峡谷的挫败及其后续充分提醒我们，无论罗马人崇高的原则是什么，假如有必要的话，他们还是会做出苟且自利的行为。他们批评庞提乌斯以诡计打败一支军队，但是在他们整个历史中，他们的许多将军一样是以诈术来取胜。卡修斯·狄奥（Cassius Dio）的论断是萨莫奈人没有被公平对待，他的评估与实际出入不大：“那些受冤屈的人不必然会征服得胜；但战争以其绝对强权，会将每件事调整得对胜利者有利，经常会使某些人行背弃正义之事，却获正义之名。”[7]

罗马两次大规模挫败之间的50年，清楚显示出它在挫败之后重新恢复的能力。共和国遭受打击，但并未被打倒，继续推动国内和解和国外扩张的计划。

阶层冲突并未消失。一旦凯尔特的入侵尘埃落定之后，国内敌对冲突再起，而且更为剧烈。债务仍然压迫穷人，他们持有的土地实在太少，甚至维持基本生存都不容易，而富有的平民仍然很难取得高级职务。事实上，世家贵族仍然垄断权力。

在共和国早期，大约存在着 53 个世家贵族，或称为氏族[8]，这形成一个不超过一千个家庭的封闭社群。其中又有特别强大的氏族组成的一个小圈子，像埃米利氏族（Aemilii）、科涅利氏族（Cornelii）以及费边氏族。再加上移民进来的克劳狄氏族（Claudii）。总之，世家贵族占罗马公民人口的十分之一，甚至很可能不超过十四分之一。

一场革命似乎正在来临，但是罗马人再度以自己的方法找到一个能接受的折中方案。平民要国家释出“公地”给每个农民，而不再以公地的形式来持有。我们不知道维爱有多少土地被共和国占有，或许是一半，或许是三分之二。两位平民护民官盖乌斯·李锡尼（Gaius Licinius）和卢修斯·塞克斯提乌斯（Lucius Sextius）让自己年复一年地当选，争取彻底的改革。在公元前 367 年，他们提出三道法案，统称“李锡尼 塞克斯提乌斯法”（Licinio-Sextian Rogations，*rogation* 是提交到公民大会进行表决的法案），意图打破世家贵族的主宰。其中第一道是要对付债务：已经支付的利息必须从原来的债务本金上扣除，而所剩下的债务则必须以均等的三年分期清偿；第二道则是限制任何人占有超过 500 个“尤格”（*iugera*）的公地（一个“尤格”约为 2700 平方米）；第三道则是废除“军事护民官”的职位，恢复原来有两位执政官的系统。此处真正的创新是未来其中一位执政官必须是平民出身的。

如李维所说，这两位平民护民官屡次召开公民大会，但是一群武装的世家贵族拒绝投票进行。“很好，”塞克斯提乌斯叫喊着，“你们既然认为护民官的否决权如此强大，我们将会使用这种武器来保护人民。来吧！元老们！召开公民大会来选举军事护民官。我将会保证，现在你们这么喜欢听到的‘我否决’的字眼，将不会再让你们喜悦。”[9]这不是一个空洞的威胁，因为护民官能终止选举，至少能终止一年。[10]

危机在愤怒之下沉重地拖了十年。在公元前368年，管理希伯预言书并组织每年阿波罗庆典的委员会，规模从两位世家贵族增加到十人，其中五位必须是平民出身：这些人便是“负责神圣事务的十人委员会”(*decemviri sacris faciundis*)。现在很清楚风正在吹向哪边，次年，年迈的卡米卢斯主持了一场历史性的折中方案的讨论。“李锡尼-塞克斯提乌斯法”终于被通过，而且为了反对议案者做出让步，又创造出一位副执政官（praetor)，成为执政官权力较小的副手，职务只给世家贵族。[11]副执政官在两位执政官在国外进行军事任务时（而他们经常如此）是罗马城的主要代理官员，而且专门管理法庭事务。

或许这并非意外，卡米卢斯在这一年许诺要建立一座和谐女神的神庙，因为这新的法律对安抚平民的政治活动贡献良多。诗人奥维德（Ovid）说：

> 卡米卢斯，维爱人的征服者，
> 宣誓奉献古老神庙，而且完成诺言。
> 其目标是使武装群众远离元老，
> 而罗马本身畏惧此力量。[12]

这献礼还带着小小的秘密：心存感激的人民许诺这年迈的独裁官不必执行这项承诺，说他们会代替他完成，但因为某些理由并未做到。人民在卫城山丘脚下的罗马广场指定一块土地给该神庙，所以这里被塑造成一个开放空间。最后，神庙在公元前2世纪才被修筑，当时一位造成动乱的护民官在元老手中死于非命。* 这真是个尖锐的反讽。

这些法律最后并没有消弭世家贵族与平民之间的争执，所以进一步平息社会动荡的措施实行。尤其是负债问题，尽管立法者出于好意去解决，问题却仍始终存在。在公元前 362 年，一场丑闻导致针对“债奴”问题的改革。一位有魅力的年轻人将自己抵押给他父亲的债主。债主认为这年轻人的美貌是个额外的红利，便更愿意借出钱了，他设法引诱这新获得的抵押品。在遇拒绝后，他将这男孩衣服扒光，加以鞭笞。这年轻人因为鞭打而流血，冲到街上。一群愤怒的群众聚集起来，前往元老院要求赔偿。

执政官大为惊讶，于是让步。他们获得公民大会同意通过法律，规定债奴是种极端情形，还需要法庭来裁决一个人是否成为债奴。作为规定，要偿还借来的钱，欠债人的财产可以被查封没收，但是其人身自由不受限制。这几乎等于废除了“债奴”，李维有些过誉地认为，“可以说罗马人民的自由第二次诞生”。[13]

就是在这个时候，我们遇见目前为止罗马故事中第一位真正存在过的历史人物。这个人就是阿庇乌斯·克劳狄·凯克斯（Appius Claudius Caecus，“凯克斯”意为“盲者”，他是在漫长人生的晚年才失去视力）。他就像是他出身的那个氏族的大部分人一样傲慢以及古怪。他是一个彻底的个人主义者，以诗歌的形式撰写一系列措辞锐利的道德格言。其中最著名者如：“每个人都是他自己命运的创造者。”[14]

阿庇乌斯·克劳狄身为一位富有的世家贵族，曾经两次担任执政

* 指公元前 121 年进行改革的盖乌斯·格拉古被执政官奥皮姆斯率众杀死之后。——译者注

官，一次担任独裁官。他也是一位激进的平民主义者，企图要在群众之中赢得追随者，所以激烈偏袒平民，如他在公元前312年著名的监察官任期时清楚表达的那样。[15]每五年左右会选出两位任期达18个月的监察官（censors）。他们通常在之前担任过执政官，虽然没有统治权，却握有极大的影响力。这职务通常被认为是罗马人政治生涯的顶峰。

监察官有两项主要任务。他们的首要任务是做出并随时补充完整的罗马公民名单。他们也负责监督道德，假如他们认为一位公民应该被谴责，他们会将理由列出，并在名字上做记号。这会导致这位公民在他失去作为部落成员的资格后，进而被剥夺投票权。在公元前4世纪、前3世纪或前2世纪的某个时刻，监察官从执政官那里接过任命终身元老的职责。（在这时期，现任及前任官员会因其职务之故，而获得元老身份。）他们也监督元老的行为，并剔除那些他们认为严重失德的人。

阿庇乌斯·克劳狄抓住了时机。他的基本目标是要将平民带进公共生活中，所以特别提携那些低层阶级中的出身最低者，即无土地的城市人民。这些人是所谓的“数人头者”（*capite censi*），他们如此贫穷，以致在人口普查时，除了本人外没有任何资产可以接受调查估价，因而被剥夺军事服役的资格。没有任何改革者曾经设法去帮助这群人。

有些人不见得没有任何资金，只是没有土地或固定财产，例如被解放的奴隶和他们的儿子。罗马人以其精明计算的慷慨之举，经常会解放他们的奴隶（虽然他们仍然是原来主人的随从，即被庇护人），所以实际上奴隶们虽被给予公民权，但他们不能去竞选公职。令人震惊的是，这位激进的新监察官却将一些被解放的奴隶的儿子引入元老院。

他的监察官同僚在愤怒之余辞职，但是阿庇乌斯·克劳狄仍顽固地留在职位上，直到18个月任期结束许久之后才卸任。这种对平民的让步被次年的执政官迅速取消，所以在之后的数个世纪，这仍只是一个革命性的想法而已。

阿庇乌斯·克劳狄也将无土地的城市居民分配到罗马所有的31个部落之中，而非只是城市的4个部落里。这是一个最巧妙的措施，因为这样一来城市的无地居民人数将会压过扎根乡村的同部落之人，因为他们无地而流落罗马，就在投票现场，同部落之人却可能不愿前往罗马去进行投票。这改革显著地提升了城市无产者的势力。

监察官尚有其他职责，比如征收一些税赋和为公共工程招标。阿庇乌斯·克劳狄进行了两个开销庞大而耗空公库的建设计划：罗马的第一条引水渠“阿庇乌斯引水渠”，以及“阿庇乌斯大道”。这引水渠是罗马逐渐扩大规模并也许过度使用井水的证据。在它超过16千米距离的铺设中，大部分在地下，既是因为地貌所限，也是为了要保护水源供应免于敌人破坏。建造者或许是从维爱的灌溉专家那里学习到隧道技术的。这引水渠在它的全部长度之中，只有9米的落差，每天可以运送6 800立方米的水，这是个工程上的杰作。

罗马道路则是军事需求的结果。在阿庇乌斯·克劳狄的监察官任期中，共和国被卷入与萨莫奈人的生死斗争中。从“阿庇乌斯大道”往南到坎帕尼亚的卡普阿，是一条价值不斐的交通动线，方便罗马军队在战场、营区基地和殖民地（即罗马公民或拉丁人在被打败的敌人土地上建立的聚落）之间的运补及增援，这条路让居住在外围区域的投票者可以较容易地参加公民大会和选举。在长年累月中，这条路延伸得更长，从亚平宁山到希腊港口塔林敦，最后到达布鲁迪辛乌姆，这是航海前往东地中海的离岸港口。一开始路上铺满碎石，罗马城门口数英里的路却铺得很平坦，道路两边成为富有人家悼念死者的理想地点。在西塞罗和瓦罗时代，有绵延3千米长的雄伟大理石陵墓沿着道路修建，延伸至遥远的地方。它们直至今天仍可以看到。

阿庇乌斯·克劳狄的事业还没结束。尽管"十二铜表法"已经公布，但法律和政府系统仍然模糊不清，令人气愤。元老院不愿花心思去厘清。在监察官任期之后的数年，阿庇乌斯的一位秘书，一位被解放的奴隶的儿子成为国家官员，将司法程序的机密手册（*legis actiones*）故意泄露。他也在罗马广场公布一连串执行公务、法庭开庭以及元老院和公民大会集会的日期。这些事情之前都是由世家贵族组成的祭司团关起门来决定的。泄密无疑受到阿庇乌斯·克劳狄的鼓励，却造成大众哗然。一旦猫咪跑出来，就不能再把它送回笼子里去。这秘书志得意满，竖立一座神龛，献给（不尽然合适）位于罗马广场的公民大会集会所的和谐女神。受人尊崇的贵族一派不喜欢被人戏耍，立即通过一道法律，禁止任何人在没有元老院允许或大多数护民官的同意时，建立神庙或祭坛。

这位伟大的监察官是个充满矛盾的人。抛开他的政治信仰，他在内心深处始终是位目空一切的贵族。他积极反对平民进入两个高等的宗教祭司团，即造桥官祭司团和占卜官祭司团，而且有两次他设法阻止平民担任执政官。这种缺乏一致性，反而让我们在阿庇乌斯·克劳狄身上察觉到一个真正的人所具有的缺点和所有其他特征。

他的职业生涯极为精彩，却以失败告终。他那高压的监察官任期中所进行的改革措施被他在元老院的敌人一一拆解。他企图要强化公民大会，结果徒劳无功，所以直到灭亡之时，共和国也从未超出有限民主的程度。然而他自己那两件惊人的公共建设计划，则是对这位罗马最杰出人物的永恒见证。

罗马人是优秀的建筑者及工程师，而他们的许多作品至今仍然留存（特别是那些在公元1世纪起帝国时期的作品）。哈利卡纳苏斯的狄奥尼修斯所言不虚：

> 在我的意见中，罗马最壮观的，而且可以见证帝国伟大的三件工程，是引水渠、铺设路面的道路以及下水道的修建。我所说的不仅是这些工程的实用性，而且还有庞大的花费。[16]

“阿庇乌斯引水渠”是在连续数世纪所修筑的11个引水渠中的第一个，旨在将水源引入日益干涸的罗马城。它们提供饮用水，供应许多公共澡堂和极为精妙的喷泉。它们补足了复杂的下水道系统，后者（如我们已见）源自公元前6世纪第一位塔克文修筑的“马克西玛下水道”，目的是为如沼泽般的罗马广场排水。在公元1世纪时，“灰色的”或已经使用过的水被导入下水道，清洗垃圾并排入台伯河。

活水成为文明化城市生活的象征。罗马最伟大的成就（特别是在西欧）是提倡城镇和城市所带来的舒适与功用。无论军团前进并征服何处，神庙、圆形竞技场、市民广场、胜利游行的列柱及拱门，便会拔地而起，当然还有作为拥挤的都市所必须的基础设施——引水渠和下水道。从公元前2世纪起，庞大的公共设施如仓库、长方形会堂（basilicas）以及公寓大楼，也成为建筑景观的固定特征。如此大规模的城市发展因技术的进步而变成可能，特别是在公元前3世纪时混凝土技术的引进。这使得建筑师可以使用圆顶及拱门去覆盖宽广的空间。

但所有这些修筑不是在做慈善，而是帝国的自利行为。纪念性质的建筑已经成为罗马化的强有力工具。

“阿庇乌斯大道”开启了道路网络系统的修筑，贯穿意大利以及之后更远的地方。它们主要用于军事目的，但它们也将社群连接起来，促进贸易。道路上面标记着里程碑，这可以对罗马领土的距离及面积，做出比过去可能做到的更准确的丈量。

修路的工程师会在所有可行的地方让道路修得笔直，如同炫耀般将道路沿途经过的地表加以整治修葺，而非使它们随山丘和山谷起伏。罗马的道路设计良好，典型的罗马道路由两条平行的壕沟及一条排水顺畅的核心路面所构成。密集排列石头作为路基，可以让水从石缝中流走，上面覆盖着混凝土层及加固的砾石层，然后再以碎石、密集排列的石头，或者铺路石进行整饰。道路在修筑时便以长久使用为目标，其中部分路段一直使用至今，让现代观光客叹为观止。

寻找罗马权力的起源时，我们不该忘记它在工程上的纪录，因为这（连同罗马对司法程序的投入）是它的秩序规范充满活力而实用的证据。

等级的冲突终于接近尾声。长年的征战意味着农庄及农田陷入衰退，而土地所有者则是债务缠身。在公元前287年，平民再度集体撤出，这次是到台伯河对岸的贾尼科洛山丘。独裁官昆图斯·霍腾西乌斯（Quintus Hortensius）采取一些经济措施来缓和这次危机。这些措施是什么，我们并不知道，但他也通过一个重要的制度性法律。平民议会曾象征了制度上的割裂、反叛和建立“国中之国”，现在法律使其决议具有充分的法律效力。[17] 平民超过一个半世纪以来一直所主张的权利，最后终于得到承认。这长久的两极对立终于落幕，而罗马分裂的人格终于重新组合成一个整体。

取得这样的成果并非一帆风顺。罗马人并非理论家，而且就政体而言，他们极不愿意抛弃任何东西。比如说，他们现在有四个民选的议会：从王政时代便有的“区议会”（*Comitia Curiata*），到公元前1世纪时，它的职责已经削减到只剩下确认官方的任命以及批准收养手续和遗嘱；对穷人不利的“百人团大会”（*Comitia Centuriata*），决定高级官员的选举；“平民议会”（*Concilium Plebis*）以及一个新的体制“部落大会”（*Comitia Tributa*），它模仿平民议会，但由执政官和护民官召集，成员包括所有的成年男性，世家贵族以及平民，可以批准法案。

然而胜利的果实并不如期待的那样。平民运动中明显有不同阶层，所以没有相同的基本利益。穷人感兴趣的是团结平民来改善他们的经济状况。但富裕的平民现在已经实现他们的目的，可以竞选公职，所以逐渐与他们的旧敌人世家贵族合流，形成新的共同阵线。一个新的混合贵族群体出现。平民护民官被吸收到国家的正式体制中，与元老院合作，引进双方事先已经同意的立法。

这一发展可以两方面来看。一方面，这是对“数人头者”、被压迫者和被剥削者的背叛。普通人可以对法案投票，选举官员，但是规定的程序禁止任何辩论，而且他们无法取得执行的权力。自信满满的元老寡头正依照新的政治局势调整自身，所以仍然大权在握。算是后退一步，前进两步。

另一方面，不可否认敌对双方已经妥协，过程中没有流血。希腊人此时才知晓中部意大利出现的这个新兴侵略国家，怀着某种嫉妒心理来观察其内部的发展，因为希腊市民城邦中的民众和贵族派系习惯彼此屠杀，然而罗马人却以耐心和辛苦的讨价还价、进退有度，来解决他们的政治难题。

在公元前1世纪时，西塞罗在他著名的《论共和国》对话录中，让一位角色做出清楚的比较："我们共同的共和国并不基于一个人的天纵英才（如经常发生在希腊的那样），而基于许多人的集体智慧；它不是在一个世代之中创立的，而是在一个长达数世纪的时间里，由人类许多世代共同形成的。"[18] 一位知识丰富的希腊评论家说，罗马人能够拥有目前的政府形态，"并非凭借抽象的推理，而是借助许多从挣扎困难之中学来的教训"。[19] 罗马人是完全的实用主义者。

拉丁人在凯尔特民族入侵之后，抓住机会摆脱罗马主宰。拉丁联盟最后被解散。但罗马花了相当长的时间才让其成员再次归顺，在公元前358年共和国重申其权威。军队指挥官不再由罗马人和拉丁人每年轮替。现在军队由两位副执政官来控制，他们向罗马的执政官负责。

但拉丁人不满自己被当成臣民而非伙伴来看待，所以在公元前341年，他们潜在的情绪终于爆发公开的叛乱。四年激烈的战斗随之而来。公元前340年的执政官值得一提。其中之一是提图斯·曼利厄斯（Titus Manlius）[20]，他之前在战斗中杀死一个极为高大的凯尔特人，剥除他的金属项圈，而获得"托夸图斯"（Torquatus，亦即"金属项圈"）之名。他派遣一些骑兵往各个方向去进行侦察搜索，严格交代他们切不可与拉丁人进行任何战斗。在骑兵队领导人之中有他的儿子小提图斯。这年轻人设法与他的人马越过敌方军营，直到他与敌军最近的前哨站相距仅有标枪的投掷距离。在此处，一些来自图斯卡仑的拉丁骑兵嘲笑他，而他们的指挥官也挑战他进行决斗。指挥官呐喊道："结局会证明拉丁骑兵比罗马骑兵强。"

小提图斯的血液开始沸腾，忘记了父亲的命令，直接投入毫无战术意义的战斗之中。其余的罗马骑兵站在后方，好像在观看骑术表演。这两人骑马相向，将刺枪摆平。小提图斯的刺枪滑过他对手的头盔，而敌人的则完全失去准头。当他们回旋过来进行第二次交锋，小提图斯的枪头刺到这图斯卡仑人战马的额头，于是它前腿扬起，将背上的人摔倒在地。当对手挣扎起身时，提图斯刺穿他的喉咙，刺枪从肋骨之间穿过，将他钉在地上。简短的战斗宣告结束。

小提图斯骑马回营，周围环绕着欢呼的人。他骄傲地拿出死者的装备。执政官老提图斯突然转身离开他的儿子，下令吹号聚集众人。“提图斯·曼利厄斯，你既不尊重执政官的权威，也无视你父亲的尊严，”他说，“我相信假如你身上流着我的任何一滴血，你必将承认你的过错动摇了军事纪律，我必须对你施加惩罚。去！仪杖官，将他绑在柱子上。”

斧头砍下，鲜血从割断的脖颈中喷出。军队受到惊吓，但是可以注意到，从那时开始，每个地方都更加注意卫哨、守夜以及警戒的值勤。小提图斯·曼利厄斯在自己父亲的命令下被处决，是罗马史中最出名的道德教训故事之一，足以与布鲁图斯和维吉尼乌斯所立下的典范媲美。这提醒我们，罗马的父亲对自己的孩子有生杀之权，而且勇敢的品德胜过父母的爱。

另一个从未被忘记的自我牺牲故事紧接着发生。这故事中也有两位执政官——曼利厄斯和他的同僚普布利乌斯·德西乌斯·穆斯（Publius Decius Mus），两人都梦到一个超人体型的人，这人告诉他们说，假如他们其中任何一位将敌人和自己“奉献”给死亡，那他必能赢得即将发生的战斗。不久之后，在靠近维苏威火山（Mount Vesuvius）山脚下进行了一场战斗。如同往常一样，在战斗开始之前两军会以执政官之名各自祭祀一只动物。一名伊特鲁里亚的占卜者检查它们的肝脏，如果肝脏有任何异常，或许会说明神明的不悦。他给曼利厄斯解释肝脏没有异常，然而他指出德西乌斯祭祀的肝脏顶端切割得不对。如果不是这一点，神明将愿意接受这份祭品。

德西乌斯冷淡地回应说："假如我同僚的祭祀进行顺利，那就没有问题。"军队前进，曼利厄斯在右翼，德西乌斯在左翼。双方阵线冲撞在一起，罗马人被推回。在危急时刻，德西乌斯从祭司团里叫来一名主持军队宗教仪式的祭司说："我们需要神明的协助。过来，你是罗马人民的国家祭司。向我口述那些词句，这样我才能将自己'奉献'给军团。"

祭司让他穿上紫色边的托加袍，将头蒙上，一只手从托加袍伸出，触摸自己的下巴，站在一支放在脚边的标枪旁，重复以下的话语：

> 雅努斯、朱庇特、战神天父、奎里努斯（这是罗穆路斯封神之后的名字）、柏洛娜（女战神）、拉瑞斯（Lares，家庭守护神）、新神明、本土神明、那些力量超越我们和敌人的诸神以及地狱里的神明：我尊敬你们，向你们求情，我寻求你们的恩惠，并恳求你们保佑罗马公民（骑兵）的力量及胜利，以恐惧、害怕和死亡来折磨罗马人民的敌人。我宣读这些话语，是为了罗马人的共和国，为了军队、军团以及盟友的军团，我愿奉献自己，也奉献我敌人的军团和他们的盟军军团给地狱及大地的神明。[21]

德西乌斯接着送出讯息给他的同僚，告诉后者他的所为。他重新整理好他的托加袍，以使双手方便行动。他跳上马匹，直接冲往敌阵。

他在如雨点般的标枪攻击下坠马阵亡。

在经过一段时间之后，罗马人取得战斗胜利，而拉丁人逃跑。咒语及仪式奏效了。德西乌斯被发现倒在一堆尸体之下，随后被给予英雄般的丧礼（假如他存活下来，自我“奉献”的仪式规定必须要以一尊他的塑像作为替身掩埋起来，因为地狱的神明不能被承诺赴死的人欺骗）。这些事件发生过吗？[22] 我们无法确定，但它们或许有些事实根据。从公元前4世纪存留下的关于这些事件的古代陈述，只是漂浮在真正历史记忆的最表层。

艰苦的战争仍然持续着，直到公元前338年时，战争结束，而拉丁人已经确定被永久击败。拉丁联盟被永久解散。接下来的安排具有历史意义，因为罗马人建立了一套政府体系，这给他们自己安全感，也能让拉丁人接受。他们没有效仿凯尔特领导人布伦努斯发出恶毒的胜利呼喊——“这是被征服者的悲哀！”罗马人设计一种方法将他们征服的民族与自己团结起来：他们邀请战败者加入到扩张领土的事业之中。这政策的睿智可以由拉丁人从此不再反叛的事实得到验证。

正如在过去遥远的神话中，罗穆路斯将公民权赠予萨宾人，所以现在共和国同样提供给拉丁人公民权。罗马以这种方式扩大军团潜在的兵源。于是一个人力储备库被创造出来，给予罗马人在战争时期独特的耐久战力。战败或许会接踵而至，假如命运使其如此，但罗马仍然会征召新的士兵来取代补足失去的军力。

罗马废除拉丁联盟成员间可以互相结盟的办法，代之以罗马与每个社群建立独自的双边关系，这些社群被禁止彼此签订条约。它们也被迫交出一定面积的土地。拉丁人与其他人被宪法和法律分作三种不同的等级。第一个等级中包括一些被击败的小国家兼并为共和国的“自由城邦”（*municipia*），或自由城镇，其居民被给予完整的公民权。一个例子是安提乌姆（今日的安齐奥），这里曾是沃尔西人的首都，但在一场海战之后，它被迫交出舰队。船上用来撞击敌船的舰首“鸟嘴”（*rostra*）在罗马广场的演讲者发言台上展示，因此这发言台称为“鸟嘴”。

第二等级是由那些仍然维持独立的社群构成的，至少在理论上如此，因为它们已经被剥夺主导自己外交政策的权利。这些“盟邦”拥有通婚权（*conubium*）及通商权（*commercium*），亦即它们的公民依据罗马法可以与罗马人通婚或订立契约。当罗马人要求时，它们必须供应军队。

最后，那些位于拉丁姆边界之外，在新的罗马“共同体”中较为偏远的国家，如坎帕尼亚城市卡普阿和库迈，则被给予有限的公民权：“没有投票权的公民权”（*civitas sine suffragio*）。这包括了通婚权及通商权，以及罗马公民权所具有的义务，特别是服兵役。假如有意愿的话，他们可以迁移到罗马，而在那种情形下，他们便可以取得完整的罗马公民权。要与罗马军团并肩作战的责任听起来更像是惩罚，实际上并非如此，原因是罗马人在赢得战争之后，这些被迫参战的战友也能分享到他们的战利品。

另一个创新之举不仅能协助罗马人巩固他们的统治，而且也将被征服者与征服者结合在一起，这便是建立“殖民地”。根据这项政策，小群的拉丁、坎帕尼亚及罗马的定居者，会在从敌人手中兼并而来的领土上，建立自己的城镇；有的是新成立的，有的则是加入既有的聚落。它们是有用的监视岗哨，可以在周围的人口之中侦察出所有麻烦的迹象；它们也可以借由提供农地和工作机会给无土地的穷人，来减轻罗马的经济压力。海岸边的殖民地缓解了共和国必须制造一支舰队来防卫海域的迫切需求。特别是这种殖民地系统，随着时间推移，对意大利在文化上的罗马化贡献巨大。

殖民开拓花费了一定的时间。许多拉丁社群不满失去他们原有的自由，但罗马允许他们去经营自己的地方事务。他们城市的城墙并没有被夷平，仍然矗立——这些是聪慧且令人信服的象征。

据估计，现在由所有种类的罗马公民所占有的领土面积[23]，即所谓的“罗马疆域”（*ager Romanus*），有 8 800 平方千米，而更大的罗马“共同体”整整有 13 700 平方千米。根据现代的估计[24]，“罗马疆域”的全部人口为 347300 自由民，而共同体则包括 484000 自由民。

根据当时希腊罗马世界的标准，罗马已经是一个有分量的国家。罗马与迦太基在公元前 348 年协商第二个友好条约，这是它逐渐增强势力的一个象征。它的对外征服，作为众多举措中的一项，意味着困扰这年轻共和国的贫穷和债务问题得到缓解，虽然这些问题从未消失。如我们已经见到，本土的罗马人假如在军队中参加战争，他会被支付薪水。他或许会在新征服的领土上分配到一块小田地，而且如果愿意的话，他也可以加入殖民地，为他自己创造新的生活。

如果曾有哪个民族是被自然风光塑造的，那便是萨莫奈人。[25]

萨莫奈是位于中部意大利一个多山及内陆的高原。亚平宁山脉在此处不像是山，更像是由断层和山的支脉以及山间谷地组合起来的迷宫。这整个区域大致呈方形，中间穿插险峻的山谷，没有穿透的地方多成为死路，而河流或季节性的洪流像瀑布一样，奔流而下。灰色的山峰高耸入云，而且一年大部分时间覆盖白雪。许多可用的土地只适合放牧，但是也存在许多孤立的小块的肥沃地区可以耕种，让作物得以生长。另有富庶而狭窄的田地沿河流展开。冬天荒凉且寒苦，夏天则干燥又闷热。地震多发使山丘坍塌。

我们知道，萨莫奈人是说奥斯肯语的族群的一支，受到“神圣春天”信仰的驱使，在数世纪前便开始南迁。在公元前500年时（假如没有更早），他们已经定居在这崎岖嶙峋的新家园。他们贪图坎帕尼亚平坦肥沃的土地以及那里高度文明的城市。他们当中的一些人从山中巢穴迁移至平地，征服当地居民并接管领土。他们很快就学会如何享受较为舒适的生活，而忘掉了他们在高山的祖先。

萨莫奈人是凶猛、强壮的高山居民。出土的骨骸显示出他们的种族趋于一致而且是长头型的（dolichocephalic，他们的头颅从额头到后背部分不寻常地长），从这些我们可以推测他们独立居住于山区，并没有和他们的拉丁邻居联姻。他们处于“前城镇”的状态，生活在村落之中，在许多偏远的山丘顶部修建小规模的要塞（考古学家大约已经辨认出90处）——这些不是设计给人居住的地方，而是在危险时候的临时避难所。

共有四个萨莫奈的部落群体，每一个均形成被称作图头（*touto*）的社群。赫彼奈人（Hirpini）居住在南方，考迪尼人（Caudini）居住在西方，卡拉切尼人（Carracini）位于东北方，而人数最多的彭特里人（Pentri）占有萨莫奈地区的中央和东部。对如此偏远的乡下地区来说，全部居民人数却出奇地多，据估计大约有450000人。[26]

一般而言，萨莫奈人贫穷，而且相对单纯，没有钱币，很少交易。其中似乎有握有大片土地的贵族，但他们在政治上是民主的，在组织上是简单的。一个或多个村落构成一个帕谷斯（*pagus*），也就是经济上自给自足且有独立精神的行政区划。它选出一位负责管理的官员，称作麦迪斯（*meddis*）。一群帕谷斯构成一个部落的图头，每一年都要选举出首席官员，称作麦迪斯·图佛提克斯（*meddis tovtiks*）。这里似乎有个议会，而官员必须向其征询意见。尽管他们有这种去中心化的政治系统，萨莫奈人拥有强大的文化认同感。

因为地处内陆又缺乏提供给产业的原料，所以其经济以畜养牲畜和禽类为主。萨莫奈人畜养马、鸡、猪、山羊。他们特别擅长养羊。在夏天，这些动物被带到高地吃草；在冬季的月份，它们则沿着被踏出来的宽广路径下山，来到平原，而这些路径也被当作萨莫奈部落间彼此交通来往的主要方式。该区域的特产是质量良好的葡萄酒和甜美的塞贝里卷心菜。

对他们日常的生活，我们了解不多。奥斯肯人和萨莫奈人一样，以野蛮粗鲁而著称，虽然他们被认为偏好淫乐，但或许如经常发生的那样，这是由他们邻居加在他们身上一个玩笑似的固定说法，根据一个怪异的字源学认为 *obscenus** 源自 *O*（*b*）*scan*。他们似乎有些奇怪的习惯。比如说，他们会在理发的地方，于众目睽睽之下，将体毛剃干净。[27] 根据地理学家斯特雷波的记载：

> 萨莫奈人有极佳的法律，其设计优良有助于培养杰出品德。每年会有年轻男女各十人被选出，作为他们性别中的最优秀者。其中最佳的年轻女性与最佳的男性配对，第二配第二并以此类推。假如获奖的年轻男性有变，开始变坏，他们便羞辱他，把奖赏给他的少女带走。[28]

* 这也意为“淫秽”。——译者注

女性在萨莫奈社会中的地位很少有记载，但公元前 1 世纪来自萨莫奈南部城镇维努西亚（Venusia）的诗人贺拉斯[29]，处于当事人的立场说她们在家里具有权威。她们抚养孩子，而且以严厉出名。

在极少的闲暇时候，萨莫奈人进行狩猎，这是为了获得食物，也是为了娱乐。他们非常喜欢剧场，特别偏好闹剧、讽刺以及粗鲁的谩骂。有个描绘跳舞女子的壁画被留存下来，民族舞蹈或许是他们的娱乐之一。据说在竞技场里那沾满血腥的角斗士娱乐是由奥斯肯人发明的。[30] 我们无法证明角斗士源自萨莫奈，但是角斗士在坎帕尼亚崛起，恰好与萨莫奈人在公元前 5 世纪的入侵同时，所以我们可以怀疑两者有所关联。或许这并非意外，在稍后的时代，最受欢迎的角斗士装备是一支短刀、一个方形的重型盾牌、一尊护胫甲和一顶头盔，这种类型的角斗士便称作"萨莫奈式"角斗士。

这就是罗马人在公元前 4 世纪下半叶所遭遇的并与其殊死战斗的民族。开始时，这两个民族是朋友，在公元前 354 年签订条约。然而罗马人希望扩张，萨莫奈人也被迫如此。他们逐渐增加的人口向各个方向扩散，进入邻近的地区。罗马新近在坎帕尼亚完成的霸业，对萨莫奈人是一个特别明显的侵犯。因此冲突无可避免。

第一次短暂的战争暂时中断了两边的结盟。[31] 之后罗马人于公元前 328 年在里斯河（Liris）西边的河谷设立了一个殖民地：福莱杰雷。这是一个挑衅举动，因为萨莫奈人主张此地是他们的领土，这是通向他们核心地带的要塞。紧接着在第二年，位于坎帕尼亚的波利斯港口发生动乱，萨莫奈人无法抗拒诱惑，趁机占领它。罗马人强烈反对对他们权威的挑战，他们驱逐占领者，因此也促成了第二次萨莫奈战争的爆发。

这是一次长期且激烈的战争，在超过20年的时间里打打停停。萨莫奈是一个巨大的自然堡垒，人口很少。决心进入其中的军队会面对迷宫一样的山谷和狭窄隘口，这是进行埋伏的理想地形。罗马人自然会避开直接攻击，所以大多数战斗发生在萨莫奈地区的边缘，或靠近边缘的地带。公元前321年卡夫丁峡谷的灾难便是这样的例证，它发生在由萨莫奈和坎帕尼亚进入拉丁姆的两条主要道路的其中一条上。虽然这是严重的挫败，但罗马的恢复却十分迅速。

罗马人不打算直接进攻萨莫奈本身，因为这将面对所有可能的风险。他们的策略是将萨莫奈人四周团团包围。罗马与东海岸阿普利亚人的社群和意大利南部的卢卡尼亚人（Lucania）结盟，由此开启第二战线。在公元前315年时，一位罗马执政官攻占萨莫奈领土边境重镇，靠近亚得里亚海海岸的卢克利亚（Luceria），这成为潜在的第三战线。萨莫奈人在西部进行反攻，威胁拉丁姆。他们成功地沿着里斯河往下游推进，并占领所有这些麻烦的肇始地：福莱杰雷。他们到达海岸，在靠近海边城市塔拉奇那时，重重击败罗马人，通向罗马的道路大开。或许是新修筑好的城墙打消了萨莫奈人进军罗马的念头。

随后，卡普阿的重要城市反叛罗马，而其他坎帕尼亚的城镇也开始动摇。共和国受到震撼，但并未屈服。罗马慷慨处置拉丁聚落展现的政治智慧，现在变得越发明显，原因是没有拉丁城市在这场冲突中变节。他们始终效忠他们之前的征服者。在接下来的一年里，军团重组，并且顽强地进行反攻。在靠近塔拉奇那附近又进行一场艰苦的战斗。罗马的一翼几乎被打败溃逃，但另一翼迅速赶到进行挽救。这一次罗马人赢得著名的胜利，而且依照传统有3万名萨莫奈人被杀或被擒，这一定是夸张的说法，但是这次交锋之重要性的象征。

阿庇乌斯·克劳狄伟大战略道路的第一段现在已经完成，它从罗马延伸到卡普阿的城门，长达 211 千米。坎帕尼亚地区如果再次发生麻烦，在首都和该地区之间已经确定可以实现快速交通了。

萨莫奈的时机曾经来过，但现在已经错失。卡普阿已经屈服，而福莱杰雷也被重新开拓。或许受到他们在拿波里（Naples，今日的那不勒斯）的希腊新朋友的影响，罗马人创建了一支小型的海洋舰队，不过他们并不曾真正了解船舰和海战，所以这场实验不了了之。然而，所有证据都显示，他们现在已经夺回主动权。

伊特鲁里亚人已多年没有消息了，他们现在处于衰退的状态。维爱当然已经屈服，而凯尔特人正在蹂躏他们位于北方的前哨站。伊特鲁里亚人满意地从局外人的角度来观看罗马人与萨莫奈人之间的冲突。他们对后者很少同情，因为毕竟这些人在 100 年前将他们赶离坎帕尼亚。然而，罗马这种明显锐不可当的势力扩张，令他们心生警惕。他们决定利用罗马人与伊特鲁里亚城市塔克文尼 40 年停战协议告终的时机，将他们的命运与萨莫奈人的命运绑在一起。

为了浇熄这场大火，一位罗马执政官大胆地穿过将罗马与伊特鲁里亚隔开的那无边无际的西米尼亚（Ciminia）原始森林，直捣伊特鲁里亚中部。这片没有道路的荒野是这两个民族之间的天然障碍，一直被认为是不可能通行的，所以这个消息令罗马国内的舆论十分紧张，因为他们预测会发生另一个如卡夫丁峡谷的灾难。结果执政官赢得战斗，伊特鲁里亚的城镇只能求和，罗马与塔克文尼续签条约。

这场与萨莫奈人的战争毫无止境地拖延着。在公元前 305 年萨莫奈人对坎帕尼亚北方葡萄酒产量丰富的法勒奴斯地区发动攻击，但被击退，前来增援的部队亦被击败。次年，在经过更多次挫折后，萨莫奈人精疲力竭，接受可谓慷慨的条件。他们被要求退回原本的领土。他们之前的盟友，也转而效忠罗马，而且会丧失一些土地。罗马则斩获颇丰，赢得一些位于边界的城镇，完全掌控坎帕尼亚。共和国现在是意大利的头号强国，而且不久以后它将成为地中海地区政治舞台上一个名副其实的强权。

李维写道，在战争开始之时，一位萨莫奈的特使告诉他的罗马对手："且让我们军营彼此相对，来决定究竟是萨莫奈人还是罗马人应该统治意大利。"[32] 问题现在已经解决，除了以下尴尬的事实：以萨莫奈人的个性是不会接受这种历史结果的。当他们说和平（*pax*）* 时，其实是在筹划战争。

在公元前 298 年，罗马的注意力被凯尔特人新的入侵所干扰，或许只是四处劫掠的团体以及佣兵，但仍然很危险。萨莫奈人这次决定是孤注一掷。他们攻击罗马新盟友卢卡尼亚人，后者位于他们的南部边界。在第三次萨莫奈战争中，罗马军团并未在萨莫奈的边界徘徊，而是直接深入敌人领土。

萨莫奈人的总指挥官格利乌斯·埃格纳提乌斯（Gellius Egnatius）毫不畏惧，聚集了一个可观的联盟。联盟的成员除了对罗马的恐惧及仇恨外，彼此没有多少共同之处，而这也是它们在罗马这怪物变得太大而无法压制之前，将之摧毁的最后一次机会。埃格纳提乌斯有一个大胆的计划是要和伊特鲁里亚人、翁布里亚（Umbria）人（一个长久以来的罗马敌人）以及北方的凯尔特人联手，对这难以压制的共和国发动

* 因为 pax 这个词，除了有 peace（和平）之外，也有 pacification（平定、绥靖）之意。对罗马人来说，战争与和平是密不可分的。——译者注

一场联合攻击。

在公元前296年时，这联盟的存在成为众所周知之事，造成罗马的恐慌。作为执政官和民主改革者的阿庇乌斯·克劳狄·凯克斯统率一支监视伊特鲁里亚人的军队，而且他警告元老院要慎重应对这威胁。每个财产等级的人都有征召，甚至之前是奴隶的人也参了军，而且以较年长公民为主的特殊部队也组建形成。次年的两位执政官率领四个军团和两个军团的特殊部队来防守坎帕尼亚，以防萨莫奈人的攻击。假如人员编制充足的话，这些加起来会有25000名军团士兵，以及一支强大的骑兵队伍。同时，有两个军团被派去破坏伊特鲁里亚人的乡间地带，阻挠伊特鲁里亚人与埃格纳提乌斯会师。这还不是全部，这些公民军团还伴随着由罗马盟邦及拉丁人所组成的更大规模的军队[33]，这也进一步证明（假如需要的话）罗马对拉丁国家的成功处置。总之，这是罗马人曾经聚集过的规模最大的一支军队。

执政官匆忙去阻止凯尔特人与萨莫奈人会师。但是他们到得太迟，先锋部队受到严重损害。然而伊特鲁里亚人和翁布里亚人却缺席，所以当两军交锋，在森提诺（Sentinum）准备进行一场全面性的大战时，他们的力量或许平分秋色。

决定性的时刻已经来到，而为了标记这时刻，就会有异象发生。在双方阵线之间有一只母鹿被狼追杀。接着这两只动物往不同方向奔驰而去。狼朝向罗马人，他们为它让出一条路。母鹿则冲向凯尔特人，他们将它击毙。一位罗马前线士兵提出一个明显的联想。“在那边是逃跑及杀戮，”他呐喊道，“鹿，这狄安娜女神的动物，已经死去，但在这边，狼是赢家，毫发无损。这头狼提醒我们源自战神和建城者罗穆路斯。”[34]

这究竟是否真实，已无关紧要，因为是或不是，罗马人仍将此日视为他们历史的转折点。在森提诺的战斗就像在滑铁卢一样，是“离结果最接近的事”(the nearest run thing)。[35]罗马军左翼是由普布利乌斯·德西乌斯·穆斯率领的，他是那个在拉丁战争中将自己“奉献”出去的德西乌斯的儿子，现在受到凯尔特人和他们战车的逼压。为了争取将局势反转，他效仿父亲的先例。[36]在说完仪式祷告后，他急驰冲向凯尔特的阵线，战至身亡。军队祭司高喊罗马人已经胜利，因为他们已经被执政官的献身解救。与此同时，罗马军右翼削弱萨莫奈人，最后将他们击溃。他们随即掉转回来，从后方打击凯尔特人。

这次胜利十分彻底，但代价高昂。根据李维记载，有25 000名敌人被杀，8 000人被俘，罗马方面则损失8 700人。森提诺的决定性胜利是永久的：埃格纳提乌斯的联盟永久解散，而它的创造者死于战场。

萨莫奈人仍不愿放弃。即使是极为爱国的李维也承认他们的韧性。他写道：

> 他们无法继续下去，无论是凭借自己的资源还是外界的协助，但他们不会避开战争；即使他们没能成功地护卫自由，他们一点都不会放弃自由，他们宁可被击败，也不愿束手待毙。[37]

战争又持续了数年，最后萨莫奈地区被罗马军队攻破，遭到整体劫掠。现在任何抵抗都已经不可能了。就所掳获的战利品以及被奴役的俘虏数量而言，罗马没有手下留情：拍卖战利品和战俘得到了超过三百万磅的铜，这意外的财富也资助罗马第一次发行钱币。萨莫奈人第四次与他的征服者签订条约。他们成为共和国的“盟邦”。换言之，他们成为附庸国家，若派出他们的年轻人服兵役，不是去跟征服者作战，而是协助罗马人赢得未来的战争。

这斗争持续了半个世纪。萨莫奈人倒下了，但即使现在他们仍拒绝承认失败。含着怒气、充满怨恨而不得不臣服，他们心中蓄积着对罗马的仇恨，等待时机，进行报复。

对罗马士兵个人而言，战场是个狭窄而压抑的空间，使人恐惧与紧张。[38] 因为大多数战斗是在夏季发生，所以空气中充满着由数千只脚蹂地激起的粉尘，这是古代世界的相当于冯·克劳塞维茨（von Clausewitz）所谓“战争迷雾”的东西。[39] 降雨也不会带来缓解，因为一支军队很快便将湿地践踏成泥沼。刺鼻的、令人作呕的气味传遍部队，因为战场上满是汗如雨下又没有洗澡的人，他们因为惊恐而便尿失禁，甚至还有被剖开肚皮流出的内脏。金属撞击金属，战吼与呐喊，军团的号角制造出极大的噪声。士兵被自己的战友围绕着，却无法看到他们之外的地方正在发生的事，也不容易听见命令。他不知道到底整个战争是如何进行的。他充其量会瞥见他的将军骑马经过，但自己无法看清战局。在拥挤的人群之中，我们的罗马人充满孤独的恐惧。

在现代战争中，战斗者或多或少与敌人有些距离，所以很难经历正面贴身近战的恐怖。对罗马人来说，标枪或许可以投掷出 30 米远，但一旦两军交战，他与敌人便处在面对面接触的距离。他的职责是利用他信赖的西班牙刀（*gladius*，一种可砍可刺的短刀）来杀死或重伤敌人，并利用重型盾牌（*scutum*，0.7 米宽，1.2 米高）保护自己。

在公元前 4 世纪时，军事改革提升了罗马武器的效率，却使得战场成为比之前更可怕的地方。最初，军团是以方阵战术来作战的。方阵是种紧密的步兵编组队形，纵向有 8 人，后来增加到 12 人或 16 人。

这是希腊人的发明，罗马人加以模仿。他们就像一整个坚不可摧的有机体，士兵在攻击时，盾牌扣着盾牌一起密集前进。他们携带 4—5 米长的长刺枪，所以像一只致命的豪猪，呈现为一个无法穿透的刺枪阵。方阵撞进敌人的队列，通常是依赖其单纯的动能和优秀的训练来得胜。“方阵”（*phalanx*）在希腊文中意为“滚木”或是沉重的树干。

然而方阵战术有其弱点。它容易遭受来自侧面的攻击，而且，人们发现在崎岖的地段难以保持队形。一旦队形被打乱，这众人团结形成的庞然大物便会瓦解为单个士兵的集合体，容易被围歼或导致溃逃。除了波河平原，意大利整体的地势并不平坦，所以在公元前 4 世纪时，罗马发现方阵战术在面对凯尔特人骇人的战车，或萨莫奈人等山地居民的松散开放战术时，便处于不利地位。

这种情况下罗马人放弃方阵战术，转而选择一种较有弹性的部署。军团的重装步兵不再形成一个有厚度的方块，而是分成前后连续的三列阵线。第一线是前线部队的年轻士兵（*hastati*）；中线是壮年士兵（*principes*）；后线是预备的老兵（*triarii*）。前线和中线这两列部队的每名士兵均携带两支投掷用的标枪，标枪有 1.8 米长，由木柄及铁枪头组成，而后线预备部队则携带一支长刺枪。每一线的部队都可以打散成十个次级单位或是所谓的“连队”（maniple，来自拉丁文的 *manipulus* 或是“少量的”），约 120 人。连队彼此间的距离约等于它的正面宽度。第一线中间的间隔由第二线的连队来保护，而第二线的间隔则由第三线保护。

这队形好似西洋棋的棋盘，允许第一线部队往后撤退，由后面精力充沛的部队接替作战。后线预备部队的任务则纯属防卫。假如前线及中线部队已经被迫撤退，后线预备部队便成为他们可耻溃逃之前的最后防卫。他们会在旗帜之后蹲下，将盾牌举起，把长刺枪举向天空，形成一道人做的铁丝网。“军队已经到达后线预备部队”就表示事情进行得很不妙的常见用语。

假如人们要严肃对待作战，那么严厉的军纪是根本。我们没有古典时期战斗现场的见证者，但是现代战斗研究的一些发现，无疑适用于普遍的状况。看起来似乎只有相当少的士兵会将他们的心思放在战斗上。战斗通常有节奏感，[40]会有一拨又一拨的人向前推进，佯攻然后往后撤退。人们通常可以去面对他们所处的危险，但是只有四分之一左右的士兵实际上会意图杀人。[41]恐惧带来的麻痹会侵袭一些士兵[42]，他们那时甚至会无法投降，遑论反击，所以他们会在自己站立或倒下的地方被杀。

对战争充满喜悦和几乎带有性快感的杀戮心理是有可能发生的，但很少见。在现代调查中，约有三分之一的战斗士兵会显示出强烈或轻微的恐惧[43]，另外三分之一“处于紧张及集中精神的状态”，而约四分之一则是冷静而不带情绪：这部分人或许可以被认为是有效的战斗人员。少数的人会受到惊吓或失去行为能力。

根据最近针对暴力的社会学研究，“在古代和中古的战斗中，武器的使用……似乎有能力相当不足”[44]。如通常所发生的那样，大多数的伤害及杀戮发生在双方不对等的状态下，例如溃逃或是中伏。“进攻恐慌”（forward panic）是一种会刺激前进部队进行疯狂行为的心理，这些部队会因此犯下残酷行为。同样地，在战场上获胜或是攻占一座被围攻的城市，士兵会让自己进入战争的道德假期。个体会觉得受到群体的保护，所以会极为残酷地对待被征服者。当正常的社会控制恢复之后，同一个士兵或许会和幸存下来的受害者分享食物配给。

一种降低士兵恐惧和紧张的方式便是将军队以密集队形部署，正如方阵的战术，在其中他们必须协同作战，很少或无法给个人发挥的空间。罗马新的连队队形会在面对敌人时，给个体士兵提供较大的自由行动的空间，但是也容易让他们怯懦或至少效率降低。

所以不用奇怪，为了最大程度地提高战斗效率，军纪必须严苛。在一个连队的左右两端各有一位百夫长，每位各掌控这连队的一半人数，而第三位长官 * 则在后面监督。这些关键位置的任命要极为谨慎。根据波利比乌斯的记载：

> 在选择百夫长时，罗马人看中的不是大胆冒险或是好战善斗那种类型的人，而是那些天生的领导者，具有稳定沉着的个性，不是只会开启战端、发动攻击，而是那些即使陷入颓势或处于强大压力下时，仍然能够稳住阵脚并死守岗位的人。[45]

赢家可以拿走他们发现的任何有价值的东西，这是众人都明白的战争权利。罗马士兵，无论公民还是盟军，都可以指望公平分配到一份战利品。但最能鼓舞人去勇敢战斗的是，罗马人已经成了战争的常胜军。不错，还是会有可怕的挫败或是高伤亡率，但罗马共和国现在控制着中部意大利的大部分。在公元前 4 世纪与前 3 世纪之交时，它的领土已经超过 6 000 平方千米，而在公元前 280 年代时，则是迅速膨胀到 15 000 平方千米。[46] 在公共及私人财富上有无可比拟的增加。

公元前 4 世纪的战争使罗马成为一个战士国家。战役或多或少每

* 这是百人团中负责补给的长官。——译者注

年都会发生。在萨莫奈战争期间，每年固定征召的士兵从两个军团增加到四个军团，即约 18 000 人，而在森提诺危机时，有六个军团在服役，或许占了所有成年男性公民的 25%。[47] 但无论战斗的经验是如何令人神经紧张，战争还是有利可图的，而且在半岛上没有其他强权敢挑战罗马的霸权。

所以身为罗马人会是什么样子呢？他或她是如何看待这世界的呢？从后世充满想象力的史学家动过手脚、加以“改善”过的不可靠文献资料来看，这很难确定，但是一个独特的民族人格开始逐渐浮现出来。

大多数人民是贫穷的，只能靠种地勉强维生。虽然拉丁姆土地肥沃，但充满敌意的劫掠者会破坏作物，烧毁茅屋房舍。小农经常因为随军团出征而离家在外。女人与小孩在他们不需逃到附近的避难所时，或许会在田地工作。然而随着罗马领土的扩张，战斗便逐渐发生在别国的领土之上了。

负债的问题仍旧普遍，而且要等许多年后，对“债奴”的羞辱才会被判为非法。经济上的困顿从未完全消除，但是在国外的征服可以缓和罗马最糟的状况。随着共和国越来越富裕，乡村生活中的节衣缩食（这可以辛辛纳图斯的经验作为例证）开始变成一种怀旧行为。

随着移民在意大利半岛四处流动，人口逐渐增加，战争在中部意大利成为一种生活方式。罗马人学会变得更具侵略性。在他们早期的岁月中，共和国不是正在入侵它的邻居就是在抵抗它们的入侵。所以罗马会有一个把军事与政治混合在一起的宪法。

自我牺牲的狂热文化发展出来，至少在统治阶级中存在。这可由布鲁图斯处决自己犯下叛逆罪的儿子还有（显然是历史性的）德西乌斯·穆斯父子之死中看到：自杀是为了更大的利益，对个人的否定是为了解救整体。

有两个因素令罗马人侵略的本能受到节制：宗教及法律。这两样都是管理的系统。罗马人深深怀疑灵性体验，他们所要的是那种能确知神明意旨还有安抚神明不悦的典礼仪式。同样的，“十二铜表法”以极为细腻的方式为如何处理公民之间的关系设置了规则。

这两个系统互相协助，确保良好行为、忠于职守以及诚信（*fides*）。不守诚信会带来神明的不悦以及法律的制裁。但是罗马人精明巧慧，尽管经常对别人多加谴责，却相当愿意只遵守法律的字面意思，而非其背后的真正精神。有时候，罗马人甚至会去改写原先的条文。

规范本身还不完善，还必须加入道德。罗马解决阶层斗争的方式值得一提，这证明了一代代的罗马人愿意与他们的政治敌手妥协，修正法律，达成共识。

这就是即将首次面对希腊武装力量的罗马民族。

第3部

历 史

HISTORY

第 10 章

冒险家

一位年轻君王在巴比伦进入弥留之际。之前在 5 月 29 日，他曾经举行过豪华宴会来礼敬他麾下的指挥官，并且依照他平日的习惯，去洗了个澡。接着他一反往常地上床休息，原本他一向享受深夜的宴饮。或许他身体感到不舒服，但是一位朋友还是邀请他参加宴会，所以他改变心意。他一直喝到第二天，结束时感到发烧。

那夜他睡在宫殿的澡堂里，因为那里很凉爽。第二天早晨他回到自己的卧房，玩了一整天骰子。在 6 月 1 日夜里，他又回到澡堂，次日早晨他与资深军官讨论出征的计划。发烧加剧。两天后，很显然他的病情越发严重。真正是怎么一回事无人知晓，[1] 但他最近去了幼发拉底河泛舟，或许因此感染疟疾。另外，他一直没有从他胸部严重伤口造成的痛苦中恢复过来。

君主继续履行他身为国王的职责，领导祭祀，但到 6 月 5 日时，他被迫承认自己病情严重，所以下令高级官员留在病榻周围。经过几个小时，他开始失去言语能力，而且以一个令人绝望的象征姿势，将印信戒指交给他的资深将领。权力就此被转移。

巴比伦城充斥着谣言，而焦虑的士兵聚集在宫殿之外，威胁要撞开宫门。最后他们被允许进入，排成一条无尽的长龙，逐一通过国王的病榻。国王无法说话，所以当人们告别时，他有时候痛苦地抬头，并举右手致意。否则的话，只有他的眼睛能表达出意识。

当他在病中还能够交谈时，被问到他要将王国留给谁。他气喘吁吁地说："给最强的那个。"他最后的一句话透露出一个相当悲观的预言：他的将军们为了争夺属于他们的那份帝国，将彼此兵戎相见。他又加上一句："当我离开后，会有一场严肃的'丧礼竞赛'。"[2]

亚历山大大帝在公元前323年的6月10日或11日去世，年仅32岁。当罗马正在与萨莫奈人进行一场冗长、缓慢的战争，以争夺中部意大利时，马其顿这位青年国王已经花费十年时间完成胜利远征，在巨大的波斯帝国刮起一场旋风。虽然他声称自己率领的是一支希腊远征军，但他将之据为己有。身为全世界最伟大的将军，他似乎将战争本身视为目的。荷马的《伊利亚特》是他的"圣经"，而且他同意那无法被征服的战士阿喀琉斯的信条，即人生唯一合理的目标是追求个人荣耀。为此要付出的人命代价，对亚历山大而言是不值得关切的事情，为了实现他那有如天高的野心，数以百计的男人、女人和小孩可以被牺牲掉。

在他人生最后的几个月里，他正计划新的战役。根据传记作家色诺芬（Xenophon），亦即阿里安（Arrian）的记载，他意图进攻西西里以及南意大利，压制罗马，因为他对罗马逐渐远播的名声感到担心。

他绝不会停止下来，庸碌地坐享他的任何一项征服果实，即使他已将帝国从亚洲扩张到欧洲，从欧洲扩张到不列颠群岛。[3]假如他没遇见对手，他必将持续超越这些地方，去寻找未知的土地，正如其一贯的本性，总要做到极致。

亚历山大定义了某一类人：一位寻找世界尽头的传奇人物，正如丁尼生勋爵让人无法忘怀的词句所展示的那样，他的目的是要一直“去奋斗、去追寻、去发现，且永不屈服”。[4]

这位马其顿国王对他不在人世后所抱持的悲观观点，得到后来的发展的验证。他的帝国被他的将领及家庭成员瓜分。这些人的别号是“继承者”（Diadochoi），他们立即开始彼此间的争执，然后战争一场接一场地爆发。像是一场随着音乐声抢座位的谋杀致命游戏，几乎每个人都不得善终。亚历山大智力不足的同父异母弟弟，也是名义上的继承者，还有他相当厉害的母亲奥林匹娅斯（Olympias），他的异族妻子罗克珊娜（Roxana）以及他们的遗腹子亚历山大四世——所有这些人都随着命运之轮的滚动，最终被处死。

亚历山人人格的光彩以及他令人炫目成就的余晖，不仅掳获了当时有野心的年轻人，而且的确影响了整个古典时期。他的典范鼓舞著名的希腊人及罗马人去追求他们自己的荣耀。（值得一提的是，并非每个人都是仰慕者。西塞罗将亚历山大看成是对全世界的威胁，并日告诉我们他与一名被逮捕的海盗对话。国王问这个人，究竟是什么样的邪恶促使他让大海变得可怕。他回答说：“与你那让世界成为可怕之地的邪恶是一样的。”[5]）

最早的效仿者之一是皮洛士，摩罗西亚（Molossia）人那备受争议的国王。摩罗西亚人是构成伊庇鲁斯联邦的其中一支族群，在今日北希腊及南阿尔巴尼亚地区，隔着狭窄海峡与科孚岛（Corfu）对望。他们的国王是这联邦世袭的霸主。

伊庇鲁斯是个崎岖多山的地区，被品都斯（Pindus）山脉所占据，处于希腊世界的边缘地带。希腊人瞧不起该地居民，正如他们对待马其顿人那样，将他们视为半野蛮人。伊庇鲁斯人说着一种希腊方言，生活在散居的村落，而不是雅典、底比斯和斯巴达那样的城邦中。当然在亚历山大之后，这些原来位于北方的野蛮之人，不再处于文明疆界之外。

皮洛士夸口说自己出身高贵，因为据说他是阿喀琉斯的后代，而且按英雄的儿子的名字来取名。本书中其他故事也是这样，有关特洛伊战争精心制作的挂毯画，就是当时事件及人物的背景。对我们而言这是传奇，但对希腊及罗马人而言这是真实的。阿喀琉斯曾是无法被打败的希腊战士（有趣的一点是，他曾在一场对决中打败罗马人的祖先埃涅阿斯），但在战争的最后一年却成为帕里斯所射出的弓箭的受害人，正因为帕里斯对海伦的爱启动这冗长而且悲剧性的故事。阿喀琉斯的儿子皮洛士，也被称为涅俄普托勒摩斯（Neoptolemus），是藏身在木马中的战士之一。他在特洛伊沦陷时，领导冲锋，杀死年迈国王普里阿摩斯。[6] 在回到希腊后，他定居伊庇鲁斯，建立摩罗西亚王朝。

与他同名的后代经历了充满动乱的童年。皮洛士出生于公元前 319 年，当他仍是婴儿时，他父亲被迫放弃王位，由一名亲戚取而代之，但他十分惊险地逃过追杀。他由三名健壮的年轻男人及一名奶妈照顾。在太阳正要下山的时候，他们就快要到达一个安全的处所，却遇到了一条因为下雨而暴涨的河流。他们在没有援助的情况下不可能夜渡。他们看见一些当地人站在河流对面，于是呐喊要求帮忙，但是急流的声音盖过他们求助的声音。

其中一位年轻人想了个好主意，将树皮从树上扒下，以扣衣服的胸针在上面写下讯息。他将树皮包在石头上，丢到对岸。河对岸的那些人读了讯息，很快砍下一些树木，捆绑在一起，临时做成一个简陋栏杆，让皮洛士一行人在横渡湍流时可以抓住。

这小孩最终的目的地是伊利里亚（Illyria）的一个部落，靠近北方。这是一个法外之地，而伊利里亚人确实配得上海盗的名声。一位叫作格劳西亚斯（Glaucias）的部落领导人给他庇护，而且拒绝将他交给敌人来换取一大笔贿赂。这是皮洛士长大的地方：一个绿林好汉的荒野世界，极为重视体魄胆识和个人荣耀。

他在摄政大臣辅助下于摩罗西亚复位时，年仅13岁，但几年之后他又被赶出，这次是无情而又野心勃勃的马其顿国王卡山德（Cassander）将他赶走。卡山德是"继承者"中的一位，并且觊觎希腊西北部。

皮洛士这时已经成年，梦想要在世界的某处赢得或建立一个帝国，但是他除了过冒险生涯外，别无选择。他在一位继承者的军队里服务，首度在伊普苏斯（Ipsus）大会战中尝到大规模战斗的滋味，在该战役中，他的庇护人在其他继承者的合谋之下丧命。在亚历山大大帝的"丧礼竞赛"中，又有一名竞赛选手被杀出局。*

在掌权多年并且王朝源远流长的"继承者"中，唯一能舒适地死在自己床上的是托勒密一世。他童年时便认识亚历山大，也曾经是他最为信赖的同伴之一。他攻占埃及，成为法老。与其他对手相比，他比较没有野心，满足于这帝国的角落，企图的不过是主宰爱琴海。皮

---

* 这是指在公元前301年在伊普苏斯战役中阵亡的"独眼"安提柯一世（Antigonus Monophthamos）。——译者注

洛士曾在埃及待过一段时间，而且让托勒密印象深刻，并将自己的继女嫁给他（托勒密是位多妻主义者，在整个生涯中共有五位妻子）。这位法老给皮洛士相当规模的兵力和财物援助，使他能够再度取回摩罗西亚的王位。

那小小王国对他的吸引力很快便消失。皮洛士将时间精力花费在扩张他所控制的领土上，但是他在国际政治这种大游戏中是个边缘的玩家。他开始培养雄心壮志。因为娶了奥林匹娅斯这位摩罗西亚王妃，他成为亚历山大大帝的表弟，他甚至主张他与过世的征服者之间有特别的关系。他曾说过亚历山大在他梦中出现并召唤他。[7]他回应这召唤，发现国王躺在一张卧床上，亚历山大承诺协助他。“但是阁下，”从未在前进时迟疑的皮洛士说，“既然你身体不适，你如何帮我？”国王回应说：“单凭我的名字就足够。”之后他骑上一匹血统纯正的马，向未来驰去。

事情就是如此。皮洛士会毫不迟疑地使用亚历山大之名，而且在公元前 287 年时，他利用家庭关系说服马其顿军队宣布他为马其顿国王。然而一位与他竞争的僭夺者很快将他驱逐 *，并赶回摩罗西亚那落后的地区。

皮洛士是位有侠义之风和领袖魅力的人物，虽然普鲁塔克说他的表情“传达较多的是恐怖，而非庄严”。[8]正如中古和近古欧洲君王所进行的“国王之疾”治疗，忧郁症的患者相信国王只要将他的右脚往他们的脾脏上一压，便可以治愈他们。[9]皮洛士绝非俊美之人，他牙齿所剩不多，但是奇怪的是，他的上颌是块连续的骨头，而上颌牙齿之间

* 他是色雷斯国王利西马科斯（Lysimachus）。——译者注

应有的缝隙，看上去只有稍微的下凹。（现代牙医没有见过符合这种情形的症状，最有可能的是国王带着骨制或象牙制的假牙。）[10] 他在个人生活上谨慎且有礼，但是对社会上地位较低下者往往会显得疏远。他被广泛承认有杰出天分，[11] 也受过良好教育，娴熟于公共事务。他自己也这样认为。

时间流逝，皮洛士仍在追求成功，还未能功成名就。就像他的祖先阿喀琉斯那样，他无法忍受安逸，因此如荷马所说：

> 将他的心侵蚀
> 留在那里，只能企盼战吼及战斗。[12]

这时机并没有来得太早，在接近 40 岁时，他一生的机会才终于出现。一个位于意大利地图脚后跟上的希腊城市塔林敦（今日的塔兰托）的使节团，前往伊庇鲁斯拜访，在国王面前提出一个极为诱人的提议。

塔林敦是希腊世界最富庶的城邦之一，在公元前 706 年建立于阿普利亚地区，位于意大利靴子的脚背处，建立在一个大的内陆潟湖与海湾之间的岛屿上，受到另一个岛屿以及一块延伸出去的大陆的保护，以防大海冲击。这个城市“树木茂盛”[13]，气候宜人，有“暖冬以及延绵持续的春天”[14]。对诗人贺拉斯来说，周围的乡村是：

> 对我而言这是美丽的土地
> 在所有世界中，微笑的海岸，
> 那里蜜蜂筑起如此甜美的蜂巢
> 伊米托斯山只能甘拜下风

甚至橄榄也与那银绿的
维那弗鲁所产的橄榄争锋。[15]

塔林敦拥有蓬勃的文化生活，这是毕达哥拉斯（Pythagoras）哲学学派的中心，并且制造高质量装饰的陶器以及精美的银币；这城市特别以骨螺中提取的紫色染料而闻名，骨螺是一种海洋里的软体动物。塔林敦也有繁荣的羊毛产业，也贩卖无花果及海盐。政治上它是民主政治，在公元前 4 世纪中期，有 30 年的时间是由一位叫作阿契塔（Archytas）的人主宰的，我们在今日大概会称其为“文艺复兴人”（Renaissance man）。据说他是数学力学的创始者，设计出一个鸟状的飞行器，或许是由蒸汽推动的。阿契塔本人认识柏拉图，设法在这位哲学家与叙拉古僭主戴奥尼夏二世关系陷入困难的时候去拯救柏拉图。这位雅典哲学家或许在阿契塔身上看到了他在《理想国》（*Republic*）里所推崇的哲人王的典范。

阿契塔也是战场上成功的指挥官，与环绕塔林敦城的山上据点中持续发动攻击的萨贝利人部落对抗。塔林敦可以派出一支超过 3 万人的军队赶赴战场[16]，并且部署强大舰队。然而近些年来他们似乎已经失去锋芒。根据地理学家斯特雷波的记载：

后来因为他们的繁荣、奢华如此之盛，每一年庆祝的公共节日在数量上超过一年的天数；因为这一点，他们治理不善。他们政策不佳的一个证据是，雇用外国将领……在战争中领导他们。[17]

萨贝利人并非唯一的威胁。长久以来，塔林敦人最初只是忧心忡忡地观望罗马的崛起，但后来开始警觉，他们在第二次萨莫奈战争中并无立场，因此作为中立调停人参与交战双方的仲裁[18]，但其实他们是亲萨莫奈人的非参战者。他们清楚罗马人迟早会在南部意大利的事务中获得利益。对塔林敦的民主政府而言，这特别令人焦虑，因为罗马人对被其击败的敌人的行为，显示罗马会支持地方贵族，而这些贵族往往会欢迎外来政权，来维护他们的统治。

罗马人并不积极地去找人麻烦。如之前提过的，他们相信正义之战的原则（至少在理论上），而且希望避免因为无故挑衅而导致对方神明的不悦。然而在公元前285年有一个适当的理由出现。当时塔林敦湾的另一个城市图里（Thurii）求助于罗马，要求罗马协助抵抗萨贝利人，显然他们很快得到帮助。我们或许会以为图里应该去求助于它较大的邻居塔林敦，但图里是个寡头贵族政权，所以他们两国彼此嫌恶对方。希腊大陆政治文化的诅咒之一便是，小规模的希腊城邦，如雅典、斯巴达以及底比斯等，无法彼此和平相处，那些移民到意大利的殖民者也将这种坏习惯一并移植过来。

三年之后，图里再次求援。从共和国的观点来看，这时机极为不妥。罗马人才被来自北方的凯尔特人击败，萨莫奈人也再度起兵反抗他们的统治。然而这次罗马还是决定要以善意回应，所以派出一支军队前往南方，击退萨贝利人，并在图里驻军。一些希腊裔意大利城邦进而与罗马联盟。元老们开始明白一点，罗马作为意大利的霸权，如果不对"大希腊"发展出一套理性的政策，将是不明智的。

塔林敦人极为愤怒，而一个展现出他们不悦的偶然机会很快出现。一支由10艘船舰组成的罗马舰队出人意料地出现在塔林敦港口，希望能下锚。这破坏了他们的古老的协议——不得进入塔林敦湾。一个说法认为这只不过是一个观光之旅，但塔林敦人猜测其中有更邪恶的意图。他们担心这是一个推翻他们民主政治的阴谋，或至少这是某种具有敌意的探察行为。

命运恰好如此，那天塔林敦正在举行尊崇酒神狄俄尼索斯的节庆，一大群醉醺醺的观众坐在城邦的露天剧场，观赏表演。当舰队抵达的消息传来时，他们的脾气突然爆发，一群愤怒的暴民冲到码头，开始攻击入侵者。四艘罗马舰船被击沉，指挥官被杀，而第五艘船及其水手被俘虏。其他人则历经艰难才得以逃命。

就图里而言，塔林敦的行动快速果决。它的军队进军图里，不仅驱逐统治精英，也驱逐罗马驻军。在塔林敦自己看来，图里有两重罪名：它偏向罗马人，而非希腊同胞；它选择一个寡头形式的政府，而非民主政治。

这些是严重的挑衅行为，但元老院以冷静的头脑予以回应，只派出一个由前执政官卢修斯·帕斯图密乌斯·米加卢斯（Lucius Postumius Megellus）所率领的使节团，去寻求一个解释。元老院或许估算出，罗马现在并不需要再添加一个敌人，所以假如塔林敦同意维持表面的中立，那它会睁一只眼闭一只眼。但假如特使团期待任何形成的道歉，那他们将会失望。

塔林敦是个希腊直接民主政治城邦，因此所有重要决定皆由公民大会做出。帕斯图密乌斯受邀去参加在剧场举行的公民大会。[19] 塔林敦人恰好又在庆祝另一个节庆，无疑在酒精助兴下，他们又处于情绪高涨的状态。他们视这些使节为取乐的对象，嘲笑他们笨重麻烦的托加袍，以及帕斯图密乌斯在说希腊文时所犯的文法错误。罗马人一点都不觉得好笑，不过这只让塔林敦人笑得更大声。

帕斯图密乌斯要求释放水手并交还船只，要求塔林敦人交出图里，承担赔偿，还要交出那些下令进攻罗马舰队的人以供惩处。当陈述结束时，这前任执政官及其同事步出剧场，后面发出嘘声。在出口处，一个喝醉的当地名人挡住了帕斯图密乌斯的去路，背朝向他，弯腰，掀起短外衣，将粪便拉在这罗马人的托加袍上。这样的行为令旁人以笑声及掌声来响应。

“当你们还可以笑的时候，尽情笑吧！”帕斯图密乌斯咆哮着，“你们将会哭泣很长时间。”注意到这威胁已经激怒群众里的一些人，他继续说，“为了让你们更愤怒，我告诉你们，这件托加袍会用许多鲜血来洗干净。”

罗马人视特使为神圣差使，所以并未预料到会遭遇这样的对待。帕斯图密乌斯大为吃惊，所以不大会处理此事，但是他意识到该如何利用这次羞辱，并在罗马煽动民众。他原封不动地保存这件被污染的托加袍，而且一回国，便将它加以展示，作为他曾经忍受过羞辱的证据。虽然罗马军队已经在其他地方战事吃紧，但元老院立即投票宣战，而公民大会也批准这项决议。

这件事在讲述时或许多少被夸大了，但它揭示出一个重要的真相。在历史上的这一阶段，罗马在希腊世界较有素养的人眼里是半野蛮的偏远落后地区。它派出的代表容易被嘲笑，几乎很难被严肃对待。

当塔林敦人见到一支罗马军队迅速到达他们城墙外时，笑容便立刻从脸上消失了。这支军队有条不紊地去破坏宜人的乡间地带，然后才撤离到位于维努西亚的殖民地过冬。军队在这里可以监视萨莫奈人和南方的萨贝利部落。塔林敦人谨慎地任命一位亲罗马的将军，希望他能够协商出一个初步的和约。

负责指挥的执政官提供给塔林敦人与之前向帕斯图密乌斯所提的相同条件，假如拒绝的话，将会全面开战。如历史学家阿庇安（Appian）所说："这次他们笑不出来了。"[20]在一个嘈杂的公民集会中，有关下一步行动的辩论没有结果，但最后大家同意去伊庇鲁斯延请摩罗西亚人的国王，带领一支远征军与罗马人作战。这种征召外国将军的想法并不新鲜。塔林敦人过去觉得自己太弱小，无法单独作战，便会邀请一些佣兵队长来提供军事援助，对抗萨贝利人的入侵，虽然成果有限。其中之一是皮洛士的叔父、摩罗西亚的亚历山大，他是奥林匹娅斯的兄弟，之前曾占据过摩罗西亚的王位。他为塔林敦战死。现在这次危机刺激塔林敦人与一向侵略它的邻居进行令人惊讶的和解，他们发现比起这些意大利的希腊人，他们更不喜欢罗马人。

当特使团到达皮洛士的宫廷，他们献给国王礼物，向他保证会有与萨贝利人、塔林敦人以及——这是个大礼物——萨莫奈人的军事联盟。这些使节告诉给他一个荒谬夸大的部队人数在等待他的到来，但士兵们评估他是否适合做自己的统帅。此时皮洛士面前出现了重获马其顿王位的机会，他毫不迟疑地上了钩，虽然他的政治顾问齐纳斯（Cineas），一位来自希腊北方塞萨利（Thessaly）的智者，设法阻挠他。

根据普鲁塔克的一个著名故事[21]，齐纳斯询问国王说："当您击败罗马人之后，您将会做什么？"我们将会攻下意大利，这是他的回答。"然后呢？"西西里会是个丰厚的奖品，国王如此认为，但没见到陷阱。"然后呢？"迦太基与利比亚太诱人，所以无法拒绝。齐纳斯对他自己提出的质问做出结论说："在那之后，我们将轻而易举取回马其顿与希腊。"

皮洛士笑着说："那时我们将能过着优哉游哉的生活，整日饮酒聊天。”齐纳斯问道：“那有什么让我们现在不去这么做呢？”

国王多少有些沮丧，因为他理解他将面对与整个世界的战争，但是他无法放弃自己远大的理想。亚历山大和阿喀琉斯在极乐世界的灵魂，至少会期望他做到这些。

这山谷偏远、寒冷、荒凉，周围皑皑白雪覆盖的崎岖险峻山脉。在山脚下有棵橡树竖立在一个被圈围起来的地方。这里有个小型的石制神庙。这便是多多那（Dodona）神谕所，希腊神谕所之中最为古老的，奉献给众神之王宙斯及其伴侣狄俄涅［Dione，通常被称为赫拉（Hera），他们在罗马便是朱庇特和朱诺］。这些女祭司被称为“鸽子”，会为那些询问有关未来问题的人，透过橡树叶在风中沙沙作响，解释神意所谓为何。

古老多多那神谕并不像德尔斐神谕来得知名，主要被一般人用来解决日常生活中所遇见的困难，相当于我们今天会去寻求律师或医生的建议。任何去征询神谕的人必须以在铅板上画出痕迹的方式进行书写，将他或她的问题交给两位神明。接着将这些放在一个罐子里，并由一位祭司来研究。考古学家已经发现一些铅板（这贯穿了神谕的悠久历史中）——求签者不仅有当地的农夫，还有横跨整个地中海的旅客。[22]

其中有个叫优班德洛斯（Eubandros）的人和他的妻子。他们询问说假如希望家庭能“永久”繁荣的话应当向哪位神明、英雄或精灵祈祷及祭祀。一位叫苏格拉底的人想要知道他该如何做生意，才能为自己及家人赚最多的钱。阿吉斯（Agis）询问他遗失的床垫及枕头是否被外人偷走。

偶尔会有名人来征询多多那的神明。荷马笔下的阿喀琉斯向“我的王，宙斯，多多那人、皮拉斯基亚人的宙斯，您居住在遥远之地，统治严冬的多多那”祈祷[23]，愿他的爱人普特洛克勒斯从特洛伊平原的战场上胜利归来。很典型的，神明一只手给予，用另一只手拿回。荷马又补充说：“宙斯这提供建议者听到阿喀琉斯的祈祷，给了他一半的希望，但并非全部。”普特洛克勒斯的确将特洛伊人逐回，却被杀害。

这神谕完全能够提供不择手段的借口。在雅典与斯巴达于公元前5世纪进行的大战中[24]，雅典人被建议去西西里殖民。他们没思考这神谕究竟是什么意思，但深受鼓励去进行那以灾难为结果的入侵行动。事实上，这些“鸽子”说的是在雅典附近一座叫“西西里”的山丘。

皮洛士身为摩罗西亚国王，在职务上成为多多那神谕的赞助者。他积极提供协助，使其成为王国内的宗教中心。他花费巨资升级它的设施。宙斯神殿以雄伟的规模重建，并且举办一个艺术及体育的节庆，而戏剧则在一个新的露天剧场表演。

当国王计划他的意大利远征时，他询问神谕是否有希望成功。凭借着与神谕所的密切关系，他或许能被这众神之王和他的王后赐予一个吉祥的结果。然而这些“鸽子”在聆听这沙沙作响的树叶时，做出一个模棱两可的诠释。她们的话语在希腊文中可以做不同的诠释：或是“假如您横渡到意大利，您将会战胜罗马人”，或是“罗马人将会战胜您”。

皮洛士不是傻子，必然知道这双重的意思，但如卡修斯·狄奥所言，他选择“根据自己的心愿去解释这建议，因为欲望时常会骗人”。[25]他拒绝接受任何耽搁，甚至不愿等待春天来临，就出发去进行他伟大的事业。

因为皮洛士是宪政选出的君主，所以他无法为所欲为。他的第一步是要赢得联邦支持，特别是争取联邦同意供应部队。他充分利用他作为阿喀琉斯后代的身份：假如罗马人声称继承特洛伊之名，那由摩罗西亚国王所率领的入侵应该被视为两者的再度交手。复活的特洛伊必须再次被打倒。亚历山大衣钵的继承者皮洛士，现在将自己看作对罗马野蛮人进行希腊远征的领导者。他将会为他的叔父，摩罗西亚的亚历山大进行复仇。

钱币在地中海流通广泛，对有公关本能的统治者来说，它们是传递讯息的无价工具。在受皮洛士庇护时发行的塔林敦钱币十分明显。[26] 其中一些钱币上出现多多那的宙斯及狄俄涅，充分说明皮洛士对获得他们保佑的乐观期待。其他钱币则是模仿亚历山大大帝的金币，上面写着“对抗野蛮人的领袖雅典娜·普罗玛库斯”（Athena Promachus)，还有一个手持战利品的人形胜利女神尼刻（Nike)。在一个钱币上有阿喀琉斯，或许面相还带有皮洛士的特征。另一个上面则刻有阿喀琉斯的母亲忒提斯，如荷马在《伊利亚特》中所描述的，在普特洛克勒斯死亡之后，她带给儿子一张盾牌以及新的武器，来重新武装他。

皮洛士遂其所愿，不仅赢得伊庇鲁斯部落的支持，还有其他希腊化国王的支持，这些人是所谓的“继承者”或其后代。他们其实是乐于见到这个好战的讨厌鬼航行离去，到其他地方去困扰其他人的。皮洛士征召一支多达 22 500 人的步兵，包括 2 000 名弓箭手和 500 名操作投掷武器的士兵（这两者罗马都很少使用，在一段距离之外却具有致命性)。他还部署了 2 000 名骑兵以及 20 头战象。

战象是个新鲜的东西。希腊人首次遇见它们是在对抗波斯的万王之王大流士三世（Darius III）时，他在公元前 331 年高加米拉（Gaugamela）战役的战场上，部署战象来对付亚历山大大帝，但并未成功。亚历山大自己从未使用过战象，但是它们成为“继承者”偏爱的武器。这些大象来自印度，而且它们大到足够去负载象轿，并配有象夫以及几位拿标枪的士兵。

它们主要的优势是能令敌军恐慌——马匹不愿面对它们，特别是假如军队之前未曾见过大象。在缺点上，假如它们受伤或是因为其他理由而陷入恐慌，开始疯狂践踏，会对自己的部队造成严重伤害。

阿里安在形容另一场亚历山大对抗一位印度国王的战争时，对在当时会发生的事情，做出了生动的描述：

> 在这个时候战象被包围起来，没有空间行动，它们到处乱闯，转身到这里，移动到那里，践踏的友军与敌军一样多。结果是印度骑兵在战象周围挤成一团，也没有他们该有的回旋空间，受害严重；大多数的象夫已经被射杀；许多大象自己也受伤，而其他的则因为没有象夫，而陷入困惑之中，它们不再扮演期待中的角色，而且因为痛苦和恐惧而受到刺激发狂，不分敌我地进行攻击，往前冲刺、践踏，散播死亡。[27]

公元前280年初，皮洛士很明智地先派齐纳斯出征，带领3 000名先锋部队。只有当他们平安抵达塔林敦，而且受到预期的欢迎之后，他才率领主力部队出发。他们跟随塔林敦人派出的横渡亚得里亚海到伊庇鲁斯的运输舰队。国王不久便后悔坚持要在冬天结束前航海的决定。他的舰队被暴风雨吹得四散。一些船只，包括运送皮洛士的旗舰，无法绕过阿皮吉亚海岬（意大利半岛的脚后跟）进入塔林敦湾。夜晚降临，波涛汹涌的大海将他们吹到一个光秃秃的、没有港湾的海岸，在那里许多船只撞岸后破裂解体。唯一例外的是国王的船舰，是因为它的体积庞大而且制造坚固。

但这一解救只是暂时的。风在毫无预料的情况下开始转向，并吹向岸边。船只如果与风直接遭遇，那可能翻覆，但若航行出海，让自己在汹涌的海浪中颠簸动荡，也同样危险。国王做出一个大胆的决定，如普鲁塔克所说：

> 皮洛士跳起来，纵身投入大海，他的朋友及随从急着要帮忙，立即跟随着跳下去。但是黑夜及扑岸大浪产生的激烈反冲，使得协助极为困难。直到太阳已经出来，风势逐渐减弱，他才设法登岸。他已经耗尽体力，但是他以其大胆而且拒绝认输的精神，克制住自己心中的沮丧。[28]

国王前往塔林敦，在那里他韬光养晦一段时间。虽然他立即被任命为有无限权力的总指挥官，但他没做出任何或许会让东道主紧张的事。直到他那受损的舰队狼狈地驶入港内，将伊庇鲁斯的军队从船舱运送出来。令人惊讶的是，他的战象在整个旅程中全部幸存下来，虽然每头重达5吨的神经质动物，如何能够在行驶于狂暴大海中长20米的单层帆船的甲板上保持冷静，始终是个秘密。那时皮洛士开始显示出本色。他相信，如普鲁塔克所说："除非在严格纪律约束之下，否则人民既不能拯救自己，也不能拯救其他人，他们只想着让他替他们作战，自己留在家中享受澡堂和社会庆典。"[29]

这不是他心目中进行战争的方式。他自己占领卫城要塞，他的军官则住进公民家中。塔林敦的年轻人被征召。所有戏剧演出被禁止，体育场被关闭（人们在那里会面不仅是为了运动，也是为了社交，他们在清谈中“打完国家的战争”）[30]，而且男人的定期聚餐 *（这是塔林敦母城斯巴达社群生活中的独特体制）被禁止。在城邦里闲逛且无所事事的人对此至为震惊，而其中一些则设法躲过皮洛士的守卫，离开城市。国王受欢迎的程度有所下降，对当权的民主政治不满的敌人设法制造麻烦，但他们很快便被围捕并送到伊庇鲁斯，或干脆被处死。塔林敦人不再是自己的主人。

皮洛士抵达意大利的消息震惊了罗马。一支凯尔特及伊特鲁里亚的联合军队最近才在北方被打败，所以共和国需要休养生息。在第三次，也是最后一次的萨莫奈战争中所承受的严重损失依然是痛苦的记忆。但是对此什么都不能做。要想应付皮洛士所带来的威胁，罗马必须要做另一次特殊的努力。需要征召新的部队，甚至（显然地）要从那些并未拥有任何财产、到目前为止豁免于军事服役的无产阶层中间征召。只有当出现极端的“军事紧急状况”时，罗马才会采用这样的措施。罗马城加强驻军，在北方的一支军队被指派任务，要防止摩罗西亚国王与伊特鲁里亚人搭上关系。

公元前 280 年的一位执政官普布利乌斯·瓦勒里乌斯·拉埃维努斯（Publius Valerius Laevinus）率领约 3 万人的军队南下塔林敦。此时皮洛士通过提出和平条件介入其中。虽然他最高的价值是战场上的勇武，但他绝非好战之徒。在整个生涯中，他在诉诸战争之前，经常会使用外交手段在争论中获胜，而他也在一本（现已佚失的）论军事战术

* 这个以 15 人为一个单位的聚餐团体，叫 syssitia。外人必须要经过原团体的同意，才能成为其成员，代表他被接受为同侪。聚餐定期举行，并由其中成员轮流做东。这活动是成为斯巴达公民的条件之一。但在塔林敦这似乎已经成为一般的社交聚会，有如雅典及其他地方常出现的飨宴（symposium）。——译者注

的书中推荐这种政策。假如我们可以相信卡修斯·狄奥的话，皮洛士写了如下的话给执政官：

> 国王皮洛士向执政官拉埃维努斯致意。我了解您现在正领导军队对抗塔林敦。将他们送走，您带一些随从自己前来。因为假如你们对对方有任何指控，我会在你们之间担任裁判，而且我会强制犯错的一方秉公行事，无论他愿不愿意。[31]

这是国王第一次与共和国的代表打交道，所以很难评估他究竟是否期待善意的响应。当然他没收到善意。执政官问道："当我可以在我们的祖先马尔斯（战神）的法庭之前接受考验，我要那些垃圾会有何用？"

皮洛士率领的部队人数稍劣于罗马人，因为他必须将一些驻军留在塔林敦。他在靠近赫拉克利亚（Heraclea）的一条河旁驻扎，这对塔林敦湾来说是有些靠近内陆的城镇。执政官逼近，在河流另一侧扎营。他捉到一个国王的间谍，非但没处决他，还把军队部署成战斗队形，引导这个人四处观看，要求他忠实地向他主人报告所见到的一切。皮洛士自己骑马到河边去观察。当他看到罗马人良好的秩序、壮观的操练以及对营区的有效管理，他说道："这些野蛮人的纪律一点都不野蛮。"[32]

他现在对胜利有点儿没把握，所以直到增援部队来临之前，他设法避免被迫交战。他想防止罗马人渡河，但拉埃维努斯因为军队数量优势，积极求战。执政官从亚历山大在小亚细亚的格拉尼卡斯河战役中学习了一招[33]，派骑兵沿着河岸试探，在没遇见抵抗的地方渡河。当军团出乎预料地出现在他们后方时，防守河边的希腊人撤退，所以拉埃维努斯的步兵得以渡河。

我们很难从残存的战斗叙述中理出头绪。对那些参与其中的人而言，真正发生之事或许相当混乱。但看起来皮洛士相当警惕，只带领3 000名伊庇鲁斯骑兵前去与罗马骑兵交战，将他们牵制住，让他的方阵兵团及其他部队有足够时间形成战斗队形。很不幸，皮洛士自己从马上跌落，深受惊吓。

就像阿喀琉斯和普特罗克勒斯故事中一样，国王或许想要赢得片刻喘息的机会，将他装饰精美的装备和绣上金线的紫色外套交给他的随从迈加克利斯（Megacles），让后者代替他穿上。因为他若消失不见，对士兵士气的打击必然是致命的。他暂时停留在后方。不幸的是，迈加克利斯被杀死，所以皮洛士跨上另一匹马，沿着阵线骑行，露出头部，通过亲自现身并发出声音来显示他仍然活着。

国王的策略与亚历山大相似，他以无法击破的重装方阵兵团，结合从侧翼进行攻击的骑兵发动冲锋。伊庇鲁斯的方阵像豪猪一样伸出长刺枪，这是为了牵制或击退罗马步兵。战象通常会以15米或30米的间隔布置在军队前方，但是皮洛士的战象数量过少，无法按此部署。所以他将那20头战象作为预备战力，在战斗中适时带出。他的骑兵位于两翼，收到的指示是要击溃敌人骑兵，并从侧翼攻击敌人步兵。虽然配备短刀及投掷用标枪的罗马军团在与希腊方阵兵团交战时会有些困难，但是他们仍然稳住阵脚。所以整个战事陷入僵局。

这时皮洛士决定要将他的战象带上战场，这彻底地瓦解了罗马骑兵的士气。在罗马那边，马匹腾跳，骑士摔下。象轿上的希腊人射倒许多罗马士兵，而其他士兵则遭践踏。军团在灰心丧志后撤退，逃离战场。他们设法渡过河流，退到维努西亚去（与那些原先出现在塔林敦门前而且破坏乡间的军队会师）。有超过 7 000 人丧命，还有 1 800 人沦为俘虏。

但是这胜利有些扫兴，因为皮洛士自己也损失 4 000 人，包括他熟识且信赖的朋友和军官。如我们已见，罗马人储备了相当数量的役龄男性，因此迅速增援执政官并无任何困难。然而国王这边却必须努力地去征召更多的士兵。当别人向他恭喜时，他很忧郁地回答说，“再来一次像这样的胜利，我就完了！”[34]（因此出现了“皮洛士式的胜利”这种说法，意为“惨胜”。）

然而他还是充分利用这次自我宣传的好机会。将掳获的敌人武器送到多多那神殿作为还愿的战利品。一座纪念这次赠礼的小型铜碑存留下来：“国王皮洛士、伊庇鲁斯人以及塔林敦人，从罗马人及其盟友取得，献给宙斯（Zeus Naios）。”[35]塔林敦将献礼送到雅典去庆祝战胜野蛮人，而国王在战斗中所披戴的武装，或至少其中一部分，被送到罗得岛上的雅典娜神庙去。这里边的讯息简单明了：希腊世界将很快再也不会听到意大利的共和国这暴发户的声音了。

萨莫奈人及萨贝利人现在公开支持皮洛士，正如一些先观望事态发展，再决定要支持谁的意大利城邦那样。但是国王似乎不太确定他下一步的军事行动。与他竞争马其顿王位的对手之一曾如此说他：“他像是个玩骰子的人，投出许多次好结果，但是当他做到时，却不知如何利用。”[36]

尽管看似是弱点，但也许皮洛士有某种布局的理由。他的战争目标不是强迫罗马无条件投降，这无法以他所能部署的军队办到。相反地，他要强迫共和国从大希腊撤军，恢复到位于中部意大利那种中等国家的规模。他希望可以借着展现军事优势，说服共和国接受协商得来的和平。

再掷一次骰子似乎值得一试。皮洛士借着往北行军经过坎帕尼亚，并沿着“拉丁大道”前往罗马，来测试罗马和拉丁联盟之间的忠诚度。他或许也希望引诱伊特鲁里亚叛变。但中部意大利丝毫不受影响，假如国王期待有人变节的话，他将失望。拿波里和卡普阿的城邦拒绝投降。他前进到只距离罗马几英里的地方，但对拥有高墙及驻军的罗马来说，这逼近的威胁并不严重。

拉埃维努斯集结四散的部队，再加上元老院派来的增援，开始追击皮洛士，并骚扰他的军队。国王震惊，将罗马军队比喻为九头怪，一条有许多头的有毒海蛇：假如一个头被切掉，其他的就会长出来。“在被打得七零八落之后，军团再度恢复完整！”[37]他羡慕地说。一直监视伊特鲁里亚人的执政官军队开始南移，国王担心出现前后包夹的钳式攻击。所以掉头回到塔林敦，在那里度过了公元前280年的冬天。

接下来是外交的时节，而罗马人带来另一次的冲击。由盖乌斯·法布里修斯·路斯契尼斯（Gaius Fabricius Luscinu）领衔的三位资深政客组成代表团，前来与皮洛士谈判。令他惊讶的是，他们提出的唯一要求是赎回罗马战俘。国王之前假设他们会如希腊化世界一般，接受他们已经被击败的事实，然后寻求议和的条件。他不太确定如何响应，于是征询自己的顾问。他接受齐纳斯的建议，无条件释放战俘，并将特使和钱财送到罗马去。

在特使团离开塔林敦之前，皮洛士将法布里修斯拉到一旁，提供给他丰厚的礼物，要求他协助取得和平。罗马人婉拒礼物，理由是他自己已经拥有足够多的财产，他冷冷地说：“皮洛士，我赞美您，因为您要和平，而且我将会为您争取，假如这结果对我们有利的话。”[38]

法布里修斯并没因这些示好的行为而感到被冒犯，因为后来，他还非常恭敬地告诉皮洛士一件情报，说他的私人医生正企图行刺皮洛士。国王也没有因为罗马人的拒绝而气馁，所以他又指派齐纳斯去罗马，诱使元老院同意。齐纳斯当时以最雄辩的公共演说家而知名，他能够让听众想起公元前4世纪名闻遐迩的雅典演说家德摩斯梯尼（Demosthenes）。皮洛士对齐纳斯的口才能力评价如此之高，所以经常说：“他的话语为我赢得的城市比我自己通过军事征战赢得的还要多。”[39]

为了避免自费口舌，齐纳斯还携带了大量的黄金[40]，正如我们被告知的，还有各种流行的女性衣饰。[41]他认为假如男人无法被说服，他们那些被古典世界高级流行服饰所腐化的妻子，也会来蛊惑她们的男人改变心意。希腊化时代的君王被要求具有气派且慷慨大方，但是对罗马人而言这是贿赂，不过许多人还是将齐纳斯提供的东西放进了自己的口袋。

虽然他不是十分理解这种文化差异，但是皮洛士的顾问不是傻子。刚抵达罗马时，他并未急着拜会元老院。他假借种种理由，在城市里游荡，了解这地方，与所有最杰出的人士结交。他是位迷人的谈话高手和慷慨的赠予者，齐纳斯很快就在这种社会环境中成为受欢迎的常客。所以当他正式拜会元老院时，许多成员已经相当熟悉他，而且已经被说服去支持他的和平计划。

他所提的条件颇为严苛。[42]塔林敦以及南部意大利其他城邦充分独立。所有取自萨莫奈人以及萨贝利部落的土地要物归原主。最后，罗马要与国王皮洛士实现联盟（很有趣的是，并非与塔林敦或伊庇鲁斯联盟）。这协议所有的结果必然会将罗马的影响力局限在拉丁姆平原。也许是齐纳斯那不烂金舌（及金币）起了作用，也许是共和国疲惫而斗志消沉，或是两者兼而有之，元老院看上去即将接受这提议。

但不能忽视阿庇乌斯·克劳狄·凯克斯这号人物的存在。他老迈、病痛缠身、完全失明，已从公共生活中退休。当他听闻停止敌对行为的投票即将通过时，他再也无法隐身幕后。他下令仆人将他抬进轿中，径直前往元老院。到门口时，他的儿子和女婿双手搀扶着他进入元老院。

他以最强烈的言语向元老院做演说。根据普鲁塔克的记载，他说："直到刚才，我一直认为我眼睛所遭遇的痛苦是个折磨。但当我听闻到你们羞耻的决议和命令时，我只是惋惜我没有同时也聋掉。"[43]

他坚持皮洛士必须先离开意大利，才能够谈论友谊与结盟。元老院迅速改变立场，一致接受他的意见。齐纳斯现在更理解罗马人的个性，最后两手空空地回到他主人那里。他沮丧地告诉皮洛士说，元老院是"众多国王的议会"。[44]

阿庇乌斯·克劳狄的演说或许是个极有力量和说服力的东西。他的演说在公元前 1 世纪时仍然被阅读，虽然现已佚失，但被认为是这类演说中最早被保存下来的。西塞罗对这位老迈的激进分子所做的评论是：他是位"随时准备上阵的演说家"。[45]

在皮洛士看来，罗马人已经被击败，所以战争本该已经结束，但是这位来自伊庇鲁斯的国王也只有到现在，才真正了解到罗马资源的深广以及它的韧性。要在外国领土上支付并喂饱他的军队是极为昂贵的，而现在更是如此，因为他主要是从南部意大利征召新的佣兵部队。假如他不想出局，那他必须筹集大量金钱。这战争是为意大利城市进行的，所以它们被要求（以一种必须要的语气表达）提供资助。

这些城市的财富和从它们所获的大量资助，在1950年代末被发现，当时考古学家从位于洛克里（Locri）的奥林匹亚的宙斯神庙中挖掘出一个石制箱子[46]，里边有38件铜碑，上面刻有文字。洛克里是位于意大利脚拇指附近的港口。铜碑中有7件诞生于公元前281年到前275年之间，这正是皮洛士在意大利的冒险之年。在那段期间的神殿的收入中，至少有11 240塔兰特（约今日的300吨重）的银子被交给国王，作为“对共同目的的贡献”。凭借这么大一笔钱，若组建一支大约在2万人到2.4万人规模的佣兵部队，以每人每天一个得拉克马（drachma）的行情来支付薪资，可以维持六年。神殿的收入来自税收、募捐以及馈赠，来自贩卖神殿土地上所生产的小麦、大麦以及橄榄油的收入，来自贩卖自制的瓦片及砖块的收入，还有最后值得一提的，同样重要的是神殿卖淫的收入。在危机时刻，这是洛克里的习俗。这城市其中一笔最大的钱是在赫拉克利亚战役之后支付的。我们可以确切地认为，在该区域的洛克里邻邦也会做出类似的捐献。

当皮洛士知道元老院拒绝议和，除了恢复敌对行为外，别无选择。他于公元前279年春天出兵，兵力超过4万人，军队缓慢通过阿普利亚地区，并且在阿斯库路姆（Asculum）城附近，于横跨当时正在泛滥的奥菲底乌斯（Aufidius）河的桥梁旁扎营。罗马人在河对岸与其对峙。在战争前几天，皮洛士的部队已经被这样一个事实吸引，即罗马执政官之一普布利乌斯·德西乌斯·穆斯的父亲及祖父都在过去将生命“奉献”给神明，然后在战场上自杀式战斗。这曾为罗马赢得神圣恩典以及最后的胜利。

谣言散播说(但结果不正确)，最近德西乌斯·穆斯正在计划相同的宗教行为。国王被迫要发表咒语魔术无法打败武器及战士这样的谈话，来鼓励他迷信的士兵。他又说，把罗马托加袍罩在头上，这是一种“奉献”的姿势，如果任何人看到这种人，那么就不要不杀他，而是活捉他。他还送话给执政官，禁止他去尝试奉献自己。

再一次地，这一场古代战争的残存陈述既混乱又充满矛盾。看起来战斗持续的时间有两天。为了进行交战，罗马人被允许渡河，但皮洛士却发现自己所处之地不适合骑兵及方阵兵团行动。小型战斗断断续续直到夜晚。在次日破晓时，国王立即派出轻装部队去占领战场，使罗马人无法接近，他随后在平坦地面上将主力部队展开，准备战斗，在这样的状况下他们应该比较容易运作。他的骑兵布置在两侧，而战象再度作为预备部队。希腊军队面对的是四个罗马军团以及人数相当的罗马盟军辅助部队。

自从赫拉克利亚战役之后，罗马处心积虑地想要解决如何击败战象的难题。这一次，他们在战场上布置顶端有镰刀的活动木柱、三岔的刺枪、可以抓牢的铁器以及包裹点火装置的涂着沥青的麻布。这些装置被移动到战象面前，而且在骚扰这些动物时取得一些成功，至少在开始的时候。

位于左翼的希腊骑兵撤退，所以皮洛士将他的中心加以延伸来补满骑兵留下的空隙。在此期间，有些罗马盟军到达战场时较晚，见到敌军营区防守不良，所以趁机将其攻占，开始掠夺。最后皮洛士以其骑兵和战象突破两个罗马军团所组成的防线。战斗激烈，国王被一支标枪射中，受伤严重，但这一天他是战争赢家。

然而执政官设法让他的部队脱离战场，撤退到位于河对岸的营区。他们损失 6 000 人，但是如在赫拉克利亚战役所发生的那样，赢家也蒙受损失。根据国王对战争的评论（已经不存），他这边有 3 500 名战士死去。因为他的营区已经被放火摧毁，所以他失去所有的营帐、驮兽以及奴隶。他们的部队被迫露天休息。许多伤者死于缺乏食物和治疗。

阿斯库路姆战役是个可以被想象到的灾难性的胜利。普鲁塔克如此总结国王的处境：

> 他已经失去他所带来的一大部分军队、大多数朋友以及将领。他已经用完他能够从国内召集来的增援人马，而他也见到在意大利的盟友已经失去热忱。在这期间，罗马人却像一道源源不绝的间歇泉，在似乎要流光的时候，却轻易且迅速地重新涌出。[47]

但运气再次光顾了坐立不安的国王。当他的意大利战争逐渐失势时，两个新鲜且诱人的机会向他招手。缺乏经验的年轻马其顿国王 * 在与入侵的凯尔特人的一场大战中战败身亡。皮洛士一直盼望得到马其顿王位及亚历山大大帝的疆土。假如他可以找到方法摆脱对塔林敦的责任，那他将可以渡海回到希腊，把野蛮的凯尔特人赶走。伊庇鲁斯人当然支持这样的举动，因为它担心凯尔特人会将目光转移到他们这边。皮洛士无法想象，会有什么荣耀比被公认为希腊人的解救者 **，还要更值得追求。

那时富裕的西西里城邦叙拉古特使抵达塔林敦。叙拉古虽足以自保，但现在又一次陷入内战。岛上许多其他希腊社群也处于政治不稳的状况，在僭主政治及充满争执的民主政治之间激烈摇荡。迦太基人

---

* 这是托勒密·克劳诺斯。——译者注

** 在希腊化时代，这种将野蛮人击退，以保全希腊人和希腊文明的行为，是博得名声的最好方式。这样做的君王经常会得到“救世主”（Soter）的别号。——译者注

控制西西里西部已经多年。他们一直担心希腊人如果没有外力干预的话，会威胁他们在西地中海的贸易路线，所以对他们而言，目前混乱的状况看起来像是控制整个岛屿的良机。因此叙拉古急忙向皮洛士呼吁求救，要求他从塔林敦跨海而来，成为叙拉古城邦的最高指挥官，并对抗迦太基的侵略。

虽然没有证据，但我们可以稳妥地推测国王长久以来的盘算不会止于意大利，而是要向西边挺进，入侵迦太基，这是距离西西里只有200千米的地方。的确，他已经过世的岳父阿加索克利斯（Agathocles）* 之前一直是叙拉古的统治者，直到于公元前289年死去（令人惊讶的是，他是自然死亡的，尽管他的一生极富传奇色彩），他曾在皮洛士之前远征北非的迦太基这个商业国家。必须承认，这是一次失败经历，但以皮洛士的个性，他是不会被困难所阻挠而灰心丧志的。恰恰相反，他眼中的未来一片光明。

国王的弱点不是犹豫不决或是过于小心，而是对手边的事情注意力不足。罗马这个比他原先预期还要困难的猎物，已经开始远离他心目中的首要位置。所以他决定要接受来自叙拉古的邀请，不过我们或许可以认为西方提供了一处新的、无人踏足的、一个具有亚历山大式无止境地征服愿景的地方，而东方已经熟悉得令人厌烦，甚至无聊，而且挤满了强大的竞争者和拥有相同需求的索取者。

塔林敦自然也对皮洛士的新计划感到极为困扰，但是后者承诺他会在适当时机返回，并恢复他的征战。他也做出防范措施，在所有意

---

* 这是叙拉古的僭主，曾经入侵过北非迦太基，几乎成功，也为后来罗马的雷吉路斯及大西庇阿之入侵立下先例。触发第一次布匿战争的"战神之子"即为阿加索克利斯的佣兵，因其死亡，而被解散，四处为乱。——译者注

大利城镇安排驻军，虽然这又加剧了大希腊对他日渐增长的不满。

迦太基也被触怒。当它梦想要将整个西西里纳入控制范围时，最不想见到的就是一位如皮洛士这种有能力的将军来领导西西里的希腊人。所以迦太基立即与罗马结盟来对付国王。这将使得共和国仍留在战事中，令皮洛士无法安全地离开意大利。

在短暂的犹豫之后，元老院同意与迦太基签订第三个条约，其条款留存在波利比乌斯的希腊译文版本中。之前的协商大部分是设计来保护迦太基的贸易利益，并规定了双方的影响及不能涉足的范围，而罗马在条约中是次要的一方。鉴于现在的紧急状况，这些限制被推翻改写。其中关键条款如下：

> 无论哪一方需要协助，迦太基人必须提供船只来运输和作战，但双方必须负担各自的经费。
>
> 迦太基人，假如需要的话，必须在海上为罗马人提供协助，但是没有人可以强迫水手违反其意愿让他登岸。[48]

共和国对大海知之甚少，而且没有什么船舰，所以条约对它有利，因为条约将地中海超级强权的资源加以利用，所以现在它可以轻易地在海上封锁塔林敦，降低任何来自伊庇鲁斯增援的可能性。相较之下，罗马则没有责任去西西里协助迦太基。

皮洛士在西西里的冒险依循相同的模式。在他抵达那里之前，他先派遣齐纳斯在外交上铺路。然后他在公元前 278 年的夏天起航，这次只带领相对较少的 8 000 名步兵和一些骑兵及战象。他解除了迦太基人[49]对叙拉古的围攻，并在入城时受到英雄般的欢迎。他像胜利游行一样进军整个西西里，解放一个又一个城市，围攻西西里最西端的港口利利巴厄姆（Lilybaeum，今日的马尔萨拉，Marsala），这是迦太基掌握的强大据点。

迦太基人改弦更张，提出议和，包括一大笔赔偿金和供应船舰。尽管之前他们与罗马人签订了条约，但他们很清楚这是要引诱皮洛士回意大利，而且他也的确受到了诱惑。在皮洛士离开时，执政官的军队已经重新统治大希腊，如不及时挽回，局势则不可控制。很不幸的是，国王的顾问团（这包括一些西西里代表）拒绝迦太基人的提议，坚持要将最后一位迦太基人逐出岛屿，否则不会有这项交易。

这位来自摩罗西亚的国王的光彩逐渐褪去。利利巴厄姆被证明在陆地上是坚不可摧的要塞，而只有从海上封锁才会使其沦陷。现在已经相当独裁的皮洛士必须决定，是加大筹码来玩，还是干脆停止。他将入侵迦太基本土。要将战争转移到非洲意味着要投入一支新的舰队，而这又意味着要对西西里岛人征税，并招募划桨的人及水手。这计划激起强烈的反对。

迦太基察觉到一个翻转它的运气的机会，派出一支新的强大的军队到西西里岛。这期间在卢卡尼亚和布鲁提乌姆（Bruttium）地区的萨莫奈人及萨贝利部落派出特使到叙拉古，要求国王尽快回来。换言之，他与塔林敦的陆路联络已经遭到威胁，除非他现在行动，否则他在西西里和南意大利的地位或许会崩塌。

所以在公元前276年晚夏，皮洛士从叙拉古出航，带领110艘船舰以及众多的运输舰。在沿着西西里海岸北行途中，他被一支迦太基舰队突袭，70艘船被击沉，其他船只也严重受损。很幸运地，运输舰逃脱，而他的军队平安地在洛克里登陆。这对一次期望甚高的冒险而言，是很不光彩的结束。

国王在进军塔林敦之前，设法攻占战略重地利基翁（Rhegium），当地由罗马人及一些意大利佣兵驻守。这一企图没能成功，而且在军队离开时，他们还受到佣兵攻击。皮洛士本人头部严重受伤。一位高大的敌军士兵，身穿华丽装备，向他挑战，想要与他决斗，“假如他还活着”。这位新“阿喀琉斯”以典型的超级自信接受了挑战。普鲁塔克写道：

> 整个人转过身来，他从他的随从中间挤过去；他怒气冲天，沾满血腥，脸上露出一个极为骇人的表情。在对手可以移动之前，他重击对手的头，凭借他强壮的手臂以及精良打造的刀锋，切过整个身体，将其剖成两半。[50]

国王设法将部队调离这场战争，然后前往洛克里。他麾下有 2 万名步兵及 3 000 名骑兵，但他急需经费来付薪。他再度向宙斯神殿要求一大笔钱。但是他愚蠢地去抢夺另一座神庙的财富，他也承认这是亵渎的行为。运送黄金的船舰遇见暴风雨，所以皮洛士迷信地交回大多数他攫取的东西。

战争中的各方都觉得疲惫。罗马发生瘟疫，这削弱了公众对战争的支持。李维写道，公民人数从公元前 280 年的 287 222 人降低到公元前 275 年的 271 224 人。萨莫奈人及皮洛士的意大利盟友已经历五年的战争中，损失惨重而实力削弱。不过，在公元前 275 年的春天，两支执政官率领的军队向南进发，驻守据点以防再度有人进军罗马。与此同时，皮洛士为了要协助承受极大压力的萨莫奈人，带领一支约

20 000人的部队向北前进。他打算要迎击执政官所率军队的其中一支，并在迈尔温图姆（Maleventum，后来称为贝尼温图姆，Beneventum）的萨莫奈城镇找到了军队。

他先派遣一部分军队去拦截另一位执政官，以免他前来协助。他接着决定凭借人数上不如罗马军团的其余部队，进行夜间作战。他的想法是在黑夜掩护下，先取得高地，从那里可以对敌营进行突袭。他于日落之后出发，带着最好的部队以及最凶猛的战象。他通过茂密的树林，绕行前进，但他的士兵迷路脱队而迟到。他们的火把熄灭，在从高地往下走时，黎明的到来将他们的位置暴露给罗马人。执政官率军出战，击溃伊庇鲁斯人。有些战象被掳获。这次交战之后，在平原上发生了传统的战争，如雨点般燃烧的弓箭让剩余的战象四处乱窜，在自己人中间惊恐乱跑。皮洛士的营区被占领，他的军队则从战场被驱离。

国王并没有完全放弃他建立西方帝国的梦想，但就现实来说，这次战争是整个征战的结束。他在塔林敦留下一支由他儿子海伦诺斯（Helenus）率领的强大驻军，作为他将会重返的象征，他带着其余部队，大约8 000名步兵及500名骑兵——还不到六年前他所带去部队的一半——返回伊庇鲁斯。尽管他乐观依旧，但从未再踏足意大利。

罗马人花费接下来三年时间征服萨莫奈人以及他们萨贝利部落的亲戚。接着他们将注意力转到塔林敦，在公元前272年逼迫伊庇鲁斯的驻军撤离，并强迫塔林敦人交出他们的舰队，拆毁城墙。现在他们泪流满面，没有任何笑容。所有南部意大利的希腊城邦现在都处于罗马的控制之下。

至于皮洛士本人，他的生涯急转直下。他击败当时马其顿国王安提柯·戈那塔斯，在欢呼声中赢回王位。但他从来没有从过去的经验中学到任何教训，所以他凭借军队占领城市还任由凯尔特佣兵掠夺在埃迦伊（Aegae）的马其顿国王陵寝（考古学家在1976年重新发现它们），而让马其顿人疏远。

他始终不安分，率军突袭伯罗奔尼撒半岛，要恢复他所雇用的一位斯巴达将领的古老权力。他被斯巴达猛烈的防守牵制住，所以他又宣布要将马其顿王位的竞争者安提柯·戈那塔斯赶出希腊，并进军阿尔戈斯（Argos），与其作战。他一个儿子在战场上被杀，受到刺激的皮洛士离开扎营的山丘，挑战安提柯。“皮洛士如果厌倦生命的话，他有许多条路可选。”[51] 这是他所得到的轻蔑回应。

阿尔戈斯人恳求国王离开，让他们保持中立，但是他一点都不理会。他的一位阿尔戈斯朋友让他和士兵在深夜进城。警报拉响，安提柯派一些部队进城协助击退伊庇鲁斯人。皮洛士在市民广场上知道自己已身陷麻烦，下令撤兵。他送消息到城外部队，要求他们发动攻击好转移注意力。但因为听到的消息有误，所以增援部队从皮洛士设法离去的城门闯进阿尔戈斯。结果他被困住。他攻击了一个当地人，那人的母亲恰好从天台往下看，见到自己儿子遇到危险，将屋瓦丢向皮洛士，击中他的颈椎。他的视线变得模糊，从马上摔下。这人将他拖到门口，决定砍下他的头颅，却因国王突然醒来且双目圆睁而紧张，所以砍到了皮洛士的嘴和下巴部位。花了一些时间，他才把头砍下来。

皮洛士没有成就任何可以流传下去的事迹。阿喀琉斯与亚历山大是他的“恶灵天使”，但就他的情形看，这种对荣耀的追求并没有伴随着必要的、始终如一的执着。他不同于他的表哥——波斯帝国的征服者——皮洛士为自己造神的过程并没有在一个较宽广的决策机制下进行，只是出于百分之百的自我主义。

他当然有好的品质。他具有领袖的人格魅力，而且在战场上总是身先士卒。他积极地投入近身搏斗之中，承受伤害，冒着生命的危险。他以骑士般的侠义精神著名，是古代世界里有风度的战士。他作为战场指挥官被许多人崇拜。人们说其他继承王位的人模仿亚历山大是通过

> 他们的紫色长袍、贴身随从以及模仿亚历山大脖子稍往左斜的姿势和交谈时的洪亮声音。但皮洛士，而且唯独皮洛士，在武力和行动上与他相似。[52]

从数千年之后的视角来看，我们很难理解他在军事上的名气。这或许不是他的过错，而是我们文献史料的问题，因为对于他作战的陈述是混乱的，而且在最需要详细准确的时候，却令人抓狂般地模糊。

尽管有所有这些辉煌、活力以及魅力，他的生涯却始终笼罩在徒劳无益的阴云之下。他是个机会主义者，但无法从机会中创造出任何东西。这位摩罗西亚国王对罗马是严重的威胁，但从来都不是致命的。我们感觉到他没有对他的计划进行彻底研究，没了解到共和国人力储备的深度和广度，直到事态无可挽回。拉埃维努斯被损伤军队如九头蛇般地再生，对他是个严重打击，但是那时他已经投入塔林敦的事务和战争之中。

然而其意大利征战的失败有一个重大的后果。希腊人现在知道有个新玩家已经加入国际政治的牌桌。他们会因为现在主宰意大利半岛的好战国家的虎视眈眈而迷失。就罗马人而言，在重挫皮洛士之后，

他们希望说服喜好争执的希腊世界管好自己的事，让罗马人自己在不受干扰之下发展。

既然罗马人现在必须要为意大利南部城邦负责，他们便开始考虑关注一下西西里的麻烦，这里与意大利只有利基翁和麦西拿（Messina）之间的一条水道隔阻。那里的动荡会像通过空气传播的传染病那样，越过海洋到疲惫的意大利半岛去，而半岛现在最需要的是一段和平及宁静的休养生息。

毕竟皮洛士已经警告过他们。在他最后离开塔林敦时，他与随从讨论他在西西里失败的后果："我的朋友，我们正留给迦太基人和罗马人一个何等宽阔的角斗场！"[53]

第 11 章

茫茫大海之中

在探险任务中，舰队从地中海出航，穿过“赫拉克勒斯之柱”，进入大西洋令人丧胆的波涛巨浪中。它接着往南行，沿着西非那物产丰饶的探出海岸前进。[1]

赫拉克勒斯之柱在我们称为直布罗陀海峡的狭窄水域的两侧，对大多数公元前 5 世纪见多识广的人来说，它们标记已知世界的西端。[2]这名字提醒我们赫拉克勒斯这位神明在进行他的十二件苦劳时，曾经经过这条路。希腊探险家以及商人也是如此，但他们的鼎盛时期已经结束。马西利亚（Massilia）以及在北西班牙的一些聚落是仅存的希腊前哨站。这些西方水域现在已经由腓尼基商人所垄断，特别是那些来自北非城市迦太基的腓尼基人。60 艘船舰，每艘各 50 桨，由一个杰出的迦太基家族成员率领。他大约在公元前 500 年前后接受命令要在非洲海岸建立贸易前哨站。在距离直布罗陀两天航程之处，探险者建立他们的第一处小型殖民地，然后抵达一个内陆的泄湖，上面长满芦苇。大象和其他动物正在那里吃草。他们持续航行，沿途建立更多的聚落，这在适当的时候或许会成为迦太基外销希腊腌鱼或咸鱼的货源据点。或许提尔人的紫色染料也是从这海岸的海螺中提取的。

迦太基有兴趣与撒哈拉以南的非洲部落进行所谓的“无言交易”(dumb barter),如希腊“史学之父”希罗多德在公元前5世纪时所解释的:

> 他们卸下货物,将它们摊开陈列在海滩上,然后回到船上,在那里他们会送出烟火的讯号。一旦看到这烟火,土著便会来到海滩,将一些用来交换物品的黄金留在地上。他们接着撤退到一段距离之外。那时迦太基人再度登岸,检查黄金。假如他们认为这能够代表他们提供的物品的合理价格,他们会拾起黄金,航行离开。假如没有,他们会再度登船并且等待。土著会提供更多的黄金,直到迦太基人满意为止。双方都完全诚实:迦太基人在黄金等于物品的价值前从不会取走黄金,而土著也不会提前取走物品,直到黄金被拿走。[3]

汉诺针对这远征所写的文书以碑铭方式展示在迦太基的巴力哈蒙(Baal Hammon)神庙中,他并未提及黄金交易,无疑是为了避免引起竞争。

这趟冒险的基本目的现在已经达成,尽管他们苦于缺水和火烤般的炙热天气[4],这舰队仍继续航行,或许现在是因为好奇和寻找刺激。在某处,船舰想要登陆,但穿着兽皮的野蛮人对这些访客投掷石块,明确表示不欢迎他们。在另一个地方,一些黑人则躲避他们。

几天之后他们到达尼日尔三角洲,他们在一个岛上扎营。汉诺写道:

> 在登陆时我们除了森林，不见他物，到了夜晚则有许多火把点燃起来；我们听到笛子、铙钹以及鼓的声音，还有一大群人的叫声。我们心生恐惧，而翻译建议我们离开岛屿。我们立即航行离开，紧靠着一个在树林焚烧时会发出香味的海岸航行，火焰也从这里逼近大海。因为炎热，我们无法接近陆地，所以我们在恐惧中快速驶离，接下来的四天时间的夜里一直能见到陆地着火。在火的中心，有一道火焰蹿升于其他火焰之上，似乎要碰触到星星——这是我们所见过最高的山，被称为“神明的马车”。

迦太基人不知要如何解释所有这些现象，但我们明白他们其实是看见了火山爆发。

在一段时间之后，他们持续南行，到达一座湖泊里的岛屿，在那里他们遇见了神秘的东西：

> 这里充满野蛮人，其中数量巨大的是身体长毛的雌性，我们的翻译将其称为“大猩猩”。我们去追捕雄性，但一无所获，因为它们可以攀爬险峻的山壁，向我们丢掷石头。然而我们捕获了三只雌性，它们会咬、会抓捕获它们的人。我们将其杀死并剥掉它们的皮，带回迦太基。

这是另一次令人困惑的遭遇，是智人与其灵长类近亲的遭遇。

自从汉诺离开迦太基之后，已过了35天，补给不足，所以他下令掉头回到熟悉的地中海地区以保安全。[5]

一般而言，腓尼基人，特别是迦太基人，是坚韧不拔的探险者和商人。他们通常为了商业而行动，虽然早在公元前7世纪时，一位有志于进行宏大计划的埃及法老曾委派一些腓尼基人去做环绕非洲的航行。[6] 他们的命运不复可知，但若是成功——而且据说在经过两年航行之后，他们确实做到了——也无关宏旨，因为这片大陆是出人意料地广大，而海路实在太远，对地中海居民没有实际价值。

汉诺的同时代人希米尔科（Himilco），或许是他的兄弟，也做了一次大胆的贸易之旅，并出版了他冒险的记录（现已佚失，但被公元4世纪一位拉丁作家所引用）。[7] 他同样航向赫拉克勒斯之柱，但是之后向北航行。他的目的是去探索西班牙、葡萄牙以及法国的大西洋沿岸。这次探险无关寻找黄金，而是用来寻找制造青铜用的锡矿及铅矿，这是两项新近被开采的金属。

他到达矿藏丰富的布列塔尼（Brittany），甚至是黑尔戈兰岛（Heligoland，琥珀的其中一个来源地），但似乎在不列颠停了下来。在他的手稿中，这旅程看起来非常困难和令人不快。他提到海怪、可怕的沙丘以及厚厚的、会阻塞船的海草。若人们可以看透迷雾的话会发现海洋浩瀚广大令人畏惧。我们能感觉到希米尔科故意将困难的情形说得严重，来阻挠任何对手效仿他。

迦太基人野心勃勃、精力充沛且精明机巧。他们与母城提尔保持联系，但在公元前6世纪时新巴比伦国王尼布甲尼撒围攻提尔达13年之久。根据《圣经》的记载，一位激动的先知以西结（Ezekiel）代表他唯一的神预言道："我将会停止为你们歌声伴奏的音乐。在你们的人民之中将不会再听到竖琴的声音。我将会使你们的岛屿成为光秃不毛的石头，一个让渔夫难以撒网的地方。"[8] 先知话说得太早，因为这城市坚持下来，虽然最后承认了巴比伦的宗主权。在后来的世纪中，埃及和波斯的入侵接连造成伤害，但最终亚历山大大帝于公元前332年经过另一场激烈的围攻之后，才将其攻占。他十分愤怒自己被牵制，所以在海滩上对2 000名市民施以绞刑，30 000人被卖为奴隶。

很清楚的是，腓尼基人未来独立的机会不是在东方。权力平衡逐渐倾向迦太基，它的地理位置及其在突尼斯湾的优良海港，使它适合在西地中海发展贸易。随着时间过去，它的居民“从提尔人转变为非洲人”[9]，而且成为腓尼基人在这整个地区所建立的殖民地（通常是小型的商业据点）的领导者。大西洋的海港卡地兹，一个通过狭窄小海湾与大陆分离开来的岛屿据点，大约在公元前500年时落入它的控制。

迦太基人是天生的航海家，对获取土地没有多大兴趣。然而为了保护他们的地中海，并且排除其他的贸易者，他们占据西西里、萨丁岛、科西嘉以及西班牙南部。他们也在北非海岸取得立足之处，虽然在迦太基与大西洋之间并无良港。这些地方是他们的后院，任何误闯他们水域的希腊船只均会遭逢不测。溺水覆没是所能期望得到的最好结果。

为了要降低他们对进口食物的依赖，迦太基人吞并了肥沃的、位于首都南方的内陆地区。他们成为农业专家，并由一位叫马戈（Mago）的知名农业作家来引导。他不喜欢城市的生活——“假如你已经买了地，你应该卖掉你城镇里的房子，才不会被诱惑，去崇拜城市里的家庭守护神，应当去崇拜乡村的众神明。”[10]

虽然他的书已经佚失，但它经常被希腊和拉丁作家引用。[11]马戈在如何栽种并修剪葡萄、经营橄榄树及果树、种植沼泽植物、养蜂［包括已经失传的“从阉牛或母牛的尸体中弄到蜜蜂”[12]，这是参孙（Samson）掌握的技巧］等技艺方面提供建议，还包括如何保存罗马人称为“腓尼基的邪恶”（*malum punicum*）的石榴。他的食谱中还有甜葡萄酒（在今天仍在意大利饮用，被称为麦秆酒）。迦太基的双耳瓶在地中海的各个地方都有发现，这是繁荣贸易的一项证据。

消费这些物品的迦太基城矗立在一个三角形的半岛之上，通过一个最窄处为 3.2 千米宽的地峡与大陆连接。一面是泄湖，另一面则是大海。任何从乡间地带走近的访客会面对一座横过地峡、设有城垛的巨大高墙。城墙超过 12 米高和 9 米宽，每隔 45—55 米便有四层楼高的塔楼。在城内有畜舍，里面养有大象及马匹。在城墙前则有土墙壁垒以及一道宽广的壕沟。这城墙据说总共绵延 32 千米，规模虽然不及地峡部分那么巨大，但包围全城。（相比之下，罗马城墙只略长于 20 千米。）[13] 要是有人认为可以攻占迦太基，那他必然是个极为大胆的将军。

在有关迦太基的历史小说《萨朗波》（*Salammbo*）中，古斯塔夫·福楼拜（Gustave Flaubert）逼真地呼唤出城市的全景：

> （在卫城城墙）之外，城市如阶梯般升起，像是圆形竞技场。城内都是高大、平顶的房舍，由各种建材修筑而成：石头、木材、芦苇、贝壳以及夯土。神殿花园里的树木在这多彩建筑区域中，形成绿色的水塘，其中点缀着公共广场以及无数狭窄的街道。一些城市较老区域的墙壁呈现出巨大的光秃表面，这由在上面攀爬的植物加以缓和，而且留下污水的斑痕。街道穿过开口的城墙，就像河水从桥下流过。[14]

其中一道内墙环绕着这城市的核心，一座叫毕尔沙（Byrsa）的山丘以及两个港口，它们构成卫城。在此也有一个公共广场或市民广场、一座议会厅，迦太基人露天进行司法审判。这些狭窄街道两旁排列着高达六层的房屋，通向毕尔沙的山顶。

最外面的一道港口用来接纳商船。这是一个长方形港口，长487米、宽304米，透过单一的开口朝向大海，必要时可以以铁链封锁。在这出口之外，筑有一个庞大的码头，商船可以在此载货及卸货。在长方形港口的另一端则有一个狭窄的水道引导至内部的海军军港。这是一个直径约300米的圆形水域，在中间有个小岛。阿庇安写道：

> 岛上有海军总司令的房舍，从那里司号手发出讯号，传令官下达命令，而总司令则监督所有事情。这岛屿靠近内港的出口，而且离海面有相当一段高度，所以总司令可以观察海上发生的情况，而那些从海上接近的人则无法看清里边的情况。[15]

在这岛屿以及内港周围则是码头和船坞，可以容纳220艘船舰，并储存军火武器和造船材料。每个船坞前都有两支爱奥尼亚式的柱子，这给人一种印象，好像有一道连续回廊环绕着整个岛屿以及内港周围。所有这些最新的设施或许是在公元前4世纪时完成，都列为国家机密。它们由两道高耸的城墙包围，所以甚至从商港内都无法看到。

传说这城市是狄多所建，而她曾经被爱人埃涅阿斯抛弃背叛。她死前对迦太基及罗马之间永无休止仇恨的诅咒，即将成为现实。

迦太基在古代史家笔下受到恶评。有个讽刺的词语“腓尼基人的诚信”（*punica fides*），意指不择手段的行为以及背叛。普鲁塔克在公元前2世纪时写作，但是依据更为古老的材料，他声称：

> 这是个冷酷及阴沉的民族，屈从他们的统治者，对臣属子民极为严厉，在恐惧时会变得极为怯懦，在愤怒时则至为残酷；他们顽固地坚持自己的决定，苛责严厉，并且不在意生活里任何愉悦或是优雅之事。[16]

但是这种严厉的论断几乎没有任何证据存留下来，除了一个明显的例外：迦太基人的宗教行为。他们（就像其他闪米特人的民族一样）是虔诚的宗教信徒。在迦太基有许多神殿、神龛以及圣域（*tophet*）。在这城市中最受欢迎的神明，拥有数量众多的神庙，他们是巴力哈蒙——香火祭坛之主——以及他的妻子坦尼特（Tanit），巴力神之面容（Face of Baal）。坦尼特的名字显示出她臣服于丈夫，但其实神力超过他。迦太基人取得北非的土地时，觉得需要有一位保障生命及丰饶的神明，所以他们求助坦尼特，使其作为他们的母系女神，以填补这一角色。

不同的古代文献均记载了腓尼基信仰黑暗的一面。《圣经》说腓尼基人会把小孩当作祭品。一位犹太国王将他们的一个神圣处所破坏，"这样一来人们就不会将他的儿子或女儿作为焚祭的祭品"[17]，而先知耶利米（Jeremiah）借用犹太人的上帝之口说："他们为巴力神建立祭坛，为的是在大火里焚烧他们的孩子，作为奉献牺牲的祭品。我未曾命令他们去做此事，我甚至根本没有这样的念头。"[18]

希腊人西西里的狄奥多罗斯（Diodorus Siculus）并非最可靠的史学家，但对于迦太基人如何安抚愤怒的巴力神留下一个著名的描述。他并未将巴力神等同于希腊主神宙斯，而是将其等同于宙斯的父亲——将自己后代吃下去的恐怖的克洛诺斯（Cronos）：

> 迦太基人要去弥补他们宗教缺失的焦虑时，他们会选出200位最为尊贵的小孩，并公开进行献祭……在城里有一尊克洛诺斯的大铜像，双手摊开，掌心向上，斜指地面。每个小孩被放在手掌上面后滚下，掉进一个充满火焰的坑洞里。[19]

根据普鲁塔克的记载，父母亲在街上购买小孩，来替换他们自己的孩子，而且在祭祀地点大声演奏音乐，以遮盖受害者的尖叫声。[20]

现代学者不确定要如何去理解这些怪异的屠杀行为。这些故事是否是由敌对者捏造出来的？假如其中有任何真实描述的话，或许就是动物祭品在某个时间点被替换成活人献祭［如亚伯拉罕（Abraham）及以撒（Issac）的故事］。后来在1920年代时，有个圣域出土，里边包含小孩的遗骸。有一阵子，人们辩称这是夭折或死产的婴儿的墓园，在死亡之后被用来取悦神明。然而进一步调查透露出，这些残骸中存在四岁左右的孩童，而且碑铭也将这祭祀的性质明白地表达出来。一位父亲写道："为了祭献给女神坦尼特以及巴力哈蒙，汉诺之子，米吉亚同（Milkiathon）之孙波米尔卡（Bomilcar），发誓将自己的孩子献出。愿你们祝福他！"[21]

一个拥有小片领土的国家必然只会拥有小规模的人口，这对迦太基而言确实如此。地理学家斯特雷波主张说这里有70万居民，但是这只有将整个乡间地带以及其他包含在迦太基国土内的城镇包括进来，这个数字才能够符合想象。生活在迦太基城墙之外的纯种腓尼基人当然不会超过20万。在公元前3世纪初迦太基最繁荣的时候，这城市或许居住了40万人，包括奴隶及侨居的外国人。

对一个在国际上和帝国内部都要负责任的国家来说，迦太基并没有足够多的公民去补充它的军队。当进行战争时，迦太基都是固定地从非洲的部落居民中以及更远的西班牙和高卢征召佣兵。这做法带来一些危险，因为佣兵参军的动机是薪水而非爱国心，而且也会在有冤屈及不满时，转而对付他们毫无防备的雇主。迦太基是海洋而非陆地国家，公民们，特别是其中的穷人显然会成为这些船只的水手。

非希腊国家会有成文法律是相当不寻常的，但迦太基和罗马则是这种通则的例外。在希腊人心里来说，这意味着他们并非纯粹的野蛮人——希腊人嘲笑这些不知所云的外国人只会发出："bar bar"的声音而已——所以至少迦太基和罗马被允许成为文明国家俱乐部的荣誉会员。哲学家亚里士多德是位政法专家，发现迦太基人拥有"一个优秀的政府形态"。他接着说，"他们政制的优越性可以从这一事实中得到证明：普通人始终对它效忠。他们未曾有值得一提的革命，也未曾处于民选的独裁者统治之下。"[22]他或许可以加上一句：这迥异于许多其他的希腊国家。

迦太基与罗马的政体在某些方面颇为相似，因为它们都是"混合的"，亦即它们包括了王政、寡头政治及民主政治的成分。迦太基（尽管有狄多这角色）不太可能曾被国王或王后统治，但是在不同时期会有一个领导性家族或氏族主导过政府。在公元前3世纪时，有两位首席执政官"苏菲特"（*sufets*）——这与希伯来文中的*shophet*意思相同，通常译为"法官"（或"士师"，judge），如《士师记》（*Book of Judges*）。所以我们或许可以推测这"苏菲特"会执行一种司法和行政的角色。就像罗马的执政官那样，他们由公民大会选出，任职一年，或许和另一位同僚分享权力。职务候选人必须出身良好且富有。

长老议会则是由上层阶级选出，为"苏菲特"在所有政治及行政事项上提供建议。其成员有数百名，但一个30人的常设委员会则负责处理紧急事务，而且如这种团体常会发生的那样，委员会或许要安排长老会议的议程。假如长老议会和“苏菲特”同意采取某种行动，那就没必要将其交给公民大会讨论。到目前为止，这些都相当传统。比较大的制度创新是一个有104名长老会议成员的特别委员会。这称作“104名法官法庭”（Court of the Hundred and Four Judges），这机构控制司法正义以及法庭审判，而且就像斯巴达的“监察官”（*ephors*）那样，必须要负责国家安全并监督官员的行为。这与一个极权国家里的内务部门类似。

但与罗马执政官不同的是，“苏菲特”没有军事职责。另设有一个将军的职位，任何人都可被选上。迦太基的典型发展模式是商业式的和平。但若是战争真的发生，它通常会在离国土有一段距离的境外进行战斗，而且认为短期的动乱最好由临时任命的人来处理。在和平时期，“苏菲特”可以同时兼任将军，但假如迦太基陷入战争状况，则会对任何证明自己有军事才能的人大开方便之门。

自信心是迦太基将军的基本条件，因为他们的工作极为危险。权力当局无法接受战场上的失败，这经常导致立即的处决。成功也会带来负面的结果，因为国内政府担心胜利的将军会率领佣兵回到迦太基，然后夺取政权。

在迦太基政体的三个组成部分中，寡头政权无疑占有上风。迦太基人的主要工作是赚钱，很少有人会反对由富人来掌控政府。民众并没能发展出罗马人民所独具的那种集体行动的团结和能力。以我们今天的话来说，迦太基比较像是跨国公司而非民族国家。

无论我们对迦太基政治以及社会的看法有何保留，西塞罗的话值得记住："若它没有通过政治手腕及专业技能来统治，迦太基绝对无法维持一个600年的帝国基业。"[23]

希腊人大致上已经被驱离西地中海，但是他们不打算放弃西西里。虽然他们与迦太基人之间有300多年断断续续的冲突，但这岛屿仍是地中海东西两个世界之间的导火索，而现在一位新加入者登上舞台——罗马。这是会引起火灾的火花。

假如需要证据来证明佣兵将会造成危险，那发生在护卫西西里和意大利之间海峡之麦西拿身上的故事，便是可怕的殷鉴。一群天不怕地不怕的来自坎帕尼亚的人，被叙拉古的统治者*雇为佣兵。当雇主在公元前289年去世时，佣兵们发现自己出乎意料地失业了。他们喜欢西西里和离家的军旅生活，却不知自己还能做什么。在不情愿地返回意大利的途中，他们路过富裕、美丽、爱好和平但是容易上当的麦西拿城。这是佣兵留在这岛屿的最后机会，所以他们想出一个很棒的点子。他们以朋友身份进入城市，然后背叛并未起疑的主人，随后一夜之间将城市占据。根据波利比乌斯的记载：

> 在这行动之后，他们驱逐了一些公民，将其他的公民屠杀，并将这些受害者的妻子和家庭据为己有，每个人都可以保有犯下恶行时所攫取的一切东西。最后他们瓜分所有土地以及剩下的财富。[24]

这种劫持城市的行为并未受到惩罚。这些佣兵自命为"战神之子"

---

* 这是指叙拉古的阿加索克利斯，皮洛士的岳父。——译者注

（Mamertines，这源自萨贝利人的战神 Mamers），使麦西拿从一个宁静的贸易港埠转变成他们四处劫掠的根据地。他们善加利用自己唯一能够掌握的技能，以抢夺附近城镇为生，劫掠不知情的商船，挟持人质来换取赎金，四处散播混乱与恐慌。他们不分青红皂白地同时伤害迦太基人和希腊人的利益。

最后，西西里西部的最大强权叙拉古无法忍受了。约在公元前 270 年时，它年轻的独裁者希罗二世（Hiero II）在一场激战中击败"战神之子"，逮捕其首领。这终止了"战神之子"的蹂躏，虽然他们仍然控制着麦西拿。几年之后，希罗感到时机已到，可以将"战神之子"彻底消灭，所以围攻麦西拿。

这些逐渐年老的佣兵做出了一个（或说是两个）关键的决定。其中一些人求助于一支恰好经过的迦太基舰队，这舰队接受委托在卫城驻军。当希罗见到迦太基船只进入港口时，他不想去面对他们的力量难以解决麻烦，所以聪明地退回叙拉古。那时"战神之子"中的另一派人马呼吁寻求罗马人的支持。

元老院不知该如何决定。"战神之子"是最恶名昭彰的加害者。在与麦西拿仅有一水之隔的地方，有另外一些坎帕尼亚人，他们在罗马军队中服役，并在与皮洛士作战期间被派到利基翁城驻扎。他们受到对岸"战神之子"的启发，起而效仿，屠杀当地居民，并占领了该城。罗马无法容忍如此背信弃义的丑闻，所以派出军队攻占城市，杀死了大多数叛徒。300 位幸存者被送到罗马，在那里他们游行到罗马广场，先被鞭笞，然后被砍头。

元老院怎么可能去拯救犯下完全相同罪行的人？但他们确实去救了，理由则是为了国家。希罗没有上当，评论说，罗马人正在利用"对那些处于危险之人的同情，来遮掩他们自己的利益”。[25]迦太基人已经统治西西里的许多地方，而且假如他们赢得麦西拿的话，或许会想将贪婪的目光横跨过这狭窄水域，往北移动。

从元老院观点来看，如波利比乌斯所言：“他们必将成为最麻烦而且最危险的邻居，因为他们将会从各个方向来包围意大利，威胁着罗马的每个地区，而这正是罗马人所畏惧的前景。如果罗马人不向战神之子施以援手，西西里将处在迦太基人的控制下。”[26]这种焦虑不是没有道理的，因为萨丁岛及科西嘉已经成为迦太基的财产，而在卡瑞这伊特鲁里亚港埠中也充满众多的迦太基商人，所以它的别名是“布匿港”（Punicum）。更有甚者，大希腊地区的城邦必将期待他们的新主人会考虑他们的利益，将西西里让给这“野蛮的”非洲强权，必将对罗马在希腊的事业造成可怕的冲击。

元老院的意见持平，而最不寻常之处是，这事件被提交给公民大会决定，但并未附上元老院的任何建议。尽管共和国因为连续数年无休止的战斗而感到疲惫，但是赞成提供援助的决议还是被通过。于是一位执政官率领军队前往麦西拿，他设法突破迦太基的海上封锁。迦太基人则因为缺乏指示而且遭到欺骗，而撤军离城。迦太基权力当局立即以绞刑处决了指挥官，“因为他缺乏判断和勇气”。[27]

迦太基人和叙拉古人对事情的发展都大为震惊，所以他们摒弃长久以来的敌意，决定加入一个原来不太可能的“权宜联盟”，以驱逐罗马人为共同目标。然而执政官决定在它们连手之前，先各个击破。精明的希罗在反省后，有了不同的想法：他判断跳转阵营会给叙拉古带来长远的利益，所以同意和罗马结盟，而从那刻起，在漫长的人生中，他未曾有丝毫二心。在未来的数十年中，他始终是极有价值的朋友，为罗马军团提供基地以及补给。

罗马和迦太基在没有完全的意愿，在没有充分意识到会有何种结果发生的状况下，逐渐陷入战争。然而，一旦全面性的敌对行为开启，冲突的真正理由就像一座大山从迷雾中显现。狄奥认为，麦西拿只不过是个借口：

> 真相则不然。在实际状况中，迦太基人长久以来都是个强权，而罗马人现在正迅速强大起来，彼此皆以嫉妒之心看待对方。他们被卷进战争之中，部分是因为要持续获得更多财富的欲望，这符合当人们越成功时越积极的原则，但部分也因为恐惧。双方都同样认为，保全他们自己财富的唯一确定方式，就在于取得别人的财富。[28]

麦西拿及"战神之子"逐渐退到背景中去。（事实上我们未曾知晓"战神之子"的最后命运，他们完全从历史中消失，而我们只能希望他们都不得善终。）

元老院开始并没有明确的战争目标。取得麦西拿作为亲罗马的前哨站，或许在开战之初便已足够。不过罗马一旦赢得希罗的友谊，而叙拉古在事实上成为罗马的附庸国家，那便能更有野心一些，可以尝试将迦太基人从东向西推回到他们传统的势力范围内。那时罗马人便可以将西西里中部的希腊人聚落纳入他们的保护伞。但是迦太基无法容忍罗马出现在西西里，这立即就很清楚了。于是对罗马来说，征服全岛现在是唯一合理的回应。

罗马征战顺利，攻克阿克拉加斯（Acragas），这是一个重要的希腊城市以及迦太基的指挥基地。但是元老院了解到，无论战争在陆上进行得如何顺利，只要迦太基人仍然控制大海，运送援助，封锁港口并攻击意大利，罗马便无法驱逐他们。罗马到目前为止对海洋事务没什么兴趣，但从现在起，势必要建设一支舰队了。

海洋相当繁忙，也危机四伏，水手们，特别是腓尼基人与希腊人，数百年以来已经纵横交错地航行于地中海，从黑海运出谷物，从贝利图斯（Berytus）运走木材，从米利都（Miletus）运出羊毛。重量大的物资如橄榄油和葡萄酒以船运送，会比以车厢沿着没有铺设轨道的路线行驶，要容易许多。商船可以运送从 100 吨到 500 吨的货物。这些船舱常是宽底和圆弧形状的，配备单一的长方形低矮风帆（有些时候会附加三角形的风帆）。这些船没有舵，而是由位于船尾的一支或两支固定方向用的桨来控制。

战舰则是完全不一样的东西，是修长而快速的死亡机器。它们配有一排排的船桨来辅助风帆。在公元前 3 世纪时，五层舰是首选的技术。它估计有 40 米长，在水面上有 5 米宽，夹板离水面约 3 米。金属制撞头被绑在船身上，从船首伸出，所以主要的攻击战术是去撞击敌人船侧的中部，然后击沉，或至少使其进水淹没。在行动中的五层舰可以达到每小时十节的速度，但是只能以冲刺方式前进。平均速度更可能是每小时五节。*

五层舰（*quinqureme*）这个字源于拉丁文的“五桨”。但这容易误

* 但这种动力较大、船身较宽的船舰，除了撞击功能外，其实越来越强调其作为作战平台，特别是对没有海军传统的罗马人来说，用来安置投射武器、装载陆战部队，以及如“乌鸦”的装置［还有马塞勒斯在公元前 212 年攻打叙拉古的登城武器“散布卡”（sambuca）］。一般而言，迦太基的三层舰数量在其舰队比例上，就远高于罗马舰队，因为三层舰比较轻、便于运动及操控，可以随时改变方向，适合有海军传统的迦太基。——译者注

导人，因为这是指五位划桨手而不是被排列成一组的五支桨。这些划桨手控制着由下而上布置的三支桨。两个人划动上面的两支桨，在最下方的则由一人划动。这小团队会占据一个从船侧伸出的木箱或是木制框架。[29]

任何类型的船只在恶劣天气下都是脆弱的，所以必须常常贴岸而行，以保安全。很少人会在冬天时冒险出海。这不仅是为了避免暴风雨，也是因为云雾增多。在白天水手是依太阳和路标来导航，在夜晚则是借助星辰。没有晴朗的天空，他们就会迷航。

迦太基人有技术上最先进的海军，所以罗马人要从原点开始启动，创造出一支与他们一争高低的舰队，这实在是个大胆，必然有些人会说是且莽撞的举动。但正如在偶然之间取得的恩尼格码（Enigma）密码机，协助英国人在第二次世界大战中赢得大西洋战役那样，机会也会出现来拯救共和国。意大利显然不知有五层舰，罗马的造船工匠师傅完全没有制造它们的经验。波利比乌斯评论说：

> 这并非有没有适当资源来进行计划的问题，因为事实上他们什么也没有，也从未想过有关海洋的事。不过一旦他们构想出这点，他们便大胆行动，在没有获取海军作战任何经验的情况下，立即与迦太基人交战，而后者已经世世代代在大海上享有无可匹敌的优势。[30]

在战争之初，罗马没有任何类型的船舰，得从塔林敦及其他意大利城市借用一些二手船只，来护卫并运送部队到麦西拿。很幸运的是，一切都进行顺利，甚至更幸运的是，有一艘迦太基的五层舰冒险靠岸[31]，结果搁浅，落入罗马人手中。

我们在利利巴厄姆港之外发现一件公元前 3 世纪军事技术产品的遗迹，其中每一部分上面都标有不同的字母，这是可以快速装配的设计。要复制被掳获的船舰可能不是一件困难或冗长的过程。在两个月内，尽管造船师傅缺乏经验，罗马仍骄傲地拥有了一支由 100 艘五层舰及 20 艘三层舰（以三人为一组来划三支桨的船）所组成的崭新舰队。

在制造船舰的同时，超过 30 000 人的水手被征召。无论那些参与的人认为这何其愚蠢，他们都必须在陆地接受训练。波利比乌斯记录下所发生的事情：

> （教官）以他们会在实际船舰里所就座的位置，将这些人安排在陆地上划桨手的座位上，然后将控制划桨节奏的人（keleustes）安排在中央，训练划桨手协同一致地在身体向后仰时，让手贴近身体，然后在将身体往前移动时，将手伸到身体之前，在控制节奏者的命令下开始或结束这些动作。[32]

船舰一旦造好，他们立即出航，而水手在船上进行一些实境练习。在一位执政官兼海军总司令的指挥下，他们随即航向大海。

在如此短时间之内要达成建立海军的目的，是一件超乎寻常的成就。在与萨莫奈人战斗以及为对付皮洛士所进行的征战中，罗马人显示出一种能坚持到底，承受不幸，不屈不挠地耗下去的特色。但现在的情况表明他们不仅有被动的反应能力，而且有完全进攻性的能量。几乎无中生有一支全新的舰队，透露出罗马那种面对新挑战时永不放弃的热情。它必须学会如何将自己升级为更具扩张性、更无可阻挡的存在。

在面对这个时代的海军超级强权时，这支没经过测试的舰队能赢得胜利吗？很快发生的挫败和执政官被敌人活捉的羞辱，让罗马人三思。然而造船师傅无论如何努力去做，罗马船舰就是比它们的对手迦太基的战舰更加沉重笨拙。迦太基人是海上航行的高手。他们知道如何以撞击来击沉对手，如何避开近距离交战。

某位有创意但不知名的罗马人想出一个聪明的做法，弥补了其中的优劣差距。他发明一种叫“乌鸦”（*corvus*）的设计。这是一种两边设有低栏杆的木桥，靠在一支垂直的木柱上。或许这装置固定在船首，可以转向，并由滑轮系统来升高或降低。在这木桥之下设有一根金属钉。罗马战舰在接近敌人的五层舰时，会将木桥放到对方甲板上。这金属钉会穿透甲板，固定住木桥。接着一队约 70 名到 100 名经验丰富的战士组成的陆战部队，跨过木桥占领敌舰。

实际上，“乌鸦”将海战转化为水上陆战，完全出乎迦太基人意料。在公元前 260 年夏天时，罗马人接到情报，敌人正位于米莱（Mylae，今日的米拉佐，Milazzo），离西西里东北角不远，派出他们全部舰队前往。迦太基人发现他们时，立即毫不迟疑地迎上前交战。他们完全瞧不起这些意大利的业余水手，所以也不麻烦自己维持队形。他们对“乌鸦”感到困惑，但还是不顾一切往前冲。

让他们沮丧的是，最前面的 30 艘交战船舰都被罗马人捉住并登舰。其余迦太基战舰见状，迅速改变航道去包围罗马人，并且进行撞击。但是罗马人利落地转变他们木桥的方向，应对来自任何角度的攻击。迦太基人失去斗志，转身逃离，但其总数 130 艘的船舰已经损失了 50 艘。

迦太基海军指挥官为了免于绞刑处决，他必须先让迦太基国内同意他的下一步进行。但是当意气昂扬的罗马人成功地将他们军事作战的范围扩大至萨丁岛和科西嘉时，迦太基水手发生兵变，可能是用乱石击毙的方式，将其指挥官处决。[33]

所以双方的名声奇怪地调了个儿。一方面，共和国现在主宰了大海，发动成功的突袭，并对敌人舰队赢得第二次压倒性的胜利；但另一方面，迦太基人却在西西里的陆地上进展顺利。他们执行消耗政策，避开正面战斗，迫使罗马人长久地围攻一座又一座设有防御的工事和盘踞在山丘上的城镇。

元老院于是重新检讨战略。他们决定要善加利用罗马人在海上的新优势，绕过西西里，派遣一支远征军去进攻迦太基本土。在公元前256年，两位执政官及一支包含330艘船的大型舰队，驶向北非。每艘小船均载有120名步兵，整支军队约12万人左右，再加上10万名划桨手。这是极有野心的计划，但也是以史无前例的生命数量做赌注。

迦太基人明白这是个关键时刻，所以聚集了一支更大的拥有350艘船的舰队。双方在西西里岛南侧的伊克诺姆斯（Ecnomus）海岬遭遇，但是罗马人再度击溃敌军，击沉或捕获的船加在一起超过90艘。前往迦太基的道路已经畅通。

两位执政官在波恩（Bon）海岬以东安全登陆，波恩位于突尼斯湾，与迦太基遥遥相对。他们接着开始掠夺乡间地带，破坏物产丰饶的庄园，并且掳获2万名奴隶。整个征战的开端实在不能更顺利了。但是战事拖过了夏天，元老院召回一位执政官，他带领众多军队、掠夺品以及俘虏返航。他的同僚马库斯·阿提留斯·雷古拉斯（Marcus Atilius Regulus）则率领1.5万名步兵、5 000名骑兵以及40艘船留在非洲过冬，军团准备留下来。迦太基人意识到，这正是罗马人打算要做的：这不是短暂劫掠，而是入侵本土。

迦太基军队前往一个只距离突内斯城镇（Tunes，今日的突尼斯）32 千米的要塞。迦太基对罗马步兵感到畏惧，指挥官尽可能地避免正面作战，但还是从高地安全之处被赶了下来，损失惨重。突内斯沦陷到雷古拉斯手中。来自内地的避难者蜂拥挤进迦太基城，食物已极端不足。战争似乎已经接近尾声。

迦太基人开始议和。雷古拉斯是个缺乏想象力且自视极高的人。他希望征战在他执政官任期内结束，然后享受胜利游行。他现在正处于亢奋状态，觉得自己几乎已经成为这城市的主人，他要做的只是说出他的条件，然后等着被接受。这些条件都不切实际，十分苛刻，结果适得其反。迦太基人必须从西西里及萨丁岛撤军，所有罗马俘虏必须被释放，迦太基俘虏则必须被赎回，迦太基人必须支付罗马战争费用，而且必须缴纳年度贡赋，迦太基只有在罗马同意下才能进行战争。这些要求几近于无条件投降。虽然迦太基处境确实危险，但绝非无可挽回。于是谈判破裂。

在此期间，迦太基最高指挥部了解到己方将军的无能，所以在公元前 255 年春天征求一位斯巴达军事专家的意见，询问对付入侵者的最好办法。严厉的军纪和训练得以施行，士气开始上扬。迦太基军队出城迎敌，痛击志得意满的罗马人。这次胜利得益于从腹侧包围罗马军团，并且摧毁了他们。雷古拉斯与其他 500 人被俘，他的部队只有 2 000 人从战场上逃离。

雷古拉斯的命运未卜。他最有可能在囚禁期间自然死亡。有个传统的说法是：他因与罗马协商签订一项条约而被释放。他建议元老院拒绝迦太基的提议，然后遵守诺言，回到迦太基。根据公元前 1 世纪史家，一位西塞罗熟识之人的记载：

> 他们将他囚禁在一个黑暗及幽深的监狱之中，然后在很长一段时间之后，将他带到强烈的太阳光下，让他遭受曝晒，并强迫他向上看着天空。他们甚至将他的眼皮向两边扯开，然后再牢牢缝住，让他没有办法闭眼。[34]

其他人则说他是因为被剥夺睡眠而死。

这次入侵以灾难结束，但是战争尚未结束。元老院先前规划派出一支舰队去围堵迦太基，雷古拉斯同时从城市的陆路方向进行攻击。灾难的消息在舰队出发之前已经传来。现在约有 210 艘船被派去解救远征军仅存的部队。他们甩开一支迦太基舰队，前去劫掠乡间地带作为补给，完成了这件任务。但是在回程途中，他们遭遇了一个极大的风暴。因为受制于他们的“乌鸦”装置，所以大部分船只被吹离航线，并撞上西西里东南角外海的暗礁。约有 2.5 万名士兵以及 7 万名水手葬身大海。罗马在之前的战争中，还不曾在一击之下损失如此多的人马。罗马再度聚集一支舰队，但在公元前 253 年，它同样在攻击非洲海岸时，在暴风雨中被摧毁，这次则有 150 艘船损失。

我们很难了解这些灾难到底有多少只因为运气不好。无疑是有一些运气因素，但罗马海军将领似乎对战斗比对航海技术了解更多。无论是何种解释，意大利民众对海上的损失深为震惊，甚至罗马也无法承受这种人力的大量损耗。在海上与迦太基的决战已经失败。迦太基人也感到疲惫，不仅是因为与罗马人的斗争，也因为他们非洲邻居努米底亚人长久以来的叛乱。战争已经陷入僵局。接下来的两年，双方暂时停止了敌对行为。

一名新的克劳狄如今出现在罗马政坛上。这位普布利乌斯·克劳狄是盲眼的克劳狄·凯克斯的孙子，充分拥有这氏族所具有的怪异、傲慢基因（或是被后世的史学家强加上去的）。他起了一个“普尔喀”（Pulcher）的别名，这意思是“俊美”“潇洒”，由此可以推测他的面貌英俊，但也许这只是他因为对自己长相的虚荣心。

在西西里的征战仍是一段冗长艰难的过程，但是罗马还是有些进展，攻占西西里的迦太基城市帕诺尔摩斯（Panormus，今日的巴勒莫，Palermo）。利利巴厄姆这岛屿最西侧的据点是迦太基最后两个据点之一。在公元前250年时，罗马人决定加紧努力，清除西西里的迦太基人。一支执政官率领的军队以及一支拥有200艘船的舰队从意大利出发，去围攻这易守难攻的要塞。

克劳狄·普尔喀成为下一年的执政官，决定突袭附近的得雷帕那（Drepana，靠近今日的特拉帕尼，Trapani），这是另一个迦太基仅存的基地。在战争开始之前，他以海军指挥官的身份占卜，求取神意。占卜观察鸟类行动所透露出的征兆，比如它们如何飞行、歌唱或进食。人们给一些神鸡喂食，但它们拒绝碰触食物，这是恶兆，克劳狄应该停止他的作战准备，至少在那天应该停止。但是他脾气失控，将鸡丢进海里说：“假如它们不吃，那就让它们去喝！”[35]

这次的突袭是个尴尬的失败。显然罗马船只并未配置“乌鸦”，这让敌船可以充分行动并冲撞。克劳狄（在总共120艘船中）损失的船只超过90艘，虽然有许多水手登岸并重新加入利利巴厄姆郊外的罗马军队。

但是一个新的灾难随之而来。一支拥有120艘战舰的执政官船队护送 800 艘运输舰，从叙拉古出发去补给正在围攻利利巴厄姆的罗马军队。但他们被敌人骗过，在没有战斗的情况下被赶到南西西里遍布礁岩的海岸边。迦太基指挥官是一名经验老到的水手，发觉天气异常，所以撤军躲在帕库奴斯海岬（Pachynus）后面，留下罗马人单独去面对那毫不留情吹向陆地的暴风雨。除了 20 艘船外，整支舰队惨遭灭顶之灾。

克劳狄被召回，接受审判。他被指控犯了不敬神的亵渎之罪，以及在指挥时没有小心谨慎。雷雨发生，这是恶兆，随后审判停止，但是他被第二次起诉并定罪。他被重重地罚款，差点被处以死刑。他受此羞辱之后，没多久便死去（或许是自杀的）。在他死后不久，他的一位姐妹，在家族里和他的性格如出一辙，坐着轿子从庆典竞赛中回来，在街上因为人多而受阻。"只要我的兄弟还活着，"她大吼道，"他或许会再输掉一支舰队，将这些拥挤的群众削减一些！"[36]

罗马现在没有海军，而且太过虚弱，已经无法再打造一支。迦太基也不想自找麻烦，国库已经告罄，只能让货币贬值。它还被迫去向北非邻居埃及的托勒密二世借贷一大笔资金。精明如埃及国王，自然不会去干预这两个国家之间的争执，因为他希望能与它们同时维持良好关系。他冷淡地解释说："去协助朋友对付敌人是天经地义的，但不能去对付自己的朋友。"[37] 同一时间，元老院则比较少有财政问题，因为希罗正铸造大量的银币及铜币，来协助他的盟友进行作战准备。

虽然在解除西西里僵局方面没有发生太多的事，但罗马人处于更有优势的地位，因为敌人在全岛只有脚拇指大小的据点。利利巴厄姆和得雷帕那仍然在围攻之下。但在公元前 247 年，一位精力充沛的迦太基指挥官哈米尔卡・巴卡（Hamilcar Barca）在劫掠南意大利之后，抵达西西里。他或许太过实际，从不设想他能够赢得战争，但至少在目标上要将敌人削弱。他大部分时候会避开激战，采取游击战术。他在离帕诺尔摩斯并不太远的山上建立一座长期基地，接着又到高耸的俄依克斯（Eryx）城镇建立基地，虽然在俄依克斯的山顶上，有一座专司丰饶及性爱的腓尼基女神阿施塔特（Astarte）的神庙，但它依然在罗马人手中。哈米尔卡在这些基地采取“打了就跑”的战术。他赢得许多成功，看似精彩，却没有多大的战略意义。

经过疲惫的数年战斗，双方都被一连串激烈的西西里战役所带来的压力弄得近乎绝望。波利比乌斯写道：

> 最后这场较量难分胜负……但是他们在离开竞赛场时，双方都像胜利者，都没有被击败打倒。事实上在其中一方能够征服另一方之前……战事的结果以其他方式、在其他地方被决定了。[38]

这是因为哈米尔卡·巴卡的努力的确取得了效果，他说服罗马（并非第一次），它是无法在陆地上赢得战争的。

元老院使尽全力，进行最后一次你死我活的拼杀。舰队将第三次出动，要在海上决定它的命运。罗马开始向民众举债，如果胜利，将予以归还，毫无疑问，富有宽裕之人都被迫加入爱国捐献。个人或是一组几个人均承诺要支付一艘五层舰的开销。200 艘战舰于是很快被制造出来，而且在短期内装配完毕，这些船只是用利利巴厄姆外海所掳获的迦太基的战舰为模型，在技术上更先进，船体也更轻便。这些船舰并未配备“乌鸦”，因为他们的水手现在已经足够老练，能以敌人的作战方式来赢过敌人。一支新的罗马舰队在公元前 242 年夏天抵达西西里海域，震惊了敌人。迦太基人自己的船舰在国内，因为需要水手留在非洲继续作战。第二年3月，他们设法召集了170艘船上的人员，其中大部分水手是从市民中间征召的。迦太基计划去补给哈米尔卡的军队，然后运载一些他最好的佣兵来担任水兵，再回到海上去面对罗马人。因为缺乏运输舰，所以这些战斗用的军舰必须承担运输任务，因此被货物重压。

迦太基人很不走运，罗马指挥官盖乌斯·路达提乌斯·卡图鲁斯（Caius Lutatius Catulus）得知他们正在逼近，所以在利利巴厄姆外海的埃古萨（Aegusa）岛静静等待。他警告自己的水手说，或许在第二天会发生一场战斗。但随着黄昏来临，气候恶化。一阵强风吹起，罗马人难以抵挡。无论如何，他们不想因为等待，坐视迦太基舰队与哈米尔卡的陆上部队联手，决定发动攻击。舰队以排成一列的队形来面对敌军。

迦太基收起桅杆，彼此互相打气，上前与敌人交战。他们的信心用错了地方，因为负重过大的船舰难以操控；新水手训练不良，而陆战队则是新征召的士兵。他们很快被击溃，有50艘船被直接击沉，70艘船被掳获。其余可怜的船舰扬起风帆，在已转为东风的强风下疾驶，奋力逃命。胜利的罗马执政官驶向位于利利巴厄姆的部队，急忙将他已经掳获的人员及船舰处理掉。这相当花功夫，因为他掳获将近1万名俘虏。

迦太基已经孤注一掷，所剩无几了。它不再控制海洋，不再能补给位于西西里的军队，而在国内也没有人可以继续这场战争。哈米尔卡·巴卡被授予全权去采取任何他认为必要的措施。他的本能是继续作战，但也是一位足够谨慎的指挥官，不会不清楚现在已经束手无策。

他请求议和。

卡图鲁斯一开始不同意停火，除非哈米尔卡的军队交出武器并离开西西里。哈米尔卡回答说："虽然我的国家屈服，但我宁可死在战场上，也不愿在如此羞辱的条件之下回国。"[39] 罗马人对这一点做出让步，最后给出相当宽容的条件。这两个交战的国家将成为朋友和联盟；迦太基必须撤出西西里，不对希罗作战，归还所有战俘，不索求赎金，并且以 20 年分期付款的方式缴纳数量可观的赔偿金。

罗马当局有一个更加苛刻的观点，拒绝批准草拟的和约。10 个委员被派到西西里去重新协商条约。他们提高赔偿金，并将还款期限缩短为 10 年。或许是对哈米尔卡做出补偿性的让步，一个新条款说：作为盟友的双方不会遭到另一方的攻击。

突然之间战争结束了。它持续了 23 年，耗费掉数以十万计的生命（他们大多数是罗马人或是罗马的盟友）。如波利比乌斯在公元前 2 世纪时写道："这是我们所知最长久、最持续以及最大规模的战争。"[40] 但这不是一场拼到至死方休的极限战争。它像是一场拳击赛，最后以计分决定结果，而非一拳击倒来定输赢。

在本质上这争斗是有关谁来控制西西里的。问题现在已经解决了，这岛屿将成为罗马人的第一个行省。"行省"（*provincia*）通常是指一位被选出的官员执行其统治权的活动范围（例如一场针对某特定敌人的征战），但从现在开始形成的含意为后世沿用，即意大利本土之外由罗马直接统治的领土。这是个创新，因为共和国在意大利境内通常是以条约或兼并的方式来推行其意志。它倾向于让地方自我管理，而非由罗马直接统治。但是西西里实在太大、太远，罗马无法放心地让它自行其是，所以任命一位总督，或许是一位卸任的副执政官，来进行管理。

对迦太基而言，丧失西西里是一次很大的挫败，但并非致命一击。事实上，迦太基似乎已经在思考向其他地方扩张。有一段时间，它是两线作战的，一边与非洲当地土著交战，来扩大在非洲占有的土地，一边也设法抵挡罗马人。

除了韧性之外，罗马人也显示出他们有侵略本能，开始为自己想象一个帝国的命运。相比之下，他们的迦太基敌人则是具备足够生存下来的意志，但没有对胜利的渴望，也从未非常努力地去争取它。他们不要战争，他们也没有选择战争，只要战争远离，在和平氛围下他们便能够专心地创造财富。

因此，虽然战败，战后和平仍允许迦太基人去创造财富。迦太基仍是一个重要的商业强权，仍然主宰西地中海的贸易路线。汉诺及希米尔科的航行很早之前就已经指向一个有繁荣未来的世界角落，让他们免于新的“朋友和联盟”那侵略性的干涉。

象征罗马的母狼

若古罗马需要一个象征，那必然是这件青铜母狼雕塑，它凶猛却又温柔，哺育了幼年的罗穆路斯和瑞摩斯，他们成年后建造了罗马城。这尊雕塑被认为是公元 5 世纪伊特鲁里亚工匠所造（但有些学者认为它是中世纪的雕塑）。婴儿是由文艺复兴时期艺术家安东尼奥・波拉约洛后来增加的（罗马，卡比托利欧博物馆）

在大卫的《抢夺萨宾妇女》(*Rape of the Sabine Women*）中，罗穆路斯的妻子赫西莉亚，也是他的敌人萨宾国王提图斯·塔提乌斯的女儿，她冲到丈夫和父亲之间，制止罗马人与萨宾人在罗马广场的战斗。她提议那些被罗马人劫持的萨宾妇女应当有机会自己决定是否接受被强加的婚姻。提议得到双方认同，这两支族群随后结为同盟（巴黎，卢浮宫）

过去的伟大岁月

没有任何罗马早期历史的原版图像留存下来，法国大革命画家雅克-路易·大卫崇拜那些具有朴素爱国情怀的传奇故事，并创作了绘画，在精神上贴近共和时期罗马人的世界观

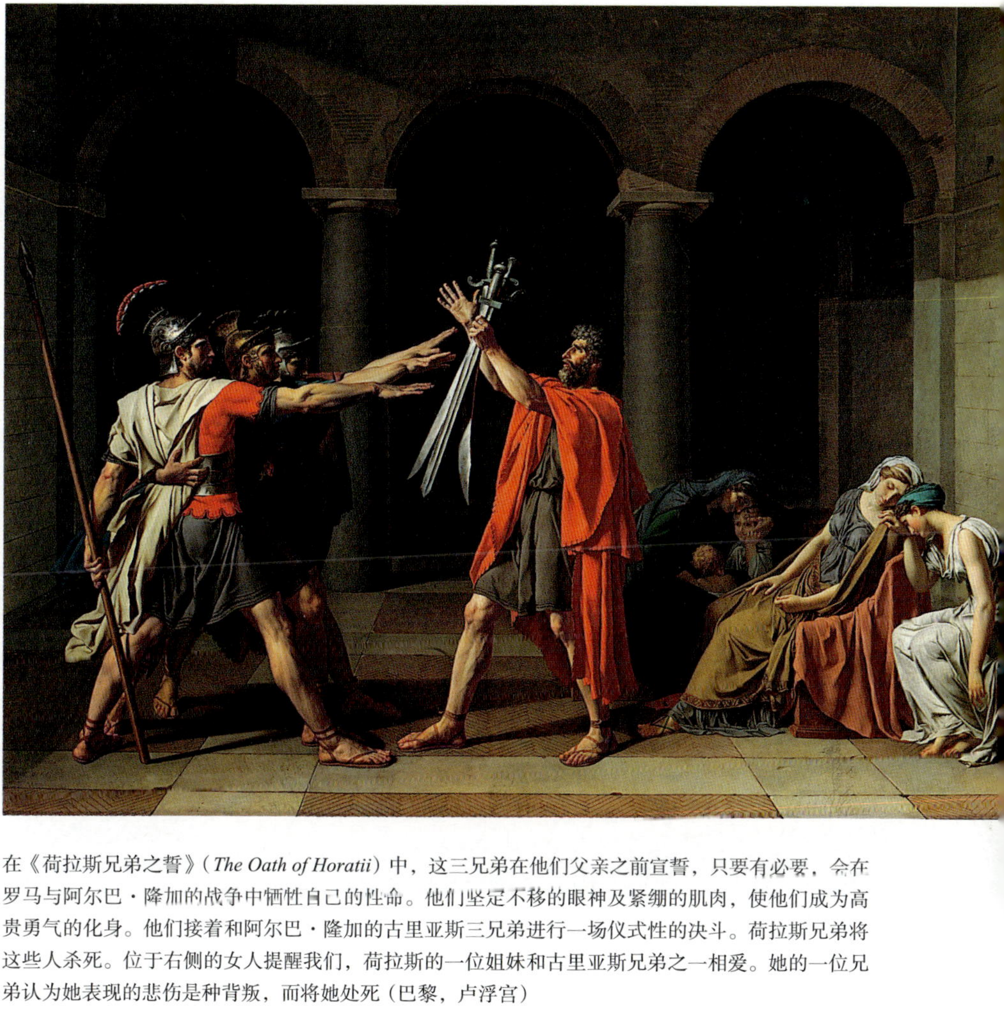

在《荷拉斯兄弟之誓》（*The Oath of Horatii*）中，这三兄弟在他们父亲之前宣誓，只要有必要，会在罗马与阿尔巴·隆加的战争中牺牲自己的性命。他们坚定不移的眼神及紧绷的肌肉，使他们成为高贵勇气的化身。他们接着和阿尔巴·隆加的古里亚斯三兄弟进行一场仪式性的决斗。荷拉斯兄弟将这些人杀死。位于右侧的女人提醒我们，荷拉斯的一位姐妹和古里亚斯兄弟之一相爱。她的一位兄弟认为她表现的悲伤是种背叛，而将她处死（巴黎，卢浮宫）

辛辛纳图斯

辛辛纳图斯出身贵族世家，平常耕种一小片田地，后来担任独裁官，为罗马人击退埃魁人。结束任务后，他立即卸甲归田。他在罗马历史上不是具有重大意义的人物，却代表了罗马人最为仰慕的特质。如 19 世纪画家胡安·安东尼奥·利贝拉所绘，辛辛纳图斯将象征独裁官的紫色衣袍归还两位穿公民袍的公民，并解散象征其权威的仪仗队

罗马的敌人

汉尼拔是罗马最大的敌人，他一度使罗马屈服。这位迦太基将军的大理石胸像发现于古城卡普阿，如果它真是古典时期的作品，那么它一定创作于汉尼拔在扎马战役率军失利之后，因为他的专注与好斗精神，蒙上了一层忧伤和顺从（那不勒斯，国家博物馆）

罗马用了一代人的时间才出一位足以击败汉尼拔的将军，年轻的大西庇阿向他的对手学习，最终超过了他。这尊壮年的大西庇阿的胸像发现于赫库兰尼姆古城的“古卷精舍”(Villa of the Papyri)（那不勒斯，国家博物馆 / 摄影：Massimo Finizio）

汉尼拔最伟大的胜利是在阿普利亚地区的坎尼，奥菲都斯河畔的小镇取得的。8 000 名罗马士兵失去了生命。在战役发生过的地方，一根纪念碑式的柱子，孤单地矗立在平坦荒芜的平原上（摄影：Jörg Schulz）

迦太基的遗迹

迦太基在第三次布匿战争之后全面毁灭，但后来被罗马设为殖民城市，迅速恢复了生机，成为罗马帝国西半部仅次于罗马的大城市。图为安东尼·庇乌斯（Antoninus Pius, 138–161 年在位）时代的澡堂

罗马大道

罗马人每到一处，就会修建道路。这些道路使遥远的定居点和首都连通，让军团能够迅速地奔赴各地，在多山的意大利全境彰显威力。在公元 312 年，阿庇乌斯·克劳狄·凯克斯下令铺设了罗马共和国第一条主干道路——阿庇乌斯大道，人们至今还能看到其中一部分

共和国的毁灭者

正当公元1世纪时，马略（左）支持公民大会，而苏拉（右）为贵族制度代言。他们都曾挟持国家政权，将他们的敌人一个接一个地屠杀。在那个时代，统治阶层绝不宽容反对意见，而没有反对意见来精妙制衡的罗马宪政，就无法发挥作用（慕尼黑，古代雕塑展览馆）

解放者

在公元196年，提图斯·昆克提乌斯·弗拉米尼努斯宣布了希腊人的自由，这为他赢得了至高的声望。他是第一个让自己的肖像出现在希腊或马其顿钱币上的罗马人，比如这枚继承亚历山大时代样式的金币

帝国缔造者

在公元63年，庞培击败了本都王国的米特里达梯。罗马在中东的行省和王国建立起长期的定居地，成为整个古典世界无与伦比的超级霸权，并持续了数个世纪（丹麦，新嘉士伯美术馆）

共和护卫者

伟大的演说家西塞罗相信罗马宪政近乎完美，尽管当时所有证据表明罗马宪政正在衰落。他怀着自豪的心情回顾那段光荣的过去。他因为护卫他所爱的共和国，被那些摧毁共和制度并以独裁政权取而代之的人处死（罗马，卡比托利欧博物馆）

罗马广场

罗马广场是古代罗马核心地带的公共广场。此处有元老院、公民大会会场、露天的法庭、店铺和神殿。这幅全景图显示，仅存的只剩劫后的废墟。位于画面中央的是农神神殿的正面立柱神庙，在其后可以看到皇帝塞普蒂米乌斯·塞维鲁的拱门，再其后是元老院议事厅的砖墙及三角墙。右侧则是作为购物和贸易中心的朱里亚会堂的地基。在它的远处是卡斯托耳与波鲁克神庙的三支高柱，而在其左侧是灶神维斯塔的圆形神庙的白色遗迹，该处供奉着罗马城的圣火（摄影：Arnold Dekker）

日常生活

罗马作家对于人们的日常生活记录得很少，但建筑、器物和雕饰都被保留下来，让我们得以窥见当时人们平时的生活消遣。富人的住处宽敞豪华，从公元5世纪的庞培古城可以看出（上 / 摄影：S.H.O'Leary）。但大多数罗马城市居民居住在名为因苏拉（insula，意为“岛屿”）的多层公寓的一两个房间内，比如在奥斯提亚复原的这一栋（下）

在因苏拉中，用于家中做饭的厨房用具十分罕见，在户外吃饭很流行，因此这个小酒馆设有加热食物的吧台（摄影：Daniele Florio）。其背景有一副湿壁画，房子的精灵在中间，两侧是家庭的守护神。经商贸易之神墨丘利在最左端，酒神巴克斯在最右端

性关系在罗马十分常见，而且肉体交易频繁。卧室中的这幅湿壁画给居住者提供了刺激和引导。罗马的妓院生意兴隆，但那些保守男性的态度也很激烈，正如庞培古城墙上的涂鸦所说，“若是爱神伤了我脆弱的心，我为何不能敲碎她的头颅？”（摄影：Heinrich Stürzl）

第 12 章

“汉尼拔在门口！”

这位年迈的将军是宫廷的贵客。他不再统率任何军队，而是一位被放逐的流浪者。他希望成为安条克三世（Antiochus III the Great）的军事顾问，安条克三世主宰着一个世纪之前亚历山大大帝所征服的许多亚洲疆土。国王正在思索是否要与那令人困扰的新地中海强权——罗马，进行一战，也无法确定他的客人是否忠诚。作为回应，这老人告诉他一个故事，来证明自己的忠诚：

> 当我的父亲准备率军远征西班牙时，我才九岁，站在父亲准备向太阳神献祭的祭坛旁。占卜的征兆呈现吉祥，我父亲祭酒献神，执行一贯的仪式，之后他下令所有出现在祭祀场合的人，往后远离祭坛。他叫我靠近，很亲切地问我是否希望随军远征。我喜出望外，然后像个男子汉一样，恳求前去。父亲握着我的手，引领我到祭坛，命令我将手放在祭品上，发誓自己绝不会成为罗马人的朋友。[1]

国王相信了，将这老人列入他的官员名单。

对这小孩来说，他做出宣誓的那一天是清晰而感情真挚的一刻。它始终是个鲜活的回忆，而且终其一生引导着他。此人便是迦太基人汉尼拔，一位军事天才，罗马共和国在其漫长历史中最敬畏的敌人。

当他身为一支大军的指挥官，在罗马城墙外扎营时，这是个恐怖、绝对令人难忘的梦魇形象；在未来，如果罗马小孩吵闹，父母亲若要让他们安静，可以想象到会说出的最可怕威胁就是："汉尼拔在门口！"（*Hannibal ad Portas*）[2]

汉尼拔的父亲是精力旺盛的哈米尔卡·巴卡，他于第一次布匿战争的最后几年在西西里统率迦太基武装部队。他在公元前274年抵达岛屿，那年他儿子恰好诞生。"巴卡"并非家族或氏族名，而是别名，意为"雷霆"或是"如刀剑般的闪电"（这与希伯来文 *barak* 有关），表达他具有活力和冲劲。

这似乎是哈米尔卡在他的私人及公共生活中一直坚持的品质。除了生养三个儿子以及至少一个女儿，他也痴迷于一位有魅力的年轻男性贵族哈斯德鲁巴（Hasdrubal，这个别名意为"英俊的"）。[3] 因为哈米尔卡是有领导地位的政客和将军，这引起许多批评的声音（的确，也有可能他的对手捏造了这个故事），负责道德监督的权力机构禁止这两人相见。但哈米尔卡一点都不以为意，他让他的爱人娶他的女儿，这样一来，让岳父与女婿不得相见，必然是违法之事。

哈米尔卡刚一完成西西里岛战事的协商，获得和平的结果，他便返回到迦太基，让其他人去遣返迦太基那支由多种族组成的佣兵，这是一项不讨好的差事。哈米尔卡是位机灵的战术家，他希望与不光彩地向罗马投降以及破产的国家无法支付士兵报酬这类事情，离得越远越好。不过他也必须面对他政敌指责他执行政策不力的指控。[4]

2万名佣兵回到迦太基的后果无疑是个大灾难，差一点导致迦太基的亡国。这些佣兵不是迦太基公民，他们首先当然要忠于自己，而非他们的雇主。囊中羞涩的当局只能支付亏欠薪资的一小部分，所以这些人立即叛变。这是个致命的危机，因为这些叛乱分子正是之前国家军队的士兵，没有其他士兵可以来抵挡他们。迦太基被迫在很短时间之内去征召一支公民军队，而且以国库里非常有限的现金，去雇用新的佣兵。

一开始，迦太基任命了一位能力不足的将军，所以战事进行得极为不顺。于是哈米尔卡被授予一支小型军队，设法击败叛乱分子。双方都犯下令人发指的恶行。哈米尔卡让佣兵部队落入陷阱，最终瓦解了叛乱。任何落入他手中的人都被处以绞刑。其中一位主要领导人，一个叫作马托（Matho）的非洲人，在迦太基街道忍受了一场戏谑般的胜利游行。他由年轻人押送着行走，如波利比乌斯写道："在他身上实施所有种类的酷刑。"[5]福楼拜在他的小说《萨朗波》中想象了他们的所作所为：

> 一个小孩扯掉他的耳朵，一个女孩将纺锤藏在袖子里，刮花他的脸颊。他们扯掉一把一把的头发并撕掉一片一片的肉；有人在棍子一端的海绵沾上排泄物，来涂抹他的脸。鲜血从他喉咙流出，而这景象将群众刺激到疯狂。对他们来说，这个人，这野蛮人中的最后一人，象征着整支野蛮军队。他们将遇见的所有灾难、恐惧以及羞辱都报复在这个人身上。[6]

最后一次挫败加深了迦太基领导人物对罗马的怨恨。迦太基属地萨丁岛的佣兵与他们在非洲的战友沆瀣一气，也开始叛变。他们受到当地居民的压迫，而请求罗马协助。在公元前238年到前237年，元老院决定派出远征军去接管这个岛屿。当迦太基人得知此事，他们提醒元老院说萨丁岛仍然被视为他们的财产，他们准备要收复它。罗马的回应既叫人讶异又觉得嘲讽。尽管罗马人没有正当理由，但他们仍主张迦太基这种准备收复的行动，已经构成敌对行为，并发出最后通牒，要求迦太基放弃对该岛的所有权利，并赔偿1 200塔兰特的钱款。这些新条件被加入到公元前241年订立的条约中。罗马占据了萨丁岛以及科西嘉，这两个地方成为像西西里一样的行省。

这是傲慢的盗窃行为。史学家波利比乌斯是极为钦佩罗马的人，但即便是他，也不禁谴责这项吞并行为。他评论说："对罗马的行动实在没办法找到任何合理的理由或借口。"[7]他还提到，如哈米尔卡·巴卡之类的人既没有忘记，也不会原谅这不正义的行为。

在佣兵之战结束后，哈米尔卡立即出发前往西班牙。迦太基目前不是一个适合孩子生活的地方，所以他让年轻的汉尼拔随行，就不足为奇了。但是他离开迦太基的动机并非为了个人，而完全是为了彻底改变他祖国所遭遇的不幸。

关于迦太基内部的政治，我们所知很少，但看起来似乎有两个派系：一个代表土地所有者的利益，偏好在非洲扩张以及发展农业，而不是高风险的海外冒险行为；而另一派系则由商贾组成，为他们在国际海域中的活动寻求军事上的保护。前者代表的是正在掌权的寡头阶级，后者则提倡民主改革。

哈米尔卡是后者的领导人物。虽然他作为一位谨慎的政客受到尊重，但在西西里的失败和佣兵之战所带来的痛苦，似乎使他变得激进和极端。根据西西里的狄奥多罗斯的记载：

> 在结束佣兵之战不久，他在较低阶层的人中间形成了一个政治权力基础，于是他通过这一资源以及从战争中掠夺的战利品累积财富。当他见到这种成功正带给他不断增加的权力，他开始煽动群众，讨好人民。以这种方式，他引诱他们把在西班牙没有任期限制的军事指挥权委托给他。[8]

哈米尔卡现在的行为就像是希腊常见的“僭主”一样，单一的强人统治得到普通公民的支持。然而，事情的发展证明他没有在迦太基发动政变的野心。他要的只是在西班牙随心所欲。

迦太基面对着两个重要且相互交织的挑战。它要如何重建崩溃的经济？海外的贸易及国内的农业生产因为最近的军事冲突而受到严重破坏，而每年大量的赔偿金对财政而言是巨大负担。从长远来看，迦太基要如何向罗马人讨回公道？

对哈米尔卡来说，这两个问题的答案在伊比利亚半岛上，那里有潜在的可以征召的庞大人力库存，还有似乎永不匮乏的白银、铁和其他金属的矿产供应。他接受将会永久丧失西西里的事实。就像所有迦太基人那样，他对罗马人兼并属于迦太基的萨丁岛及科西嘉这种明显违反条约的行为感到耻辱。腓尼基人长久以来在西班牙拥有商业据点，卡地兹是其中一个港口城市。哈米尔卡现在决定要在这半岛上建设一个具备一定规模且强大的迦太基行省。可以预料，即使那些过去习惯腓尼基人在海岸出没的人，也抗拒此提议。哈米尔卡执行“胡萝卜加大棒”双管齐下的做法，这是当初他曾用来对付叛变佣兵的手段。

他把英俊的哈斯德鲁巴（他的女婿兼爱人）带在身边，结果这个人证明自己是一位极为雄辩且手腕灵活的外交高手，正如哈米尔卡是位具有侵略性而且足智多谋的将军那样。哈斯德鲁巴圆融地选择了一位西班牙公主作为第二位妻子。在接下来的十年间，这两位领导人征服了西班牙南部及东南部的大部分领土。迦太基人也重新组织银矿业，大幅提高生产能力。据估计，在稍后的世纪之中，有4万名奴隶在矿区工作[9]，每日可以创造出10万塞斯特斯（sesterces）的利润。没有理由相信迦太基人在哈米尔卡·巴卡统治的时代效率低下。

因为罗马人在西班牙没有战略利益或是资产要保护，所以对这些发展不太关注，但是在一段时日之后，他们决定调查一下迦太基人扩张的传闻，但这并不意味迦太基人有任何违反协议的行为。他们派遣使节团去哈米尔卡那里要求简报，[10]使节团受到谨慎且礼貌的接待。迦太基将军以看似真实的说明来回应使节的关切。他说：“我必须与西班牙人作战，获得金钱来支付罗马的赔偿金。”这令特使团无话可说。

公元前229年，哈米尔卡在面对一位西班牙的部落领袖时，遭遇到少见的军事挫败。那时汉尼拔和他的一个弟弟与哈米尔卡在一起，但哈米尔卡故意转到另一条路上，让敌人追杀他，而非其他的部队，从而拯救他的两个儿子。他被部落首领追上，为了逃脱，他从马背上一跃而下，却跳到河里淹死了。哈米尔卡之死并未影响迦太基人主宰西班牙，一名接班人随即任命。汉尼拔当时年仅18岁，虽然他也受到欢迎而且精明能干，但太年轻，未被列入考虑。因此迦太基的长老议会批准哈斯德鲁巴作为接班人，他已经证明自己并非只有一张俊美的脸孔。

新的总指挥官继续着他前任的成功事业，通过协商取得了与通过武力取得的同样多的成就。其中包括和罗马签订的一项条约。元老院认识到自己一直处在“酣睡之中”[11]，结果让迦太基征召配备一支大军。它派出第二个使节团到西班牙，而哈斯德鲁巴同意不跨过今日的埃布罗河（Ebro，当时名为希伯洛斯，Hiberus）。这界线其实位于那时迦太基所控制的领土以北，所以这是个迦太基容易接受的让步；从罗马观点来看，这协议令人满意地保护了罗马忧心的盟邦马西利亚（Massilia），也保护了它位于西班牙东北海岸的殖民地。迦太基那种不受欢迎的复苏是尚未解决的更大的问题，即使是最冥顽不灵的元老特使，也几乎不会期望迦太基只是因为罗马的要求就放弃所获得的资产。

即使罗马在这时候想进行任何威胁，它也无法进一步行动，因为共和国正在北意大利面临重大危机。居住在波河平原的凯尔特部落因为罗马的侵犯而大为愤怒，因此召集了一大群战士。公元前225年，他们在特拉蒙（Telamon）战役中被罗马击溃，但他们仍不屈服，成为无法驾驭的邻居。

哈斯德鲁巴最不朽的贡献是建立了一个新港口，这是西地中海最好的海港之一，他将之命名为“新迦太基”（Carthago Nova，今日的卡塔赫纳，Cartagena）。这名字取得恰当，因为就像母城迦太基一样，它建立在一个介于浅潟湖和海湾之间的海岬上。一个位于海湾出口的岛屿将大海的波浪减缓。偶尔西南风会稍稍激起波浪，除此以外，很少有风会在湾内的水面上激起波浪。这是个理想的地点，不只是对渔夫和商人而言，对逐渐增加的白银贸易来说，这也是最新的出口场所。在城市最高耸之处，哈斯德鲁巴建起一座壮观的宫殿，就像他和他岳父创造出的新帝国那光彩亮丽的象征。

对全世界而言，这讯息没人会误解：迦太基已经回来了。

哈斯德鲁巴的和睦政策并没能使他得到善终。公元前221年某夜，他在自己的住处被一名凯尔特的奴隶杀害，因为哈斯德鲁巴杀死了他原先的主人。凶手被周围的人捉住，但他没显示出任何恐惧或忏悔。他的表情在酷刑下也未曾改变过。

汉尼拔现在25岁了，得到大家喜欢，大胆无畏，拥有敏捷而充满想法的头脑，虽然年轻，他却阅历丰富。毕竟在他父亲追求自己制订的征服计划中，他接触计划核心达十五年之久。他身为民主派家族的领导成员之一，行伍士兵皆异口同声拥戴他成为新的总指挥官，位于迦太基的公民大会也是同样的反应。尽管在长老议会中有一些反对的声音，但是汉尼拔最终获得任命。

他很快就吸引了罗马所有的注意力，他的人格极具魅力。李维总结了大多数人的看法：

> 他毫无顾忌地追求冒险，一旦落入危险，他表现出极佳的战术能力。他的体力和心智永不疲惫，可以泰然自若地忍受酷热或严寒。他是依据需求而非为了享受来吃喝的。他的睡眠，未曾由白日或黑夜来决定；只有当他工作结束的时候，他才会睡觉休息，无须周围保持安静或是有舒适床铺。他经常和值哨或值勤士兵一起身披斗篷，直接在裸露的地面躺下休息……他身先士卒投入战斗，也是最后一位离开战场的。[12]

从负面角度来说，他在公民同胞中以爱钱出名，而在罗马人那里则以残酷闻名。[13]这基本是大众的印象。这些批评的准确性被敌人的宣传刻意模糊。用波利比乌斯颇有智慧的看法来说，环境的压力使人们难以“对汉尼拔的本性做出判断”。

此刻，这位年轻将军的想法没人知道。有两年之久，他维持着迦太基的扩张政策，恢复了他父亲奉行的侵略性军事方式。他也同样谨慎地娶了一位当地公主，正如其姐夫曾经做的。很快，迦太基的领土便远及埃布罗河。他是否有个长远的计划呢？

假如没有，事情的发展很快便让他创造出一个计划。萨贡托（Saguntum）是位于埃布罗河以南的海边小城，没有很大的军事或商业重要性。萨贡托与罗马友好，但并无正式外交关系，而罗马曾在它的请求下仲裁了一件内部纷争。我们无法准确得知罗马何时允许了这种交往。假如是在哈斯德鲁巴的“埃布罗河条约”之前，那或许可以认为条约中止并取代了罗马与萨贡托的友好关系。但如果是在条约签署之后，那显然罗马破坏了条约，因为哈斯德鲁巴承诺不越过埃布罗河出兵，意味着河流以南的土地在迦太基的势力范围之内。无论哪种情形，汉尼拔都有理由对罗马的干预表现出不满。

接着萨贡托卷进一场与当地一个亲迦太基部落的争执之中，后者请汉尼拔协助。这对迦太基将军来说是最后一根救命稻草。然而汉尼拔谨慎行事，不给罗马人任何发动战争的借口，直到他自己完全征服埃布罗河以南的所有领土，并充分巩固他的收获。在公元前220年打败所有敌对部落之后，他做到了这一点。他现在控制着半个伊比利亚半岛，面积约有23万平方千米。

只有萨贡托拒绝承认迦太基的主导地位，却又害怕汉尼拔的愤怒。城里的人可以感觉到套在脖子上的绞绳逐渐拉紧，所以派遣使节到罗马，要求紧急协助。元老院因忙于其他事，花费较多时间才做出回应，但最后还是派遣特使去警告汉尼拔不可对萨贡托采取行动。

汉尼拔见到他们时，已经是在新迦太基的宫殿，这是他在征战季节结束之后过冬休息的地方。他批评罗马干预萨贡托的内部事务。他说："我们不会忽略这种对信赖的破坏。"[14]

罗马特使得出的结论是战争无法避免，所以又到迦太基去重申他们的抗议，但徒劳无功。汉尼拔向国内当局报告说，萨贡托自认为有罗马撑腰，已经攻击了一个在迦太基保护下的部落，要求国内当局进一步指示。长老议会之中是有些反对意见的，但要对一位受人爱戴而且手中又握有大军，还在迦太基有平民广泛支持的名将采取对抗立场，长老们有些迟疑。汉尼拔于是获得放手去做的机会，尽管这授权并非心甘情愿。

公元前 219 年初，汉尼拔围攻萨贡托。当地居民坚决抵抗，相信罗马人会前来拯救。但他们将会失望，因为共和国刚刚结束一场对北意大利凯尔特人的战争，现在正忙于另一场战争，对抗在亚得里亚海远端横行的伊利里亚海盗。元老院从来都不喜欢双线作战。萨贡托束手无策。在历经了绝望的 8 个月之后，它于秋天落入汉尼拔手中。

守城者饥饿到人吃人。[15]他们对罗马失望，立刻将所有黄金、铅和铜熔铸在一起，令黄金变成废金属。因为相信能够在战斗中战死已是最好的结果，城里的男人都向外冲锋，抵挡围城者。他们勇敢战斗，但徒劳无功。阿庇安写道：

> 当女人们从城墙上见到自己的丈夫被屠杀，有些人便从屋顶跳下，有些人上吊自杀，其他人先杀死孩子，然后再自杀。[16]

汉尼拔的情绪没有因为身上有标枪造成的伤势而有所节制，而且损失黄金简直是对他的折磨，因此他将所有幸存者都折磨致死。

现在每件事都变成慢动作。罗马对要做什么犹豫不决。备受敬重的元老昆图斯·费边·马克西姆斯（Quintus Fabius Maximus，因为他的嘴唇上有个疣，所以有 Verrucosus 的外号，意思是长疣）领导费边氏族反对战争，而科涅利氏族中的西庇阿家族支持战争。等到公元前 218 年晚春时，经过一场激烈的辩论，元老院才派遣一些资深政客去迦太基下达最后通牒。他们告诉迦太基长老议会，若不把汉尼拔交给他们便开战。一位迦太基的发言人指出，罗马兼并萨丁岛已经破坏了公元前 241 年的条约，而且萨贡托在条约中并未被列为罗马盟友，所以依据条款并不能免于迦太基攻击。罗马人不喜欢被认为已经违约，所以拒绝回答迦太基的发言。波利比乌斯记述了随后发生的事：

> 代表团中的资深成员指着自己所穿的袍子，向长老议会宣布说：在这袍子里，他同时带来了和平与战争，而他们要他留下哪项，他便会让那一项落下。迦太基的“苏菲特”回应说，他应该拿出来他认为最好的，而当特使回答最好的将是战争时，许多迦太基元老立即喊出：“我们接受它！”[17]

罗马人返国，但一度平安无事。大家假设这战争将在西班牙和北非开打。所以两位执政官普布利乌斯·科涅利乌斯·西庇阿（Publius Cornelius Scipio）以及提比略·塞姆普罗尼乌斯·隆古斯（Tiberius*

* 原文误为 Titus。——译者注

Sempronius Longus）为此召集士兵。夏天的时候，他们从意大利往不同方向出发。西庇阿将乘船前往马西利亚，上岸后，行军到比利牛斯山。同时，他的同僚立足西西里，部署入侵非洲的计划。

汉尼拔有不同的想法。虽然并无记载，但他必然已经对下一步思考很久而且很用心：这计划便是入侵意大利。

他并不认为第一次布匿战争的胜负是最终的结果，我们或许可以强烈怀疑，他过世的父亲哈米尔卡也有同样想法。这并非说他们中任何一人从一开始便意图重启战端。自从丧失西西里的领土，已经过去20年[18]，时间大把地花在重新恢复迦太基的强盛上，还要全情投入在建立一个西班牙帝国的辛苦而野心勃勃的任务上。与罗马进行第二次较量，对他们而言更像是一种可能性，而非实际的目标。现在这样的机会既然已经出现，这位精力旺盛的年轻指挥官欣然接受它的到来。

对汉尼拔而言，罗马通过不公平的违约行为兼并萨丁岛并让迦太基付出的巨额赔偿，仍然令人痛恨。在他眼中，萨贡托只不过是罗马人前后不一地玩弄双方议定条约的又一个例证。罗马人喜欢嘲讽所谓"腓尼基的诚信"（*Punica Fides*），但现在"罗马的诚信"（*Romana Fides*）又价值几何？不过或许能说服汉尼拔进行战争的最重要因素是，他这么做有相当大的成功机会。就所有实际目的来说，征服半个伊比利亚半岛给他两大优势：一个是银矿会提供取之不竭的现金，另一个是他现在已经统治骁勇的西班牙部落，这会提供给他丰富的人力资源。迦太基没有比这更有利的机会来和罗马再次较量了。

他并没有想要彻底毁灭罗马，他要将它削弱到适当的规模。这必将意味着意大利"联盟"网络的瓦解。假如他能令这些罗马的盟邦成员重获自由，他必然能够从罗马手中拿走他在西班牙才刚刚得到的东西——金钱和人力，这些是一个地区小角色要转变成强权所需要的。这样的政治目的决定了他的军事策略。他必须将战争带到意大利。

他谨慎且秘密地进行准备工作。他派遣一大支西班牙军队去保护北非，以此交换一支非洲军队驻扎西班牙，借此他可以让士兵与他们的家乡分离，以防他们不忠。他将西班牙的防卫交给他的弟弟，他也叫哈斯德鲁巴。汉尼拔依赖哈斯德鲁巴提供关键性的援军和金钱，无论何时有需求也无论需求有多大他都能满足。他同时送出消息给法国南部的高卢部落，通知说他将会穿越他们的势力范围。汉尼拔也准备了辎重补给，来维持他那庞大的军队。

汉尼拔前往卡地兹，到著名的麦勒卡特-赫拉克勒斯（Melqart-Hercules）神庙进行祭祀，这里面有八支铜柱，注重金钱的腓尼基人将建造费用刻写在上面。之后他才前往他的首都新迦太基。在 5 月左右他出发向北，带领一支约由 9 万人的步兵以及 1.2 万人的骑兵组成的军队。[19] 他横渡争议地带的埃布罗河，在北西班牙进行一次闪电攻击后，派一些人回去待命，作为未来部署的预备部队。他越过比利牛斯山，率领一支包括 5 万名步兵及 9 000 名骑兵，外加 37 头战象的军队，进入高卢。他强渡罗纳河（Rhodanus），花了好大力气才驯服焦躁不安的战象乘着一大片覆土的木筏渡河。

罗马早期历史再次见证了一个传奇人物的出现。[20]

汉尼拔用心地宣扬自己是位伟大的指挥官，也是一个力行道德、有社会品德的人。就像亚历山大一样（他始终是那些自认为征服者的模范榜样），他将一群他信赖的希腊知识分子聚集在自己周围。其中一位是他的老家教，名为索赛勒斯（Sosylus）的斯巴达人，曾教过汉尼拔希腊语，汉尼拔的希腊语的确十分流利。另一位则是杰出的史学家希勒诺斯（Silenus），他是一部有关西西里研究的四卷本作者，而西塞罗称赞这部作品是“对汉尼拔生平及成就的记述完全可靠的权威著作”。

他们的任务不仅是要记录这次征战所发生的事件，而且要对这些事件做出最有利的说明，甚至为他们的英雄构思具有象征性（无论虚构还是夸张）的故事。希勒诺斯最先详细叙述了汉尼拔在攻下萨贡托之后做过的梦：汉尼拔被朱庇特召唤到一个奥林匹亚诸神的议会中，并命令他入侵意大利。与会者之一被指定做他的向导。在他和军队出发之后，向导告诉他不要向后看。他无法不回头，但这和俄耳甫斯（Orpheus）在地狱中先行离开他的妻子时屈服的诱惑不同，汉尼拔并未被惩罚*，反而有机会见到即将来临的恐怖景象。根据西塞罗的记载：

> 他看见一只巨大的怪物与许多蛇纠缠在一起，破坏了所到之处所有林木、树丛和建筑物。他大为震惊，询问神明这恐怖的景象是何意义。“这是意大利遭受的蹂躏，”神明如是回答，“往前走，不要担心你背后正在发生的事情。”[21]

这怪物听起来非常像九头蛇怪，一条有许多头的巨蟒，这是赫拉克勒斯在一次艰苦任务中所杀掉的。在梦中这怪物代表罗马，汉尼拔则扮演那位勇敢的半神。

---

* 俄耳甫斯的妻子欧律狄刻（Eurydice）因俄耳甫斯这回头一看，破坏了承诺，而被再度召回地狱。——译者注

这并非任意为之的指认。这位迦太基指挥官要表现自己是新的赫拉克勒斯，由西至东重新踏上这位神明走过的路线。他开始于卡地兹，往北沿西班牙前进，再沿着南部高卢，直到意大利。（在原始的神话中，赫拉克勒斯最后会进入希腊。）他发行舍客勒（shekels）银币来支付部队薪水，[22] 一些钱币上的赫拉克勒斯具有（几乎可以确定）留胡髭的哈米尔卡的特征，但另一些则像胡髭完全刮干净的汉尼拔。身为一个调和不同文化（特别是腓尼基与希腊）、坚守法律、毫无畏惧去完成试炼的人，汉尼拔将会执文明大旗，是上天派遣来击败残酷野蛮的罗马强权的使者。正是这些特质协助他把那鱼龙混杂的军队团结起来，而且他希望能说服意大利的人们效忠于他。

汉尼拔似乎也求助于奥林匹亚山上罗马最难安抚的神明之一——朱诺。她或许已经接受维爱沦陷于罗马人之手，但她是位从来不会忘记、也从不原谅的神明，特别是她曾在特洛伊王子帕里斯手中受过屈辱，埃涅阿斯还拒绝过她所钟爱的狄多，那失恋的迦太基女王。

同时，不知情的执政官西庇阿正在前往西班牙的途中，大约与迦太基人同时抵达高卢，但双方来自不同方向。双方侦察部队有初步交锋，但此刻汉尼拔为了避免正式交战而悄悄溜走，直接前往阿尔卑斯山和意大利。罗马人在震惊之余方才了解到汉尼拔的真正目的地。执政官选择不去追击他，相反，他依照原计划将大部队派往西班牙，自己则返回意大利，在那里他要率领新兵和汉尼拔对决。这是这场战争中最重要的单方面战略决定，因为假如罗马军团在西班牙积极行动的话，他们应该可以排除或至少严格消减哈斯德鲁巴去增援他兄长的可能。

在 10 月或 11 月初时，汉尼拔横越阿尔卑斯山。他本来要选择赫拉克勒斯的路线，这相当于直接穿过蒙热内夫尔（Montgenèvre）山隘，但是他必须避开西庇阿，所以向北背海而行。我们不清楚迦太基人实际上选择了哪条通道（这即使在古代也是争议之事），但无论如何，他们都会遇见极有侵略性的山地部落以及当时不该出现的冰雪。军队与牲畜都历经艰难，方才通过。下坡路段就和上升时一样危险，既窄且陡。新雪覆盖在旧雪之上，使得路面更加不可预测。一处早先发生的山崩已经造成部分道路被毁，部队惊恐地从一个新形式的悬崖边缘看到谷底。回头已经不可能，但如何继续前进？这通道已经变成死路。

汉尼拔拒绝承认败给大自然。他将覆盖在山脊上的积雪移除并扎营。李维写道：

> 必须将巨石切开，他用一个利用高热和潮湿的妙计来解决：他们砍下大树并将之切成段，堆成一堆，适时借用强风的协助来引燃，当巨石加热到足够的温度时，士兵们将定量的酸酒泼洒在上面，使巨石变得容易碎裂。他们用十字镐在上面开工，凿出一道弯曲的通路，来减缓下降时的坡度，终于能够让牲畜甚至战象通过。[23]

随后，整个考验突然结束。受冻、肮脏而且饥饿的士兵发现自己在遍布阳光、树林和河流的阿尔卑斯山上游荡徜徉。汉尼拔给他们 3 天时间休息恢复，将自己打理干净，然后他们继续往下走，到达平原地区。以李维的话说：“这是一个较温和的地区，里边住着较温和的人。”[24]

汉尼拔率领一支大军侵入意大利领土的消息，引起舆论纷纷，因为罗马人上一次听说他，这是在他攻占萨贡托时。虽然凯尔特人经常能横穿阿尔卑斯山，但是汉尼拔竟然能带领大军在隆冬时节跨越山区，让罗马极为惊讶。现在元老院不再关心西班牙的征战，而是必须盘算如何在自己后院面对战斗：它取消入侵非洲的计划，训令塞普罗尼乌斯·朗格斯向北急驰。更糟的是，元老院所面对的不再是第一次布匿战争时能力不足的将军，而是汉尼拔这位大胆、坚韧、干劲十足的指挥官。

但是这样的胜利也付出了高昂的代价。自从5个月前离开西班牙之后，汉尼拔已经损失了一半数量以上的军队。就我们所知，迦太基人踏上征途时有5万名步兵及9 000名骑兵。在穿过罗纳河时，这数字分别缩减为3.8万及8 000。最后只有2万名步兵及6 000名骑兵，加上一些战象，成功抵达帕度斯河的巨大河谷。汉尼拔的大部分补给和许多牲畜已经失去。他丝毫不气馁，立即在北意大利不满罗马的凯尔特部落中进行征兵，而这些人也将他视为解放者，很快便有1.4万名志愿者加入他的行列。在提契诺（Ticinus）附近的一次骑兵交锋胜利，让凯尔特人相信他们是在支持一位赢家。谨慎的普布利乌斯·柯涅乌斯·西庇阿指挥罗马部队，但也差点丢掉性命。与他同名的17岁的儿子普布利乌斯·西庇阿幸运地就在身旁，如波利比乌斯写道：

> 执政官西庇阿命令他儿子指挥一支精锐的骑兵，确保他儿子的安全，但是当儿子见到他父亲在酣战中被敌军包围，危险负伤，只有两三名骑兵在旁，他最先敦促其他部队驰援。据说那时年轻的西庇阿见到他们怯战不前，在他们周围有压倒性的敌军人数，

他自己便毫无畏惧地向包围的敌军骑兵冲去。[25]

这让他的战友觉得羞愧，立即随他战斗，拯救了他的父亲。老西庇阿的伤势让他无法带兵（虽然没让他丧命），因此卸下指挥官的职务。

军团实际的控制于是交给老西庇阿的同事，谨慎不足、自信有余的塞姆普罗尼乌斯·隆古斯。汉尼拔实在很幸运。

这是一个酷寒的12月清晨，夹杂着风雪，时间约在冬至前后。前一夜下了场暴雨，而特雷比亚（Trebia）河及其分支所构成的水道都涨满了水。汉尼拔决定要利用天气变化采取行动。

罗马和迦太基两支军队各有约4万多人，在河流两侧扎营。这附近的地形平坦无树，所以适合进行正规交战，但是迦太基指挥官注意到，这平原上有高岸的水道纵横切过，水里长满荆棘与刺藤，其中有空间可以隐藏相当数量的部队，不易被察觉。汉尼拔聚集包括1 000名骑兵和相同数量步兵的军力，由他最小的兄弟马戈（Mago）负责带领。

战争前一晚天黑之后，军队吃过饭，便在雨中前进到要埋伏的地点。第二天清晨，一些努米底亚骑兵率先驰骋越过河流，向罗马营区投掷标枪。他们接到的指示是引诱执政官塞姆普罗尼乌斯·隆古斯，在他的部队用早餐之前便出兵，让罗马人渡过特雷比亚河，并进入战场。塞姆普罗尼乌斯·隆古斯因为任期将于年底结束，所以积极求战，对这样的诱战自然乐意奉陪。

军团挣扎渡过这流速极快的河流，摆成战斗队形。这整个过程或许长达数小时，士兵们在过河后湿冷且饥饿。相比之下，在部署作战之前，迦太基军队士兵有足够时间在营帐前的大火旁取暖，悠闲地用早餐，并照料马匹。他们配备了橄榄油，可以在身上涂抹，让身体保持灵活。

在历经这些之后，战争结果即可预料。双方步兵在阵线的中央对峙，平分秋色，但是两翼的迦太基骑兵很快便将罗马对手驱逐。这把军团腹侧暴露在攻击下。然后马戈的埋伏部队突然窜出，从背后攻击他们。尽管有1万名军团士兵突破敌人防线，井然有序地离开战场，但那天是罗马战败。超过一半以上的罗马士兵被消灭。

迦太基方面，西班牙及非洲士兵没受到多少伤害，但是新征召的凯尔特人则损失惨重。很不幸的是冬天一直很严酷，所以在接下来的数日中，更多的雨雪以及难以容忍的酷寒开始造成伤亡。人员及马匹都有损失。在这天气之下，汉尼拔乘坐仅存的战象，行军通过沼泽地形，前往伊特鲁里亚。他因为患急性眼疾而深受其苦，最终丧失了一只眼睛的视力。

尽管如此，罗马已经成为被击败的一方。元老院并没有因此大为惊慌，反而更跃跃欲试。罗马征召10万人，而且在西西里、萨丁岛和罗马皆安排驻军以防可能的攻击。两个执政官率领军队，共计四个军团，补足了特雷比亚蒙受的损失。但这仍然是黑暗的时期，许多对罗马而言是恶兆的异象出现。伊特鲁里亚卡瑞市一处尊奉赫拉克勒斯的泉水发现渗出血点[26]，所以举行了一个安抚神明的仪式：把需安抚的神明的塑像躺卧放在床上，再把食物在它面前摆成宴会。另外，人们也将价值不菲的礼物奉献给心怀敌意的朱诺，这或许是汉尼拔的“公关战”正在奏效。

特雷西梅诺（Trasimene）湖位于伊特鲁里亚，水浅、浑浊且潮湿，一个养殖梭子鱼、鲤鱼和丁鳜的适当地点，但也包括造成疟疾的蚊虫。湖北岸被一列陡峭的丘陵护卫着。从西侧接近，一些高地逐渐斜向湖边（靠近今日的伯盖托，在图沃柔的乡下）。它向一个小平原展开，延伸有近 2 千米，然后再度缩小，结束在一个几乎难以行走，但不是完全无法通过的高地。在它之外便是通往南方的道路。

在公元前 217 年春天，迦太基军队在经过冬天考验后，享受了充分的休息，随即往南行军通过伊特鲁里亚，沿途破坏乡村。军队遭遇一支由新执政官盖乌斯·弗拉米尼乌斯（Gaius Flaminius）所率领的罗马军队。罗马人立即开始急起直追。汉尼拔到达湖边，东转进入隘口。他突然有个想法：此处正是设下埋伏的理想地点，只要执政官足够愚蠢，就会走进这明显的陷阱。这位迦太基将军习惯针对敌军指挥官进行情报搜集，并且根据他对此人性格的了解，将战术加以调整。他发现弗拉米尼乌斯是有些军事经验的，但因为出身平民，争强好胜急于表现，成了一位没有耐心的领导者。带领部队走过一片被蹂躏过的土地后，他必然感到羞辱，因此现在正渴望报复。

汉尼拔对此做出了正确的判断。[27] 弗拉米尼乌斯见到迦太基军队进入隘口，便直接尾随上去，在平原扎营。在湖泊的另一端可以清楚看到汉尼拔的营区，在那里地面变窄，没有空间可以回旋。

在 6 月 21 日，天刚破晓，弗拉米尼乌斯便将部队组成行列，沿着湖边前进。他并没先花时间派出侦察人员去打探。此时能见度很差，水面及岸上笼罩着浓，所以当迦太基人从高处往下冲刺时，这种突袭的效果十足。罗马人几乎不知道是什么人在攻击他们，而他们也无法采取防卫措施。战斗，或更精确地说是大屠杀，持续了 3 个小时。弗拉米尼乌斯勇敢奋战，但最后被一支凯尔特人的长刺枪击倒。李维继续叙述道：

执政官之死是终结的开始。恐慌随之发生，不管是山丘或者湖泊都无法阻挡疯狂求生的冲动。人们盲目地以任何可能的方法逃命，无论道路多么陡峭或是狭窄；武器被抛下，人们倒下，其他人则叠在上面。许多人发现无处可逃，只能跳进湖泊，直到水淹及颈，而一些陷入绝望的人则设法游泳，的确，在偌大的湖泊上，这是个凄凉的愿望，他们或是溺毙，或是挣扎着往回游，在浅滩上耗尽力气，被迎面而来的骑兵全面屠杀。[28]

罗马前锋设法突破了迦太基的阵线，逃入山丘，但还是有 1.5 万名罗马人丧生，而汉尼拔只损失 1 500 人。当消息到达罗马时，没有人企图去掩饰这灾难的规模。一位副执政官走到罗马广场上，以简洁的口吻宣布，“我们已经在一场战争中大败”（*Magna pugna victi sumus*）。[29]

一年过去，时间到了公元前 216 年 8 月 2 日，场景是在阿普利亚多风、扬尘的平原，离亚得里亚海只有数千米之远。南意大利的炎热夏天带来酷热及永久的蝉鸣合唱。在 13 平方千米的范围之内，有共计 15 万人的两支军队彼此对峙。世界最大规模的战争之一即将发生，而且不断启发后来的将军们。现代军事学院的课程几乎都包含了对这场战争的讲解。

其实在特雷西梅诺湖战役以及接连两次大败之后，罗马人已经灰心丧气。一位独裁官被任命，任期 6 个月，此人便是脸上长疣的费边·马克西姆斯。他似乎总有吸引人的绰号，除了“长疣”之外，也被称为“小绵羊”（Ovicula）。根据普鲁塔克的记载：

因为在小时候，他具有温和庄重的性格。事实上他冷静沉默

> 的仪态，他参与小孩子游戏时所具有的谨慎，他学习功课时的缓慢和迟钝，还有他在应对同事时那种恭顺，使得只从表面上认识他的人都怀疑他愚蠢鲁钝……但看似缺乏活力只是因为情绪内敛，而他的小心是因为慎思能辨，他从来不快速反应，也不轻易被说动，使他坚定且可靠。[30]

根据西塞罗所说，“就罗马人而言”他读的书是相当多的。[31]

费边在这场大战之前征召了两个军团，把他们加入既有的罗马和盟邦军队中去，所以他总共统率着4万人。他采取一种睿智但极不受欢迎的策略：尾随汉尼拔，但从来不给他交战的机会。他的计划是要消耗敌人，希望汉尼拔最后会做出错误的决定，使他遭受败战。这种策略几乎就快成功，费边已将迦太基人围堵在崎岖的地域。在接下来的夜晚，从未失败过的汉尼拔设计将点火的树枝绑在2 000头牛的犄角上，让这些受到惊吓的牲畜沿着高地乱跑。这种怪异的计谋奏效了。罗马人以为他们将被攻击，迦太基人则在黑夜的掩护下溜走。

这拖延的策略也使得资深的独裁官可以训练新兵，争取时间去恢复共和国消沉的士气。但是舆论很快便对费边不利，他要在6个月任期结束后及时地隐退。之后一支8.7万人的军队被聚集起来，亦即8个军团加上人数相当的盟军。这将使他们在面对汉尼拔时拥有人数上的优势，因为前者所能部署的只有约5万人的部队。接替费边的两位执政官对作战计划有十分不同的意见。卢修斯·埃米利乌斯·保卢斯（Lucius Aemilius Paullus）这位罗马最古老的世家贵族的成员，是费边那一派的支持者，相信可以利用饥饿把汉尼拔从他位于南意大利的冬营中逼出来。但是盖乌斯·特雷恩蒂乌斯·瓦罗（Gaius Terentius Varro），一个被所谓上流人士不齿的平民暴发户，则辩称说罗马应该善加利用它在人数上的优势，尽快挑起一场全面战斗。

他们在尘土和蝉鸣声中追踪汉尼拔到阿普利亚地区的坎尼（Cannae）小镇附近。如平常那样，这两位执政官每天交替指挥。当汉尼拔引军出战时，保卢斯拒绝迎战。次日瓦罗则接受这挑战，日出之后，立即在帐篷外挂上红色旗帜（*vexillum*），这是传统上准备战斗的信号。他部署军队，骑兵在两翼，而大量步兵则位于中央，右翼面对河流，左翼面对高地。

汉尼拔仔细观察敌军，注意到罗马步兵缺乏活动空间，原因是他们排列紧密，十分拥挤。汉尼拔利用了对方的弱点，他把凯尔特及西班牙的步兵排列成弯月形，正对罗马的中路部队。在他们后方，弯月阵的两端、罗马人视线之外分别部署了两支小分队，它们出自汉尼拔最精良的队伍——利比亚步兵，他们训练精良，又十分可靠。在其两翼，他的骑兵面对着罗马的骑兵。

当战斗开始时，罗马中路部队将凯尔特人和西班牙人的阵线推了回去，所以迦太基人的阵线从凸出变成凹入。罗马人很高兴发现有多余的空间可以作战，不理智地持续往前推进，直到利比亚人突然出现在两侧，并且转身向内，对罗马人阵线的腹侧进行攻击。与此同时，汉尼拔左翼的骑兵击溃由保卢斯所指挥的罗马骑兵。这些胜利的凯尔特和西班牙骑兵具有极佳的自律，他们放弃追杀逃跑的骑兵，转而从罗马步兵后方绕过，去攻击在另一侧的骑兵，后者在战败后仓皇逃命。他们第二次克制自己追击的欲望，前进去攻击罗马步兵的后方，现在罗马人发现自己已经被团团围住。

接下来发生的是数小时赶尽杀绝的血腥屠杀。逐渐地，拥挤的罗马军团士兵及其盟友被击倒。保卢斯被弹弓手的一颗石头击中倒地，英勇奋战到最后一刻，瓦罗则与 70 名骑兵一起逃走。他收编走散的士兵，负担起战后所有的沉重和悲惨。当他回到罗马，群众出门向他致意，“因为他没有对共和国绝望”。[32] 他持续获得公职的任命，虽然他再也没有领导过任何一支执政官军队。这是罗马最宽宏大量的一刻。

另有一大群人也设法从这大屠杀中脱逃，其中包括普布利乌斯·西庇阿，现在已经十九岁。他威胁要杀掉某些说要逃往海外这种不忠言论的年轻贵族，并强迫他们宣誓绝不会放弃祖国。

有 70 000 罗马人葬身战场，29 位资深指挥官和 80 位元老丢掉性命。坎尼会战是罗马历史中最凄惨的军事灾难。顷刻之间，南意大利的希腊城邦以及当地部落立即变节，投靠迦太基。坎帕尼亚著名的城市卡普阿以及其他城镇也跟着变节。在年迈的希罗二世过世后，叙拉古也放弃它与罗马长久以来的联盟。塔林敦则被汉尼拔利用诡计攻占（虽然罗马驻军仍然占有卫城，并且控制港口）。

罗马现在充满宗教恐慌，更因为征兆与异象而火上浇油。罗马神明因为某种无法解释的理由深感冒犯。所以罗马派遣特使团到德尔斐去征询神意，并将两名希腊人和两名高卢人在城市里活埋，作为祭祀的牺牲，以争取神明善意的回应。这种极端措施是绝望和歇斯底里的标志，因为活人祭祀在罗马宗教仪式中是不曾有过的。

每个人都能够看到，共和国正面临着全面的溃败。

第 13 章

无尾翼的鸟

坎尼会战似乎将会见证罗马的穷途末路，不过，当时很少人知道是战争的赢家其实是罗马人，而且要经过许多年之后，和平才会来到。这是因为汉尼拔取得最终胜利要依赖两项因素，而这两项他都无法拥有——罗马意大利盟邦的变节和来自西班牙的增援。

首先，共和国与它在中部意大利所征服民族之间所签订的公平协议，多少都仍然维持着。于是共和国仍然能够继续使用其中的役龄男性作为庞大军力储备。其次，前执政官普布利乌斯·西庇阿及其兄长格奈乌斯·西庇阿孜孜不倦地在西班牙征战，瓦解哈米尔卡·巴卡辛苦建立的帝国，防止汉尼拔的弟弟哈斯德鲁巴派遣任何部队到意大利。迦太基在意大利的军力储备已经枯竭。

但是所有因素中最重要者莫过于共和国那种硬干到底、永不屈服的纯粹决心。在经过一连串精彩的胜利之后，汉尼拔（就像之前的皮洛士那样）期待罗马人会做出合理的选择，前来协商和平。他并不了解罗马人在被击败的时候才最为顽强。当被击倒后，他们不会一直躺在地上。迦太基将军提议让罗马赎回坎尼的俘虏，但元老院拒绝和敌人讨论任何条件，即使这意味着许多罗马人和盟邦的公民会被卖为奴隶或面临处决。

在公元前 211 年，许多失去的地盘再度收复。费边·马克西姆斯的拖延战略又开始流行，任何正规战场上的交战要极力避免。他的全新别号“拖延者”（Cunctator），现在是一种值得骄傲的勋章，正如公元前 2 世纪史诗诗人昆图斯·恩尼乌斯（Qunitus Ennius）所称赞的那样。他有句很著名的话谈到费边，说他通过“一个人的拖延拯救了我们的国家”：

Unus homo nobis cuctando restituit rem.[1]

他征召了新的军团，但将军团分割成许多小队，而非几支大军。这些小型武装像猎犬一样包围敌人，只要有机会便咬上一口。有一次汉尼拔没能阻止罗马军队围攻卡普阿，他直接进军罗马。他在距罗马城 4 千米之外的地方扎营，然后在骑兵卫队的陪同下到达“科林门”。他将一支标枪投过城墙。[2]但他很清楚，这个行动只是表达他的心愿，并不意味着他已实现目标。在靠近城门处有几座神庙，其中之一是奉献给命运女神福耳图那（Fortuna）的。但这个迦太基人忽略了那位不可靠的女神，而对赫拉克勒斯多加礼敬，因为他仍要当这位神明化身的象征。这可以认为是某种宣传手段，因为几年之后，神庙被迁移到卫城，以保其安全。罗马拥有厚实高耸的城墙，不会担心被攻占，但汉尼拔到访仍是件极为骇人的事情。

凡是抗拒罗马军事占领的城邦都会被无情对待。卡普阿沦陷。市民被流放，没有回家的希望，财富被没收充公，领导人被鞭笞后斩首。卡普阿曾经是一座富裕而远近驰名的城市，现在则沦落为一个乡村市集的城镇，直接由一位罗马官员来管理。

能干但有些冲动的指挥官马库斯·克劳狄·马塞勒斯（Marcus Claudius Marcellus）在围攻该城之后，又攻占了叙拉古。在城市沦陷的前夕，他从一座山丘远眺该城（我们可以这么认为，有些像刘易斯·卡罗尔故事中的“海象与木匠”）[3]，为他即将要毁灭的对象而哭泣。最终，他掠夺了众多的画作和雕像，所以他敢夸口说他已经教会无知的罗马人如何欣赏希腊艺术。在这占领过程中，令马塞勒斯深感愧疚的是，一位十分杰出但有些漫不经心的科学家、数学家阿基米德（Archimedes），在无意中被杀死。阿基米德在城市沦陷时，正专心研究他在沙地上所画的图形，因而完全忽略正在他周围发生的烧杀掳掠。一名经过的士兵随手将他杀害。

之前曾被出卖给汉尼拔的塔林敦，在公元前209年又被出卖给费边。这座城市被攻占掠夺，大量的战利品被搜刮。[4]费边对艺术品的兴趣没有马塞勒斯高。当被问到他要如何处理这城市里几尊神圣守护者的雕像时，费边回答说：“塔林敦人可以保留他们的神像，这些神明很明显对他们极为愤怒。”[5]

汉尼拔在征战季节结束之后，在意大利南端靠近脚趾的地带过冬，他已经默认，无法随心所欲地在任何他想要去的地方漫游。

但就在此时，迦太基在西班牙的前景突然变好。普布利乌斯和格奈乌斯·西庇阿兄弟在相隔不到几天的时间里，相继在战场上被击败且遭杀害。他们之前在埃布罗河以南所获得的全部成果，随之一起丧失。该地的三位迦太基将领，哪怕有丝毫合作的倾向，罗马人也应当完全被从这半岛驱离了。

在罗马人民为这两位捐躯的英雄哀悼的同时，他们并不知道下一步该如何行动。他们已经厌倦战争，而一些疲惫不堪的联盟说它们已经无法提供足够的士兵配额去组建军团。此时最紧迫的问题是谁可以取代西庇阿兄弟。根据李维的记载，元老院无法决定要指派谁去担任西班牙指挥官[6]，于是将这问题提交给公民大会。这种自我否定并不符合元老院的特征，所以更有可能是大众的观点偏好让统治阶层无法认同，所以找了个方法把元老院绕开了。

的确是有一位非典型的候选人。这便是普布利乌斯·西庇阿（“大西庇阿”），已经阵亡的前任执政官年轻且前途光明的儿子。在任命国家资深官员的选举集会上，没有人被提名，那时大西庇阿突然宣布说他要争取这名额。他在特雷比亚和坎尼已经以勇敢闻名，但他只有 24 岁。根据规定，要担任这职务他实在太过年轻。但是他对这些托词置之不理，正如几年之前他被选为市政官时的状况。当时就有人以其过于年轻而进行反对，但他相当自负地回答道：“假如人民要让我成为市政官，那么我的年纪就够大。”[7]

这年轻人在公民大会中做出一番强有力的演说。他说自己是硕果仅存的西庇阿，能为他父亲及伯父报仇，而且他承诺不仅会赢得西班牙，也要征服北非及迦太基。这听起来像是夸下海口，却鼓舞了他的听众，所以他获得全场一致通过，成为“具有统治权的一介公民”（*privatus cum imperio*）。资深政客中所出现的不满让他三思，而且他了解他们会指责公民冲动行事。他安排了另一个演说环节，并且表示若有任何更年长、更有经验的候选人出面竞争，他同意退出。反对的声音随即消散。而且果真如他所预期的那样，没有人敢冒着令公民大会不满及愤怒的危险。大家于是闭嘴，而他的获选得到确认。

大西庇阿是一种新类型的罗马人：冲劲十足、具有吸引力、富于人性而且以有教养为荣。即使在他职业生涯的早期阶段，所有的人也都能够看到他那非凡的才气。他曾受过希腊教育，对罗马传统感到厌倦。他对自己的使命有清楚的认识，并且声称他在做出任何重大决定之前，会先征询神明。在一个对普通罗马人来说，宗教不过是一套迷信的规定，设计来安抚喜怒不定的神明，大西庇阿似乎具有（或声称具有）一种对所谓神圣事物更加希腊式的、神秘主义的看法。假如他现身罗马，处理严肃的事务，他一定会登上卫城山丘，在那里独自静坐，与超自然的力量交流感应。据说，看护神殿的狗群未曾对他吠叫。他喜欢传递一种印象，就好像有神圣氛围环绕在他四周，所以就有故事流传说，幼年时的大西庇阿身旁曾有蛇滑行过去，但没有伤害他（这让人想起亚历山大大帝在孩童时期的一个传奇故事）。

史学家波利比乌斯是西庇阿家族的朋友，但他是位理性主义者，相信大西庇阿靠的是算计、甚至带点犬儒主义的色彩行事。[8]这一点颇有道理，因为大西庇阿和汉尼拔同样看重有想象力的宣传。然而最有效果的宣传必须有些事实根据。这位充满才气而又眼界极高的年轻世家贵族，似乎完全相信自己的公共形象。

他证明自己是位杰出的战场指挥官。当他抵达西班牙时，他得知有三支迦太基军队分居半岛的不同地方，但没有一支可以在10天之内赶回迦太基的首府新迦太基。这位新指挥官做出大胆举动，率领军团迅速从埃布罗河南下，前进数百英里来到这座城市，对其进行围攻。他在城市东边或朝向陆路的方向堆起土墙，从该方向进行攻击。

这些攻击其实是要转移注意力，因为他已经从当地渔夫那里得知，这城市所在的海岬以北的潟湖，浅到足够可以横渡，特别是当早晨时，海水会从水道流向城市以南的港湾去。（这或许是每年那个时候固定吹拂的风所带来的结果。）大西庇阿命令一支特别挑选的小分队携带登墙云梯，跨水横越潟湖，让防守者措手不及。他承诺给最先登上城墙的士兵金钱奖赏，而且特意告诉他们说是海神向他透露攻城的计划。所有事情进展顺利：海水如预测般地消退，这些士兵进入城内，开启城门，然后让军团攻入。

大西庇阿显示出他缺乏传统的罗马特点（*Romanitas*），因为他并未对新迦太基做出那些其他罗马人曾对卡普阿、叙拉古以及塔林敦市民所做出的事。一旦驻军投降，杀戮立即停止。军团被允许在一个短暂的有限时间内去掠夺，之后便撤出。市民没有被屠杀，而是被允许回到自己家中（虽然任何有价值的东西早已被抢劫一空）。罗马指挥官释放所有迦太基人监禁的西班牙人质，这些人质原是为确保西班牙部落行为得当。这富含智慧的仁慈举动为他赢得了崇高的赞美，因此大多数伊比利亚部落立即转换阵营。

公元前208年，迦太基总指挥官哈斯德鲁巴为了要终止西班牙部落变节的趋势，同意在巴埃库拉（Baecula）与罗马人交战。当哈斯德鲁巴看见自己即将被从两侧包围，他立即脱离战场，带走所有能带走的部队（不到原先2.5万人的一半），长途跋涉到意大利与他的兄长会合。他终于能够提供汉尼拔多年来一直寻求的增援，即使这意味着要让西班牙的事务陷入失序的危险。大西庇阿并未追击他，而是将注意力转向仍然在战场上的两支迦太基军队。

在这次胜利之后，所有的西班牙部落对大西庇阿均以国王之名相称，这是任何罗马人接受都会带来危险的头衔。当时他没有特别制止，但是当他召集部落酋长一起聚会时，他告诉他们说："我很高兴被当作国王，并如君王般行事，但是我不想成为国王或从任何人那里取得国王头衔。"[9]换言之，即使他们不能以国王称呼他，但仍可以像对待国王那般来对待他。在一个自认为已经超越罗马政制规则的人身上，一个模式逐渐形成。大西庇阿有成为希腊僭主的潜能。这在将来的岁月中，给那些较无顾忌的人立下危险的先例。

一支来自非洲的增援部队立即被他解决掉，而大西庇阿在公元前208年于伊里帕（Ilipa，今日的塞维利亚，Seville）面对迦太基人。他在人数上处于劣势，所以他计划一个包围攻势，这借鉴了汉尼拔在坎尼所使用的战术。连续几天，每个早上双方军队会摆开阵势，却不交战。每一次大西庇阿都将他的精锐军团安置在中间，而他较弱的西班牙盟友则位于两翼，面对迦太基军队中的西班牙人。然后有一天，他在天刚露出曙光时，拔军出营，但这次他的西班牙盟军则部署在中间，而罗马步兵位居两翼（骑兵更在两翼之外）。显然他心中所想的是以他纪律森严、训练优秀、经验老练的部队去从两翼包夹。

迦太基将军（他也叫哈斯德鲁巴，让人容易弄混）如平常那样部署，并未注意到西庇阿的新队列，等注意到时已经太迟，无法做出任何变更。罗马指挥官这次主动挑战，他的骑兵及军团迅速在左右两侧以纵列队形沿着迂回路线离开，然后再逼近迦太基两翼。骑兵将其对手驱逐，而军团由纵列改为横列，从两侧对迦太基西班牙人进行攻击，这些受攻击的队列随即瓦解，士兵开始逃命。罗马人继续前进，渗入迦太基中路部队的两侧，而这些迦太基部队还必须同时击退西庇阿的西班牙步兵的正面攻击。之前他们曾是一支军队，现在则成了四处逃窜的一群散兵。

西班牙现在落入罗马手中。大西庇阿的任务完成，启程回国。他在伊里帕的表现显示出他拥有作为一位伟大战地指挥官的三重特质：大胆无畏的构思、精心细致的准备以及全身心投入强化训练。罗马最后终于出现一位可以和汉尼拔匹敌的对手。

汉尼拔的弟弟哈斯德鲁巴前往意大利，进展顺利，并于公元前207年到达。他在波河河谷招募高卢人，将手中的兵力增加到约3万人。他派6名骑兵往南急驰，携带密信给他的兄长，详细说明他们两支军队要在翁布里亚会师。他们迷路，结果在塔林敦城外被罗马集粮部队逮到。在阅读这封信之后，那时正在监督汉尼拔的执政官，悄悄地派出一些部队，往北行军加入他的同僚，后者那时正在梅陶罗河（Metaurus）面对哈斯德鲁巴。他在未被注意的情况下于夜间抵达，但隔天哈斯德鲁巴感觉有些不对劲。根据李维的记载：

> 哈斯德鲁巴的军队已经在自己的营区之前摆开阵势。战争或许会早一些开始，哈斯德鲁巴在与一小队骑兵往前行时，注意到有些老旧的盾牌不是之前他在敌人行列中曾见过的，而有些马匹看起来肌肉异常发达。它们的数量也较平常为多。这导致他怀疑其中有诈，所以他匆忙下令吹号撤军。[10]

哈斯德鲁巴通过计算在早晨敌军营区里的执政官典礼号角会发出多少次声音，来确认他的担心是否会发生，当他被告知说听到有两声奇怪的号角声时，他了解到有两位执政官在场。他正确地推测到其中一位已经秘密从南方带兵抵达。哈斯德鲁巴现在因为怀疑他自己兄长已经被击败，甚至可能已经遇害，而深陷恐惧。

此时迦太基人在人数上远远处于劣势，指挥官别无选择，只能尽可能来让自己脱身。他命令自己的人马安静地整理装备，在黑夜降临时开始撤退。但他的向导已经先行开溜，所以部队偏离了正确路线。罗马人很快赶上，并在接着发生的战斗之中击溃迦太基人。哈斯德鲁巴表现得极为英勇，而且根据李维的记载，他拒绝在军队被摧毁的情况下苟活。他以马刺刺激坐骑，直接冲向敌军的中心。波利比乌斯对他大为赞赏：

> 当命运女神剥夺他所有对未来的希望，将他推到最后边缘时，虽然他尽最大努力准备战争，并设法在战场上利用种种资源来取得胜利，但他也同样考虑过若完全失败，他该如何面对最终结果，他绝对不愿卑躬屈膝，做出有辱自身荣誉的事。[11]

哈斯德鲁巴的头颅被保存起来，带到南方。它被丢掷到汉尼拔的一处岗哨前。两位迦太基战俘被释放去告诉汉尼拔所发生的事。传说汉尼拔叹息道："现在我终于清楚地看到了迦太基的命运。"[12]

在汉尼拔位于布鲁提乌姆的最后要塞据点，有一座奉献给朱诺女神这位罗马旧敌的神庙，那里一直受到迦太基宣传者的青睐。李维叙述道："这神庙有一个圈围起来的区域，四周有密集的树林环绕，里边长有杉木，中间碧草如茵，生活着各种对女神而言可谓神圣的动物，在没有牧者照顾的情况下，悠闲吃草。"[13] 这迦太基将军于公元前 205 年来到此地，如往常一样，他是位致力于自我推销的人物，一座祭坛随之建立，在上面他用希腊文及腓尼基文，以相当长的篇幅刻写他的成就，即所谓的"丰功伟绩"（Res gestae）。这与其说是一种夸耀，到不如说更像是已经失去的希望的墓志铭。

假如我们能相信西塞罗的话[14]，那么汉尼拔几乎犯下一件渎神之罪。在神庙中有一根金柱，汉尼拔好奇，想看看这是否只是一层外壳，所以在上面钻了个洞。他发现这是实心的纯金，所以决定将其取走。被激怒的女神在梦中对汉尼拔显灵，警告他说，他不可动那根金柱，否则她将取走他剩下那只健康眼睛的视力。他遵守了神明的命令。他用钻洞时所取得的碎金子，制作一头小母牛，固定在金柱顶端，以示道歉。

我们要如何理解这故事呢？这是来自一则亲迦太基的史料。[15] 在某种意义上，这是在赞美汉尼拔——他行为得宜，顺从朱诺神意。但随着迦太基战败的结果逐渐浮现，这逸闻趣事也反映出神明和汉尼拔之间关系的疏远。

罗马人知道，如果能够同样积极地表现出支持朱诺女神，会对他们有利。两年前，在阿文丁山丘著名的朱诺神庙遭受雷击。罗马人举行一套繁复的仪式来安抚女神：一些白色母牛作为游行的引导，两尊朱诺的神像被抬着游街，27 名童女歌咏赞颂她的赞美诗。牛被献祭，而女神接受了最好部位的祭品，因此放下了她对特洛伊人后代的不满。帕里斯的裁判以及埃涅阿斯抛弃狄多所带来的怨恨后果，终于得到和平的解决。

实际上汉尼拔的确有理由感到悲观。获得持续增援的企图最终失败。他不再掌握主动权，被迫陷入无所作为的境地。这位曾经四处征服、所向披靡的将军，已经打出了他的最后一张牌。

在当时，坎尼战役似乎标志着世界史的一个转折点，但是梅陶罗河战役才配得起这样的荣誉。现在，所有人都一目了然，包括天后朱诺，都看到迦太基正进入凄凉的尾声。

这传奇故事的结尾很快到来。回到罗马，普布利乌斯·大西庇阿这位“具有统治权的一介公民”没有被批准进行胜利游行，因为他并不在担任，之前也从未担任过副执政官或是执政官，不是有统治权的官员。然而他轻松地被选为公元前205年的执政官，这算是某种补偿。西西里被分配给他作为他行使统治权的区域。这样的分配是在不情愿的情况下通过的，因为年迈的“拖延者”昆图斯·费边·马克西姆斯对任何轻率的赌局都抱持着极为悲观的看法。他辩称，最好集中全力将汉尼拔赶出意大利。

大西庇阿完全无法认同，因为一旦迦太基的军队离开，对战争已经感到十分疲惫的人民必然会要求迅速议和，这样迦太基或多或少仍然能够维持在第一次布匿战争结束后的状况。大西庇阿预见罗马将成为西地中海之主，这意味着必须将迦太基贬为永久的附庸国。这只能通过在非洲取得一场决定性胜利才可以实现。

在公元前204年春天，大西庇阿率领一支3.5万人的部队登陆迦太基核心地带，围攻重要城镇尤蒂卡（Utica）。在早些日子里，他的弱点在于骑兵，虽然一位新盟友——努米底亚年轻的部落领导马西尼萨（Masinissa）提供了一些骑兵，但是直到第二年进展都很有限。双方举行和平谈判没有结果，不过罗马人却有意外收获。罗马军官们借着和谈机会去明察暗访两处敌人军营，获悉它们的构造（木材及芦苇）以及布置。某个晚上，罗马部队以一场相当精彩的突袭行动，在敌军营区纵火，造成严重损失。许多受害人甚至不了解这场大火是纵火的结果，认为这只是偶然的不幸。假如汉尼拔执行这样的计策，必然会被指责为典型迦太基式下流的背叛行为。

在当年稍晚的时候，大西庇阿赢得了一场全面战斗。虽然他的部队人数较少，却以优秀的汉尼拔战术击退敌人两翼，然后回旋去围困位于中部的敌军。双方同意签署和平条约来结束战争。迦太基将交出所有战俘，撤离意大利和高卢，放弃西班牙以及意大利和迦太基之间的所有岛屿，除了保留20艘船之外，交出它的所有海军，并支付5 000塔兰特的赔偿金。然而迦太基的长老议会却在背后有所动作，送出讯息给汉尼拔，召唤他和他的军队回到迦太基。汉尼拔愤怒地服从了这样的命令，责怪国内权力当局在过去未曾真心支持过他。假如他们提供支持的话，迦太基必然不会是现在的处境。

罗马人仍然决心为了朱诺的善意赢回公关战，所以他们散播一个传闻，说迦太基军队里的一些意大利士兵拒绝前往非洲。[16]汉尼拔邀请他们到女神在布鲁提乌姆那宁静且未曾被破坏的圣域去，在那里他安排其他部队将他们围住并肃清。这是女神名誉账中的另一个污点。

随着1.5万人到2万人之间的军队安全回到北非，长老议会准备放弃和约，重新恢复敌对行为。在一次蓄意的挑衅中，一支罗马补给舰队遭受攻击。大西庇阿怒气大发，怀疑敌人不过是在争取时间，因此召回马西尼萨，后者现在已经能提供一支大规模的骑兵部队，并开始逼迫汉尼拔出面作战。西庇阿借着在肥沃的迦太基乡间无情地烧杀掳掠，来实现这一企图。城镇被攻占、毁灭，而居民则被贩卖为奴。

这政策奏效了。在公元前202年10月末，迦太基及罗马军队在扎马（Zama）附近相遇，这是一个距离海岸有5天路程的城镇。汉尼拔急于与他年轻的对手见面，要求与大西庇阿进行一场只有两人参加的会面。在两军阵线的中间地带，各由一位翻译陪同，他们终于相见。这值得一提的会面并没产生什么结果。汉尼拔提议和平，但大西庇阿有信心获胜，所以拒绝。次日早晨，两军交战。在某种意义上，战斗结果意义不大。假如命运坚持如此，那罗马最多承担又一场战败，再派另一支军队来非洲。然而迦太基已经只剩下最后一口气。汉尼拔统率人数较多的军队，但这一次他只有少许骑兵，而许多步兵没有任何经验及历练。他的作战计划已经将这些弱点列入考虑。他知道大西庇阿的骑兵会驱散他自己的骑兵，然后驰骋追杀；他的任务是要在骑兵有时间折返回来从后边攻击他之前，先击溃位于罗马中央的军团，赢得胜利。他将 80 头战象布置在阵前。在它们之后，这迦太基将军把步兵部署成三线，较没经验的位于前面两线，而在意大利战事中经过千锤百炼的老兵则排在最后。

战斗过程多少如汉尼拔所预料到的，但是他并没能收获一个满意的结局。罗马人迅速将他的骑兵驱离战场。迦太基战象不幸成为灾难：一些战象沿着大西庇阿在自己部队中特别为它们安排的通道或间隔中横冲直撞（然后罗马人在后方好整以暇地去对付它们），另一些则是乱跑乱窜冲向自己的军队。汉尼拔前面两线的步兵被冲散。而罗马军团士兵则有条不紊地停下来重新编队，从原来较松散的连队队形转变为密集的方阵，然后再跟迦太基的第三线部队交战。有一阵子双方势均力敌，缓步推进，直到西庇阿的骑兵在关键时返回，而且正如汉尼拔沮丧地预测到的那样，从背后攻击他们。在当时的状况下，汉尼拔用尽全力，但仍不能扭转局面。游戏结束，16 年的流血及胜利，一时之间化为乌有。

迦太基的进一步抵抗已经徒劳无益，并且会冒着城市本身被毁灭的危险。卡普阿、塔林敦以及叙拉古的命运历历在目。最后的和平条件比之前的那些协商还要严苛。赔偿金增加到 1 万塔兰特，以 50 年分期付款的方式支付。迦太基仍将维持独立，但是必须在疆界之内，如战前一样（这领土大约是现今突尼西亚领土的规模）；马西尼萨所主张的前努米底亚土地，必须予以归还。迦太基不可在非洲之外作战，而在非洲，作战之前也必须先得到罗马的允许。除了被允许保留 10 艘三层舰外，所有其余舰队均要被烧毁。这是迦太基作为地中海强权的结束。

当和约草案放在长老会议面前时，一位成员起身，发言反对。汉尼拔强行将其从讲台上拉下来。汉尼拔被指责破坏议会厅的规矩，他于是道歉。根据波利比乌斯的记录，汉尼拔说：

> 你们必须原谅我，因为你们知道我在 9 岁时离开，现在已经 45 岁了才返回迦太基……我很惊讶，而且确实超过我的理解之外，任何人若是迦太基公民……竟然有人不知感谢他现在的运气，因为当我们任他们（罗马）摆布时，我们竟然还能得到如此宽容的条件……所以我现在恳求你们不要去辩论这个问题了，而是直接宣布无异议接受这些条件。[17]

长老议会接受汉尼拔的建议，并通过决议，按照罗马人所提出之条件签订了和约。

两个罗马军团正在行进中，由一位执政官率领。在傍晚，夕阳即将下山。这长长的队列停止前进，所有人解散去进行一项特别的日常活动。在几小时之内，他们已经建立起一个完整的军营。

罗马军营的形态一直没有变化。首先，一位军官会先出发去寻找适合的地点。找到地点后，先确定出执政官营账（*praetorium*）的搭建之处，然后在营帐前方是一个广场。附近则是负责辎重补给的财务官官署，以及营长或幕僚的营帐。其他每个单位都依据事先决定的方案各就各位。营区是正方形的，有四个出入口以及棋盘状的通道，以插在地上的旗帜来标示。所有距离都有规定，而且相差无几。

营地很快便会成为忙碌的蚁丘。每个军团士兵都有特定任务要执行。一些人挖壕沟以及堆土墙，并将木桩（每位士兵各执一根）敲入土丘中，形成一道防御的栅栏。其他人则排着整齐行列搭建营帐。口令设定好，卫哨上岗，而军官则开始他们的轮值工作。黑夜降临时，军营已经呈现出小城镇的规模。

整个过程是在压力下训练有素的极佳范例。当伊庇鲁斯国王皮洛士目睹罗马人如何扎营过夜时，他被这样的景象深深震惊，第一次明白了与罗马人作战时，他其实是在进行一场无法打赢的战争。史学家波利比乌斯为共和国在与汉尼拔斗争过程中逐渐完善的军事部署，提供了一个详尽精彩的图景，现在的陈述正是据此而来的。[18] 波利比乌斯想要了解军团在一次次的战争中取得令人赞叹的胜利的原因。

当需要征召一支军队时，执政官会宣布征召日期，当天所有年龄介于17岁到46岁之间，属于役龄阶段的人，以及财产的估价超过400第纳里的人，要聚集在卫城山丘。第纳里是一种小型银币，其价值以今日的标准来说，因为涉及很不相同的经济条件，所以很难计算，但该时期的一位军团士兵会获得1/3第纳里的津贴。每个人会根据作战类别被分配到他将服务的军团：无论他是要加入轻装的突击部队队（*velites*），年轻人组成的前线部队，壮年人组成的中线部队还是老兵组成的后备军。在此期间，使者会前往遍及意大利半岛的盟邦社群去，要求各社群提供规定数量的兵力。

许多罗马人在二三十岁的年纪，会不时地在军队中服役。对步兵来说，最长的役期是16年（在国家处于紧急状况下则是20年），而骑兵则是10年。通常他会连续服务6年，之后身为备役人员（*evocatus*），在必要以及国家需要时，他还可以被征召回到军队。征兵是强迫性的，而且没有人可以在完成10年的国民兵役前去竞争公职。

军纪的惩罚极为严厉。在夜间卫哨如被发现睡着，或是没请假便离岗，就会遭受到一种棍棒责打的惩罚：一位军团营长以棍棒轻击他，同时他的士兵战友会以乱棒及乱石来攻击他，直到他被打死为止。其他会被施以极刑的犯罪行为包括偷窃、作伪证、成年男性对青少年实施同性性行为，还有在战场上表现出胆怯（例如因恐惧而抛弃武器）。对那些不大的罪过则采用类似“三振出局法”的措施 *。

假如有一群士兵，例如一个连队崩溃瓦解，在压力下放弃岗位逃走，那绝不会获得宽恕。军团会列队，犯了罪的人被带到前面，加以斥责。然后每十人中抽签选出一人，杖击处死。其余的人只靠紧急状况下的紧缩配给维生，并且被逐出军营，在一个完全没有防卫的营外地点驻扎。

有惩罚也有奖赏。当士兵表现杰出，指挥官会召集部队，点名表扬那些他认为表现异常勇敢的人。当急攻一座城市时，第一位登上城墙的人会获得一顶金冠。任何护卫或拯救战友生命的人都会得到执政官的奖品：一支标枪或一只酒杯，或是马匹装饰。获救者终其余生必须以对待父亲长辈（*paterfamilars*）的礼节，来对待他的恩人。

---

* “三振出局法”是美国联邦法及州级法律，对于犯第三次及以上重罪的累犯增加惩罚强度。

波利比乌斯对这奖惩与授勋系统印象深刻："当我们考虑到这民族几乎着迷般地关切军事奖励和惩罚，以及两者的重大意义时，他们在每一场战争中都光辉得胜，也就不足为奇了。"[19]

这希腊史学家说得有道理，但是如布匿战争所显示，假如我们要对罗马具有的作战天分做出完整的解释，其他因素也必须被列入考虑之中。国家融合文人政治及军事行动的方式，意味着统治阶级的许多成员可以期望他们有机会统率一支军队。他们接受长期强化的军事训练，所以基本上已经习得了最好的军事技能。

资深政客通常只能任职一年的事实，促使罗马迅速涌现出许多具有不同才能的人。而当战场上的灾难以惊人的频率不断发生时，却要耗费一个世代才能找出一位足以击败汉尼拔的将军。所幸罗马能够取得丰富的人力资源，这种不利之处得到大大的弥补。

皮洛士和汉尼拔都对罗马军团自我重生的能力大为惊奇。军队可以被摧毁，但在很短一段时间之内，一支全新的作战部队便会取而代之。因为罗马深处在拥有悠久经验的军事化社会之中，罗马领导者发展出一种永不言败的文化，一种强烈求胜的意志力。他们在被逼到绝境时，仍然拥有创新的自信心。没有比元老院在第一次布匿战争时决定要成立舰队还令人印象深刻的例证了，尽管它对海军事务几乎毫无所知。

汉尼拔刚刚步入中年，他要如何度过其余生？他决定留在迦太基，在这城市的复兴上扮演积极角色。他似乎曾鼓励进一步发展农业，来弥补迦太基贸易帝国地位的丧失，并且雇用（剩下的）军队去栽种大量的橄榄树。[20]

他与寡头统治阶级也有些账要算，因为后者没有支持他的意大利战争。他首度涉足国内政治，并且以激进改革者的面貌出现。他在议会厅就像在战场上一样充满活力。在公元前196年他被选为“苏菲特”，两位首席执政官之一，并且启动对公共财政的审核。他下令一位财政官员面见他[21]，但遭到拒绝，因为这个官员自恃将成为最高法庭的104名法官之一，即将有权对国家行政官员进行核查，而且法官职位是终身的。

愤怒的汉尼拔逮捕了这名官员，并将其拖到公民大会面前，在那里汉尼拔批评最高法庭的傲慢和滥用权力。他立即提议并通过一道法律，从此法庭成员只能任职一年，不能连续两年担任。完成财务审核之后，他又回到公民大会，报告说有广泛侵占公款和逃税的情形。他声明说，假如能恰当地课征财产税和港口关税，那么战争赔偿金可以付清，也无须征收更高的赋税。

迦太基有钱有权的人物大为恐慌。他们写了一封又一封的信给在罗马的元老院，指控汉尼拔与安条克三世在进行秘密通信企图颠覆政权，而安条克三世那时正在外交上与罗马发生冲突。似乎并没有充分证据可以支持这些指控，而且汉尼拔心胸宽大的旧敌大西庇阿劝诫他的同事，干预其他国家内政的争执，必将有损尊严。他表示说：“我们应该满足于在战场上击败他，而不用将其送上法庭！”[22]

元老院并未赞同，并且派出代表到迦太基的长老议会面前，指控汉尼拔从事阴谋活动。为了避免引起他的疑心，他们放出消息说，代表是来仲裁迦太基与努米底亚统治者马西尼萨的争执的。机灵如汉尼拔，并未被蒙蔽，他悄悄溜到国外，避免被捕。他的第一站是迦太基母城推罗，但最后停在安条克三世的宫廷里。究竟他之前是否已经与这位国王搭上线，我们不得而知，但是拙劣的元老院恰好将汉尼拔推向后者的怀抱里，而这结果与元老院所要的刚好相反。

不过这两个人并非很合得来。汉尼拔对安条克三世的军事能力不以为然。从国王的观点来看，贵客所提出的建议一直都是相同主题的不同变化：与罗马的战争必须在意大利进行。看起来好像汉尼拔要重蹈覆辙，再进攻意大利一次。国王不予理睬，只给他次等的工作。

古代史学家记录说，在公元前193年，大西庇阿（为了尊崇其在扎马的成就，现在称其为“非洲征服者”）是罗马派往安条克三世的特使团成员之一。他与汉尼拔在以弗所（Ephesus）会面，并且与之进行一场关于将军才能的谈话。大西庇阿问这迦太基人：就他的意见，谁是所有时代中最伟大的指挥官？汉尼拔首先选择亚历山大，而第二名是皮洛士。那第三呢？大西庇阿问道，相当恼怒，但是期待他至少会被给予第三名。汉尼拔毫不迟疑地选择了他自己：

> 大西庇阿笑出来，问道：“汉尼拔，假如您没有被我击败，那您会将自己排在第几？”汉尼拔觉察到他的嫉妒，回答说：“在那种情形下，我应该会将自己排在亚历山大之前。”汉尼拔以这种方式继续赞美自己，但是也很小心地恭维西庇阿，暗示说他已经击败了一位比亚历山大更优秀的人。[23]

这是个好故事，但（很可能）太过完美而不像真的。大西庇阿被认为在以弗所的时候，其实是在迦太基。[24]

如我们在后面章节将会看到的，安条克三世在与罗马的竞争中输了，所以汉尼拔被迫继续流亡。他在中东的不同角落寻求庇护，最后停留在俾斯尼亚（Bithynia）国王普吕西亚斯（Prusias）位于黑海旁的宫廷里。罗马并未忘记他。当一位前执政官前来拜访时，他批评普吕西亚斯窝藏罗马的大敌。国王立即了解这暗示，并做了必要的处置。

汉尼拔知道他必将一直奔波亡命，所以他在黑海旁的房屋设置了七个地下出口，假如有必要的话，他能够迅速且秘密地逃脱。一位罗马特使的到访*，说明他该逃命了，但是他行动得太晚。他发现国王的卫队已经占据了所有通道。假如他不想落在他的宿敌手中，他唯一的选项是自杀[25]。他将自己的外套绕在脖子上，下令一位奴隶将他的膝盖顶在自己背部柔软的部位，同时扭动并往后拉外套，好像这是条绳子。他以这方法窒息而死。根据另一个说法，他是服毒自杀的，[26]但那时候所知的大多数毒药都是慢性药，所以汉尼拔需要的是可以很快见效的东西。

普鲁塔克记录了这迦太基人著名的遗言："罗马人发现，等待他们憎恨的老人死去，是件漫长而困难的事，就让我们结束罗马人的痛苦吧！"无论他实际上说了没有，都无疑是他的心里话。当汉尼拔自杀的消息传到罗马元老院，有些人认为前执政官大西庇阿的行为令人嫌恶且多此一举，因为汉尼拔"像一只太老且飞不动的鸟，已经失去尾翼，他应该被允许温顺无害地活下来"。其他人则认为这迦太基人对罗马的仇恨是根深蒂固的，假使他得到机会的话，他必然会像以往一样危险。

有件事可以确定：这小男孩坚守了几乎半世纪以前他在迦太基神殿里所发过的誓言，虽然以失败的人生和寂寞的死亡作为代价。

---

* 这是指泰特斯·昆克提乌斯·弗拉米尼努斯（Titus Quinctius Flamininus），在前 197 年击败马其顿国王菲利普五世，并且在前 194 年宣布希腊人自由，是当时元老院的希腊问题专家。但是他坚持罗马要从希腊撤军，也间接促成安条克三世的入侵希腊，所以他后来必须经常回到希腊，进行外交上的补救工作。——译者注

第 14 章

变化与衰败

男孩即将长大成人，第一次认真享受爱情。然而一朵小乌云出现在天边。公元前 186 年的某天，他轻松地告诉他的女友说，他们会有一周左右不能行床第之欢了。

他叫普布利乌斯·艾卜提亚斯（Publius Aebutius），而女友稍稍比他年长，叫希丝帕拉·费契尼亚（Hispala Faecenia），是一名高级妓女，之前曾是奴隶。她是一位知道如何享受人生的女郎，心地善良，而且仰慕她的年轻爱人。并不是艾卜提亚斯开始了这段感情，很不寻常的是，对这个男人来说，是费契尼亚先看上了他。事实上，费契尼亚非但没有从这关系中去捞钱，如她对普通客人会做的那样，她反而倒贴钱给他。

这是因为艾卜提亚斯的家中有麻烦。他本来自一个上层社会的富裕家庭，但是父亲在他童年时便已过世，所以他是由母亲及继父抚养长大的。他们侵占了他的财产，几乎没有给他留下日常生活所需。他之所以还过得去，全是因为费契尼亚的慷慨。

在艾卜提亚斯从疾病中恢复健康后，他母亲告诉他，希望他能参加奉献给酒神巴克斯（Bacchus，这是狄俄尼索斯的拉丁名字）的秘密仪式，这是一位带来酒醉狂喜以及仪式性疯狂的神。一旦他好转，他母亲便要他做这件事。他顺从她的心愿，但她警告说他必须在典礼之前禁欲 10 天。

艾卜提亚斯向费契尼亚解释说，这便是为什么他必须停止与她同床。她的反应让他吓了一跳。“老天，不要让这发生！”她呐喊道，“我们宁可一起死，也不要你去做这件事！”他说他不过只是顺从他母亲的要求。

“这意味着你的继父——提及你母亲我想会冒犯到你——急着想摧毁你的道德、你的名声、你的未来以及你的生命。”

费契尼亚要她爱人严格保守秘密。她说当她仍是奴隶时，她已经经历过这仪式，典礼仪式只是严重的背德行为的掩饰，其中甚至有谋杀。如李维所描绘，这些仪式：

> 是种种堕落恶行的制造厂。众所周知，在过去两年被献祭的人没有一位超过 20 岁。当一个人被介绍进去时，他便成为祭司的祭祀牺牲品。他们将被献之人带到一个地方去，那里会有尖叫的回声，会有合唱团的和声，铙钹锵锵的敲击声，以及鼓槌的打击声，这样当他们要以暴力来侵犯被害者的贞洁时，求救声才不会被听到。[1]

艾卜提亚斯回到家中，说他将不会和酒神仪式有任何瓜葛。这激怒了他的母亲和继父，所以他们将他逐出家门。他向一位姑妈寻求庇护，而她建议他将所有事情告知执政官斯普利乌斯·帕斯图密乌斯·阿尔比努斯（Spurius Postumius Albinus）。在确定艾卜提亚斯是位可靠的证人后，帕斯图密乌斯进行了一些谨慎的调查。他安排他岳母去邀请费契尼亚。费契尼亚被这位知名且极为高贵的夫人要接见她的事弄得一头雾水，但还是顺服前往。

当她看见厅堂里执政官的仪杖官、随从服侍人员，以及执政官的本人时，这困惑变成了恐惧。最后她冷静说出了她的故事。显然这仪式原先都是女性参加，一年举办3次，但之后一位坎帕尼亚的女祭司对其进行了改造。现在男人被允许参加。典礼仪式在夜间举行，频率则增加到每月5次。根据李维的记载：

> 在男人与男人之间发生的事，比在男人与女人之间更淫秽。任何拒绝承受恶行或不愿犯下罪行的人，则会像祭祀的牲品一样被宰杀。目空一切、百无禁忌在这些人之中被认为是最高的宗教成就。男人在很显然失去理智的状况下，身体陷入疯狂般的痉挛，口出预言，而已婚妇女打扮成酒神的女祭司（Bacchantes），披头散发，手握火炬，奔跑到台伯河旁，将火炬浸泡在河水之中，然后拿出来时，火炬仍然燃烧：这是因为火炬的成分含有硫黄以及钙质。[2]

任何不愿参与的人会被迅速地被某种装置弄走，然后在隐蔽的洞穴中被解决掉。

帕斯图密乌斯对震惊的元老院做了完整的通报。虽然不道德的行为本身会被谴责，但真正让元老担心的是存在一个秘密的集会，其成员竟然能够横跨各阶级，而且暗地里规划那些无人知晓的政治阴谋和性爱勾当。酒神信仰往往突破社会控制，瓦解性别、年龄和阶级区分。所以这种狂欢会发生在阿文丁山丘的一处树林里或许不是偶然——这里是群众骚动的传统核心地带。而艾卜提亚斯及费契尼亚两人也住在这山丘上。

有一道碑文[3]留存下来，将元老院对这祭祀所做的决定传递给意大利半岛的各个地方。它下令：

> 任何男人不可以成为祭司；无论男女都不可以成为执事（去经营这组织的世俗业务）；任何人亦不得担任掌管共同财务的司库；不可任命男人或女人作为主祭，或是令他们行为如主祭；从今往后，他们不得互相策划阴谋、制造任何骚动、相互承诺或签订协议，或是交换誓言。

一切必须谨慎，以防止不必要地冒犯神明。酒神祭祀可以继续进行，但是唯有在官方允许之下，而且在不超过5个人出席的情况下进行。

至于这对爱人，他们获得丰厚的奖赏。艾卜提亚斯被免除兵役，而费契尼亚被允许与罗马自由民结婚，而且还下令“对娶她的人来说婚姻没有任何污蔑或羞辱”。[4]历史对他们的陈述到此为止。

在获得这样的许可之后，这对爱人在理论上有权成为夫妻。但这男孩仍然年轻，而就像许多与有识而亲切的年长女性初次发生性关系的男人一样，他或许会继续前进。毕竟他与他的女友是来自截然不同的社会阶级。无论元老院如何表态，对之前曾为奴隶或娼妓之人的偏见仍是很强烈的。家族谱系的完整，无论付出任何代价，都必须被保护。

我们或许会希望有一个快乐的结局，但也不乏怀疑。

这件丑闻真正的重要意义是，它显示出罗马对希腊的矛盾态度。从共和国最早的年代开始，希腊世界已经是一个主导性的影响力量，不过，既然罗马人现在已经成为地中海的主宰，他们首度与这类文化发生直接接触。他们崇拜光荣希腊那永远不朽的成就：伟大的悲剧作家埃斯库罗斯（Aeschylus）、索福克勒斯以及欧里庇得斯（Euripides）的作品；苏格拉底、柏拉图及亚里士多德的哲学；菲狄亚斯（Pheidias）* 的雕刻；伊克提诺斯（Ictinus）** 的建筑等。罗马人清楚他们是无法与希腊人竞争的。

这些伟大人物堕落的后代却瞧不起这些来自意大利偏远地区的新人物。他们会"嘲笑他们的风俗及习惯，其他人则针对罗马人的成就，还有一些人则针对罗马城的外观，因罗马城的公共地带或是私人区域都不经修葺"。[5] 就普通罗马人来说，他对当代希腊人怀有一种健康的不信任态度（他们相当于古典世界里"吃奶酪的投降猴子"***）。李维明确表达了他的看法，以轻蔑的态度将酒神节视为"一种以错误来污染人类心灵的方法"，全是因为"一个出身卑微的希腊人。尽管古希腊民族曾创造高贵修养和文明的诸国度，其文化被引入我们民族中，教化我

* 菲狄亚斯（Phidias，约公元前 480—前 430）被认为是希腊古典时期最伟大的雕刻家。他在奥林匹亚雕刻的宙斯神像是古代世界七大奇观之一。他负责帕特农神庙（Parthenon）的修建计划，也同时负责完成神庙中的"雅典娜"黄金象牙神像，以及位于帕特农及雅典卫城入口之间的"雅典娜"神像。——译者注

** 伊克提诺斯是帕特农神庙的建筑师。——译者注

*** 出自《辛普森家族》这一动画片，原来是厌恶、恐惧法国人的一种贬抑说法。——译者注

们的心灵和肉体，但此人和任何伟大成就都毫无关联”。[6]

虽然元老院不喜欢并阻挠来自东方的外国祭祀，但在实际行动上却并非如此。公元前 293 年瘟疫暴发让元老院去征询女巫的预言，还从希腊伯罗奔尼撒半岛的埃皮达鲁斯（Epidaurus）引进一条象征医神阿斯克勒庇俄斯（Asklepios）的圣蛇，为此罗马人在台伯河岛修建一座神庙及治疗中心。公元前 206 年有一则预言说假如有外敌入侵意大利，要想将敌人驱逐，就必须把黑色石像的“库柏勒”(Cybele)，即“母神”迎进罗马。

因为罗马急于结束汉尼拔的占领，所以这女神便被迎进城市，罗马人还为她在帕拉丁山丘上修筑一座神庙。库柏勒和她年轻的伴侣阿提斯（Attis）以一种罗马传统守旧分子明显无法认同的方式，来表达每年大地丰饶的周期。在为她举办的春天庆典中，自阉的祭司会随着铙钹声和鼓声来跳舞，与那些奉献给酒神者的仪式相比，似乎并无二致。阿提斯已经立下先例。如公元前 1 世纪的诗人卡图卢斯（Catullus）所写，他

> 被疯狂所驱动，心灵上充满困惑，
> 以锐利的火山石切掉他下腹的负担。
> 现在已是女人，她丢掉的男子象征，
> 仍然在滴血，鲜血污染地面，
> 以女性的手指取来轻盈的小鼓
> 敲击音乐，伟大的母神，在您的神秘仪式之中。[7]

这是最“不罗马”的做法，所以要谨慎去限制新仪式所带来的冲

击。女神的祭司过去是，现在仍是外国人，而且她们的数量及活动都被严厉地管制。

与此同时，统治精英仍以其一贯对细节的注意，维持着罗马官方宗教里那种迷信和安抚神明的祭典。任何变化都不受欢迎，信守“祖宗成法”（*mos maiorum*）对共和国的福祉来说是根本的。有时这会变得荒谬夸张。举一例证便可说明一切。每年即将离职的资深执政官会宣布其职务的接任者。公元前 163 年，当时在职者提比略 · 塞姆普罗尼乌斯 · 格拉古（Tiberius Sempronius Gracchus）如往常一样进行仪式。但在新官员各自获得权限之后，格拉古看到一本有关宗教事务的古老著作，其中他发现有个之前完全不知道的规定。普鲁塔克解释说：

> 一位官员坐在城外一间租来的屋舍或营帐中，以观察飞鸟路径来占卜吉凶，如果没有出现确定的征兆，无论有任何理由，他都必须回到城市，然后必须放弃第一次租的房舍，租另一间，他必须在这新房舍中重新占卜吉凶。[8]

在宣布有关下一任执政官的人选之前，提比略在不知情的状况下，使用相同的房舍来进行占卜。所以现在他大为惊骇，提交此事给元老院，元老院召回执政官，要求他们辞职。在典礼仪式以恰当方式再重复一次后，他们才被重新任命。

“祖宗成法”在贵族的丧礼表现为一种象征性的轮回转世。死者尸身被抬进罗马广场中，以站姿在广场发言台上展示，宛如死人仍然活着。他的儿子或亲戚会发表赞美演说，列出他职业生涯中所成就的丰功伟绩，一方面作为历史教训，另一方面也重申共和国的美德。波利比乌斯这观察入微的外国人，将其人生大部分的时间耗费在观察罗马人上面，描述了典礼中最不寻常的一面。他记载说，死者的面具会与他那些知名的祖先面具并列排放，而且下葬后会在家中的木制神龛中做永久的展示：

> 这遗容是一副面具，脸形五官皆制作得格外逼真，以忠实呈现死者的生前特征……当任何家族的显赫成员过世时，这些面具会被带到丧礼上，由那些被认为与死者本人在身高、外表和仪态方面最相似的人佩戴。这些替代之人根据死者所属的阶级来着装：绣有紫色宽边的托加长袍代表执政官或副执政官，完全紫色的托加长袍代表监察官，镶有金边则代表曾举行过胜利大游行，或是拥有过类似丰功伟绩的人。所有人皆乘坐马车，在他们之前有手执束棒、斧钺以及其他配章印绶的仪仗队行进……当他们抵达发言台后，所有人皆端坐在一排象牙官椅上。[9]

这是何等壮观的景象。死者再度复活，也可能他们从来未曾安眠过，而现在正仔细聆听他们的子孙后代的人生故事。今日的后人可以聚焦在一场清醒的梦境中，来观看在这些重生祖先面前所进行的审判。

在罗马城内，还有很多其他方式可以令神圣化的过去与现在一起出现。在每个角落里都有神龛、神庙以及圣林，尊奉诸位神明。神庙是典藏战利品、铜碑、法律条文和条约、还愿献品和其他古老杂物的仓库。在攻占叙拉古、塔林敦等他后所掠夺的希腊艺术巨作，将罗马变成一个露天博物馆。此处是杂乱无章的宝库，等待历史学家以及古文物学者的解释，虽然这些解释经常并不准确或只是想象。

在“神圣大道”上，罗慕路斯与他的萨宾对手提图斯·塔提乌斯以雕像的形式，俯视着位于下方的罗马广场。在广场中央，母狼哺乳这对建国兄弟的地点的无花果树仍然茂盛。附近是个水池，现已干涸，称为“库尔提乌斯之池”（Lacus Curtius）。这里的地面曾开启一个裂缝，据说这裂缝不会合起来，除非罗马最珍贵的东西被收藏其中。黄金及珠宝被丢进去，但是徒劳无功。最后，一位年轻骑兵意识到这谜题的答案是“罗马士兵”。他纵马一跃，跳入深渊，而大地就在他头顶上合了起来。

距此不太远的地方，卡斯托耳神庙旁边有个高耸的台子，这是泉水女神（Iuturna）的水池，是那对神圣双胞胎在雷吉路斯湖大战之后领马饮水之处。在广场的另一端则是演说者的发言台。向群众讲话的演说者必须与许多只有真人一半大小的使者雕像进行竞争，来博得听众的注意力。这些使者是为了国家任务而捐躯的。

卫城山丘上面也遍布着知名罗马人、国王以及驱逐国王的马库斯·布鲁图斯的雕像。在他们之中矗立着两尊神像，即赫拉克勒斯与宙斯神的巨像，它们是在公元前 4 世纪时竖立的。这里有那么多古代伟人的塑像，游客必然感到怪异，如同他们正穿过被美杜莎偶然一瞥的眼神变为石像的人群。

在主神朱庇特神庙的地底下不仅塞满了古老的奉献品，还有从神庙屋顶上掉落的雕刻以及各种过剩的赠礼。墙壁铺满了铜牌，上面刻写着条约条文以及法律文件。战利品和还愿用的纪念品则塞满了每个空余的角落。

当然罗马不只是一个用于回忆的空间[10]，一个遗迹的大墓园，它也是一个鲜活的城市，一直在扩张，而且正在向早期大都会的目标前进。

罗马广场是城市的核心，部分是购物中心，部分是法庭以及政治竞技场。人类生活从这些石像、神龛以及神庙之中浮现出来。

我们有幸获得一位在布匿战争期间及之后生活并活跃于罗马的人物，对日常生活所做的直接陈述。他是喜剧作家提图斯·马克基乌斯·普劳图斯（Titus Maccius Plautus）。在他的一部作品里，其中一位角色对罗马广场进行了一番巡礼[11]，这里是一个可以发现人性中最好及最坏东西的地方。“从品德到垃圾”[12]，他说，“此处会比人想象的要多”。在广场往南较低处是那些尊贵之人，或以普劳图斯的话来说，“好人及富人”的地盘。他评论说，“要找作伪证之人，那你可以到法庭去找”。它在圆形的公民大会（Comitium）附近，而这场址便是公民大会集会的地点（这里如果挤满的话，或许可以容纳 5 000 人，而罗马广场总共可以容纳约 10 000 人）。[13] 骗子以及不老实的商贩聚集在“马克西玛下水道”的小圣坛或维纳斯神庙附近。据说一尊维纳斯的雕像曾经掉落到这露天的下水道中，因此维纳斯获得别名“清洁女神”。这神庙是个低矮的圆形平台，上面有两尊女神的塑像，这是个溜达散步的舒适地方。

“富裕而易堕落的丈夫”会去光顾长方形会堂，这是一个做生意的室内空间，从事银行业务的人会在里边架起桌子，而创业者会积极推销股份。广场对面则是一排零售商店，叫作旧店铺（*tabernae veterus*），里面挤满了放债者，正处在卡斯托耳及波吕刻斯神庙后方，庙上刻有“骗子从不小心之人那里骗取贷款”。再靠近伊特鲁里亚街（Vicus Tuscus）的地方则是男妓游荡之处。这条街通向维拉布鲁姆道（Velabrum），这是一处马鞍形的山谷，将帕拉丁及卫城两座山丘连接在一起，“你会发现面包师、屠夫以及算命师”。

不像亚历山大里亚这座托勒密王朝洁白闪亮，道路如棋盘般纵横交错的首都，罗马城是没有规划的。建筑物在通往帕拉丁及卫城山丘的古代道路两侧随意冒出，最后这城市成为一个阴暗的、遍布狭窄巷道以及小型广场的大迷宫。很少人讲卫生，所以传染性疾病十分猖獗。人们曾努力（但不是全然成功）去收集这些污物来作为农业灌溉的肥料，而且也认知到充足干净的水源供应是必要的。在公元前 312 年（由阿庇乌斯·克劳狄·凯克斯主持）和公元前 272 年修建了两条引水渠，大部分是在地底下。在公元前 2 世纪中叶时，增加的人口促使马西亚引水渠（Aqua Marcia）的修筑，这是一件将水引到卫城山丘顶端的惊人工程技术成就。极少有人具备条件在家中沐浴，所以在大约公元前 100 年时，公共浴室已经成为日常生活的普遍特征。

城里大多数的街区通道是没有铺设路面的[14]，虽然它们或许会有垫高的人行道；人们将垃圾以及污水倒在街道上，还有死掉的动物以及无人认领的死人尸体；尿壶中的液体经常会溅到没有提防的路人（后来有了法律规定如何赔偿）。恶劣的卫生条件不是唯一的危险。因为有轮子的交通工具经常会占据大部分可用的街道空间，所以事故相当频繁。

城市里的基本单位是街（*vicus*），它作为行人和有轮交通工具的主干道，服务其周围的社群街坊。每条街都会有一个核心标记：一个交叉十字路口、一处圣林、一座神龛。十二铜表法规定如果一条道路要正式取得“大道”（*via*）的名称[15]，直线部分至少要有 2.4 米宽，在转弯处要有 4.8 米。只有两条道路算得上大道，“神圣大道”和“新大道”（Via Nova），均位于罗马广场与帕拉丁山丘之间。

公元前 2 世纪中叶的喜剧作家普布利乌斯·特雷恩蒂乌斯·阿非尔（Publius Terentius Afer）引述的对话片段，传递出城市里富裕区域的景象。一个奴隶正在一座没有街道名的城市里给人指路：

“你知道市场旁边的那个长廊吗？”

“我当然知道。”

“往上爬坡会经过它，沿着路往前走。当你到顶的时候，会有一个下坡路。沿着那条路走下去，接着有个小神龛，附近会有条巷道。”

“哪一条？”

“那里还有一棵大树。”

“但是不能穿过那巷道。”

“唉！你说的正是！真的！……是我犯错，再回到长廊，是的，这样你会更容易到达，而且不用走太远。你知道老克拉提努斯（Cratinus）的家吗？”

“我知道。”

“当你通过那地方，向左直接往前去；当你碰见狄安娜神庙，向右走。在你到达大门之前，你会看到，就在水池旁边有个面包坊，对面是一个工作坊，他就在那里。”[16]

在主要街道的两边，有些一间屋或是两间屋组成的店铺，以及给穷人住的狭小公寓。这些都面对路人开放，并可以用木栏给关起来。所有种类的东西均有贩卖：食物、布料、烹饪器具、珠宝以及书籍。酒坊会售卖加过水且佐以香料的酒、蜂蜜或是松脂［今日希腊松香酒（retsina）的前身］。浓汤、炖菜、切开的烤肉、香肠、馅饼、水果以及有馅的面包，也都有提供，甚至包括一种原始的比萨。有座位的餐厅则迎合较富有的客人。

这一排排的店铺及公寓保护了位于它们后方的富人的房舍，使之免受街道噪声及恶臭的侵袭。这些房子是依照一个基本的样式所规划的，据此那些有钱有闲的人可以进行扩建。房舍正门经由一个狭窄通道通向半公开的会客厅，或叫中庭（*atrium*），上面是天窗，而三面均有阴暗的小卧房。在面向访客的一侧会有一个升高的前厅（*tablinum*），原先是主卧室，现在是屋主的书房，上面有华丽的壁画以及安放在基座上的家族祖先脸谱。附近是一个配有躺椅的正式餐厅（*triclinum*），在那里客人可以躺卧，享受精心制作的餐点。这间房的后边则是家庭的起居室，主要是一个带有柱廊或是回廊的花园庭院。在较大的房子中还会有二楼，而且在回廊旁边会有夏季餐厅。

同平时一样，城市里的某些地方会比其他地方更加时尚且奢侈。最昂贵的房子出现在帕拉丁和韦利亚（Velia）通往，后者是通往罗马广场的神圣大道所在的山脊，这是精英阶层处理事务的枢纽。环绕市区的土地则被生产花卉和蔬果的花园与菜圃所占据。在公元前 2 世纪，许多花圃（*horti*）被有钱有势的人买下，他们在里面修筑别墅——这是他们逃避城市生活的喧嚣，享受宁静翠绿的退避之所，是“城里的乡村”（*rus in urbe*），一个都市中的村庄。

城墙里的空间实在太有限，无法满足罗马的需求，所以建筑物开始出现在战神营区。这是卫城山丘之外的开放区域，用来放牧和军事操练。大西庇阿在那里修建了一座别墅和花园。“弗拉米尼乌斯赛马场”（Circus Flaminius）这一块公有土地，在公元前 221 年被盖乌斯·弗拉米尼乌斯，这位平民派领袖指定为举行“平民节”（Plebeian Games）的地点。这里也作为市场和战利品的展示地点，他几年后在特雷西梅诺湖阵亡。在战神营区也有政府机构的建筑：“圈围区”（Ovile）是个被圈围起来的地方，非常像一个羊圈，是百人团会议投票之处；旁边则是

“人民之屋”（Villa Publica），于公元前 194 年重建并扩大，成为国家官员的指挥部，罗马人在此处进行人口普查并征召军队。

罗马在公元前 2 世纪时增加的财富带来了市政的改善。富有而知名的人士建立凯旋门（其中有大西庇阿建造的）、柱廊以及大会堂作为公共设施。更多的街道被铺设路面，而排水系统也得到改善。混凝土被广泛使用，新的神殿则是根据希腊风格，用大理石或石灰石来修筑的。但是城市里最大的休闲场所“大赛马场”，仍然不过是用上漆木板修筑的、不那么光鲜亮丽的建筑。

要和东方希腊城市的豪华壮观相比，罗马人仍有一段长远的路要走。

如同以往那样，穷人过的是苦日子。他们在服务业里供应食物（谷物、鱼和肉），在建筑业、零售业及各种不同的制造业（陶瓷业、玻璃器皿以及金属制品）里，都存在着许多工作机会。但是罗马人口增加迅速，而奴隶占据了大多数的工作。我们可以设想高比例的失业或部分失业至少会周期性地出现。

空间非常珍贵。如在现代城市中那样，开发商开始向空中看去，建造一幢幢的公寓，有的高达 8 层。最初这些是粗制滥造的木制结构建筑，很自然令人担心容易有火灾侵袭。随着混凝土引进，更加坚固的房屋被建造出来。罗马人称公寓大楼为因苏拉（*insula*，意为岛屿）。但这种坚固只能算是表面而非实质，因为这些“岛屿”经常毫无预警地垮塌。

许多人会加入集会（拉丁文称为 *collegia*、*soldalicia*、*corpora* 或 *curiae*），这想必给予他们超越家庭之外的某种稳定性。地方政府没什么事可做，所以也没有固定的警察部队或消防队。然而有四位市政官（其中两位原先是护民官的助理，在公元前387年又有两位通过世家贵族所选出的市政官加入），他们分别负责城市建筑物的维护、安排竞赛表演、供应粮食和水源以及监督市场运作。同一行业的行会、职业工会或祭祀团体的成员身份，可以提供一些保护，来应付人生变故和不公。这些组织的成员会固定聚会（例如每月一次），进行祭祀并一同聚餐。此外，也有街坊邻里的社团，参加一年一度的“康匹塔利亚节”（Compitalia）庆典，这庆典是为了尊崇拉瑞斯·康匹塔列斯（Lares Compitales），当地的十字路口之神。有些社团是丧葬俱乐部，其中成员做少许且固定的捐款，来支付他们自己的丧礼开销。

国家对这些社团的存在有些不安，正如对“酒神祭狂欢”危机所做出的反应那样，不知道它们究竟会做什么。在政治危机的时候，它们或许会搞出阴谋来破坏安定的秩序。但是这些潜在的具有颠覆性的横向社会结构，会被庇护人制度金字塔状的纵向结构所抵消。如我们已见，除了那些位于社会金字塔塔尖上的人之外，每个人都是被庇护人，能协助也依赖一位或多位更为富有的庇护人。这种关系是世袭的，而且被法律所认可，虽然不一定会有强制效力。假如有人幸运地成为某元老的被庇护人，那每天清早他被期望做的第一件事，便是登门拜访元老，陪同他到罗马广场。一位大人物有越多的随从前呼后拥，其声势则越壮大。作为回报，被庇护人从可以期待一份“礼物”（*sportula*）：一些食物及零用钱。

这种互相交换物品和服务的系统将社会结合在一起，使得下层阶级不太可能制造叛乱，或是计划改革运动。当然，庇护人有些时候也会吝啬或因为某种理由陷入困顿。普劳图斯想象一位失业以及处于半饥饿状态下的被庇护人，正在悲悼自己的命运：

为什么，我刚才在广场上努力说服
我认识的一些人，年轻的律师，“去吃午饭？”
我天真地问。接着，恐怖的沉默
降临在我们中间。有人问，“你也来吗？”
头开始摇晃。我告诉他们一个很棒的小故事，
我最好的故事。天知道我多久能吃上一次。
笑声？没有。微笑？没有。[17]

罗马是个庞大且不断成长的社群，是政府的核心，是政令的发源地。事实上，它的居民经常不称呼它的名称，而只是以“城市”（*urbs*）来指称它：这不是任何普通的城市，而是“城市”。然而城市的生活会腐化人，金钱使富有的人懒惰，而失业对穷人也造成相同的效果。有责任感的市民会认为乡下是个远比城市要好的地方。毕竟独裁官辛辛纳图斯在拯救国家之后，便回到他小小的农庄去，避开荣耀和财富。共和国正是从小农阶级的人中征召出它的常胜军团。西塞罗的朋友，古文物学家以及博学之士瓦罗在《论农村事务》这本他所搜集的乡村知识概要里写道：“这并非没有道理，那些伟大的人物，我们的祖先，认为那些生长在乡下的人优于那些生活在城市里的人。”[18]

一位普通的罗马农夫以自己的话语留给我们对他美好生活的概括，这是在意大利弗利（Forlì）的一处碑铭上发现的。它表达了乡村居民那种艰苦、勤劳以及审慎的价值观念：

无论谁想过真正自由的好日子，那么所有这些将是真正的建议。首先，尊敬那该尊敬的。接下来，要为你的主人尽心尽力。

敬重你的父母。赢得他人信赖。不要说且不要听中伤诽谤的话。假如你不伤害或背叛任何人，你将会过着舒适的生活，正直且快乐，不触犯任何人。[19]

在迦太基战争之后有新一代的政客登上舞台，其中最能干且最不讨人喜欢的是马库斯·波尔基乌斯·加图［Marcus Porcius Cato，常称为老加图，或是监察官加图（Cato the Censor），与他公元前1世纪的同名曾孙小加图区别）］。他来自一个乡绅家族，并在进入军队服役前，将刚步入成年的生活花在种地上，就如他之前的辛辛纳图斯。普鲁塔克谈及他时说：

在清早时加图会步行到当地市集去，并且为所有希望获得他协助的人打官司。然后他才回到自己的农庄，假如此时是冬天，在农庄里他会穿上一件工作服，而假如是夏天的话，工作服便会被脱到腰间。他与他的奴隶一起工作，然后与他们一起休息，食用相同的面包并饮用相同的酒。[20]

一位贵族邻居慧眼识英雄，将他带入首都罗马政治圈子，而且很快他便晋升到最高的位置。

对老加图来说，城市生活那种世故复杂的放纵，有某种不可原谅的希腊气息。每一项真正的罗马道德，也就是所谓的“祖宗成法”，都是乡村道德的宝物。在他有关农业的著作《论农业》（*De agri cultura*）中，加图评论说商业比农业更有利润，但是过度冒险，相同情形亦发生在银行业务上，但他补充说，这个行业更不诚实。他写道：“最勇敢以及强壮的士兵正是来自农业生产阶级，他们的职业最受敬重，他们的生计最有保障，并且最不被敌视。”[21]公民在田地里用他的铁犁，在战场上用他的刀剑，代表着有关罗马的所有最好的东西。

加图确实亲自耕种田地，不过只在他还年轻而贫穷之时。他可以说是一位朴素的伪君子，他的生活极为俭朴，但累积大量财富，违反他声称的良好原则，去放高利贷还投资地产。一旦他飞黄腾达之后，他便以包租公的方式来经营他的产业。他在自己书中将自己进行的“游戏”的秘密透露出来。他在书中为一个与他一样只会偶尔去巡视产业的地主，提供许多实用的建议。对那些为他经营生意并管理劳动者的监督人或管理员来说，有些劳动者之前是奴隶，有些则出身自由，他们必须要小心看管：

> 管理员绝不可以是个四处闲晃、无所事事之人，他必须一直头脑清醒，而且不可外出晚餐。他必须要让农场的劳工忙碌起来，并监督以使主人的命令被执行。他不可以假设他比主人知道得更多……他不得去征询算命仙、预言者、占卜者或占星术士（这呼应官方对酒神祭以及类似东西的恐惧）……他必须是第一个起床的，最后一个上床的。[22]

加图绝不多愁善感，滥用情绪。他希望劳工被善加照顾，只为他们能工作得更有效率，但仅此而已。他们要么在工作，要么在睡觉；旷工或生病，甚至年老，都不能被容忍：

> 将力衰的公牛、有残疾的小牛和有缺陷的羊、羊毛、羊皮、老车、老奴隶、生病的奴隶以及任何多余的东西全部卖掉。主人

应该有卖东西的习惯，但不要有买东西的习惯。[23]

我们可以责备加图小气吝啬和言行不一，但是独立小农耕种田地并将后代男丁送上战场的全盛时期确实已经结束。16 年来汉尼拔军队的焚烧、抢劫以及破坏，已经清空意大利的乡村地带，并使罗马的人口呈爆炸式增长。这需要许多年来使地力恢复，而在南方一些地区这将永远无法恢复。

贫穷可以部分通过快乐来缓解，虽然这些快乐是为了宗教目的。在一整年之中，会有一段的时日奉献给神明，作为假期。城市里的公共事务及私人生意会暂停，元老院停止开会，并且城市里的例行公事会被节庆或“表演竞赛”给打断。最古老的是“罗马节”(*ludi Romani*)，这是在王政时代建立的，在 9 月进行。他们会表演配合笛子音乐的哑剧舞蹈，这同时兼做祭典及娱乐活动，而且从公元前 240 年起，戏剧也加入节目之中。其他竞赛表演则是在与汉尼拔作战及其余波所带来的令人极度不安的年代中所确立的，旨在安抚带来威胁的超自然存在，或是因为胜利而表达由衷的感谢。

前面已提到，“平民节”（*ludi Plebeii*）是在公元前 221 年由平民领导者盖乌斯·弗拉米尼乌斯所创立。“阿波罗节”（*ludi Apollinares*）紧随其后在前 208 年创立；“喜瑞斯节”(*ludi Cereales*) 是在前 202 年举行；前 193 年的“大母节”（*ludi Megalenses*）是为了尊崇大地之母（Magna Mater)，在它位于帕拉丁山丘的神庙前举行。

如瓦罗这样的古文物学者对这种现场表演的起源极有兴趣。[24] 他们将这些古老仪式的背景放在乡间，以舞蹈及粗俗诗歌为主要内容。维吉尔根据一些对古文物的猜测，说意大利人：

习惯举办一场
喧闹的庆祝，他们诗歌粗俗，笑话百无禁忌
穿戴最面目可憎的木制面具，
以快乐的小调对酒神说话，
而且神明小小的神像，在被风吹动的松树枝上摆荡。[25]

专业的舞蹈团是从伊特鲁里亚引进的，但是（我们被告知）罗马年轻人开始模仿他们，并加入他们自己编写的淫秽诗歌。这种混杂了文字音乐和肢体动作的表演经过整理变得更专业，进而促使书写喜剧出现，并开始在节庆中被拿来演出。（年轻的业余表演者仍然维持他们唱淫秽歌曲的传统。）

节庆中最早正式出现的剧本是由李维·安德罗尼库斯（Livius Andronicus）撰写，他是半个希腊人，在罗马击败皮洛士并攻占塔林敦时被卖为奴隶。他教导他主人的儿子，并将荷马的《奥德赛》翻译为拉丁文；西塞罗认为这是差劲的东西，它却成为那些可怜小孩子必须背诵的固定教材。除了一些标题外，他鲜有作品流存下来，除了受到希腊原文作品所启发的闹剧，如《赌徒》（*The Gambler*）和《匕首》（*The Dagger*）。情节集中在富有的年轻男性与娼妓（但一成不变的，这些女孩其实出身良家）的爱情故事上，并且铁定会出现的聪明奴隶，远远胜过他们的主人。他更为出名的后继者普劳图斯（Plautus，此字在拉丁文中是指“扁平足”，约公元前254—前184），一位来自翁布里亚的舞台木匠和改换场景的人，还有一位年轻的迦太基奴隶特伦斯（公元前195或185—前159年），皆使用极为相同的素材写作。

关于希腊神话主题的悲剧（例如特洛伊英雄的冒险）也同样受人欢

迎。还有一种真正的罗马形式的“历史剧”（*fabulae praetextae*），这是历史记载中和现实存在的人物的诗剧。这些作品庆祝罗马共和国历史中的伟大时刻，如德西乌斯·穆斯在森提诺的献身仪式以及曼里厄斯和一位高卢部落领袖的对决。

戏剧是在露天演出的，观众则坐在木头搭建的舞台前的草地或临时看台上。它们实现了一种有用的社会功能，因为它们对所有阶级皆有吸引力，而每个阶级都会被提供特别指定的座位。若罗马人环视剧场观众，能见到各个阶层的罗马人出席，从资深的元老到被给予时间去看戏的奴隶。

保守政客认为表演艺术是种堕落的希腊式的新奇东西，所以竭力阻止建设配备方便舒适设施的固定剧场。在某个时候，元老院通过一道命令，禁止为观看表演而安置座椅，这基于一个可笑的理由，即“精神放松应该与适合罗马民族的具有男性气概的站姿相辅相成”。[26]

节庆里的气氛相当喧闹。特伦斯十分愤怒，噪声及骚动使他亲自在里面参演的一出戏以失败告终：

> 当我刚开始表演的时候，有人在谈论拳击赛，还有可能会演走绳索的杂耍。奴隶正在进来，到处都是叫嚣，女人在尖声高叫——所有这些让我在结束这出戏之前就先离开了舞台。[27]

当他再度恢复这出剧的演出时，第一部分进行顺利，但是表演接着被要表演角斗竞赛的谣言打断，这种竞赛有很大的观看需求。

在这种公开表演中，角斗士战斗直到死去，近乎活人祭祀。角斗士的起源并不清楚，这（与猎杀野生动物）是罗马人从伊特鲁里亚的丧礼仪式或是坎帕尼亚那里学来的。以杀死战俘来纪念伟大人物逝世的做法并不稀奇。荷马这位普世经典作品的先驱创作者曾经记载，极为哀伤的阿喀琉斯在他过世好友和爱人普特洛克勒斯的火葬堆旁，“用他的铜刀砍死”12 个年轻的特洛伊人。[28]

然而角斗士这种以肉体进行战斗的行为并不寻常。对它最早的记录在公元前 264 年，即第一次布匿战争开始的那年。在前任执政官德奇姆斯 · 尤尼乌斯 · 布鲁图斯 · 佩拉（Decimus Junius Brutus Pera）的丧礼中，他的儿子们奉献三对奴隶，后者是从一群战俘中被挑选出来的，被安排在公牛广场打斗。到公元前 216 年时，一次节目的对打数量已经增加到 22 对；在前 174 年时，有 74 人在为期 3 天的时间内进行战斗。

如我们在戏剧中所看到的那样，娱乐活动和宗教是携手并进的，所以一场角斗士的“表演”在拉丁文中被称为 *munus*——献给个人祖先和神明的服务或礼品，这并非没有道理。直到公元前 1 世纪，角斗表演通常用来纪念一位男性亲戚的过世，常在罗马广场的一处临时竞技场中表演。因为暴力中的死亡逐渐变成一个受人欢迎的景观，罗马人为它的目的提出理性的辩护。角斗士被期望要行动勇敢，以优雅的态度放弃生命。人们说，他们是鼓舞人心的勇敢范例，公民必须学习和模仿。他们象征罗马勇敢的精神，或一言以蔽之，象征美德。

“表演”会固定安排在 12 月，特别是在“农神节”（Saturnalia）的节庆中。这是圣诞节的原型，是一个要结束所有节庆的节庆，于公元前 217 年创立。这节庆有一丝混乱失控的意味。虽然节庆通常是为了确认社会阶层，但农神节则短暂地颠覆了它。这节庆始于 12 月 17 日，长达一周，平常社会互动的规范会被推翻。奴隶可以免于工作，而他们的主人会招待他们吃一顿饭（通常是奴隶自己先将饭菜准备好）。他们被允许赌博。即使老加图也配给他的奴隶额外的水酒。[29]公民不必穿上托加袍，而每个人都戴上象征奴隶解放的小皮帽。人们会交换礼物如蜡烛以及小陶像（*sigillaria*）。

罗马人频繁举行的节庆当然会缓解生活的痛苦，但对奴隶以及无业或半就业状态的公民来说，城市是个拥挤、狭窄、充满臭味和疾病的居处。有钱有势者享受某种程度的舒适和安逸，但也精明地随时保持警惕，去监视环绕在其周围的每条街、每条巷子或每个路口的不满分子。

假如选出一个老加图无法忍受的人，一个他无法苟同的堕落的希腊文明的化身，那这个人便是扎马会战的英雄，征服一切的大西庇阿。老加图花费大量时间试图去诋毁他。大西庇阿散发着使人恼怒的高傲。他来自一个极为杰出的贵族世家，获得许多作为执政官的荣耀。如我们已见，他的父亲和叔父是优秀的将领。自从他年仅的25岁便获得一支军队的指挥权以来，他从未输过一场战争。当在国外完成外交任务时，他往往使自己有一种希腊化国王的气息及风度。他并没有足够的耐心或是道德宽容，在市民广场这种嘈杂的竞争中一展长才。他是位一流的将军，却是三流的政客。

从老加图的观点来看，最糟糕的是大西庇阿沉溺于希腊文化。他享受穿戴希腊的流行服饰（当他穿上托加袍时，他的穿戴方式会让不友善的评论者说显得非常女性化）。他用希腊文写了一部回忆录，而且很流畅地说着希腊话。他给自己的两个儿子、或许还有他的两个女儿提供希腊教育。其中一个女儿科妮莉亚（Cornelia）嫁给那位坚持宗教戒律的老格拉古——提比略·塞姆普罗尼乌斯·格拉古，而且在成年之后获得德才兼备的女子和知识分子的名声。

在公元前204年，西庇阿与老加图第一次发生冲突。西庇阿那时在西西里召集他的执政官军队，准备入侵非洲。老加图是他的财务官，这是被选出的低阶官员，专司财务之职。他声称他的指挥官沉迷于个人奢侈消费中，并且付给军队太多薪水。（他们其中有许多人是志愿军，所以这指控若是真的话，那最高指挥似乎屈服于市场的力量。）有人说，他们收到比生活所需还要多的金钱，所以将多余的钱花费在奢侈享乐以及感官愉悦上。换言之，西庇阿正在腐化"他麾下人马那与生俱有的单纯性格"[30]。这段话是普鲁塔克说的，但是听起来会符合老加图那种自私自利的自以为是。

大西庇阿辛辣地回应，他不需要一位斤斤计较的小气财务官。老加图于是回到罗马挑起事端，他协助费边去攻讦执政官浪费巨额钱财。他们谴责大西庇阿"像男孩般地迷上希腊的体育场及戏剧表演。他好像被任命为艺术节的筹划人，而不是现役的指挥官"。调查委员会被派到西西里，但没有发现任何东西去证实这些指控，反而发现军队的士气极佳，如西庇阿所证明的那样，之后他迅速摧毁迦太基的势力。这一回他战胜批评者，但他们还会再回来。国内政治的争执及诡计让西庇阿觉得无聊、愤怒。他的敌人一直在旁等待可以利用的失误。

虽然有些人不愿承认，但老加图及其朋友对大西庇阿所持的怀疑并非完全没有根据的。现在常胜的共和国面对的挑战与机会是如此广阔巨大，将军得以远离罗马及挑剔的元老院，在国外停留数年。（西庇阿从公元前211年开始在西班牙及非洲作战将近10年。）他所统率的士兵预期也要远离家乡数年，在过去他们是农夫，只能离开田地几个月，但现在他们与土地的联系变得越来越淡薄。当西庇阿让他的士兵解甲归田，他必将请求元老院从公地（*ager publicus*）中分配小块农地给他们，他们才能有地方栖息谋生。假如他们的将军不去照顾他无土地的士兵，谁又会去呢？

大西庇阿对国家构成潜在的危险，在于他掌握一支大军，而这大军首要的效忠对象是他。若他希望的话，他可以凌驾于元老院之上，甚至建立一个正式或非正式的独裁政权。事实上，他并没有这种愿望。他在心中始终效忠宪法，效忠那个受到民主政治所节制，并在一年之中由那些民选的临时国王（执政官）来领导和组织的寡头政权。但是对于观察入微的元老们来说，一个顾虑不太多的人，可能会在累积足够的权力之后推翻共和国。

罗马从一个中等规模的意大利城邦国家，转变为一个坚不可摧的超级强权，对公共生活水平造成了粗暴的冲击，这也是事实。大量财富不仅流入国库，还流入元老精英的口袋里。贿选开始变得普遍，而民选官员会从行省勒索钱财以收回选举花费。包括西班牙的两个（较近及较远的）行省、萨丁岛、科西嘉以及西西里，这些人在作为执政官或副执政官的任期结束之后，会前往治理的地方。

老加图于公元前184年担任监察官，倾其所能地去打压奢侈生活，并且对高价衣服、车辆、女性装饰品、家具及餐具征收惩罚性的赋税。当时许多年轻人会为一位伴游男孩或是正流行的腌鱼，花上一大笔钱。在一场公开演讲中，加图说："当一个漂亮的男孩比一块良田还要值钱，一罐腌鱼比农夫还要昂贵时，任何人都能看到共和国正在走下坡路。"[31] 西庇阿与他的家庭似乎不可能会与那种行为有所牵连，但是根据波利比乌斯对大西庇阿的妻子在公开宗教仪式场合现身的描述来看，大西庇阿没有做任何降低花费的努力：

她总习惯以极大排场现身……除了个人衣着和车乘的富丽堂皇外，所有祭篮、祭杯以及祭祀用的器皿道具都由金银打造，并且在如此重要的仪式场合中，从队伍里抬出，而陪同她的侍女及男仆的队伍行列，亦是同样庞大。[32]

批评大西庇阿的人认为，他的生活形态的那种铺张夸耀的光彩，只是普遍道德败坏的整个图像的一部分。

当就任监察官时，老加图对滥权情形深感厌恶，所以当他在审核元老院及骑士阶层名单时，毫不留情地拔除不够资格的人。老加图特别揭发的一个案子[33]关系到一位前执政官卢修斯·昆克提乌斯·弗拉米尼努斯（Lucius Quinctius Flamininus），而这让舆论大为惊骇。弗拉米尼努斯当时正在与一位身价极高但恶名远播的男妓迦太基人菲利普发展感情。他说服菲利普加入他对山内高卢（Cisapline Gaul，今日的波河河谷一带）的远征。这男孩习惯性地讥讽他的爱人，说要让他在角斗士比赛之前离开罗马，害他只好错过比赛。在某个晚宴上，正当酒酣耳热之际，有一名凯尔特逃兵抵达营区。他要求晋见执政官，来寻求他个人的保护。

这个人被带进营帐，通过一位翻译向弗拉米尼努斯报告。当他正在说话时，执政官转向他的爱人并且说："既然你错过角斗士的表演，你要看这位凯尔特人去死吗？"

这男孩点头，没有把这项提议当真。弗拉米尼努斯拔起挂在他卧床上的刀，在凯尔特人还在说话时砍向他的头部，而且在他企图逃跑时，将刀刺入他的身体。这种信弃一个寻求罗马友谊的人的行为，已经够惊人了，但是在罗马人心中，真正可怕的是在一场饮酒的飨宴

（*convivium*）中，他如此轻易了结人命。

辛辛纳图斯那讲究品德的共和国何以走到这一步？

当战胜汉尼拔的胜利荣耀逐渐隐入历史时，老加图和他的朋友设法利用每个场合去污蔑西庇阿家族的名声。“非洲征服者”大西庇阿则像一头受伤的狮子，设法击退一群土狼的集体攻击，笨拙地回应这些中伤毁谤。当他和他的弟弟卢修斯成功完成对叙利亚王国安条克三世的征服，于公元前190年回到罗马时，事情变得不可收拾了。[34]（我在下一章会描述此事。）

几年之后，在元老院的一次会议中，一位敌对的护民官急于制造麻烦，要求卢修斯解释500塔兰特账目的去向，这是叙利亚王国那庞大的15 000塔兰特赔偿金的首付。这里似乎没有真正的诈欺嫌疑，这笔钱或许已经拿去支付士兵的薪水。无论如何，虽然卢修斯是执政官以及总指挥官，在法律上有责任去解释国家财务的状况，但他不太需要为了那些从敌人手中赢得的钱财，去做太多解释。

无论谁是谁非，那时作为首席元老（*princeps senatus*）也就是元老院里荣誉领导人的“非洲征服者”大西庇阿大发雷霆。意识到他自己其实才是这攻击的间接目标，所以他要求将这场远征的账册拿来给他，然后他在元老院前面将它撕毁。这事件就此落幕，但西庇阿家族看起来要采取高压手段，并可能手腕灵活。以老加图为首的反对势力很快再次开始攻击，另一位护民官立即被找来，将这问题提交到公民大会去。当卢修斯仍然拒绝交代这500塔兰特的下落时，他被罚款，而且他被威胁假如拒绝缴款便会入狱。然而另一位护民官投了否决票。老加图认为在贬损这对兄弟的信用上，他已经做得够多，所以心满意足，没有再采取进一步的动作。

当“酒神祭狂欢”的丑闻在公元前186年爆发，老加图（当然会是他）责怪大西庇阿和他的圈子打开大门让希腊的祭祀以及影响进来，现在这已经对共和国的安全造成如此严重的威胁。

最后的攻击在公元前184年发生，这次是大西庇阿本人被指控（夹杂一些旧的罪名）。他的一大群侍从和朋友陪伴他到罗马广场。根据波利比乌斯的记载，他的简短发言充满典型的高傲和镇定：“罗马人没必要听信任何人对普布利乌斯·科涅利乌斯·西庇阿所做的不利指控，因为正是因为他，罗马人民才有言论的力量。”[35]

听审被搁置到另一天，恰好是扎马之役的纪念日。这实在是一个太好的机会，不能错过。大西庇阿抵达法庭，宣布说他即将登上卫城山丘，为这场胜利去向神明感恩。任何希望陪他去的人，都会受到欢迎。结果群众一致离开罗马广场，追随大西庇阿的脚步。这位公关大师并未停留在卫城山丘，而是将整天剩下的时间花费在造访城市里的其他神庙上。整个罗马好像在庆祝一个节日，而大西庇阿是它的策划人。加图过去的指控已经变成现实。

但是这位高傲的世家贵族受够了。他告老还乡，返回他在力特隆（Liternum）的别墅，这是靠近库迈城沙滩边的一个城镇，他拒绝在恢复审判时出席。他托称自己生病，但或许是真的，因为他在不到一年之内便过世，年仅52岁。

他留下指示[36]要在自己别墅的所在地下葬，而非在阿庇乌斯大道的西庇阿家族陵墓。罗马最有才气的指挥官即使在死亡之后，也不想与他那忘恩负义的城邦有任何关系。

第 15 章

光彩亮丽的东方

汉尼拔战争结束后，人民十分疲惫。意大利乡间地带饱受摧残，经济崩溃，公共财政赤字严重，而且数以十万计的公民及盟友在 18 年的战争期间失去性命。胜利果实一向甜美，但这次却颇为苦涩。当前并没有致命的敌人出现在视线之内，而且只有这一次，罗马人觉得自己已经上过太多次战场。每个人都期望拥有一段和平宁静、休养生息的时间。然而在扎马战役之后的一两年内，元老院又打算进行一次重要的新战争。当议题被提出时，公民大会否决这样的冒险，不过当他们被请求再度讨论这项议题时，只得不情愿地表示赞同。

这是如何实现的呢？

共和国还未准备好成为伟大国度。作为迦太基的继承者，它现在控制西地中海的岛屿以及大部分的西班牙，但是它没有其他的领土野心。老对手被允许在北非料理自己的事，但是不得在没有元老院的同意下，在国内或国外独立行动。意大利，虽然不包括凯尔特人的波河河谷，已经相当习惯罗马的管束，而且在打败皮洛士和汉尼拔之后，罗马军团被证明所向无敌。罗马掌控半个已知世界之后，已经变成超级强权，但它还不充分明白这意味着什么。

相比之下，对罗马许多公民来说，东地中海是个未知之地。当然，商人已经在做生意，而且偶尔特使会长途跋涉去德尔斐询问有关未来的事情。3 世纪时，元老院与埃及接触，缔结友好却遥远的邦交，但除此之外，罗马对希腊政治世界很少有直接经验，而且也很少有兴趣去知道更多。然而这种状况即将改变。

罗马现在比之前对外国特别是希腊的文化更加开放。这在有些人看来存在毒蚀腐化的危险，但对另一些人而言，这是无法抗拒的让一个偏远民族文明开化的手段。难道共和国要锁住它新的力量，生活在一个陈旧、舒服但封闭的心态之中？外在世界允许它如此吗？跨越整个已知世界传来的政治及军事求助，开始涌入罗马。当老加图和其他的卫道士坚称必须拒绝这些事情时，他们其实是在对抗人性。假如一个国家拥有力量，但拒绝去使用它，那么或许会制造出一个真空地带，其他不怀好意的企图将乘虚而入。

共和国是否欢迎帝国建立的前景以及传播文明（*mission civilisatrice*）？假如是，传统发展之路将不得不想办法为新状况做出调整。像大西庇阿之类的人物预见一个希腊化的罗马，准备好要去接纳文化的多元性，去管辖地中海并实施无情的同质化。当然这是一种乌托邦的愿景。帝国主义者会用他们的善意仁慈来安慰自己，但是他们的天性是去入侵征服，在远处做出决定，并且相信行省居民对外来统治的认同会是心甘情愿的，而不纯粹是对武力压迫才做出来的理智回应。

老加图及西庇阿代表着两种对罗马军事上成功的不同反应。前者继承了“拖延者”费边·马克西姆斯那种本土的、采取否定立场的谨慎，而老加图正是此人的拥趸：老加图是位狭隘的民族主义者，对更广阔的帝国没有野心。虽然他非常了解希腊语和希腊文学，但他不想和希腊文化及东方发生任何纠葛，将汉尼拔驱逐出意大利已经足够了。相比之下，西庇阿是位天生的扩张主义者。这两个人体现出罗马共和国所面临的两难处境：传统与创新，祖宗成法与希腊文化，爱国主义与国际主义，盲目迷信与神秘主义，严厉排外与包容接纳，自我克制与铺张炫耀。罗马将选择哪个方向？老加图和他的原则有许多支持者，但西庇阿因为承继了罗马的帝国命运，看到一条通往未来的长路。

自从亚历山大大帝过世之后，已经匆匆过去一个世纪，而他的东方帝国已经分裂成三大块：马其顿王国、叙利亚王国和埃及王国，它们彼此竞争挤压，形成一个不安定的权力平衡。在它们之外还要加上一些较小的碎片，包括商贸岛国罗得岛以及在小亚细亚五脏俱全且富裕的帕加马王国。希腊的小型城邦国家早已经失去它们的国际重要性，只能不情愿地生活在马其顿令人恐惧的阴影下，这些王国以在科林斯、卡尔基斯（Chalcis）以及德米特里阿斯（Demetrias）三个战略要塞（被命名为“希腊枷锁”[1]）驻军的方式控制希腊。其中一些城邦结为邦联，其中最重要者为在希腊北方的埃托利亚联盟，以及在伯罗奔尼撒半岛的亚该亚（Achaea）联盟，雅典则是凭过往的光辉继续维生，已经退化为有关古代的研究进修中心，特别是有关哲学的。

皮洛士的干预为希腊世界的反目带来不愉快的开始，但如已经提到过的，罗马最先在希腊土地上的军事活动是为了对付伊利里亚，这是位于达尔马提亚（Dalmatia）海岸，半希腊化的海盗王国。罗马人在3世纪中叶则更往南扩张到今天的阿尔巴尼亚。毫无疑问伊利里亚人十分警惕罗马在公元前244年于意大利半岛东岸最佳海港之一的布鲁迪辛乌姆对岸成立的拉丁殖民地。在第二次布匿战争时，罗马使节遭到伊利里亚海盗的谋杀，促使元老院授权对这些海盗国家实施彻底性的干预。

这惹怒了马其顿国王菲利普五世。他是一位不择手段的、冲动的统治者，带有一些黑色幽默的气质。他反对罗马入侵他自认为的势力范围。坎尼战役让他误以为汉尼拔会是胜利的一方，所以他与汉尼拔签订一项互助条约。除了在希腊大陆断断续续的战事外，这条约其实并没产生多少结果。直到公元前205年，大西庇阿即将入侵北非之际，国王理解到他已经误判情势，所以协商议和。他在当时处于军事优势地位。罗马人通常会在自己是胜利者之时才会讨论条款，但在这种情况下他们实在分身乏术，无法对付菲利普，所以同意签约。尽管如此，罗马人对马其顿还有一笔未结之帐。

菲利普随时在寻求不正当的利益。当一个六岁的男孩*继承托勒密王朝的王位，他认为这是掠夺埃及海外资产的良机。或许同时期的《圣经·传道书》(*Ecclesiastes*)作者有的放矢地说："邦国啊，你的王若是孩童，你的群臣早晨宴乐，你就有祸了！"[2]在公元前203至前202年冬天，马其顿国王与他希腊世界的国王伙伴及竞争者，叙利亚的安条克大王取得和解，据此他们将会分享取自托勒密王朝的战利品。

叙利亚往南进军，菲利普则攻击博斯普鲁斯海峡区域里那些没有触犯到他的城邦，兼并基克拉迪群岛，并占领萨摩斯岛。帕加马王国及罗得岛大为愤怒，而且不久之后马其顿国王也前去攻击它们。这种不宣而战的侵略更进一步激怒这些受害者，但它们能做什么？马其顿

---

* 这是托勒密五世显灵（Ptolemy V Epiphanes，公元前204—前181年在位）。——译者注

与叙利亚已经沆瀣一气，而埃及无能为力。若不是罗马现在已经成为地缘政治的一个新因素，那菲利普便可为所欲为，无须为罪行负责。

帕加马王国与罗得岛一起诉请罗马共和国，要求协助。元老院有意立即送出一支远征军，但是公民大会反对并制止它的行动。实际上菲利普对罗马并无行为失当之处，而那些提出抱怨、要求或是希望干预的国家，没有一个是罗马的正式盟友。如果要遵守相关宣战法律（*ius fetiale*）的话，那战争只能在保卫共和国或是与罗马有誓约的联盟时，才能宣布。

所以在公元前200年，元老院送给菲利普一道最后通牒，这通牒严苛到他必然拒绝。国王如预期般拒绝了。在一场激烈的对话中，一位资深的元老特使责备他的侵略行为，对此国王回应说，假如战争真的发生，他的马其顿同胞将会表现优异。特使结束讨论，并向罗马元老院做出负面的报告。元老院决定要给菲利普一个教训。当这议题第二次在公民大会提起时，公民大会终于让步，同意宣战。

事件的顺序颇为清晰，但是元老院可以用来解释其动机的辩论却没有记录留存下来。所以我们必须进行猜测。有些人认为这是赤裸裸的帝国主义表现，但是很难证明统治精英致力于向这一方向扩张领土。它没有兼并迦太基在北非的土地，而且目前因为对付不愿降服的西班牙人以及在北意大利动荡不安的高卢人，所以它双手不得闲。正如其他罗马人一样，元老们也不愿去进行战争。

其他人说元老院充满了理想主义者，他们要将希腊从马其顿独裁者手中解放出来，它愿意无偿担任已知世界的“警察”。当然有些贵族，如大西庇阿，沉醉于希腊文化，但他们对当代希腊人并没有特别的喜好，只是为了罗马的利益。

在逐渐滑向冲突的过程中，我们不应该排除存在误判的影响。双方对彼此都了解得不够多，罗马或许过分夸大马其顿所造成的威胁，而菲利普根本没有严肃看待元老院干涉他内政的问题，直到为时过晚。

在所有可能性之中，敌对行为的爆发有一个主要的理由以及两个次要的背景动机。元老院采取长远的观点，急于防止任何敌对势力在东地中海增强力量，重复之前迦太基在西方的作为。马其顿与叙利亚之间的军事关系，或许现在只会针对埃及，但很容易想象到罗马在未来会变成主要标靶。当机会出现的时候，最聪明的做法是削弱马其顿的力量。毕竟菲利普已经与罗马进行过一次战争，而（此处则是次要理由中的一项）他并未因此而遭受惩罚。

最后还有共和国统治者的个人野心。他们基本上是为数 2 000 人左右的一个封闭团体，一个绅士俱乐部，而只有少数的"新人"（如老加图）才有机会加入。在这些人之中，竞争多少都是友善的，但是在任何时候，大部分人都没有公职在身。随着击败汉尼拔，罗马在西地中海增加的海外资产（西班牙、西西里、科西嘉以及萨丁岛）都需要总督及其他官员管理，这开启了诸如政治行动、军事冒险和致富的新机会。既然那复杂迷人、光辉灿烂的东方已经进入共和国的视野，那么现在使节、顾问以及（可以稳当地推测到）军事指挥官的工作非常紧迫。罗马旅客（官员和生意人）满怀期望地踏入这新世界，所以很容易想象在他们探索伟大城市如雅典、安条克或以弗所，遨游世界奇观，并且仰慕希腊文明所带来的舒适生活时，那种混合着刺激和贪婪的感觉。

如同往常，军团总是慢半拍，而菲利普的活力还有他把劫掠和屠杀作为政策工具，使他取得先机。

在战争第二年，节奏开始改变，此时一位有魅力、极具天赋的年轻人接管罗马战争行动的指挥权。他是提图斯·昆克提乌斯·弗拉米尼努斯（即那位杀死凯尔特人来取悦他爱人的弗拉米尼努斯的兄长，也是在他生涯末期时去追杀汉尼拔的人）。他富有领袖魅力，英俊潇洒而且爱好希腊文化，是第二个西庇阿。虽有一些反对声音，他仍在29岁便不寻常地当选执政官。

执政官与国王见面会谈[3]，在此弗拉米尼努斯直截了当地告诉菲利普要解开"希腊枷锁"，换言之，撤离他的驻军并补偿他所曾掠夺过其土地及城镇的国家。国王回答说他绝不会解放之前已经在马其顿控制下的城邦，而任何对赔偿所提出的主张，都需要经过仲裁来决定。执政官回击说："这里无须裁判，谁是侵略者十分明显。"菲利普情绪失控。他说他不希望被以失败者的身份对待，随后愤怒离席。

很清楚的是，弗拉米尼努斯企图把马其顿人驱离这三处要塞，然后将他们赶出希腊全境。菲利普清楚自己并没有可以承受消耗战的兵力，所以将赌注押在速战取胜上，率先采取攻势。然而罗马人获得埃托利亚联邦的支持，将菲利普赶回塞萨利。愤怒的马其顿国王一边撤退，一边采用焦土政策，而精明的弗拉米尼努斯则避免抢夺以及暴行。虽然菲利普在伯罗奔尼撒半岛有一两个盟友仍然保持忠诚，但他意识到，希腊正逐渐摆脱他的掌控。他要求再举行一次会议。

有人在会议中做了记录，所以详细的陈述留存下来，让我们理解到彼时的国际关系是如何处理的，还有菲利普的性格。这里面表明，尽管弗拉米尼努斯愿意谈判，却从没有任何打算议和的意图，国王则渴望能达成和解，假如他可以避免全面投降的话。

这次会面是在靠近希腊中部温泉关的露天海滩上举行的。[4]罗马执政官与马其顿国王都无法信赖对方，所以有必要选出将遭遇埋伏的机会降到最低的地点。有建筑物的地方充满风险，而且无论如何也难以找到一个真正可靠且中立的城镇或城市。而海滩有个好处，其中一方可以从陆路到达约定的地点，而另一方则以海路到达。这意味着任何一方都不易去追杀以及逮捕另一方。

在这场合中，弗拉米尼努斯以及其他来自希腊、帕加马和罗得岛的代表齐聚海滩，等待菲利普出现。他搭乘一艘战船抵达，另有五艘护航。他贴岸航行，但拒绝下船。

执政官很直接地问道："你怕什么呢？"

"我除了神明之外无所畏惧，但我不信赖许多在场的人，特别是埃托利亚人"，马其顿国王这么回答。

这是一个不好的开始，但弗拉米尼努斯邀请建议召开这次会议的国王提出任何他希望提出的问题。

"我不是该第一个说话的人，第一个应该是你。敬请解释一下，我要做什么才能获得和平？"

执政官列出条件，其中最重要的是菲利普必须完全撤离希腊。接着其他代表逐条细列他们的条件。例如说，来自帕加马的特使希望修复爱神的圣域以及靠近帕加马的"带来胜利的雅典娜"的神殿，菲利普入侵该国时，曾经破坏这两个地方。

一位来自埃托利亚联邦，名叫法尼阿斯（Phaeneas）的人发言冗长，以详细例证来强调菲利普习惯不分青红皂白地破坏盟邦及敌人的领土。这激怒了国王，所以他稍微靠近海岸一些，并批评法尼阿斯"明显在夸张而且用埃托利亚人的腔调说话"。他接着拒绝他的指控，但同时也承认军事指挥官有时必须做他们不愿做的事。

法尼阿斯视力很差，他打断发言，指出这些争论不是重点："实际上你必须通过战斗来征服，否则就要服从那些比你强的人。”

菲利普拥有国王所不该有的那种讽刺别人的名声，在此时，他忍不住说出贬损对方的讽刺（但不好玩）笑话：“是的，即使一个瞎子也可以看到那一点！”

接着是个不连贯的对话，国王在对话中抱怨埃托利亚人。然后他向与会者提出一个犀利的问题：“说实在的，你们希望我撤退的希腊是哪一个？大多数的埃托利亚人甚至都不是希腊人。”他又指出许多不真正算是希腊的领土。“我可以被允许留在那些地方吗？”

他接着把注意力指向其他发言的人，直率而尖酸地一点一点来处理他们所提出的每项争议：“关于对雅典娜和爱神神庙的破坏，我无法协助复原，但我会派出一些园丁去照顾这些地方，并且照管那些被砍倒树木的成长。”弗拉米尼努斯听了之后微笑。

最后菲利普转向执政官。“这是否是执政官的心愿，使我必须撤离我自己所征服的城镇及地点，还有那些我从我祖先继承而来的？”弗拉米尼努斯保持沉默，虽然他的一些代表随时准备好要回答。然而时日已晚，菲利普做了总结，要求所有各方将他们的立场以书面声明交给他。“我自己独自一人，没有人可以为我提供建议”，他解释说，“我希望能够好好想一下你们的不同要求。”

执政官被菲利普语气中的嘲弄逗乐。他于是回答说：“当然，现在你是独自一人，菲利普，因为你已经杀掉所有那些可以为你提供好建议的朋友。”国王冷冷地微笑，没说话。所有人都同意在第二天见面。

罗马人准时出现，但未见马其顿国王踪迹。他们等待一整天，最后这位马其顿人终于在黄昏前到达。菲利普道歉说因为他要阅读所有呈递的文件，所以有所耽搁。这是花招，因为他想要的是和弗拉米尼努斯一较长短，所以施展一些手段。时日已晚，与会各方同意这两个人只由各自的一些幕僚陪同，在私底下进行协商。国王下船后，在黯淡的光线下，与执政官进行了很长时间的谈话。

弗拉米尼努斯对代表们简要报告了马其顿人准备做出的复杂而有限的让步。所有在场的人都大声宣布他们对这些提议不满。菲利普看到激烈的讨论，提议延会到次日。

次日国王准时抵达。他发表简短谈话，说假如现在无法达成协议，他愿意为这些需要决定的事情，派遣代表团到元老院去。弗拉米尼努斯很高兴地接受这一点，因为他需要时间来安排，让元老院同意延长他的指挥权。我们或许可以假设，这种将事情提交到罗马去的想法，是在昨晚黑暗的海滩上，双方在安静谈话中所提出来的。

元老们讨论了菲利普的和平提议，但予以拒绝，答应了执政官所要求的延任。尽管他有聪明机智，马其顿国王菲利普的外交已经失败，所以敌对行动再度爆发。在公元前 197 年春，弗拉米尼努斯几乎已经赢得整个希腊，除了那几个“枷锁”之外。超过 2.3 万名的马其顿人南下塞萨利，在那里他们遭遇一支人数相当的罗马军队。这地形并不适合战斗，所以菲利普和弗拉米尼努斯率领各自军队沿着一列被称作“狗头山”（Cynoscephalae 的希腊语字面意思）的山丘两侧移动。他们多少是在偶然之间相遇而发生冲突的。在不平坦的地面上作战，这比较适合有弹性的罗马军团，而不是笨重的马其顿方阵。在战争中，一支罗马分遣部队设法绕过敌人侧翼，从后方进行攻击。这为罗马赢得了那天的战事。

自从公元前 4 世纪亚历山大大帝以及他那天纵英才的父亲菲利普

二世*统治以来，马其顿的重装步兵方阵战无不胜。现在它作为一支战斗力量已经被消灭，这让整个希腊世界陷入震惊。主动权现在落入大家不熟悉的来自西方的入侵者手中。

充满野心、盛气凌人的埃托利亚联邦派出士兵与罗马人并肩作战，它要看到菲利普的势力被消灭，但弗拉米尼努斯想得更多。马其顿只要被教训一番，被赶回自己疆界之内，那便足够了。将它完全歼灭会制造出一个真空，会动摇东地中海的势力均衡，而且会鼓励北方的凯尔特人向南进入希腊。一个被驯服的菲利普，会留在原来的王位上，他被剥夺国外的属地，包括这些“枷锁”，并且会与罗马结盟。菲利普是一个完全的现实主义者，所以接受这被贬损的新地位。

奠基了和平条约签署的元老院命令，不仅是与马其顿国王签订的一个条约，它也是一项声明，宣布每个地方的希腊人（小亚细亚以及巴尔干半岛）将获得自由。罗马正在擅自决定要如何统治亚历山大以后分裂的帝国。它不仅决定被击败的敌人菲利普的命运，而且也在警告安条克三世这尚未入侵的人，要表现得老实些。

但实际上，这“自由”意味着什么？一旦菲利普将它的驻军撤离三处“希腊枷锁”之后，元老院便代之以自己的驻军。刻薄的人会怀疑是否只是一位独裁者被另一位取代。罗马希望避免军事占领以及直接统治，这做法会带来许多方便，但没有明显利益可言。它也担心来自东方安条克三世的威胁，没有那些由罗马人驻扎的要塞作为威慑，安条克三世或许会受到诱惑而入侵希腊。希腊仍存在一些不太容易控

* 菲利普二世在位期间为公元前359—前336年，而亚历山大三世为公元前336—前323年。其实之前也没有被击败的记录，除了人数过度悬殊的温泉关战役（公元前480年），或是被其他希腊城邦或希腊雇佣兵的类似方阵击败。——译者注

制的争议区域，这只有罗马人才能解决。斯巴达充满野心的国王必须被抑制；埃托利亚人不满元老院没有慷慨地奖赏他们在战争中所提供的协助，他们要增加领土，但这明显与罗马人给予希腊城邦独立的目的不符。埃伊托利亚人开始宣传说，解放希腊的计划其实是个骗局，并声称："弗拉米尼努斯将希腊的脚镣解开，却在脖子上加了一道项圈。"[5]

这些谣言并非完全虚构。由十位元老组成的委员会建议弗拉米尼努斯安排有关希腊的具体措施，采取的方针便是"枷锁"必须仍在罗马人手中。但指挥官觉得这必将是项灾难，因为当这想法宣布时，将坐实埃托利亚人的怀疑。他花了些口舌才成功说服委员会改变心意。

弗拉米尼努斯决定要在科林斯上演一出公关大戏，来平息这种躁动猜忌的气氛。地点位于连接伯罗奔尼撒与北希腊的一个富庶港埠，而且是亚该亚联邦的首都。科林斯地峡运动会（Isthmian Games）是一项兼有体育及文艺竞赛的宗教庆典，每两年一次在夏天举行（在每四年一次的奥林匹克运动会的前后），届时会宣布普遍休战，保证参赛选手的自由通行，而来自希腊各地的人们去观赏赛马、拳击、摔角，以及古希腊式搏击（pankration）——一种结合拳击及摔角，且除了禁止挖眼以及咬人外，没有其他规则的竞赛。这里也有诗歌和音乐竞赛，女性很显然也被允许参加比赛，但并不常见。

公元前 196 年的运动会是多年来第一次在和平时期举行，有一大批参赛者集中在竞赛场地。弗拉米尼努斯安排一位号手发出保持肃静的信号。接着一位司仪走出队列，并宣布：

> 罗马元老院以及代行执政官*之职的弗拉米尼努斯，已经在战场上击败马其顿国王菲利普及其率领的马其顿人，让以下国家及城市获得自由，没有驻军，不缴贡赋，充分贯彻他们祖先的法律：科林斯、福基斯、洛克里斯（Locris）、埃维厄岛（Euboea）、亚该亚、马格尼希亚、塞萨利以及佩莱比亚（Perrhaebia）的人民。[6]

以上所提及的都是那些之前曾提出独立的主张，但一直被菲利普直接统治的国家及城邦。

在宣布开始之初，有震耳欲聋的叫喊声，以至于有些人无法听到所宣布的内容。虽然大多数的人听见了宣言，但无法相信他们自己的耳朵。波利比乌斯写道：

> 因为所发生的一切是如此意外，他们仿佛是在梦境中听到这些话语。每个人或许都因为不同的念头而感动，他们高声要求司仪及号手走到竞赛场中央，重新宣布；他们无疑希望不仅听到说话的人的声音，也要看到他，因为他们似乎难以相信他所宣布的一切。[7]

如被要求的那样，号手吹响他的号角，而司仪再次朗读了文件。再次爆发出一股极大的欢欣鼓舞，声音之大，就连在海上也可以听到，而且所有的听众都站了起来。在多年之后，当时的见证人说，那

* 罗马会以卸任的执政官或副执政官来担任军团指挥官、行省总督或其他重要职务。这种做法称为延任（prorogatio）。弗拉米尼努斯此时是以代行执政官来处理希腊事务，这是他指挥权的行使范围。——译者注

些只能从书中了解这一事件的人实在难以想象那种场景。有些乌鸦恰好在体育场上空飞过，受到这突如其来的叫喊声的惊吓，纷纷从空中掉落。[8]

当这叫喊声逐渐退去，激动的交谈所造成的喧嚣随后而至。没有人去关注体育竞赛，而是蜂拥围住弗拉米尼努斯。人们往前挤，去触摸他的手，将花环和由布带所制造的头巾丢给他，他被众人欢呼为希腊的救世主。他差点就无法安全地摆脱这些欣喜若狂的群众。

这是历史上每一位解放者都梦想获得的对待，但是正如许多出自善意的入侵者在付出代价之后所发现的那样，这种喜悦的时刻只是短暂的。

希腊城邦现在已经被解放，但是如以往一样充满不可抑制的争吵。弗拉米尼努斯及他的委员会必须花费许多时间来裁决、摆平各类纠纷。这免不了是个不受人欢迎的工作，当然也不会因为代行执政官那种君临天下的态度而得到任何缓解。而一旦完成之后，元老院热切希望它将不必再去管理任何希腊人的事务。在公元前194年秋天，罗马人终于将驻军撤离希腊。弗拉米尼努斯带回来一车又一车的希腊艺术品和宝贝，这些将被用来增添他胜利大游行的光彩。

马其顿国王菲利普之前的共事者安条克三世，厌恶罗马人入侵他自认的势力范围，即小亚细亚。元老院则害怕他计划进攻罗马，这种恐惧更因汉尼拔到其宫殿做客而大为增加。其实叙利亚君王并无攻击罗马的意图。他的愿望是要复兴他王朝先祖塞琉古（Seleucus）一世曾经从亚历山大疆土上割据下来的帝国，那是他野心的范围。就罗马人而言，他们只要让安条克三世自行其是，不要插手即可。只要有协议签订，这两个国家可以无碍地去走它们各自要走的道路。

表面上，安条克三世是个极为成功的统治者。他生于公元前241年，当长成十八九岁的年轻人时，从他被暗杀的兄长那里继承了王位以及一个四分五裂的王国。他与其他的“继承者”均为马其顿裔，有些具有希腊血统。他们都是绝对的独裁君主，致力于保存自己的王朝，并以牺牲其子民来使自己富有。塞琉古一世在其统治即将结束之时，直接告诉他的军队说：“我告诉你们，我要加在你们身上的不是波斯人或其他民族的习惯，而是这个适用于所有人的法律：无论国王做出何种决定，通常都是对的。”[9]

哲学家发展出一套英才统治的理论，认为王权是对高贵行为的奖赏，而顺其自然的下一步（有些像罗马那些民选官员的“荣耀进阶”，*cursus honorum*）是晋升为神。赫拉克勒斯曾代表这条路，超越他的平凡身躯。荷马则对这个分裂出的自我给予认可，当流浪的俄底修斯进入地狱，遇见英雄的鬼魂：

> 我观察到强大的赫拉克勒斯
> 也就是他的形象，但他本尊则快活地
> 在不朽神明之中宴饮。[10]

有些君王会模仿赫拉克勒斯，将他们的神性保留到最后死亡的那一刻，但在生前，他们被认为至少“像神一样”（*isotheoi*）。其他人则是在进入棺木之前会提出封神的主张。在一个世纪前，有位马其顿的国王在进入雅典城时，被一群咏唱着特地编写的赞美诗的合唱团所欢迎：

其他神明或远在天边，
或心意难达。
或是不存在，或是毫不关心。
但您在此，我们可以看见，
不是用石头或木材做成，您是真的。
所以我们向您祈祷。[11]

这种结合理性的怀疑主义和崇拜神明的态度，在安条克三世等精明世故的东方君王及其子民之间广泛流行。

即位后，这个精力充沛、充满野心的安条克大王开始重建帝国。他没有成功地从托勒密王朝取回埃及之前所占领的叙利亚土地，但他在小亚细亚坚持王朝的主张，则有较多斩获。随后，他决定追随亚历山大的足迹，东进帕提亚（Parthia）及巴克特里亚（Bactria）。他进入喀布尔（Kabul）河谷，南下到达印度，在那里他与印度国王成为盟友，并为自己的军队取得战象。在针对波斯湾的一场短暂远征后，他回到祖国，接受大家的欢迎。他已经恢复他先祖的帝国，所以在回国之后获得或“大帝”这恭维的头衔。他效仿那远古的波斯君王，将自己塑造成波斯帝国的“万王之王”。

安条克三世的名声如日中天，所以在罗马人看来，他构成了严重的威胁。他显然是一位能力甚佳的将军，而且现在掌控着胜过罗马共和国的人力。不过实际上，他的“登高”（anabasis，“往高处的国家前进”）既关系到实际征服，也关系到公关关系。我们不知元老院是否有这方面的想法，但是安条克三世只想去赢得盟友，而非设立新行省或安置总督。他在王都波斯波利斯（Persepolis）之外，实质上并未控制太多领土。他所成就的，虽然确实显露了他的本事，而终究只不过像一出假想中的古罗马题材电影，远看煞是壮观，而靠近一瞧，只有夹板石膏板搭成的布景。

在赢得小亚细亚沿海的城邦国家后，作为他与菲利普所签订共同侵犯埃及条约的战利品，他决定要拼上塞琉古帝国的最后一块拼图——色雷斯，希腊桀骜不驯、半野蛮的邻居。为确保这点，他在公元前196年横渡博斯普鲁斯海峡，进入欧洲。这是一个真正的错误，因为他只为效仿古人，而非真正需要色雷斯。

可以理解，罗马对此非常不悦。在他们看来，色雷斯是他们与安条克三世势力范围之间所必须存在的无人地带。但是这位叙利亚国王却将中立缓冲地带安排在偏西的地方，已经被罗马解放的巴尔干半岛。从叙利亚的观点来看，罗马元老院越早从那里撤兵越好。这种理解上的偏差将无可避免地导致战争。

塞琉古国王开启与罗马人的协商，但徒劳无功。他的特使被拒之门外，他被元老院的自大所激怒：元老院竟然自认能教他如何统治国家。与此同时，帕加马王国就像之前对菲利普的扩张感到警觉一样，开始对叙利亚国王的扩张政策表示警觉，向元老们灌输说安条克三世充满敌意。但罗马未能做出明智的判断，竟然赞成从希腊撤军。

在公元前193年已经回到罗马的弗拉米尼努斯，凭借在元老院的卓越威望发言，最后通过他的特使向安条克三世提供一个明确的、甚至有些自私的条件："假如国王希望我们不要对亚细亚的希腊城邦发生兴趣的话，那他绝不能对欧洲任何土地出手。"[12] 换言之，假如安条克三世放弃色雷斯，罗马将会让他在小亚细亚自由行动（对希腊人来说的已经足够自由了！）。但这不是国王会做的事，因为将祖先塞琉古庞大的疆域重新组合起来的梦想，对他而言是何其珍贵。

就在这尴尬时刻，埃托利亚联邦的领导者开始行动，对他们认为不知感恩的罗马进行报复。他们四处环顾，寻找盟友。他们最先向菲利普提出交涉。但是痛苦的经验已经让菲利普学乖，他拒绝参与任何叛变。最后，埃托利亚人邀请安条克三世来将希腊从罗马人手中解放出来。但显然可以想象会造成任何威胁的不是共和国（毕竟罗马军团已经离开），而是埃托利亚人自己，因为他们满怀野心要填补罗马人和战败的马其顿所留下的空间。

在等待安条克三世响应的过程中，他们便开始制造事端。他们暗杀被众人讨厌的斯巴达国王那毕斯。联盟接着设法攻占三个“希腊枷锁”之一的卡尔基斯，但被其居民极严厉地警告：既然卡尔基斯已经获得自由，它不需要被解放。德米特里阿斯港是另一个“枷锁”，其居民很担心罗马或许会将它交给菲利普，来奖赏他的忠诚，所以埃托利亚人在此有所斩获。

在停下来思考一段时日之后，“万王之王”决定接受邀请。是什么说服他踏出如此莽撞的一步？他当然可以看到埃托利亚人并不可靠，而且也见到罗马人已经击败希腊方阵兵团，将会全力重返希腊。在公元前192年夏天，塞琉古国王的舰队抵达德米特里阿斯，一支只有1万名步兵以及著名的6头战象的部队登岸。这几乎无法威吓罗马人。看起来，国王所要的其实只是尊敬。

安条克度过了一个懒散的冬天，享受他不久前与一位美丽卡尔基斯少女的婚姻，然后则是一个充满考验的春天，很难堪地被逐离希腊。罗马军队在那最具象征性的地点——温泉关——以压倒性优势击溃入侵者，所以国王立即扬帆返国。假如他以为罗马军团能让他安静地待在他的东方帝国，那他将会失望。

元老院决定要教训他。执政官卢修斯·西庇阿派他那更加知名的哥哥“非洲征服者”为指挥官，统率一支大约3万人的军队。他们得到菲利普的协助，而作为感谢的象征，元老院决定降低其赔偿罗马的金额，而他在罗马作人质的儿子德米特里（Demetrius）也被释放送回马其顿。帕加马与罗得岛当然站在罗马这边。尽管有些挫折，但军团首度跨越至亚洲，并于公元前190年12月遭遇安条克三世的军队，后者的数量是罗马人的两倍，地点在麦格尼西亚（Magnesia），与士麦那（Smyrna）相距不远，是吕底亚的一座城市。

“万王之王”在他军队的右翼领导一次成功的骑兵出击，急速驰骋去追杀敌人。在此期间，罗马人则击溃重装武兵，按部就班地屠杀。在罗马军营遇见抵抗，安条克三世掉头折返。他以为自己是胜利者，因此以一副骄傲的姿态掉转马头。但是当他见到战场上布满自己人的尸首、马匹、战象，以及已被攻占的营区，他立即逃走。黑暗降临，但是他仍然继续驰骋，在夜里抵达吕底亚首府萨迪斯（Sardis），暂时获得安全。

这是叙利亚作为强权的结束。罗马要求赔偿他1.5万塔兰特，这是有记录以来的最高的赔偿。安条克三世被逐出希腊，也失去小亚细亚的大部分领土，而且被迫放弃他祖先对色雷斯的权利。但是如菲利普那样，他仍被允许保有王位。元老院在这一次仍然倾向于解除一位倒下敌人的威胁，而非完全将其摧毁。罗马以这方式确保地区的稳定，但不必亲自去治理。

虽说如此，麦格尼西亚的讯息清楚无疑。亚历山大的继承者不再是自由居民。罗马坚持他们要服从它的意愿，所以他们在做出任何可能会干扰地区来之不易的势力均衡的决定前，都必须仔细思考。

相比之下，帕加马及罗得岛，还有沿着爱琴海沿岸的自由希腊城邦则有理由感谢它们的保护者。元老院可以依赖它们代表罗马利益进行监督。

弗里吉亚海岸旁一个远离人径的小地方[13]很惊讶地收到胜利者给予的慷慨捐赠——豁免税赋。这便是特洛伊，现在它只是一座以旅游观光维生的不显眼的村落，是由许多不同年代的废墟所堆积起来的小丘。它最近并未做出任何的配得上这奖赏贡献。但对罗马人来说，这曾经是他们传说故事时代的祖国（*patria*），那个他们曾经被希腊人击败的地方。

将羞辱曾经风光一时的希腊人当成娱乐，是何等的快乐！

菲利普的正妻所生的儿子德米特里现在从罗马回国。他是位富有魅力的、迷人的年轻人。在被迫担任人质期间，他在罗马领导圈内受到欢迎。元老们在想：假如他们所要对付的、坐在马其顿王位上的人是他，而不是他敏感易怒的父亲或是指定的王位继承人，即他的兄长——菲利普情妇所生的柏修斯（Perseus），那该有多适合！柏修斯相信德米特里正在阴谋策划将他排除在继承人之外，他有理由怀疑罗马人的殷勤奉承，已经让这不谙世事的王子迷失理智。

不幸的是，这没有证据。于是柏修斯就去制造一些证据。他伪造一封由弗拉米尼努斯那里得来的信，详细说出德米特里的叛变计划。[14]国王菲利普受骗，在公元前180年准备杀掉自己的儿子。在一场晚宴中，德米特里的饮料被添加毒药。这男孩在喝下饮料之后，立即知道发生何事，不久之后便痛苦不堪。他回到自己房间，开始咒骂父兄，并准确地指出是谁造成他的死亡。这样的吵闹令人尴尬，所以国王派人进去将他闷死。

当菲利普确信这封信是伪造时，一切都已经太迟了。他责备柏修斯，但柏修斯很幸运，因为国王很快过世。显然，菲利普最后死于心病更甚于身体上的病痛。[15] 他因为懊恼而无法入眠。

柏修斯在顺利继位后，尽其所能来安抚元老院对他所怀的疑虑恐惧。但他也是位精力充沛的统治者，决心要在他父亲的长期统治之后，再开创一页历史新篇。他要重建马其顿在希腊以及更广大的东方的好名声。他开诚布公，慷慨大方，与他父亲那种唯利是图的权力政治划清界限。比如他为负债之人豁免债务，显示出他支持民主群众的支持，而非元老院喜欢打交道的地方豪强贵族。他与塞琉古四世的女儿结婚，还将同父异母妹妹许配俾斯尼亚国王，改善了该国的国际地位。虽然谨慎遵守与罗马的条约，但是新国王仍然建立并训练军队。

所有这些行动均惊扰了元老院。近年来，元老院在希腊的政策变得比较具有侵略性，希腊城邦彼此间不断攻讦告状，尤其是亚该亚联邦要接管伯罗奔尼撒的野心激怒了元老院。但是柏修斯最近受欢迎的情形，则代表某种更严重的失控。元老院对帕加马仍然信任有加，后者不断地说一些不着边际的指控，尽可能地制造出对马其顿国王不利的舆论。

一个觉醒并复兴的马其顿是否准备对共和国进行一场新的挑战？柏修斯当然要提高王国的政治地位，但是菲利普已经认知到，马其顿无法和罗马一较高下，他的儿子当然也这么想。当马其顿要求进行对话时，罗马人态度含糊，但达成了一个虚假的停战协议来为自己争取时间，征召军队。看起来罗马人就是要战争，无论发动战争的立场有多薄弱。最后，在公元前 171 年，罗马元老院派远征军进入希腊。

正如与菲利普的冲突那样，罗马在开始征战俾斯尼亚时，显得漫无目的，但在公元前168年，不是很有信心的国王柏修斯在皮德纳（Pydna）输掉一场决定性的战役。这终结了马其顿的政治实体。这王国被切割为四个自治的共和国，而王国之前的统治者则在罗马胜利大游行队伍之中遭步行示众。柏修斯被软禁在离罗马不远的一座山丘城镇中，被允许过着较为舒适的生活，享有从马其顿宫廷取来的家具，以及之前宫廷人员的服侍。但他是个失去希望的人，只苟活了两年，便于公元前166年绝食自杀。

命运总是很讽刺，他那没有王位的儿子被命名为亚历山大，这悲伤地让人回想起那曾经最荣耀的君王。亚历山大必须要在这世界生存下来。他学习拉丁文，习得制作金器银器的熟练技艺，担任公证员并以此谋生。

在皮德纳打败希腊方阵兵团的人是罗马经验丰富的将军卢修斯·埃米利乌斯·保卢斯（Lucius Aemilius Paullus）。在返回罗马途中，他从元老院那里收到一个骇人的指示。伊庇鲁斯自从其光荣的国王皮洛士之后，没能认清形势，很不明智地在如今已经结束的战争中站在柏修斯一边。元老院为了要增加军团的战利品，指示保卢斯去洗劫所有支持马其顿的伊庇鲁斯城市、乡镇或聚落。这将军是一位鉴赏希腊文物的行家，而且刚结束在希腊的一次观光之旅，他决心要执行这项任务。

每个社群的领导人物均收到命令，要求他们将家里和神庙里的金银宝物交出；军团分队散布到整个区域里，去收集财富。他们完成这项任务后，接着在没有警告的情况下，攻占并劫掠每个社群。仅仅一天之内便有15万男女及孩童沦为奴隶，伊庇鲁斯随即变成一块荒原，再也不曾复苏。

罗马一直存在着奴隶，包括农奴、卖身的破产农夫以及军团在出兵意大利时掳获的战俘。奴隶虽是生活中常见的，但不占多数。只有当共和国在海外战斗并获得胜利之后，奴隶的数量才攀升到能改变城市生活方式的程度。换言之，罗马变成一个奴隶社会。

据估计，在第一次布匿战争期间产生了约 7.5 万名奴隶。在与汉尼拔的争斗之中，单单攻占塔林敦一城，便有 3 万人被贩卖为奴。现在，随着马其顿王国的崩溃以及叙利亚王国战败，奴隶和金钱再次涌入意大利。人们也可以经由有组织的海盗行为以及人口买卖来交易奴隶。

奴隶没有权利，他或她是“买卖取得的东西”（*res mancipi*），是一位物主的财产，物主有权以他所喜欢的方式去处理他们，包括将其处死。瓦罗以罗马人那种毫不在乎的粗鲁坦白说，奴隶与没有财产的乡间劳动者一样，只是“某种会说话的工具”。[16]

富有之人能够支配许多奴隶，有时数以百计，但即使是一位卑微的工匠也能拥有一两个奴隶。奴隶最糟的命运是在矿坑里度过他们短暂的一生。西西里的狄奥多罗斯评论说，许多奴隶宁可死去，也不要存活：

> 他们夜以继日在地底下挖掘，耗损他们的肉体；他们必须忍受恐怖的生存环境，因此大量死亡。他们没有休息或放假，而是在监督者的鞭笞之下，被迫去承受最可怕的艰难困苦。[17]

与矿坑里工作几乎一样糟的是大地主农场上的苦劳，而这些人正在取代散布在整个半岛上的独立小农。

作为家奴也会有很坏的境遇，但比其他人稍好一些。物主与奴隶比较接近。好看的男孩和女孩在拍卖时可以获得高价，所以主人有理由去期望从他们身上得到性爱的满足。“我知道有位奴隶梦到他的阳具被他主人的手抚摸着，因而勃起”，一位解梦的专家如此写道，并且很不吉祥地预言，这意味着奴隶将会被束缚在一根柱子上，并“受到许多鞭笞”。[18] 这个梦境大致点出奴隶最常见的两种恐惧：性以及肉体的压榨。

奴隶通常会设法拥有家庭生活，即使是由主人为他指派伴侣。但是在生下孩子后，他们必须经历长久的焦虑，担心他们的孩子会被卖掉，或是反过来，孩子或许会看到他们年老或生病的双亲被拍卖、被抛弃。

公开抵抗是危险的，但不快乐的奴隶有时候会逃亡。尽管这样做也是不明智的，因为罗马国家的触角遍及每个角落。在下一个世纪中，西塞罗因为他受到极好教育的奴隶狄奥尼修斯（Dionysius）从他图书室拿走一些书逃亡，感到相当困扰。这个人在伊利里亚行省（Illyricum）被找到，而他不满的主人要求前后两任总督协助他找回这逃跑者。历史并未记录结果如何，但这事件显示出一个逃跑的人要完全不留下踪迹，是有多困难。

奴隶们禁止统一着装，因为这必将显示奴隶数量之多，鼓励他们团结起来密谋。奴隶叛变的确偶尔会惊吓到当局，但他们都失败了，而且遭到严厉镇压。其中最出名者莫过于斯巴达克斯（Spartacus），他是一个色雷斯的奴隶，于公元前73年在卡普阿的角斗士训练学校起义。他们在击败三支罗马军队之后，才于公元前71年被围剿消灭。很有趣的是，这些叛乱之人并未批评这种“特别体制”，他们只想逃离它的魔爪。

罗马奴隶系统的特色中有一项最值得一提，可以起到一点缓和效果，即广泛地实行奴隶解放。奴隶经常获得自由，虽然他们可能仍会在之前主人的雇佣之下，受到双方均有义务的庇护制度的约束。感情经常是解放奴隶的动机（虽然自由有时候也是靠辛苦挣来的储蓄购买），但是主人把自由许诺给奴隶，也是一种确保奴隶服从而且勤快的方法。

被解放的奴隶自动成为罗马公民，而且（至少在理论上）他们的男性后代可以竞选公职，但实际上一个人若是奴隶出身，负面记录会影响好几代。罗马人没有种族纯净的概念，而且正如他们自从罗慕路斯以来，欢迎被征服的国家成为他们扩张的伙伴，也会邀请他们先前压迫羞辱过的个人与他们合作进行帝国事业。历经长时间后，罗马成了文化上最多元的城市，而其人口反映出这不断增长的帝国的族群组成。

在公元前190年代，当与汉尼拔作战的记忆仍然鲜明时，普劳图斯写了一出叫《小迦太基人》（*The Little Carthaginian*，拉丁文为*Poenulus*）的喜剧。[19] 令人惊奇的是，剧中年轻的角色尽管是迦太基人，却得到同情的描绘。其中之一是名被贩卖为奴的年轻人，之后被他富有的买主收养，而其他两位则是被绑架的少女，被一名老鸨买下后卖淫。

一位叫汉诺的生意人自迦太基抵达，他是这两位少女的父亲，一直在寻找她们。他以腓尼基语做开场白[20]，之后不经意地说起流畅的拉丁语。他是位典型、精明而且知识渊博的迦太基人，能够很机智地润色他的语言，但他也是一位有感情的父亲，一位有权威感的人。整出剧给人的印象是迦太基人是个聪明的民族，但运气不佳。多年的战争并未给双方留下敌意，我们或许可以假设这反映出普劳图斯的喜剧观众的普遍意见。

但这绝非 80 岁的老加图看待事情的方式。他身为元老院成员，在公元前 157 年造访迦太基时，被他发现的事情所震惊。这城市从战败中复兴，而且正在享受经济繁荣。它不再需要负担经营帝国和雇用佣兵的开销。在过去的日子里，它的财富来自在西地中海地区的贸易，但是罗马人已经兼并它在西西里、西班牙、科西嘉以及萨丁岛的资产，所以它的繁荣现在依赖的是在北非腹地的农业经营。它出口食物，与意大利发展兴盛的贸易。罗马使者被这些复兴的证据所困扰。阿庇安写道：

> 他们仔细观察这个国家，他们看到它的土地如何被人辛勤耕种，看到它拥有何等巨大的农庄。他们进入城市，见到自从不久之前被西庇阿击败之后，它在财富和人口上大大地增加。[21]

在回到罗马后，老加图和他的同僚报告所见所闻，并且声称迦太基必将再度威胁共和国的安全。这年迈的监察官老加图不想让事情只是如此。在某个场合中，他在罗马广场的发言台谈论这一主题，他从托加袍的衣折中拿出一个硕大诱人的迦太基无花果。[22] 他说生长这东西的国家，离罗马只有三天航程。每次在元老院的演讲之后，他都会加上这句话："除此之外，我个人的意见是迦太基必须被摧毁！"（*Ceterum censeo Carthagianem esse delendam.*）[23]

这非常怪异。半个世纪以来，迦太基以忠诚而勤快的盟邦身份对待罗马，也并未企图运作独立的外交政策。在两次马其顿战争与安条克三世战争期间，它免费提供粮食作为赠礼。它也帮助了刺激罗马经济，从坎帕尼亚及中部意大利其他地方进口大量陶器和厨房器皿。虽然该城市约在此时恢复了它那伟大的军港和商港，但它始终恪守和约条文。自从扎马战役以来，几乎没有任何一个迦太基公民曾认真服兵役。而且很明显，迦太基在没有陆军和值得一提的海军的情况下，不再拥有军事资源，更不要说有意愿去对罗马发动严重的挑战。

但迦太基人只有一个困难，那就是无法抵御努米底亚统治者马西尼萨。马西尼萨现在已是一位将近 90 岁的老人，但在这漫长的岁月之中，他未曾丧失过活力。在个人生活方面，他子孙满堂，与许多女人共生了 54 个孩子，其中最小的还是个婴儿。国王在他的统治范围内，安顿并团结游牧民族的部落；他崇拜腓尼基的文化价值，并希望自己的子民接纳。但是他也贪图迦太基领土。根据公元前 201 年的和约，他有权要求取得任何在迦太基疆界之外原先是他的土地。不幸的是，这条约措辞模糊，而且马西尼萨经常侵犯迦太基人的财产。长老议会正式向元老院提出申述，而元老院会派出代表团去仲裁，包括老加图所参加的那次。这些仲裁要么一成不变地对国王有利，要么搁置争议，无论个别案件的对错。

然而尽管有如此明显的伤口，迦太基仍然持续繁荣，尽其可能地去安抚元老院。那么为什么老加图会对这个问题如此偏执？他曾经参与对汉尼拔的战争，他的记忆充满仇恨。他或许很严肃地相信旧日劲敌正卷土重来。他在罗马元老院的政敌无法苟同他对迦太基国力渐增的分析，但他们也议论说如果没有一个强大的潜在敌人，罗马将会变得松懈腐败。

越来越多的罗马人支持老加图，却是出于比较自私自利的理由。他们清楚战争是个高度获利的生意。迦太基是个即将从树上掉落到他们双手中的成熟果实。普鲁塔克告诉我们一个举办豪奢晚宴的年轻罗马富人的故事。主菜是一个设计为城市模样的蜂蜜蛋糕。他告诉他的客人说："这是迦太基，请攻占它。"[24] 罗马正在变得贪婪成性且不择手段，正如它对马其顿的菲利普一样，元老院已经下定决心开战，只是在等待合适借口。

有两件事引发了危机。在公元前151年，迦太基缴清了最后一次赔偿金的分期付款，因此对罗马来说，一项有用的收入现在已经枯竭。就像一位已经缴清房贷的屋主会产出自信心和独立感，迦太基长老议不再忍耐入侵过头的马西尼萨。

公元前150年代是段不安的时期。过去击败迦太基的人正离开军事舞台。他们曾在东地中海轻而易举迅速赢得成功，也在意大利半岛北方努力将山内高卢罗马化的过程中，经历了冗长而艰辛的战争。如今，他们的经验和能力已逐渐衰退。现在很少有战争可以打，而在缺乏大规模征战的情况下，共和国的军团被解散。当需要军队时，训练必须从头开始。较年轻的指挥官不太强调军事纪律、战术进步以及高质量的后勤补给。

罗马人从迦太基人手里取得西班牙并建立两个行省以后，在驯服西班牙人方面遇到麻烦。西班牙人不满于贪婪的罗马总督的巧取豪夺。老加图在卸任执政官后一年，在那里成功征战，举办胜利游行，但是麻烦仍然继续。公元前154年爆发一场大叛乱，一直延续到公元前133年。罗马将军暴露出了无能与背信弃义。当一位代理执政官入侵路西塔尼亚（Lusitania，大约今日的葡萄牙），与叛乱之人达成和平协议，即便元老院也感到震惊。他做出承诺要令他们重新获得良田，说服他们分别集合在三处不同的平原上，这是他将分配给他们的新土地。他要求路西塔尼亚人放下武器，而他们不明智地予以服从，因此一群又一群的人被屠杀掉。回到罗马，这位代理执政官遭到审判，而且老加图发言攻击他，但被告利用他抢夺到的非法财富，争取到了无罪判决。

牧人兼猎人维里亚图斯（Viriathus）是少数逃离屠杀的人之一，他继续抗争。他是位坚持公平交易并信守承诺的人，与他的罗马对手相比，维里亚图斯更为出色且光明正大。他也是游击战的天才，经常部署一小群人进行突然攻击，然后消失在锯齿状的山脊之中。最后在公元前140年，一位代理执政官贿赂维里亚图斯的三位资深随从，要求他们在他熟睡时杀死他。他们照做，但当他们要求报酬时，这将军拒绝说："将军竟然会被自己的士兵杀死，这从未使罗马人感到高兴。"[25]这句话正是高尚品德混合了诈骗诡计的好例子，而这正逐渐成为罗马公共生活中司空见惯的事。

努曼提亚（Numantia，靠近索里亚）庞大的山丘要塞，矗立在两条河岸陡峭的河流交汇处的山谷里，那里覆盖茂密树林，拒退罗马人攻击长达十年。行事笨拙的军团指挥官用尽常见的欺瞒诡计，但最后，在公元前133年，努曼提亚终于落入有能力的普布利乌斯·小西庇阿·埃米利亚努斯（Publius Scipio Africanus Aemilianus）手中——小西庇阿的生父是卢修斯·埃米利乌斯·保卢斯，但小西庇阿被大西庇阿没有子嗣的儿子收养（因此在名字结尾有Aemilianus，来显示原生的氏族关系）。贵族家族经常会将自己的一个儿子过继给他人，来帮助因为缺乏男嗣而即将面临断绝香火的家族。在没有照会元老院的情况下，小西庇阿将该城镇夷为平地，直到今天，当地地表仍有一层焚烧过的覆土，清楚地证明了这一点。

罗马终于在西班牙实现稳固的统治。

迦太基人则以令人震惊的误判为自己设下陷阱，然后眼睁睁地看着他们走了进去。

他们在没有获得元老院的同意下进行战争。在公元前152年他们召集一支部队去终结马西尼萨所带来的破坏，进而反攻。他们并未告知罗马。小西庇阿·埃米利亚努斯恰好在该国，设法实现停火但没能成功。努米底亚国王接着围攻迦太基军队，而后者逐渐因疾病食物短缺而衰弱，最后被迫投降。双方达成严苛的和谈条款，迦太基人只能每人穿一件短衣离去。正当他们离开时，努米底亚人攻击这些手无寸铁的人，将他们大多数人屠杀掉。在约2.5万人中，只有一小撮人回到了迦太基。

当罗马元老院得知这些事件，它除了说“以防紧急状况发生”，并没提出任何解释，便开始召集部队。[26] 迦太基长老会议心知肚明，立即派遣特使到罗马去。他们解释说与马西尼萨的战争并没获得迦太基政府批准，所以那些要为此负责的人已经被处死。罗马元老院知道它现在手中握有开战理由，拒绝妥协。一位元老询问说，为什么迦太基一开始没有军官处决，而一直等他们被击败才定罪？这是一个无法回答的问题。特使们问他们可以做什么来获得原谅。“你们必须与罗马人民为善。”这是个让人惊慌的模糊回答。第二个特使团恳求得到明确指示，元老院却以“你们非常清楚什么是必须做的事”[27] 打发他们。

迦太基当局不知道该如何是好。唯一的指望是无条件投降，他们也做了这个决定。第三个代表团前往罗马通知此事，却发现罗马已经宣战。不过元老院冷冷地接受这次投降，并且要求将300位贵族子弟作为人质。

要征召人员加入罗马军团毫无困难，因为大家都很清楚，很难想象迦太基会赢得胜利，士兵们可以期待丰富的外快、财富及奴隶。公元前 149 年，一支规模超乎寻常的大军，包括约 8 万名步兵及 4 000 名骑兵，跨海到达非洲。两位执政官领军，他们带有秘密指令，要在攻占这座城市时，将其彻底毁灭。离迦太基数千米，“非常适合军队登陆”[28] 的重要腓尼基港埠尤蒂卡，站到罗马人这边给了他们优势。

迦太基领导层对罗马入侵的消息大为震惊，因此愿意做任何事，只为避免一场无法获胜的战争。更多特使被派去乞求和平，但这次是到军营中。当他们抵达时，执政官在首席军官和军团营长的簇拥下，坐在高台上；整支军队佩带擦亮的装备和武器，竖着军旗，列队肃立。号角吹响，然后迦太基特使在安静死寂中被迫穿过整个营区，最后才到达执政官面前。一条绳索隔出界线，禁止他们靠近。

他们问为什么必须用远征军来击败一个没有意图作战的国家。迦太基愿意接受任何惩罚。执政官回应要求全城彻底解除武装。这要求立刻得到同意，很快地，一长串载有可以供 2 万人使用的武器装备和许多投掷武器零件的马车驶入罗马营区。

此时执政官才亮出底牌。他们赞许迦太基人到目前为止所表现出的服从，鼓励他们勇敢接受元老院最后的命令：“交出迦太基给我们，并在你们疆界里任何你们想要的地方重建家园，但离海至少要有 14 千米远，因为我们已决定将你们的城市夷为平地。”

是可忍，孰不可忍！假如一个民族从他们赖以生存的大海边被赶走，民族将会消亡。他们在愤怒和悲伤中奋起。迦太基人将那些不幸把消息带回来的特使以及任何可以找到的亲罗马政客乱石击毙。罗马商人若运气不佳，刚好出现在城市之内，也会受到攻击被杀害。迦太基以高贵而绝望的不屈决心来抵抗罗马。

迦太基知道他们无法打败对手，但他们绝非等闲之辈。他们大大受益于罗马指挥官差劲的素质。这城市的三层防卫，它的高墙以及有防御工事的塔楼，带给围攻者相当大的挑战。两年艰苦但没有结果的战斗随后发生。从罗马角度来看，其中唯一的亮点是小西庇阿·埃米利亚努斯的勇敢及冷静，此刻他已是一位三十多岁的军团营长。在他的军旅生涯成就之中，包括策划迦太基努米底亚骑兵的变节。

对于这场战争负有主要责任的两位老人——老加图和马西尼萨，在战争结果揭晓之前便都相继过世。他们对年轻的小西庇阿均有很高的评价。尽管老加图不喜欢西庇阿氏族，曾经摧毁过他养祖父“非洲征服者”的生涯，但是当老加图看到才俊，他会辨认出来。他成功地为小西庇阿·埃米利亚努斯竞选执政官和军事指挥官提供帮助，尽管小西庇阿资历太浅，不能出任执政官。老加图此前假装无视希腊传统，现在却自相矛盾，他引用《奥德赛》:

> 只有他有理智，其他人则是飘荡不定的影子。[29]

而努米底亚的老国王急于保住他辛苦得来的王国，决定将国土分割给他的三个儿子。他比李尔王更有智慧，了解到他必须有外部的保证，所以他在遗嘱中委托小西庇阿来处理他的领土和军队。

小西庇阿已经握有执政官的指挥权，着手强化军队纪律，并用城墙发动试探性的攻击来代替训练。他在地峡上建立庞大的防御工事，将迦太基城完全围堵起来，一旦完成，迦太基沦陷就只是时间的问题了。迦太基城的食物开始短缺，而城内的总指挥官哈斯德鲁巴握有独裁者的权力。

在最后的进攻之前，小西庇阿进行“唤神”（*evocatio*）仪式，如同卡米卢斯在攻占维爱之前曾做过的那样，劝诱腓尼基神明放弃它们现在的神庙，迁移到罗马的新家。迦太基现在变成没有神明保佑的社群，可以对其施加任何折磨。随后军团沿着这两个港口旁的防波堤前进，顺着狭窄街道，登上这城市最高点所在地：毕尔沙。西庇阿放火焚烧、拆卸房舍，给前进的步兵留下空间。这激烈而有条不紊的战斗夜以继日地持续将近一周。有些人被指派清扫街道，将垃圾、尸首，甚至是伤者移除。求情者从毕尔沙走出，要求西庇阿饶恕幸存者。经执政官同意，5 万名疲惫饥饿的男人、女人和孩童摆脱了煎熬，他们最终的命运会在奴隶拍卖场决定。

只有约 900 名罗马逃兵仍在坚持战斗，他们无法期待任何宽恕，所以别无选择，只能做最后一搏。他们占领医神阿斯克勒庇俄斯的神庙，这是一座建造在一块高耸而且容易防守的裸露巨石上的建筑。哈斯德鲁巴及其家属也在其中。

哈斯德鲁巴很清楚他的绝望处境。尽管他已经犯下残酷罪，把一些罗马俘虏折磨致死，小西庇阿还是接受他的投降并将他展示给逃兵看。当他们看见哈斯德鲁巴，开始对他辱骂，接着将神庙点燃。哈斯德鲁巴的妻子比她丈夫更为坚强。在责备丈夫之后，她将孩子们投入大火，然后自己纵身跃入火中。逃兵也自焚而死。

现在抵抗已经结束，战争胜利，小西庇阿巡视整个战场[30]，就如在叙拉古的马塞勒斯一样，他的热泪夺眶而出。迦太基漫长且引以为傲的历史已经告一段落。他在那里沉思甚久，思考命运的浮沉。他想到伟大城市及帝国的兴衰：特洛伊人、亚述人、巴比伦人、波斯人以及最近亚历山大的统治。类似的命运会在未来某个时刻等待着罗马吗？

他转向一位与他在一起的朋友，史学家波利比乌斯，如受过教育的罗马人在情绪高涨时常会做的那样，信手拈来一些荷马诗句。它们来自《伊利亚特》，由特洛伊首席战将赫克托尔所说：

可是我的心和灵魂也清清楚楚地知道，[31]
有朝一日，这神圣的特洛伊和普里阿摩斯，[32]
还有普里阿摩斯的挥舞长矛的人民将要灭亡。

这种精致感情的流露并没有阻止这位常胜将军将城市夷为平地，并口诵最严厉的诅咒，让迦太基曾经占据的土地永远成为放羊的牧场。[33]

罗马人对待迦太基极为恶劣。[34] 事实上他们没有进行第三次布匿战争的真正理由。如我们所见，他们喜欢讽刺地谈及“腓尼基的诚信”（*punica fides*），但他们自己公平和诚实交易的名声在公元前 2 世纪中饱受诟病。他们必然对自己所做之事大感不安，所以他们会改写传奇的过去，来设法恢复他们的美名，这样做并非偶然。

早期的罗马历史是用希腊文写的。在本书开始的章节中，我说过罗马人如何将他们与希腊神话传奇联系在一起。以这种方式他们才得到“希腊”的认证，证明他们不是在文明藩篱之外的野蛮人。当然，实际上他们与我们所知的特洛伊人和特洛伊战争（假如它曾发生过的话），都没有关联。

老加图是第一位以拉丁文写作罗马历史的人，他的《起源记》（*Origines*）是一部有七卷之多、颇具分量的散文著作，但很不幸已经佚失。从我们对它所知道的以及留下的残篇来看，这是一部尝试为罗马辩护的巨著。蓄意鼓吹要摧毁迦太基的人，强调罗马人的典型品德：勇敢、服从法律、诚实，尊重家庭、国家和神明。

其中有两卷专门描述意大利各族群的起源，或许是为了要申明罗马民族的正直及其领导权。只在其中一卷中提到早期的几个世纪，然而两次与迦太基的战争分别在两卷中叙述，还有两卷则涵盖了公元前2世纪上半叶到关键的公元前149年为止的历史。这种对最近的过去的强调，无疑反映出读者的兴趣，但它也给作者一个机会去解释、开脱以及庆祝罗马族群屠杀般的胜利。老加图称迦太基被认定违反了七种对罗马的责任。我们可以猜测，迦太基方面对同一件事情的看法不会得到应有的注意。

罗马最初的史诗诗人格奈乌斯·奈维乌斯（Gnaeus Naevius）和来自卡拉布里亚（Calabria）地区的昆图斯·恩尼乌斯，亦关注迦太基战争。他们的诗篇已经佚失，但我们知道他们将历史事件与希腊传奇故事相结合，对罗马与特洛伊的亲属关系大加利用。在奈维乌斯的《布匿战争》（*Bellum Punicum*）中，一道或两道残简透露，罗马传统的守护女神维纳斯要求她的天父朱庇特抚平要摧毁埃涅阿斯舰队的暴风雨。我们可以察觉到暴风雨是朱诺恶毒的化身，因为150年之后在维吉尔创作的，至今仍完整保存的史诗巨作《埃涅阿斯纪》中出现这一情节，便整段取自奈维乌斯的著作。[35]维吉尔将这暴风雨怪罪于天后，无疑诗人的前辈也这样认为。也许较早的诗歌版本中暴风雨将埃涅阿斯吹离航道，前往狄多所在的海岸。他们的悲剧关系为他们后代的冲突埋下了伏笔。

恩尼乌斯是老加图的朋友与崇拜者，也将自己看成第二个荷马。他的名作《编年纪》（*Annales*）记述了公元前1184年特洛伊沦陷［这纪年出自埃拉托色尼（Eratosthenes），一位著名的希腊数学家，发明了地理学这个名词和学科］开始，一直到老加图于公元前184年担任监察官的全部罗马史。以这位年迈政治家生涯巅峰之时作为结束，这真是个明显的恭维。恩尼乌斯的主题是罗马权势无休止的增长以及最后击败曾经毁灭特洛伊的希腊强权。有三卷或三章完全用来介绍迦太基人，在其中一道残简中，他们被称为“穿长袍的男孩”[36]，在另一处则被称为“邪恶傲慢的敌人”[37]，会将对手的脚筋切断。诗人指出，在第二次布匿战争期间，女神朱诺最后终于节制了自己的愤怒[38]，展现出善意，而且她让全能的天神丈夫朱庇特发誓要推翻迦太基。

这些诗人和早期史学家的基本目的是要在迦太基和罗马这两个民族之间人为地维持对等。这就是为什么狄多和埃涅阿斯被误认为同时代之人。他们的观点是，罗马与迦太基的冲突无关凡人的贪婪、恐惧或自私自利，而是在奥林匹亚众神殿之中，因为神明间的恩怨情仇而衍生出的注定遭遇。

命运是一个循环往复的过程。因此汉尼拔是狄多的复仇者，而弗拉米尼努斯及其后继者则连本带利要希腊人面对他们攻占特洛伊的代价。无疑小西庇阿·埃米利亚努斯会为未来担心，因为他知道命运之轮将会持续转动。

作为一个恐怖的巧合，罗马人在迦太基灭亡的同一年，又摧毁了另一座著名而美丽的城市——科林斯。随着科林斯的毁灭，希腊人失去了自由。正是在此处，像一种野蛮的讽刺，50年前弗拉米尼努斯曾告诉希腊人说，罗马人会保证他们的自由。

在公元前167年皮德纳战役之后，罗马人决心要给喜欢争议又不可靠的希腊城邦一次教训。希腊人在第三次马其顿战争时的行径已经低于预期。在两个联盟之中，埃托利亚境遇比较不好，有超过500名领导人物被清算处决。至于亚该亚联盟，则有1 000人被点名，他们对罗马的忠诚遭到怀疑，被遣送到意大利去接受审判。我们要感谢历史，因为这名单里包括波利比乌斯。他在罗马待了许多年去研究其政治。而且如已经提及，成为小西庇阿·埃米利亚努斯的亲密朋友。

一段平静的时间过去，直到公元前150年，仍然幸存的流放者现在已经上了年纪，被允许回到祖国。元老院花了很久来讨论，但老加图受到刺激，抱怨说："我们好像没有其他事要可做，整天坐在这里辩论究竟一些老的、要死的希腊人应该留在罗马，还是返回希腊下葬。"[39]事实上，这些人长期在外已在希腊煽动了反罗马情绪的火焰。

次年，一个夺取马其顿王位的人意外出现。他很快就控制了四个迷你共和国——这些共和国被设计分割，这样它们就无法伤害罗马，但同时它们无法保护自己。这叛变很快被镇压，但元老院了解到，唯一确保稳定的方式是兼并马其顿，将之转变为行省。一条"厄纳齐雅大道"（Via Egnatia）从希腊西部海岸修筑到博斯普鲁斯海峡，将罗马殖民地串联起来，帮助军队迅速抵达巴尔干有麻烦的地区以及东方的希腊王国。

在希腊，罗马与不满的亚该亚人所发生的争执，导致了一场国际事件。一些罗马特使造访亚该亚联盟首都科林斯，被毒打一番。于是罗马失去耐心。在公元前146年，一支由执政官率领的军队在战争中击败亚该亚人，进入无人防守的科林斯。为了杀鸡儆猴，所有还没逃走的居民均被贩卖为奴，而城市的建筑物和神庙皆被夷为平地。它的宝藏和数世纪以来的艺术作品被掠劫一空。一个世纪之后，这地方仍然被遗弃，渺无人烟。希腊被并入马其顿行省。[40]据估计在公元前2世纪的上半叶，这地区失去了约四分之一的人口。

马其顿、迦太基和科林斯的命运使全世界觉察到，罗马人正在改变。他们拥有超越想象的财富，又没有严重威胁其军事霸权的外敌存在，诱使他们毫无忌惮地采取行动。他们不再愿意容忍异议。西西里的狄奥多罗斯或许是借用了罗马的友善而诚恳的批评者波利比乌斯的观点，他从公元前 1 世纪的上帝视角来写作，谈到共和国过去是以“最大的善意去对待那些它所击败的敌人”。他又接着说：

> 事实上他们非但没有施以残酷或报复的行为，而且似乎不以敌人来对待失败者，而仿佛他们是败者的施恩者和朋友……一些人被他们承认为公民，对另一些人他们给予通婚权，对其他人他们则让其恢复独立，而且他们绝不会抱着过分的仇恨。由于他们那种特别的仁慈，国王、城邦以及整个民族都会聚拢到罗马的旗帜之下。不过一旦他们控制了几乎整个人类居住的世界，他们便通过恐怖行动，毁灭曾经最光辉灿烂的城市，来巩固自己的权力。[41]

这种新的野蛮残酷伴随着罗马公共生活中逐渐滋生的腐败，迟早会腐蚀共和国。在金光闪闪的荣耀外壳之下，自我摧毁的病毒已经开始蔓延繁殖。

老加图是个骗子和伪善者，但是当他谈到他那个代道德价值的败落时，他并非毫无根据的。

第 16 章

流血的兄弟

科妮莉亚是一位地位极其显赫的罗马仕女。她是大西庇阿的二女儿，出身罗马最富有最高贵的家族之一。她受到优良教育，培养了知识上的兴趣，如普鲁塔克所言："经常有希腊人和文人随侍在旁。"[1]

她的生活光鲜亮丽，像个有品味的百万富翁，她的衣着优雅简洁（如诗人贺拉斯著名的说法"平易近人的品味"，*simplex munditiis*）。[2] 有次她招待一位来自坎帕尼亚地区的女性朋友，在那个地区，珠光宝气和豪华排场是社交礼仪的时尚。她的客人特别注意佩戴精致珠宝，而科妮莉亚一直等到她两个孩子放学回家后才说："这些才是我的珠宝。"[3]

贵族的女儿很少是因为爱情而结婚，西庇阿家族的女性也不例外。科妮莉亚的丈夫提比略·塞姆普罗尼乌斯·格拉古曾是她父亲的政敌，但是他反对老加图及其朋党起诉科妮莉亚的叔父贪污。科妮莉亚便是他得到的奖赏。[4] 他们结婚这件事是在"非洲征服者"失望引退并过世后才发生的，她那时十几岁，而格拉古则已经四十多岁。

尽管有年龄上的差距，这仍是个快乐的结合。科妮莉亚共生下12个孩子，虽然只有3个长大成人：一个女儿，两个儿子即提比略和盖乌斯。老格拉古爱他的妻子，如一个令人惊奇的故事所见证的那样：[5] 有一天他发现在床上有两条蛇，因为他是个典型的迷信的罗马人，认为这是一个令人要提高警觉的异象，为此征询了宗教权威。他所得到的建议没有比这更棘手了：他既不可杀死两条蛇，也不可让它们走，而是必须杀死其中之一。还有一个让事情更糟的说明：假如公蛇被杀死，他必将很快死去，但假如母蛇被杀，那科妮莉亚将会死去。因为老格拉古比他妻子老上许多，他觉得牺牲自己比较公平，于是杀死公蛇，让母蛇溜走。

无论这故事的真相为何，老格拉古的确在他第二次担任执政官一段时间之后过世，留下他年轻的寡妇来独自抚养孩子。我们已经评论过“非洲征服者”的行为有如一位东方的君王，所以他的女儿是共和国中最具有国际声望的王室名人。埃及的法老托勒密八世（Ptolemy VIII）向她求婚。托勒密八世绰号为Psychon（希腊文的“香肠”“啤酒肚”或是“膀胱”），并不是一个有吸引力的候选人，所以科妮莉亚客气地予以拒绝。她决定不再婚配，而是经营自己的家产，并全心投入到孩子的教育上。她过着一位罗马仕女般无可指摘的生活。拒绝再婚对一位贵族寡妇而言是不寻常的，但科妮莉亚确实是古代世界稀有的人——一位独立的女性。

我们不太确定科妮莉亚是如何养育她的儿子的，但在公元前3世纪某个时候，罗马的教育方式发生了变化。最初，教育是基于父亲监督之下的学徒制。在劳动家庭中，教育或许与务农或是学习买卖交易有关，在更为贵族的家庭，则与军事训练和进入罗马广场的公共生活有关。渐渐地，希腊教育模式开始被效仿。说希腊文的教师被雇用（例如诗人李维·安德罗尼库斯和昆图斯·恩尼乌斯），他们同时教授拉丁文和希腊文。这无疑是一个富裕的希腊化家庭，如西庇阿家族，必然会做的。

大约同时，基础和中级学校开办，而科妮莉亚或许送提比略和盖乌斯到那里就读。在那里一位通常是奴隶的导师（*paedagogus*）会带他们上学与放学，并监督他们的行为。中级学校的老师或文法教师（*grammaticus*）会教授语言和诗歌，有时候他们自己就是杰出的知识分子。除此之外，年龄15—20岁的青少年仍会维持学徒制原则，在一段时间内会跟随一位杰出的元老，相当于今日的实习生。演说是相当发达的艺术形式，对政治生涯至关重要。教授修辞学的老师为复杂的说服技巧提供进一步的训练。

古代罗马女性的地位是复杂的。她们主要的任务是生养合法的后代子孙，所以在婚姻之外严守贞节是达成这一目的所必需的。她们没有政治权力，她们不得参加公民大会、发表演说或进行投票，而且她们不得担任公职。

一般而言，女性结婚较早，在12到15岁之间，但是她的丈夫经常是二十几岁，甚至更老。无论她是否已经过了青春期（通常被认为始于14岁），她似乎被期待在结婚之后立即要有性行为，或要忍受性行为。婚姻有不同种类的契约。妻子或许会落入她丈夫的“手中”（*manus*）*，但这逐渐变得越来越不受欢迎。若不被丈夫控制，她会留在自己父亲的父权（*patria potestas*）之下，假如父亲过世，她便能拥有自

* 这是指她与丈夫建立新的家族关系，而切断与原生家庭的控制关系。

己的法律权利，不过要在一位监护人或导师的指导之下，来处理自己的事务。这便是科妮莉亚的状况。

离婚很容易，而且因为夫妻年龄差距大，会有许多寡妇。尽管有许多人再婚，但罗马人相当敬重“从一而终的女人”（*univira*），尤其如科妮莉亚这般的女性，始终对其亡夫保持忠实。

（男孩当然比女孩享有更大的行动自由。他们被允许在少不更事的阶段，于合理范围之内享受性生活，有次老加图见到一位年轻贵族从妓院出来，他告诉他“好好干”。当他在短时间之后又在类似场合遇见这年轻人，他说：“当我恭维你‘好好干’时，我的意思不是要你把这地方变成你的家。”[6]）

尽管有法律上的限制，但女人如果想要的话，是可以在家庭以及公共生活中扮演重要角色的，只要她们谨守谦逊体面的成规。在她的家庭之中，妻子是女主人（*domina*），她被认为与丈夫拥有同样的地位。她享有充分的社会生活，如拜访朋友、赞助竞赛表演和参加丈夫的晚宴。她能通过她的丈夫来发挥政治影响力，促进他的政治生涯发展。虽然婚姻常是精打细算的专业经营，但我们知道有许多快乐的佳偶。

科妮莉亚绝非唯一一个见到自己许多子女夭折的母亲。生育后代受到当时原始医学知识的限制。上层阶级似乎已经在执行生育计划并实施堕胎，虽然不清楚他们的方法是否奏效。有的方法，比如冲洗阴道，在其中涂抹一层老橄榄油并塞进浸满酸醋的药绵，或是在交合后上下跳动等方法，不太可能带来太多有效的结果。医生尽其可能去协助怀孕，所以他们不会去堕胎，但是在希波克拉底（Hippocrates）的医术之中，有一种物质称作 *misy*，被宣称可以用来避孕一年。不幸的是，我们不知这是何物（有人认为是叶绿矾）。不同植物通常会被用来帮助计划生育，有些在现代被发现具有避孕成分，例如野胡萝卜（*Daucus carota*）。

破坏规矩的女人不会得到慈悲的对待。在公元前 1 世纪时，有位名叫塞姆普罗妮亚（Sempronia）的女性便面临男性的谴责。有人猜测她是科妮莉亚的孙女[7]，无论这是不是真的，她也同样富有魅力和知识。她嫁得好，也接受了希腊及拉丁文学的良好教育。她写作诗歌，拥有敏锐的头脑，而且是令人愉悦的谈话者。

然而根据史家盖乌斯·撒路斯提乌斯·克利斯普斯（Gaius Sallustius Crispus，我们常称之为撒路斯特，Sallust）的记载，塞姆普罗妮亚具有另一面的人格：

> 除了其他许多满足纵情放荡的技能之外，她在弹琴和舞蹈方面拥有超过体面妇女所必备的技巧。没有什么比遵守礼仪、谨守贞节更令她轻视，而且她对自己的名声毫不在乎，就如她对钱财一样。她的激情是如此强烈，所以她追求男人比男人追求她更为平常。有许多次……她破坏严正的誓言，以伪证来否认债务，而且成为谋杀共犯。[8]

这是一段怪异得无法让人相信的文字：微小的罪名如“积极参加聚会”被逐渐夸大为参与谋杀等莫须有的指控，好像一件事自然会导致另一件一样。塞姆普罗妮亚的一些过度行为，让人想到王政时期的塔娜奎尔以及图里雅，或许是因为晚期共和国的历史学家借用塞姆普罗妮亚的特征，来使那些早期被虚构出的王后变得更为鲜活。正如她们一样，塞姆普罗妮亚真正的罪行似乎是她公开支持一位有异见的政客，这是无法被容许的，因为她涉足了一个完全属于男性的活动领域。以夸张的性和犯罪行为来指控她，便成为对她的惩罚，因为这些会摧毁她的社会地位。

科妮莉亚将她的女儿，当然是另一位塞姆普罗妮亚，嫁给她著名的表兄小西庇阿·埃米利亚努斯。她那两个宝贝男孩是她所有注意力的焦点。他们有一家人的相似特点，但是性格十分不同。提比略·格拉古比弟弟年长九岁，“温和且沉着”，他们的传记作家普鲁塔克如是说，“而盖乌斯·格拉古则相当容易兴奋且冲动。当对人民发言的时候，一位会冷静地站在原处，而另一位则在演说时，会在发言台上走来走去，并将托加袍搭在肩上”。[9] 至于饮食和生活方式，大格拉古是简朴的，而小格拉古则喜欢排场并且挑剔。

身为那时代最出名的罗马人的后代，这两位年轻人会有光明的政治及军事前途。科妮莉亚经常开他们玩笑说，她仍然是以小西庇阿·埃米利亚努斯的岳母，而非格拉古兄弟的母亲为人所知。[10] 大格拉古的职业生涯几乎在一开始就结束。他被任命为财务官，辅佐一位驻守西班牙的执政官将军。他们对抗游击队的战事进展非常不顺。罗马人完全败于敌手，只能在自己的营区避难。当风闻敌军即将有增援到达，执政官立即下令将火熄灭，率领 2 万士兵在深夜中离去。他希望在之前用过的一处偏远营区中觅得安全。然而西班牙人尾随而来，很快就使罗马人陷入任人摆布的状况。执政官眼见大势已去，同意投降并且亲自发誓立下条约。由于大格拉古的父亲曾经治理过西班牙，他在当地有极佳的人脉关系，在谈判时担任了重要角色。

元老院在听闻所发生之事时，大为震怒，认为军团从未投降过。一个由小西庇阿·埃米利亚努斯担任成员的法庭判定条约不应成立，但是已经宣誓的协议无法随意废除。为补偿这违背法律的宗教罪行，执政官被裸体捆绑送回，又被交给西班牙人，罗马人拒绝接纳他。这让他们回想起卡夫丁峡谷的惨败。[11]

大格拉古安然脱身，尽管他曾促成这项条约的签订。有些人将此归诸他的姐夫西庇阿·埃米利亚努斯的影响力，但是他在军队里受到的欢迎或许也起了作用。西塞罗写道，这件丑闻“对提比略·格拉古来说经常成为悲伤恐惧的来源即使他勇敢而出众，也开始与元老们疏远”。[12]对于自己的诚信（*fides*）被抵制和破坏，他感到气馁而且深觉受辱。

大格拉古的政治立场开始发生变化。他从原来的政治保守分子，转而关注提倡人民的利益。有一件事特别吸引他的注意力，即土地改革。

在前往西班牙就任财务官一职的漫漫长路上，大格拉古往北行进时经过托斯卡纳。他对那里田地上极少的人数大为惊讶。他确实看到在耕田或放牧的那些人是外国奴隶，而非本土意大利人或是罗马公民。他在公元前 137 年回国后，进一步了解这个情况。

他所发现的是一个必须处理的状况。当罗马在意大利半岛征服敌人时，它会没收被击败的社群的部分土地。其中一些被移交给小农和殖民者，但是其他则属“公地”。在与迦太基的战争结束之后，当局忙于在希腊、小亚细亚以及西班牙的新战争，在南部意大利有许多公地仍未被分配。

富有地主，特别是那些从公元前 2 世纪利润甚高的战争中获益的人，买下那些经年累月在远方征战的士兵的土地，并且悄悄地将公地占为己有。汉尼拔蹂躏了数以千亩计的土地，所以必须要有相当庞大的资金投入，才能重建农业。大庄园而非分散的独立农庄被创造出来。

这些大庄园经常专营畜牧业，而不会以大量奴隶作为劳动力生产各种粮食作物。

这些变化的最终结果是健壮而且赚的钱满足征召入伍的农民在逐渐消失。（最穷的人，所谓“数人头者”，是不允许服役的。）这一点不仅适用于罗马人，也适用于盟邦社群里的公民，因为盟邦必须提供部队去参加共和国的战争。一个明显的解决方式是将军团开放给那些“数人头者”，但到目前为止仍主要是那些有固定财产并担心会有所失的人，才会为他们的国家勇敢作战。这是一个坚定且传统的想法，所以征召“数人头者”的想法遭到拒绝。

大格拉古绝非唯一相信这情形无法维持下去且急需修正的人。有见识的罗马人不怎么担心乡村里的经济变化（因为他们逐渐地从北非和西西里进口粮食及其他食物）。他们更担心的是能充当军团士兵的社会阶级的衰落。他们也担心整个半岛上数量庞大又不停增加的奴隶，奴隶们心怀不满，想要取代自由民。公元前133年在西西里发生过一场大规模的奴隶叛变，叛乱耗时一年才被镇压，这虽然并非最恶劣的状况，却是一项真正的威胁。资深的政客支持变革，但是埃米利亚努斯的一位好友在几年之前担任执政官时，曾建议改革，却遭到愤怒的抗拒，所以撤回计划。为此他还得到一个具有讽刺性的绰号——“贤人”（Sapiens）。许多元老自己非法占用公地，所以激烈反对任何干预。

大格拉古认为行动的时间已到。他太过资浅，无法握有如副执政官或执政官的那种权力工具，但是他深受人民喜爱，有资格担任护民官。正如已经解释过的，护民官是不具有指挥权的政府职位，而且是由平民议会选举任命的。护民官的目的是要去提倡人民主权以及要求官员对政策负责，他可以提出法律议案并要求召开元老院会议。护民官已经成为政治领域里被接受的一部分，有时候甚至被元老院用来去否决一些桀骜不驯的民选官员所提的计划。护民官一职不像之前那般激进，但在提比略·塞姆普罗尼乌斯·格拉古踏上这舞台后，一切都将改变。

他被选为公元前133年的十位护民官之一，而且提出一个土地改革的法案。他深知在元老院中必将涉及私人利益，会产生激烈的反对力量，所以他小心设计一组平衡的法案。他恢复一条已经不再被使用的旧法律*，禁止占用超过500个尤格大小的土地，约121公顷。但是他为法案加上一个奖励，允许地主的每个儿子可以多占用250尤格（在法案无法说服批评者之后，这项也被撤回），而且所有这些土地可以终身保有。同样的，坎帕尼亚的肥沃土地被排除这法案之外。所有依据法案取回的土地，将以最多30个尤格为单位的土地分配给罗马公民。这些土地不能买卖（虽然或许可以被继承），而且必须缴纳一小笔租金。

到目前为止都算是合理的，但是提比略·格拉古做了一个关键的决定。有一项成规由来已久，所有新的立法在提交公民大会审议之前，都会先呈交给元老院来审查。而这位大胆的护民官决定要绕过事事阻挠的元老院，径自将法案提交给公民大会。这么做是合法的，却极不寻常——这样的事情几乎已经有一个世纪没有发生过了。

大格拉古积极活动来推销他这大受欢迎的提议。这在古代世界里相当于现在的海报宣传活动，他在最繁忙地点的墙壁、纪念建筑、回廊或柱廊上都书写了文字。“在全意大利四处游荡的野兽都有洞窟或是巢穴可以栖息”，他说，“但是那些为意大利战斗、为意大利而死的人，

* 这指的是公元前367年的“李锡尼-塞克斯提乌斯法”。——译者注

只能享有大家都能享受到的空气以及阳光，别无其他。”[13] 这种充满雄心壮志的言论受到听众欢迎，但是一位年轻的护民官同僚马库斯·奥克塔维厄斯（Marcus Octavius）说，他打算使用官方授予的权力来否决大格拉古立法。大格拉古尽其可能说服他改变心意。他指出奥克塔维厄斯本身就是占有大规模公地的人，而他愿意用自己的财产去补偿任何奥克塔维厄斯被没收的公地。[14]

所有这些皆徒劳无功。大格拉古在罗马广场召开一次公民大会，要书记员朗读法案。奥克塔维厄斯却让这个人保持安静。大格拉古将会议延迟到次日，然后再度设法宣读这法案，结果相同。他将他的提案带到附近的元老院议事厅去给元老们，却在那里被轻蔑地对待。他急忙返回公民大会，在那里做出了一个重大决定。他宣布再延期一次，但他不仅会提出法案，而且会提出动议，讨论究竟奥克塔维厄斯该不该继续担任护民官一职。他说到做到，在下一次会议中针对奥克塔维厄斯进行投票，虽然因投票的票瓮被偷而耽搁了一会儿。投票是以部落计算，而它们一票又一票地赞成罢免奥克塔维厄斯。当每个部落报告投票结果时，大格拉古转向奥克塔维厄斯，要求他重新考虑。“不要将一个在道德上正确，而且对全意大利最有利益的计划给破坏掉”[15]，大格拉古请求说。奥克塔维厄斯予以拒绝，而当反对他的票数达到多数时，他从发言台上被拉下来。他的朋友迅速将他从罗马广场带走，否则或许会被动用私刑。随后土地改革法案通过，一个推动其实施的委员会继而成立，格拉古兄弟两人均为其中成员。

大约在此时帕加马国王过世，而之前为了避免内战，他将王国遗赠给罗马人民，这成为罗马的亚细亚行省。帕加马的各项财产被一一缴入罗马国库，而大格拉古想出一个聪明的办法，通过法律将这钱财分配给新的小农，使他们可以储存种子和设备。

在他处理有关奥克塔维厄斯引起的危机时，大格拉古或许没有破坏法律，但是将一位护民官罢免则史无前例。即使土地改革是有价值的事业，即使许多人也相信这有价值，但这看起来好像是支持者为了达到目的而不惜破坏宪法。他们已经动摇了公民大会和元老院之间细腻的平衡，数世纪以来这种平衡关系一直对共和国贡献良多。

进入夏季，所有公民大会处于休会状态，而胜利的大格拉古担心在年末任期结束之后，他通过的法律在充分实施前就会被废除，所有成就将付诸流水。而且他也开始担心自己的安全，但如果身为民选的人民护卫者，他的人身将是神圣不可侵犯的。于是他做出第三个关键的决定，再度打破传统成规，他竞选连任护民官。这对于元老院里的保守分子来说实在是太过分了。

选举时开始投票，这是在卫城山丘举行，但是很快陷入混乱。负责主持的官员将工作交给另一位护民官，他是大格拉古的朋友。反对的吵闹声开始出现。大格拉古及他的追随者第二天早早起床，在反对势力出现之前，先占领主神朱庇特神庙前面的集会场所。[16]当离开家时，他不小心在门槛处刺伤了自己的脚指头，鲜血从凉鞋中渗出。这不是好兆头。

元老院那天也在一个小型的诚信之神的神庙集会，该集会场所位于公民大会集会所旁边，被大格拉古的敌人所占领，其中有大格拉古的一位表兄，“非洲征服者”的一个外孙——普布利乌斯·科涅利乌斯·西庇阿·那西卡（Publius Cornelius Scipio Nasica）。他是一位资深政客，担任过国家的所有重要职务，现在则是最高祭司长（*pontifex maximus*），自视甚高。他曾在一场喧闹的公共集会中说道：“安静，安静，公民们。我对公共利益知道的比你们都多。”[17]

那西卡设法说服执政官使国家进入紧急状态，但执政官拒绝在未经审判的情况下，动用武力来杀害公民。双方支持者在此期间已经在外面爆发斗殴，局势陷入混乱。护民官弃职逃命，祭司赶忙关闭朱庇特神庙，众人四处乱跑，各自奔逃。在喧闹中，大格拉古做出手势，指向自己头部，表示自己身陷危险。这被传到元老院去，元老们判定这姿势是代表他要取得一顶王冠（一条白色头巾象征王权），企图称王。

在整个共和国的历史中，这种野心是罪大恶极的。自认是僭主的人不值得以慈悲对待。那西卡抓住时机。“既然执政官背叛国家，任何希望拯救政体的人，跟着我走！”[18]他宣布说。接着他将托加袍的一层里子盖在头上，好像即将进行祭祀，然后冲出诚信之神的神庙，后面跟着一些元老和他们的随从。

面对一群如此显赫之人冲过来的景象，格拉古兄弟大为震惊，失去了勇气。那西卡和他的人马顺手拿起他们的敌人救急的武器，木头、棍子以及诸如此类的东西，破坏用来集会的长凳。他们随即追杀格拉古兄弟，一直越过卫城山丘广场险峻的边缘。有人捉住大格拉古的衣服，他脱下托加袍，然后逃走。这个被指控有可能成为僭主的人，在具有强烈的象征意义的罗马国王的雕像群旁被捉住。一位攻击者用椅子脚重击他的头部，其他人也加入攻击，这人身神圣不可侵犯的护民官被重殴致死。他还不到三十岁。当暴动结束时，所有的尸首都在黑夜掩护下被扔到了台伯河中。

大格拉古的死亡是一场撼动国家梁柱的地震。对此事的发生，人们的反应不尽相同。大格拉古的姐夫，当时的领导人物，具备很高教养的小西庇阿·埃米利亚努斯，对这流血的镇压行为给予慎重的肯定。

元老院指示执政官要在公元前132年调查并处决那些与大格拉古共谋的人。然而那西卡是激起群众愤怒的对象，甚至在元老院也有人挑战他，要他解释他的行为。他继续待在罗马是一种耻辱，所以他被派遣去完成一项外交任务，而且不久便在帕加马死去。

很显然没人质疑土地改革的立法，而执行委员会没受到阻碍，继续进行工作。大格拉古的手段而非政策，激怒了罗马的统治精英。除此之外，废除改革很可能会导致公共秩序的动摇，最好是让它继续运作。

某天，一位罗马执政官去造访提亚农·希迪契农（Teanum Sidicinum，今日的泰阿诺，Teano），这是一个说奥斯肯语的社群，在萨莫奈边界。他的妻子陪伴他，而且她说要在男人的澡堂中沐浴。（这些澡堂似乎是个吸引人的观光地，而且今日的游客仍可见到那宽阔澡堂的遗址）。一位叫作马库斯·马略（Marcus Marius）的当地财务官员，接到指示要将一些沐浴者赶走，这样她才可以独享这地点。后来她向丈夫抱怨说，这浴池没有很快清空人员，而且他们自己也没有清洗干净。

执政官将一根木柱竖立在广场上，马略这位提亚农的公民领袖被带到柱子边。他的衣服被扒光，然后被杖击鞭笞。当这消息传到附近的城镇时，各地的公民大会通过法律，禁止罗马民选官员在镇上时，其他任何人去使用公共澡堂。

盖乌斯·塞姆普罗尼乌斯·格拉古（Gaius Sempronius Gracchus）抱怨罗马大人物在意大利旅行时所犯的罪行，他便说出了上面的故事。不仅官员做出这种傲慢的行径，“我可以向你展示我们年轻人那种无法无天、完全失控的一连串例子”[19]，小格拉古在另一个场合说，“几年之前，一个尚未担任官职的年轻人，以特使身份被派遣到亚细亚行省。他乘坐一部有窗帘的轿子。一位来自南意大利维努西亚的牧人（这罗马人想必在前往布鲁迪辛乌姆海港的途中）遇见了他，牧人不知道旅客是谁，开玩笑地询问抬轿人是否在运送一具尸体。这年轻人听到问话，他下令将轿子放下，随后用固定轿子的皮带将这乡下人抽打致死。”

罗马盟邦沸腾着怨恨。他们不仅抱怨四处巡查的官员的傲慢，他们也认为，与之前征服者在这数世纪以来签订的历史协议已经逐渐瓦解。

罗马与每个盟邦均签订了大约150个双边协议，这些协议体系在过去运作良好。如我们已经看到的，盟邦在接到要求时，必须提供部队来协助罗马进行战争。作为回报，盟友会获得安全保证以及一份相当丰厚的战利品。它们也有权从土地的分配上获益，加入或建立殖民地。

随着罗马获得一个庞大的海外帝国，这有利的条件也跟着改变。新设行省收缴的固定赋税被罗马国库垄断，殖民开拓资源开始枯竭。虽然大格拉古认识到意大利人就像罗马市民一样需要救助，但他的改革意味着意大利人领土范围内公地的丧失。

敏锐的罗马人知道要进行土地改革，他们也清楚必须要采取措施来安抚盟邦的社群，弥补它们在经济上的损失。这当中就包括小西庇阿·埃米利亚努斯。盟邦的地主向他求情，他们不想要一个罗马委员会来干预他们自己地方的财产权，小西庇阿将他们的情况提供给执政官考虑。但那位官员知道这份工作将会吃力不讨好，所以立即前往他管辖的海外行省。

小西庇阿·埃米利亚努斯已经因为他反对提比略·格拉古而引起众怒，而他对盟邦的同情只会加剧城市民众对他的不满，因为他们看不出向“外国人”让步的理由。他的政敌声称他要废除大格拉古的土地法，并且计划一次武装屠杀。当城市陷入如此恶劣躁动的气氛，小西庇阿却在公元前 129 年被发现死去，但尸体没有任何异常，很少人会感到惊讶。他那晚打算撰写一个在第二天公民大会集会时要发表的演讲，所以有个笔记本在身旁。

谣言八卦开始传播。或许是格拉古兄弟的母亲科妮莉亚（她现在当然以这身份为人所知）杀死了小西庇阿，来避免她儿子制定的法律被废除。谣言又说，她的女儿塞姆普罗妮亚助她一臂之力，而且还唆使她去这么做；塞姆普罗妮亚是小西庇阿的妻子，但因为丑而且无子，始终未被疼爱。其他人则声称小西庇阿是自杀的，因为他无法兑现承诺。显然小西庇阿的奴隶被加以酷刑逼供（当一家之主死掉时，这是常见的方法）。据说他们坦白有陌生人被带到小西庇阿家的后院去，然后勒死了他们的主人。

小西庇阿或许是被谋杀的，但是假如有关他死后被发现和尸体状态的记录是真的，那么他更可能是死于心脏病或中风。无论如何，他已死去，尽管他的职业生涯尊贵显赫，但舆论并不允许他享有国葬的尊荣。

盖乌斯·格拉古在他兄长被杀之后数年都远离罗马广场，对公共生活有所畏惧。但他不喜欢无所事事，也对他许多同侪所热衷的性爱、饮酒以及赚钱等缺乏兴趣。他享受军旅生活，不过当他在萨丁岛的财务官任期被不公平地延长时，他大发雷霆，盛怒下驱兵赶往罗马。当他被指控玩忽职守时，他发表为自己辩护的强有力演说，因而被无罪开释。他指出他服役的时间已经比法律所规定的要久，然后又说：“我是军队里唯一一个加入时荷包满满，而离开时却空空如也的人。我的同僚随身带着许多盛有酒的双耳瓶来军营饮用，然后带着它们一同返乡，里面却装满了金银。”[20]

改革的支持者不断催促他去竞选护民官，而保守的元老则透露对他参与竞选的恐惧。据说大格拉古出现在小格拉古的梦境中，他说：“无论您如何延迟自己的命运，您必然会遭遇与我同样方式的死亡。”[21]他的母亲，对竞选护民官并不赞成。有一封她的信件留存下来，在信中她告诉儿子：“除了那些杀害提比略·格拉古的人之外，没有哪个人会像你一样给我制造如此多的麻烦及忧虑。身为我唯一幸存的儿子，你应该努力并谨慎，使我在晚年时没有担忧。”[22]

小格拉古拒绝科妮莉亚的请求，接受那无可避免的命运。他在公元前123年被选为护民官。

这是时代正在缓慢改变的象征，他没遇见任何麻烦，便再度选上护民官，推行一系列的改革。首先，他推行两道新法律来抚慰他兄长的灵魂。第一道法律禁止任何曾经被罢免公职之人以任何方式再度任职。这明显是针对奥克塔维厄斯，但是根据普鲁塔克的记载，科妮莉亚求情劝她儿子撤回该法案。[23]这慷慨大度的姿态令舆论十分喜悦。

其次，他通过一道法律，禁止任何没有经过公民大会同意的重刑审判。若任何人以处刑或流放的形式来剥夺他人的公民权，将公民当成国家的敌人，审讯都必须在公民大会通过。这道禁令可以追诉旧案，所以曾在公元前132年主持迫害大格拉古追随者的前执政官，现在被迫流亡。这不只是因为复仇的痛快，而是因为那些反动的元老需要得到提醒，他们忽视人民意志将面临危险。

盖乌斯再度确认了大格拉古的土地改革法案，但是将某些公地排除在重新分配之外，或许正因为如此，它可以被租赁给非罗马人。他也宣布在意大利建立三处殖民地，以及在北非迦太基被摧毁的地点建立一处殖民地。这最后一处殖民地将称为朱诺尼亚［Junonia，或是“朱诺之地”（这是对女神做出的有技巧的致意）］。这种撤回已过世的西庇阿·埃米利亚努斯的诅咒，是个具有争议性的计划，所以最后迦太基作为牧场的决定维持不变。但所有这些措施都必将产出减轻失业压力的效果。

正在成长的罗马城需要稳定且大量从非洲和西西里进口粮食。当收成欠佳时，饥荒随之而来，食物暴动会威胁政府。因此小格拉古安排永久的粮食仓储设备，来预防食物短缺，并且定下一个便宜的价格，将其出售给人民。

护民官接着将注意力转向公共生活中会发生的贪污腐败。他通过反对行省总督欺诈贪污的法律，成立一个审判贪污的特别法庭，称为“取回赃物的法庭（*quaestio de repetundis*）”，在元老院组成的陪审团面前进行审判。其中的定罪率很低，因为陪审员通常是被告的朋友。小格拉古决定将此纠正，他要求骑士阶层——原来是罗马骑士，现在则指那些财产资格仅次于元老的人——来与元老分享审判的权力。在进一步考虑之后，元老甚至完全被排除在陪审团之外，现在完全只由骑士阶层的人来担任陪审员。

这并非盖乌斯给骑士阶层带来的所有好处。这个阶层近年来在经济方面的重要性不断增加，有些人是乡间的地主，对进入国家的政治舞台缺乏兴趣，但是成为成功生意人的数量不断增加。共和国很少有公共服务，所以间接税（如关税以及类似税收）的征收，被外包给骑士阶层组成的社会团体（*societas*）。他们获得公共工程、公共建筑、道路修建以及军需提供的委托。当然，元老被禁止直接从事贸易工作，但行省总督、代理执政官以及代理副执政负责征收直接税，这是一个可以进行勒索的美差。但是小格拉古为了确保有适当财源来支持他所进行的改革，将富裕的亚细亚新行省的直接税征收权拍卖。这是对商业利益的一个极大让步，也是对元老是否正直表现出不信任。

这些措施都是针对突发的，有些时候甚至是紧急的目的，但是从长远的观点来看，小格拉古或许是要鼓励一个富裕但不涉及政治的阶级出现，来与元老院的贵族相抗衡，假如那不是他的意图，但至少结果是如此。

其他宪法和行政的变化也历历在目。如以往那样，诚实与效率是他的口号。小格拉古有一个比他兄长更广阔、更具包容性的视野。他的改革是广泛的政治规划。事实上，当他出现在罗马广场时，看上去好像他就是政府。普鲁塔克说他“被一大群包税商、技术人员、使节、官员、士兵和文人紧紧地包围着”。[24] 虽然他没在任何地方谈及他的想法，但很显然他是往主权在民这个方向来重新调整法律的。

然而也没有证据显示他要削弱甚至废除元老院，更准确地说，他要整顿元老院，使其必须响应人民的利益。他分享老加图对统治精英所作所为的厌恶，也接受西庇阿·埃米利亚努斯公平对待行省的承诺。他是激进改革者，不是革命者。

在他的第二任期中，小格拉古理解了盟邦的怨恨。他可以从埃米利亚努斯的命运中看到，要实现将罗马舆论导向支持意大利人的目标将会十分困难。他的一位护民官同僚之前担任执政官时，曾提议要将公民权授予任何有需要的盟邦社群，而那些不需要公民权的，要给他们针对罗马官员滥权进行上诉的机会。元老院十分紧张，立即借口马西利亚盟邦刚好要求军事协助，将这位执政官派遣到高卢去。所以这件事自然就搁置下来。

如果护民官再聪明一些，他就该听之任之，但是蔓延整个意大利的严重不满已经危险得无法忽视。他提议具有拉丁公民权（即二等公民权）的社群应该被给予参政权，而一般的盟邦则应该获得具有拉丁公民权的地位。罗马人民对此大为不悦，元老院中也有激烈的反对。

其中一位执政官带头攻击，利用历代以来会引起恐慌的反移民口号。他公开说：

> 我觉得你们可以想象，假如你们给拉丁人公民权，你们在公民大会中还会有现在站的位置吗？还会有在竞赛表演及节庆里的座位吗？难道你们不认为他们将会把一切都淹没吗？[25]

一位效忠元老院的护民官同僚，以一组平民主义的提案压过了小格拉古，这组提案被设计来满足公民大会和意大利人的意见。提案获得通过，但是（如意料中的那样）不会被执行，小格拉古的法案已经失败。他的这种倡议的唯一实际结果是，他在罗马人民中越来越不受欢迎。

他没有赢得第三任护民官，所以他的政敌立即开始废除他立的法。他最近刚从迦太基返国[26]，他在那里安排规划了朱诺尼亚的建筑，而在卫城山丘拥挤的公民大会中，一位于公元前121年新上任的护民官批驳授权建立殖民地的法案。现在危机已经到来，科妮莉亚撇开她对儿子的反对，主动出面协助他，召集护卫者。[27]这些受雇者躲藏在集会角落，而小格拉古则怀着忐忑不安的心情，在回廊来回踱步。他或许只不过想观察辩论的情形，但也有可能的是，他计划要打断这集会。

命运突然不按理出牌。执政官卢修斯·奥皮姆斯（Lucius Opimius）

的一位奴仆出手做出侮辱的手势。过度激动的格拉古的同伴以一支笔将他刺成重伤致死。这正是执政官所希望的借口。他立即前往元老院，说服元老们投票通过紧急决战。这是第一次通过那后来被称为“最后紧急决议”的东西（*senatus consultum ultimum*）。元老院的决议是：“且让执政官确保共和国不会受到伤害。”（“*Videant consules ne quid detrimenti res publica caperet*”）

这个模糊的陈述被解释为是授权资深官员使用致命武力，来对付那些正在危害国家的为恶之人。但是元老院实际上是否有权去剥夺一位罗马公民基于宪法的权利呢？这答案取决于一个人的政治观点和当时的情绪。假如我们不带情绪地去看这一事件，元老院在穷尽所有力量之后，只是个咨议团体，它的决议没有法律的效力。执政官有指挥权，但是法律坚持——这又被盖乌斯·格拉古最近的立法所强化——他不得越过审判去处决公民。这是因为公民有向公民大会上诉的权利。在实际上，很少有人会不服从执政官的命令，但是执政官一定要明白，在他离职之后，他会遭受法庭审判以及人民的愤怒。

如此细腻的考虑在当下那一刻的激烈情绪中，毫无意义可言。奥皮姆斯呼吁元老们武装自己，并要求骑士阶层在次日出现时，各带两名武装仆役。罗马度过了一个不安的夜晚。第二天早晨，格拉古家族攻占阿文丁山丘，这是历代以来平民举事者避难的地方。小格拉古拒绝携带武装（除了携带一把匕首外），而且穿着托加袍离家，仿佛这是平常的一天，而且他正要去罗马广场处理日常事务。

在协商不成之后，奥皮姆斯下令弓箭手前往阿文丁山丘，向群众射出利箭，造成混乱。小格拉古为发生的事情感到愤怒，但没有参加战斗。他走上狄安娜神庙那宽阔的阶梯，那是山顶上的一处平台，随后进入圣域。讽刺的是，这座神庙是为了社群献祭、避难和仲裁之用，但当天并没有这些活动。小格拉古如此沮丧，想要自杀，但是他的同伴收起匕首，劝他逃命。

随着敌人在后紧追，小格拉古和一名奴隶及两位朋友通过台伯河上狭窄的苏布里起亚斯木桥。朋友停下脚步，在桥头往后看，在那里他们就如同贺雷修斯和他的伙伴，与追杀的人殊死战斗，为了要让小格拉古有足够的时间逃走。但是他们很快就被打败。

旁观者看着小格拉古往河流的另一侧跑过去。他们叫他加紧脚步，但没人提供协助。在被逮捕的时候，他的奴隶双手环抱着主人，所以同样被杀害。（另一个说法是，小格拉古最后自杀成功。）小格拉古的头颅被砍下来[28]带给奥皮姆斯，他承诺要将与头颅相同重量的黄金奖赏给此人。有些人说杀死小格拉古的人于是将其脑部清空，装上铅块，目的是让头颅更重一些。

尽管这对兄弟意图良善，但格拉古的故事仍是个灾难。他们的政策是理性的，他们立下的许多法律最终也列入罗马法律之中。他们土地改革的经济效果是有益处的。元老院对这对兄弟的反应，类似于一位将军对兵变的处理——承认大多数的诉求有理，但处决带头的人。[29]

然而他们的努力给制度带来的后果却是极其负面的。意大利人比以往更加躁动，他们透过公民大会展示了他们的力量，骑士阶层首次了解到他们在面对元老院时的强大。在格拉古兄弟之前，没有人意识到共和国可以由护民官来统治。元老院和公民大会都表现出惊人的自私自利，经常只会想到自己，而非共和国的利益。

罗马宪法是个装有许多杠杆和天平的奇妙装置，过时的部分会留在那里与新的部分并置。运作它需要敏锐的感觉和想象力，以及最重要的包容、让步和妥协的能力。数世纪以来，罗马政客的这些特质已经赢得了朋友与敌人的钦佩，无论是勉强的还是心悦诚服的。

现在，格拉古兄弟那悲剧般的事迹已经揭示了共和国如今的样子：一个不稳定且毫无创意的怪兽。所以阿庇安在他的《内战记》（*Civil Wars*）中，选择这个时刻来开始他的故事并非偶然。他评论说：

> 没有刀剑曾被带到公民大会，没有罗马人被罗马人所杀，直到提比略·格拉古……成为第一个在内乱中死去的人，而且有许多人追随他，他们群聚在卫城山丘上，在神庙四周被杀害。即使这桩恶行过后，动乱失序也并未停止；每一次当动乱发生的时候，罗马人公开站队来进行斗争，而且经常携带刀剑；有时候民选官员会在神庙里，或在公民大会中，或在罗马广场上被杀害——包括护民官、副执政官、执政官，或这些职务的候选人，或某位杰出人士。目无法纪的傲慢很快就变成法则，这同时伴随着对法律和正义表现出的可耻的轻蔑。[30]

格拉古的母亲在小格拉古过世之后离开罗马。她定居在米塞努姆，这是那不勒斯湾北端以一处裸露的巨石为终点的狭窄地峡。这地方有美丽的景致，而且人烟稀少。然而科妮莉亚并未将自己隐藏起来，仍保持她生活方式中众人簇拥时所散发出的光彩。普鲁塔克说：“她有许多朋友，而且因为她喜欢访客，家中常备美食。经常有希腊人和知识分子来她家做客，而且所有在位的君王均与她交换礼物。”[31]

回想她父亲的生活和人格会让她感到快乐。令人讶异的是，她在提及自己的儿子时，并没有落泪或流露出情绪，而是讨论他们的职业生涯和悲惨的结局，好像她提到的是罗马最初几个世纪的古老政治家。

在失去这对让她疼爱不已的儿子之后，科妮莉亚又活了十多年的光阴，在这个世纪即将结束之时死去。她很幸运，没有见到他们遗留下来的政策被实现。

第 17 章

胜利与灾难

说得客气一些，这两个人是人类中没有前途甚至令人厌恶的范例。

其中较年长的是盖乌斯·马略（Gaius Marius）。他于公元前 157 年出生在阿皮农努姆（Arpinum）附近的一个小村庄，阿皮农努姆是位于拉丁姆地区的一座小山城，为沃尔西人和萨莫奈人的起源地，距离罗马东南九十多千米。他很幸运是一位可以在罗马投票的公民，因为完整的公民权在 30 年之前刚刚被赋予这城镇。

根据传记作家普鲁塔克记载，这男孩的双亲生活在非常贫寒的环境里，而且据说他必须以农夫身份去赚取薪资。他曾经有段时间或许还做过铁匠。[1] 他在粗鲁不文的环境中成长，而且生活极为俭朴，但是他似乎对自己卑下的出身深以为荣。当年长后竞选公职时，马略当然会大加利用这一点，这有点老加图的味道，喜欢将自己与软弱的贵族相比较：

> 这些傲慢的人犯下一个非常大的错误。祖先留给他们所能留

下的一切：财富、肖像雕塑以及对他们光荣的记忆……贵族们认为我粗鄙没教养，因为我不知道如何摆出精致高雅的晚餐，没有演员在我的餐桌上陪伴，或是我没有养着一位花费比我农场管理员还要多的厨子。所有这些，我的公民同胞，我都很骄傲地承认。因为我的父亲和其他在生活上毫无过失的人教导我，他们说优雅细致适合女性，但男人的责任是劳动。[2]

青少年时期的马略选择了唯一让他可以脱离偏远孤立的途径——军队。他杰出的能力很快便令他发光。同样有可能的是，虽然他贫穷，但他的社会地位或许比他愿意承认的还高，他来自一个家道中落的骑士阶层家庭，果真如此的话，那必然有助于他快速升迁。

他性情刚烈。普鲁塔克曾在拉文纳（Ravenna）见过他的一尊雕像，并且写道："这雕像非常恰当地表达出他的严厉刚猛的个性。"[3]军旅生活适合马略。他拒绝学习希腊文学，而且从未说过希腊语；他实在无法理解为什么要与一个臣服于罗马的民族文化扯上关系。有些批评者认为他伪善，只要达成目的什么话都能说，并且不吝惜使用恐吓等手段。但让他们非常气恼的是，他像埃古（Iago）那样，甚至还拥有诚实交易的美名。

没人能够否认的是，马略结合了坚定的意志和务实的作风。在人生中后期，他苦于双腿出现的静脉曲张。他不喜欢它们丑陋的外观，所以决定进行手术来移除。麻醉剂尚未问世，但他拒绝如通常那样被捆绑起来，以保持身体不动。他沉默地忍受刀具所带来的极度痛苦，纹丝不动。但是当军医要继续处理另一只脚时，马略要他停止，并说道："我看不值得忍受如此的痛苦去接受治疗。"[4]

卢修斯·科涅利乌斯·苏拉（Lucius Cornelius Sulla）在背景和性格上，与这位来自明亮乡间但不修边幅的乡间小子有着天壤之别。他几乎小马略二十岁，出生于一个普通的、较为穷困的世家贵族。他祖先唯一著名的就是曾被元老院驱逐。苏拉从他父亲那里继承的不多，因此只能住在罗马一个破旧区域里的仅有一层的廉价寓所中。

苏拉喜欢文学艺术[5]，即使在他还没钱的岁月里就将大部分时间花在男女演员身上。他享受美好的时光，热爱饮酒，与最大胆、最无顾忌的戏剧界人士玩闹，一旦坐在宴会餐桌旁边，他断然拒绝讨论任何严肃议题，尽管在正事上，他是既严格又坚定的。

这年轻贵族似乎与年纪大些的女人相当合得来，他的继母喜欢他，对待他宛如亲生，并且留给他财产。他与一位富有的叫作妮可波里斯（Nicopolis）的高级交际花相爱。因为他的魅力和青春俊美，她开始回应他的感情；在她临终时，他又再度继承财产。以这种方式，他手头变得宽裕。然而苏拉是双性恋，他一生真正的爱人是梅特罗比乌斯（Metrobius），一位知名的悲剧演员，特别擅长扮演女性角色。苏拉始终强烈地爱着他，直到他去世。

苏拉最可观的特征是外表。他有灰色的眼珠和尖锐有力的眼神。他的脸上覆盖着一个难看的胎记，呈现为粗鄙的红色块状，夹杂白色。一位风趣的雅典人写了一句有关他的诗：

> 苏拉是颗桑葚，上面撒着大麦粒。

马略和苏拉代表着罗马公共生活中两个逐渐凸显的团体。一方面是为人民说话的“群众派”（*populares*）。他们跟随格拉古兄弟的脚步，支持公民大会的最高主权，来对抗元老院的权威。他们是数世纪以来争取平民权利那些前辈的继承人。另一方面则是“贵族派”（*optimates*）[6]，自命为“最好的人”，他们不信赖民主政治，并且为那些垄断国家官职的大家族的独霸地位发言。

这些团体并非今天的议会民主制度中有纪律约束的政党团体，应该说它们是变动的派系。它们的主张不断改变。“群众派”的领导者是倾向于为自己争取权力的个人主义者，而“贵族派”也会护卫统治精英集体的利益。虽然偶尔会有“新人”（*novus homo*），如马略，通过选举而进入统治阶级，但是这两个团体的成员其实还是从贵族里选出的。普通公民会被允许投票，但除此之外，他们对政治的参与仅限于在旁观察、等待和收取公职候选人的贿赂，并在失去耐心时暴动闹事。

马略这质朴的平民与苏拉这拮据的享乐主义者，两个人各走自己的路，他们的第一次交集是在北非。他们那时正与朱古达（Jurgutha）交战，这人是努米底亚老国王马西尼萨的能力很强但不择手段的孙子。马西尼萨在将近一个世纪之前曾在扎马战役中协助罗马人击败汉尼拔。朱古达年轻时曾在西班牙，于小西庇阿·埃米利亚努斯麾下效劳[7]，赢得极高的赞美。他非常有野心，在金钱方面十分慷慨。西庇阿曾给他一些长辈的建议，在一次私下会面时，他告诉朱古达要积极培养与所有罗马人的友谊，而不是个别的罗马人，而且要克制贿赂的习惯。王子对这些有智慧的话语完全没听进去。

当时王位上的努米底亚国王过世，他将王国留给他的两个儿子和侄子朱古达。类似的三分天下的做法曾在马西尼萨过世后顺利运作，或许是因为有罗马人作保障。但朱古达不甘心与人分享权力，他暗杀了其中一个堂兄弟，而另一位继承人阿德赫巴尔（Adherbal）逃到罗马。

元老院受到误导，判断努米底亚应该可以平分给剩下两方。朱古达拒绝这样的安排，所以将阿德赫巴尔围困在他的首都。一个由当地意大利商人组成的社群试图说服被围困的国王投降，条件是保全他的性命。

朱古达接受了这个条件，但他一控制住他的表兄弟，便将其处死，而且许多意大利商人也跟着一并被屠杀。这是个无法弥补的错误。罗马从来都不能原谅它的公民遭到杀害。于是罗马宣战，元老院派遣军队到非洲。然而朱古达很快便同意向罗马将军投降，但要保留他的王位。

这是一个完全出乎意料的结果，朱古达被认为贿赂了所有他曾接触过的罗马人。元老院成立一个调查委员会，朱古达在保证安全的情况下被邀请到罗马，去指认所有他收买的人。他仍如以往般无可救药，贿赂一位护民官，不让他宣布任何名字。他也必须为暗杀堂兄弟负责，因为这个堂兄弟当时住在罗马，曾受一位执政官的鼓励，要求努米底亚的王位继承权。罗马人很明显已经无法再与朱古达共事。他被送回非洲，战争只能继续。

能力不足的罗马军队惨败于努米底亚人之手，军团被迫在标枪搭成的轭门之下通过，正如萨莫奈战争时的悲惨日子。罗马军队被迫撤离努米底亚。直到公元前 109 年，元老院不得不认真对付朱古达，所以一位能干且不会受贿的将军被派遣去拯救这场战争。

此人是昆图斯·凯奇利乌斯·梅特路斯（Quintus Caecilius Metellus），一个显赫家族的成员。马略原是在梅特路斯的侍从之中，担任一个军团的指挥官。马略已年近五十岁，就一位“新人”而言，已在政治阶梯上爬得够高。他曾在公元前 114 年获选为副执政官，并被任命为路西塔尼亚总督。他对执政官这最高职务抱有野心，即使这意味着他会冒犯到他长久以来的庇护人。

梅特路斯正在逐渐赢得战事，但进度缓慢。朱古达尚未被生擒。马略开始制造骚动，说战争被毫无必要地拉长。他在军队与罗马商人之间极受欢迎，更不用提在国内的选民中间了。他要求梅特路斯允许他返回罗马，竞争执政官一职，然后接管指挥权。梅特路斯身为一位贵族，在被激怒的情况下还是忍不住说出这样的笑话来消遣他的随从："所以你想放弃我们，是吗？我亲爱的朋友？"他问道："你不觉得这是更好的想法吗，将自己的竞选延迟到可以与我的孩子进行竞争的时候呢？"[8] 梅特路斯的儿子只有二十岁。

马略最终被准许离队。在罗马，他获得足够多的平民和骑士的支持，成功赢得执政官一职。公民大会忽略元老院要延长梅特路斯指挥权的决议，反而任命马略取而代之。这种无视元老院来决定行省指挥权的越俎代庖，立下一个危险的先例。它为野心勃勃的政客避开一般的宪法约束，去争取特别指挥权铺平了道路。

马略决定要尽快解决朱古达，因此他征召更多的军队。然而他发现这过程困难且耗时，正如其前任所遇到的。他征服一座座敌人要塞，但是军团在更为适合部署骑兵的陆地上，是难以击败高度机动的敌人的。朱古达又与邻居毛里塔尼亚（Mauretania）国王波库斯（Bocchus）结盟，来强化自己的地位。最终，一场激战爆发，马略获得了决定性胜利，这胜利很大一部分要归功于苏拉，是他率领骑兵适时出现。

然而狡猾的努米底亚国王依然逍遥法外。但是当他的新朋友波库斯决定向罗马人投降后，他的逃亡就变得不那么容易了。同时，波库斯向朱古达谎称，要将苏拉交给他，努米底亚国王设想一旦获得如此显赫的俘虏，他必将与罗马人轻松达成和议。所以波库斯便邀请这两人参加会谈。苏拉拿生命作赌注，只由一些随从陪同赴约。在最后一刻，这位毛里塔尼亚国王突然动摇，很犹豫是否要选择朱古达。他最终还是决定将赌注押在他比较看好的罗马人身上，朱古达随后被逮捕。

朱古达被带到罗马，在马略的胜利游行中出现。战败使他丧失心智。当他赤身裸体被塞进罗马的主要监狱图利亚努姆（Tullianum）一个小小的管状囚室中时，看到囚室上方有管道通往马克西玛下水道。他说："神啊！这罗马澡堂真是寒冷。"[9] 在死亡之前，他在黑暗而且没有食物的囚室里坚持了六天。

令马略大为愤怒的是，苏拉将他的行动大肆宣传，使众人广泛相信是他打赢了战争。苏拉定制了一只戒指，上面描绘了波库斯交出朱古达，而苏拉予以接受的事件。

我们或许可以想象梅特路斯脸上泛出的笑容。

马略被认为是伟大的军事创新者，虽然这或许是古代史料将他当成衣架，将许多在不同时候所进行的军事改革都挂在上面。

正如格拉古兄弟发现小农自给自足的时代已经逐渐远去，马略在北非征召扩充部队时，他直接从"数人头者"，即罗马经济和社会的最底层中去寻找。他们一无所有，所以根据法律是不能被征召的。乍看之下，这或许不像具有革命性的一步，因为担任军团士兵要求的财产资格，调低已经有段时间，所以马略很小心地去征求志愿者，而非新兵。

许多被征召的人，因为各种各样的理由，已经不如之前所期望的那样，能够负担他们自己的装备，而且也没有田地可以回去耕种。所以罗马军团以前曾是一支民兵，现在则转变为一支近乎职业的军队。这会有一个很危险的后果：士兵越来越依赖他们的指挥官去确保他们的装备，还有在大西庇阿时代已经出现的问题，当六年到十六年的服役期结束之后，士兵要有地方可去。

“连队”系统由三线步兵队形和轻装的散兵前哨阵线构成，在公元前 2 世纪到前 1 世纪时逐渐由“营队”取代，营队由 480 人组成，相当于三个连队规模的组织。新制度不像旧制度那么复杂分散，一个由十个营队组成的军团，在战斗中更能响应指挥官的命令。

马略将制服和武器标准化，而且为培养团队精神，引进了“鹰旗”：一只立在杆上的银制老鹰。这成为军团象征。它若被敌人抢去，将给军团所有士兵带来永久的耻辱。

一项巧妙的技术有助于战场上的存活。重型标枪（*pilum*）是军团一项根本的武器。但是当士兵将其投向敌人时，敌人经常会将其拾起投回。它的铁制头部是由两块金属固定在木杆上。现在其中一块由木榫取代，所以当重型标枪击中目标或是落在地上，这金属头部会弯曲或是完全断裂。这意味着它将无法被再次使用。

马略缩减军营随从的人数，使每位军团士兵更加自立自强。除了武器之外，他们必须自己背负紧急粮食配给、烹饪和挖壕沟的基本装备。因为他们那种驼背和不雅的步伐，步兵看起来像是驮兽，所以他们被戏称是“马略的骡子”。[10]

一个给罗马带来恐怖威胁的状况突然出现。每个罗马人都记得 4 世纪时的阿里亚战役，凯尔特人随后攻占并掠夺他们的城市。蛮族部落会从中欧的黑暗森林向南挺进，进入阳光普照的地中海土地，这些人始终如梦魇般，躲藏在视线所及的范围之外。

凯尔特人不时会再次出现。他们在公元前 279 年时入侵希腊，一直接近德尔斐才被击退。凯尔特移民进驻到加拉太（Galatia，在今天安纳托利亚的中部）。罗马尽可能创造缓冲地带，以降低意大利再次被入侵的风险。在公元前120年，今天的法国南部成为山外高卢（Gallia Transalpina）行省，即后来的纳尔榜（Narbonensis）地区。在若干年间，许多执政官的军队进入北方，去压缩凯尔特人在波河河谷的社群规模。最后在1世纪时，这里变成山内高卢行省。

但在公元前113年，令人紧张的消息传到罗马，有两个日耳曼部落辛布里人（Cimbri）和条顿人（Teutones），正携家带眷离开他们位于或靠近丹麦日德兰（Jutland）的家乡，向南移动。罗马统治精英的无能腐败持续上演，在阿尔卑斯山东部的某个地点，一位执政官被这些部落战士击败。对共和国而言最幸运的是，这些部落转向西方，前往高卢，并在公元前110年抵达。

一连串执政官陆续遭受更多的挫败，公元前105年在阿劳西奥（Arausio，现在的奥朗日，离阿维尼翁不远）的失败达到顶峰，这是罗马自从坎尼战役以来最大的军事灾难，据报告有8万人的损失。意大利现在被入侵者摆布，35岁以下的男人禁止离开国家。罗马正准备面对最糟的结果。

当这灾难的消息传到罗马时，马略仍在北非。在民众热情支持的浪潮下，他虽然缺席，但仍被选为下一年的执政官。这违反了所有的成规，但公民大会受够了那些靠不住的贵族，坚持选择一位有机会将日耳曼人击退的指挥官。

这些日耳曼人毫无目的，没做特别的事，只是在高卢乡间流窜。这给了马略喘息的空间。他在这段时间引进军事改革（或是将之前的改革进一步发展），训练他的军队成为一支高效的作战力量。他连续六年被选为执政官，这史无前例，但让共和国最干练的将军保留在他胜任的位置上，比只是为了宪政原则而坚持年年变更指挥权，明显更为合理。

日耳曼人将其兵力分为两部分。条顿人（与一支同胞部落阿姆布昂人，Ambrones）打算经由海岸进入意大利，而辛布里人则打算穿过阿尔卑斯山的布伦纳山口（Brenner Pass）到达意大利。马略等候前者，但是并未立即交战。这些日耳曼人看起来是一种恐怖的景象，而他们庞大的数量覆盖了每一寸平原。罗马人停驻在营区之中注视他们通过。假如我们相信普鲁塔克的话，这共耗时六天才完成。[11]

马略尾随敌人，直到他发现有适合作战的地点。初次战斗便获得胜利，次日罗马人部署叫战。一支 3 000 人的部队潜伏在日耳曼人后面。面对条顿人的冲击，军团牢牢稳住阵脚，敌人因为背部受到攻击而大为惊骇，陷入恐慌，四散逃跑。

战死的日耳曼人的尸首被留在原地。尸体使土壤肥沃，马西利亚人还利用他们的骨骸作为田地的围篱。据说有许多年，当地的葡萄收成都超乎寻常。

马略很快与正在波河河谷抵抗辛布里人的执政官军队会合，在公元前 101 年，这两支联合起来的部队在维尔塞莱（Vercellae，今日的韦尔切利，Vercelli）一个炎热的仲夏之日与敌军遭遇。这些军队在开始时扬起了许多尘土，故而彼此错过了对方。日耳曼人并不习惯酷热的暑气，所以很快便被杀得七零八落。愤怒的女眷砍倒了所有被她们拦住的逃命的男人，而且她们其中还有许多人勒死自己孩子后切断自己的喉管。

罗马勇敢地面对外来劲敌，但它将不会享有和平。现在要面对来自内部的敌人的摧毁了。

马略不能算是政客。他是一个毫无优雅身段的人，他对军队下命令会比与文职人员协商快乐许多。当他连续担任执政官以及对日耳曼人进行作战时，他在罗马广场需要有政治上的支持。他很不明智地找到一位激烈且大胆的政客，卢修斯·阿普利乌斯·萨图尼努斯（Lucius Appuleius Saturninus），后者曾在奥斯提亚港口担任负责罗马粮食供应的财务官，但在被开除后，背叛自己所属的世家贵族阶级，随后成为一名“群众派”政客。

萨图尼努斯是位优秀的公共演说家，善于解决事情，在公元前103年被选为护民官。他的政策相当简单，就是尽量去冲撞冒犯元老院。他与马略形成伙伴关系，通过法律为马略在北非土地上安顿从朱古达战争中退役的老兵。他在使用暴力上不会有任何迟疑顾虑。当一位护民官同侪设法通过否决票进行干涉时，萨图尼努斯立即唆使他的随从以一阵乱石将他驱离。他也在公元前102年时协助马略赢得执政官。

在赢得对日耳曼人的胜利之后，马略回到罗马，与萨图尼努斯达成新协议。护民官和执政官共同仇视梅特路斯，梅特路斯在北非对马略以恩人自居，在担任监察官时，还曾欲以行为不检的理由将萨图尼努斯从元老院除名。于是两人为他布下一个陷阱。

他们将一个提议提交给元老院，建议所有在辛布里人和条顿人被击败之后退伍的士兵，包括拉丁人以及罗马公民，应该获得在山外高卢和地中海各处殖民地的土地。一条有争议的条款随后添加，即每位元老必须宣示遵守这项新法律。每个人都了解，这对梅特路斯而言，是侵犯元老独立性的违宪行为。

马略向所有人保证他不会以这种方法来束缚自己。几天之后，正好就在宣示的法定期限前，他在没有预警的情况下召集元老院，声称因为群众压力，他已经改变心意。但是他也想出一个聪明的说法，来处理梅特路斯的反对。他将会宣示要遵守法律，“就它曾经是法律而言”。[12] 紧张的元老院服从了他的领导，但梅特路斯例外。梅特路斯被骗，陷入孤立，但是既然已经采取立场，他拒绝改变。他遭到放逐作为惩罚。

马略虽然倔强，但不是革命者，他见到“群众派”已经逐渐失控。萨图尼努斯继续赢得第三次护民官任期，而他的一位同事去竞争执政官。当一位在执政官选举中领先的候选人在公开场合被殴打致死时，很明显这已经跨越了一条不该跨越的红线。人民对萨图尼努斯的支持很快烟消云散。

元老院第二次通过“最后紧急决议”，但护民官和他的朋友占据卫城山丘。马略放弃他们，由其自生自灭。他自己组织一支武力，切断水源。这在罗马历史上是个转折点。因为此前穿制服拿武器的士兵被严格禁止在城市界线内出现；同时，执政官竟然能快速地、轻而易举地召集并部署士兵，强烈地显示出这是一种对他个人而非对国家的忠诚。

这些又饥又渴的革命者很快投降。他们在获得承诺可以保命后，被监禁在卫城山丘山脚下的元老院议事厅。这只是权宜之计。一群愤怒得想动用私刑的暴民爬上屋顶，将屋瓦掀开后，掷向这些反叛的人，直到大多数都被打死为止。

这是事情的结束，马略也完成了他的执政官任期，但他明显缺乏政治技巧与原则，所以他被公共生活拒之门外。如普鲁塔克所说：“他缺乏其他人所拥有的那种让自己在社会上变得令人喜欢、在政治上变得有用的特质，所以他就像兵器一样，在和平时期被搁置一旁。”[13] 他到东方旅行，显然是因为私事，之后他从众人视野中消失。

古代史家对萨图尼努斯并不友善，因此我们至今也无法判断他身为一名政治家的价值。他或许不过是个上流阶级出身的怪物，太过自以为是，或许有些地方像是格拉古兄弟的继承人，或是两者都有一些。但有个事实很明显：旧共和国习惯用讨论来解决问题，现在“贵族派”和“群众派”则已经上瘾般地使用暴力，而他们再也不能戒掉。

假如说罗马广场中的相互谅解逐渐消失，那同样消失的还有罗马与其意大利盟友之间的关系。多年来罗马一直讨论要赋予他们完整的公民权，但是提议经常不了了之。那些在罗马投票的人民是不会通过任何有利于他人而非自己的措施的。

在公元前91年，一位年轻杰出的贵族马库斯·李维·德鲁苏斯（Marcus Livius Drusus）被选为护民官。他工作努力但自视甚高。从孩童时，他便拒绝假期。当他在时髦的帕拉丁山丘修筑一栋房子时，他的建筑师想将其设计为不会被他人所俯视窥看。“不，”德鲁苏斯回答说，“将它盖成可以被人看见内部的建筑，透过它，我的每位公民同胞都能看到我做的每件事。”[14]

这护民官对每项政治难题都有解决方法，同时也有困扰所有元老院成员、骑士阶层和平民的天赋。他很正确地判断意大利盟友应该被授予他们所希望获得的，所以他提议要授予他们公民权。但是反对力量实在太强大。德鲁苏斯被怀疑与盟邦领导者共谋，因为据说他在家中宴请其中一些领导者，这无疑是因为他的家已开放给想窥探的人。他就在家里为自己的计划付出了生命的代价。一晚在回廊处理完事务之后，他遣散众人。突然间他大喊自己大腿根被刺伤，随后便伤重死亡。一把皮革匠的刀具被发现，但找不到暗杀者。

盟邦们已经密谋进行起义[15]，但是还在等待德鲁苏斯改革的结果。随着他的死亡，他们放弃协商，选择武力。他们战争的目标，说得温和一些，并不寻常，其中大多数人并不想推翻共和国，而是要加入共和国。他们打算使罗马人成为他们的朋友，和罗马人平起平坐，并得到投票权。但是其中有个例外。有个社群因为数世纪以来遭受痛苦奴役，对征服他们的罗马人积攒许多仇恨。这些人便是萨莫奈人。他们从未接受在两个世纪之前一次又一次战败的结果。只要有机会，他们总是热切地拿起武器，再一次地对抗宿敌。

但是十分不巧，盟军计划被发现得太早，所以他们被迫在征战季节已经过去时才发动攻击。然而他们握有主动权，将所有挡在他们之前的东西横扫一空。毕竟他们曾定期提供给罗马军团一半以上的兵力，知道所有他们需要知道的战法。罗马军团现在是在与老战友交战。

罗马在冬天集合军队，于公元前90年的春天在战场上部署了14个军团。每个合适的罗马家庭均被征召。（即使不太懂军事的西塞罗也以军官身份服役。）共有两个战场：意大利北部直至中部和萨莫奈。意大利人在这两个战场赢得一连串胜利，却因一位执政官战死而告终。马略被召回，并在北方抵挡攻击（但他很快就退出，表面上的理由是身体状况不佳，但或许是因为他出身阿皮农努姆，因此并不被完全信赖）。虽然整个半岛的大部分都陷入战火，但拉丁人和罗马人驻防的殖民地仍然保持忠诚。

充满灾难的月份持续不断。在年底时，北方的伊特鲁里亚人以及翁布里亚人要求分享政权。元老院于是做出一个历史性的决定。罗马赢得战争的唯一方法是要对争议做出让步，于是通过一道法律，将罗马公民权给予任何没有加入叛乱、或已经放下武器的拉丁与意大利社群。

这战争又持续了两年，但罗马后来又将公民权扩展到每个人身上，做出及时让步，终于扑灭了战争火焰。苏拉在南方取得成功，军团开始赢得胜利，甚至萨莫奈人也开始灰心丧志。战事逐渐进入尾声。

这是一场可怕的剧烈动荡。有数以千计的生命消失，而且对乡间的破坏更甚于皮洛士和汉尼拔所带来的。[16] 从长久来看，这里有正负两方面的结果。每个波河以南的人都成为罗马公民，这对意大利人作为一个民族的意识有很大促进。地方认同持续发展，但在一个更大的共同体之中，“罗马公民体”（*civitas Romana*）已经出现，而且获得保证。

然而，原来的大多数居民都距离罗马只有一两天行程，能够投下他们民主的一票，现在意大利人的投票权会削弱这个当初只是为单一城邦所设计的宪法。而且在未来，那些参加公民集会的人的利益，并不必然会与这新的、较大的却又鞭长莫及的公民权一致。

一位夸张炫耀、派头十足的新角色大摇大摆地登上舞台——本都（Pontus）王国的国王米特里达梯（Mithridates）六世，这是位于黑海南岸遥远国度的统治者。对一般罗马人来说，该国已接近世界边缘，却是亚历山大帝国的一部分，而且充分地希腊化。它的官方语言是希腊语，如希腊形式的城邦则散布在沿海地带。在内陆地区，群山环绕一大片高原，在那里的波斯贵族主宰着一群当地农夫。

该王室声称源自大流士三世，他是一位在公元前 4 世纪不幸被马其顿征服者亚历山大所推翻的万王之王。米特里达梯家庭生活的特点可以通过他的族谱来推测。他的父亲被谋杀，母亲死于监狱。五位手足同胞（共计七位）全都死在他手上，他也必须为他两个儿子的死负责。这在希腊化王朝之中并非特别罕见的，因为国王最大的敌人通常是他最亲近的亲属。

米特里达梯大约在公元前120年出生，是两位存活下来的兄弟中的较年长的。他十一岁时，他的父亲在宴会中被毒死。受益人因此可能是凶手，即国王的妻子，安条克三世的孙女，她在儿子幼年时掌握朝政。她似乎偏好幼子克里斯图斯（Chrestus），而非米特里达梯，她没打算让任何一个孩子长大成年，由自己来获得权位。

在十四岁时，米特里达梯开始担心自己的安危。他骑马参加狩猎[17]，一去不返，长达七年。他似乎在本都巨大的中央领地里的山谷和森林中生活，在民众心中成为一位浪漫的人民英雄。当他最后回到本都首都锡诺普（Sinope）时，他拥有群众的支持，所以他母亲默默地退位。他同意与克里斯图斯一起统治，但这男孩成为宫廷阴谋的焦点。米特里达梯个性过强，不去理会两位国王共同执政所带来的约束。他对克里斯图斯进行一场公开审判，并且将其处决。

传统上本都执行亲罗马政策，但是这位年轻国王要挑战来自西方的新帝国主义者。他估计共和国应该不会注意，所以他开始从远在黑海东岸那希腊神话中的美狄亚（Medea）的传奇出生地、金羊毛的发源地科尔基斯（Colchis）作为起点，建立起一个帝国。

公元前104年他与邻近的俾斯尼亚国王一起入侵并兼并加拉太和帕夫拉戈尼亚（Paphlagonia）。他们接着一起入侵卡帕多奇亚（Cappadocia），却对该由谁控制它起了争执。米特里达梯派出特使团到罗马去贿赂元老，要求允许他出兵干预，也要求他在卡帕多奇亚上支持自己。在公元前99或前98年，马略以私人身份进行东方之旅时出现在附近，警告米特里达梯要小心。“要么比罗马人更强大，”他建议说，“否则就服从他们。”[18]

元老院发现这整桩事件既无聊又复杂，所以下令两位国王同时撤军，他们照做了。苏拉当时在西里西亚省（Cilicia）担任代理执政官，在卡帕多奇亚安插了一位由当地贵族选出的新国王。

在公元前90年，当罗马投入到与意大利盟邦的战斗中时，米特里达梯又恢复攻击。这次他占领俾斯尼亚并第二次占领帕夫拉戈尼亚。元老院派出由曼尼乌斯·阿奎留斯（Manius Aquillius）率领的委员会，去对付捣乱的独裁者。这些委员在一小支兵力的支持下，下令米特里达梯立即返回本都。他再次照做了。罗马人不会提供免费服务，要求他们支付报酬。为了要获得所需的款项，罗马人建议入侵本都。俾斯尼亚方面不情愿地答应了。

这对米特里达梯不太公平。他一直小心避免与罗马发生直接的军事冲突，但现在他觉得除了抵抗，别无选择。阿奎留斯被逮捕后处死，为了要惩罚他的贪婪，熔化的黄金被倒进他的喉咙里。

国王现在已经无法回头，觉得必须要更进一步走到极端。他进军罗马的亚细亚行省，承诺希腊城邦给它们自由并取消债务。他接受来自雅典的邀请，进军解放希腊。但是要如何处理在亚细亚的城市中的众多罗马与意大利商人呢？假如他们被留在那里，他们是潜在的“第五纵队”，会进行阴谋颠覆，但是将他们聚集在一起后驱逐出境，却也不实际。

米特里达梯做出了他漫长执政生涯中最危险的决定。他送出一封书信给亚细亚地方当局让人们传阅，在信中他命令他们要在从他写信那天起的第30天，一起动手杀死所有在意大利出生的人，无论男女老幼，而且以古代世界最羞辱的方式来对待他们——让他们暴尸街头。几乎每个人都热情地遵守并执行了命令，虽然只有一个地方当局雇用了杀手。到处都是恐怖的景象。一旦杀戮开始，许多受害人竞相奔逃到庙宇，争取庇护。在以弗所，世界闻名的阿耳忒弥斯（狩猎与贞洁女神的希腊名，即拉丁文中的狄安娜）神殿中的逃难者，被从女神的神像后拉走；而在帕加马，那些逃命到医疗之神阿斯克勒庇俄斯神庙中的人，则被弓箭射杀。总计约有 8 万人丢掉生命。

国王清楚罗马绝不会原谅他，或是任何参与族群灭绝工作的人。亚细亚人现在被迫要追随本都的命运。从元老院的观点来看，这是一个要汲取的痛苦教训：人民参与大规模屠杀的狂热，暴露出对罗马腐败与残酷的普遍怨恨。

当元老院在法律上提供给波河以南所有盟邦社群完整的罗马参政权时，它却玩弄卑鄙的手法。数以千计的新公民只被算进 35 个部落中的少数几个部落，而非平均分布在所有部落之中，这意味着尽管他们数量庞大，却无法让自己的意见获得大多数的支持。（我们应该记得每个部落只能投出一张集体票。）

在公元前 88 年，保守思想的苏拉成为执政官，这是对他在意大利同盟战争中杰出表现的奖励。他被分配掌管亚细亚的行省，也就是说他掌握的指挥权是战胜米特里达梯的潜在有利机会。目前来看是唾手可得的。

一位同年的护民官普布利乌斯·苏尔比基乌斯·鲁弗斯（Publius Sulpicius Rufus）是当时最杰出的演说家之一。西塞罗在年轻时见识过他的表现。“苏尔比基乌斯是我曾听过的所有演说家中最戏剧性的，”他声称，“他的声音如此雄厚，悦人且高贵。”[19] 现在年约三十五岁的苏尔比基乌斯过去曾是一位杰出且具有影响力的“贵族派”，不过当他当选护民官，便改变效忠对象加入“群众派”。这或许是因为他与被暗杀的德鲁苏斯有深厚的友谊。他积极支持意大利盟邦，给自己招来一项困难的任务，通过法律将罗马的新公民公平地分配给35个部落。

苏尔比基乌斯了解到元老院与公民大会中的反对力量，所以他和仍然被排挤在公共生活之外而心怀怨气的马略达成一项交易，尽管后者年已七十，仍然积极想要争取最后一次军事冒险。马略在普通投票人心中仍是位受欢迎的人物，而且可以为苏尔比基乌斯从骑士阶层那里汇聚支持的力量。作为回报，护民官将取消苏拉东征的指挥权，将其转交给马略。

愤怒的苏拉宣告公共事务停摆（*a iustitium*），苏尔比基乌斯则以将群众带上街头作为回应。打斗在罗马广场爆发，而且有人企图谋取执政官的性命。苏拉侥幸逃脱，不得不屈辱地躲在罗马广场附近马略的家里。他的追杀者经过这里时，马略让他从后门离去。苏拉在城里等了很久，直到宣告公务停摆结束，然后加入即将由他带领去攻打本都王国的六个军团。

苏尔比基乌斯通过了他需要的法律，一些苏拉的支持者被杀害。执政官得知他已经失去指挥权，便召集军队。士兵们原来期盼一场获利丰厚的战争，所以担心马略或许会征召其他人来取代他们。苏拉向他们说出自己身为罗马执政官所遭受的暴力，要求他的军队必须服从他，却没有明确说命令是什么。他们可以在苏拉的话中领会到意思，所以当苏拉要求他们进军罗马，他们依照命令去做。可是军官无法接受带领军队去攻打自己的国家，所以离营逃走。

对罗马而言，另一个重大的转折点已经到来。政客们已经厌倦了将政敌殴打一顿以及偶尔杀害他们的把戏，开启了全面性的内战。阿庇安很坦白地写道："谋杀与政治动乱到目前为止是内部的和偶发的，但是在这之后，派系领导者采取军事方式，借助军队来彼此相斗，以争取祖国这份战利品。”[20]

罗马因为没有驻军便没有正式抵抗，苏拉率领两个军团进入罗马。这是对神明的亵渎，严格而古老的禁忌禁止士兵进入城内，除非是元老院已经批准过的胜利游行。这禁忌从未被如此彻底地破坏。当士兵不断地从狭窄街道涌向市中心，震惊的市民向他们投掷石头和屋瓦，直到苏拉威胁说要烧毁他们的房子。

执政官一旦成为罗马的主人，便毫无困难地撤销苏尔比基乌斯的法律。他也通过一些措施来强化元老院，并且限制护民官的权力。他举行执政官选举，但是没有时间去掌控选举结果，所以新任执政官之一卢修斯·科涅利乌斯·西纳（Lucius Cornelius Cinna）是位“群众派”，苏拉无法信赖。这实在太糟，但苏拉急着要前往东方，去对付米特里达梯。

苏尔比基乌斯被发现藏身在一处别墅，随即被处死，背叛他的奴隶被给予自由，然后被从塔尔皮亚岩石上推下。马略顺利逃走，但在躲避追杀者时，经历了一些极不愉快的考验。他航行前往非洲却晕船，所以在罗马以南 96 千米的西尔策依的度假胜地附近登陆。他和他的伙伴因饥饿而晕眩，毫无目的地在一处森林中游荡。当再度出现在海边时，他们很紧张地发现远处有一队骑兵，只好游向那时恰好驶过的几艘商船。这些商船不情愿地接纳这位出名却不受欢迎的乘客，并且很快就抛弃他，但为他提供了一些补给。

这老人脱去衣服，藏在一个泥泞的沼泽之中。后来他被发现，赤身裸体，满身沾着泥巴地被拖了出来。他被带到附近一座城镇，交给当地议会，议会决定处死马略。一名日耳曼人（或许是辛布里族的人，一个马略在十多年前曾经击败的部落）接到命令来执行此事。他进入马略躺卧的暗室，但是黑暗中发出一个巨大的吼声："你胆敢杀死盖乌斯·马略吗？"

这日耳曼人将他的刀剑丢下，跑出屋外说："我不能杀盖乌斯·马略！"惊恐之余，议会随即改变决定。马略被带回海边，他们为他找到一条船。他前往非洲行省，在那里他曾安顿过许多老兵。他终于见到了朋友。

因为苏拉现在安稳驻守东方，所以新执政官西纳设法重新为新公民使用苏尔比基乌斯的法律，他因此被元老院宣布为公敌，逐出罗马城。马略由于被最近的遭遇所折磨，回到意大利便举兵，西纳很快加入其中。这是军团在历史上第二次进攻罗马。

这两个人对"贵族派"进行了一场屠杀。士兵被允许随意劫掠及杀戮。在许多失去生命的政治家之中，包括昆图斯·路达提乌斯·卡图鲁斯（Quintus Lutatius Catulus），他曾是马略在公元前102年的执政官同僚，当时他们联手击退日耳曼军队。他以自杀来避免被杀——他在一间墙壁刚涂好的房间内，烧炭窒息而死。谁也不能得到允许去埋葬死者，飞鸟与狼狗将尸首撕碎。五天过后，西纳叫停了屠杀。

马略在公元前86年史无前例地第七次担任执政官，但是在就职后数日内便死去。他年迈、生病又精神失常，陷入疯狂呓语的状态。根据普鲁塔克的记载：

> 他幻想自己是讨伐米特里达梯的总指挥官，如他在真正战场上那样，摆出种种姿态，做出不同的动作，呐喊命令，经常爆发出战吼。[21]

三年过去，西纳一直握有执政官权力，维持意大利的和平。意大利似乎得到很好的治理，有用的法律得以通过，债务问题实现减缓，而且贬值的货币也得到恢复。但是苏拉在战胜本都国王后，终于要返回意大利，意图报复。西纳被叛变的部队杀害。一场短暂的内战结束了“群众派”的政府治理。

现在仍为上次同盟战争饱受摧残的萨莫奈人现次站了出来，但也是最后一次了。他们加入执政官的军队，但是被苏拉击败。许多人被俘虏，胜利者决定一劳永逸，将所有萨莫奈人处死。萨莫奈族群若经历这样的残酷对待，它最后的命运可以预见，所以最后萨莫奈人不得不孤注一掷。萨莫奈军队冲向罗马。但是苏拉也赶了回来，就在罗马城的科林门前将其及时拦截。战斗进行了一整天，一直持续到深夜。虽然萨莫奈人曾一度占据上风，但最后还是战败。这是他们的最后一战。接下来他们的国土被入侵，许多人成为刀下亡魂，萨莫奈变成一片废墟。

苏拉一进入罗马，便开始了内部大清洗，即“剥夺公权”（如我们之前见到的，被定罪者的名字被列在一张“公布栏”上）。他决定清算掉所有他能找到的政敌，因此这屠杀延续好几个月。受害者的头颅被陈列在罗马广场的演讲台上。他们的家产被没收充公，用来资助那些即将解甲归田的老兵。根据阿庇安的记载，有 90 位元老[22]以及 1 600 名骑士遇害，但我们可以设想最后的总数会大大提高。许多意大利人亦深受其害。元老院通常有 300 人左右，现在已减少到只剩 150 名了。马略的遗骸被挖出，被四处丢弃。

苏拉通过恢复权势极大的独裁官一职，使自己免除法律的限制，这官职已超过一个世纪没有被使用。他被选为“制定法律和组织共和国的独裁官”（*dictator legibus scribundis et rei publicae constituendae*）。他的职务任期不是传统的六个月，而是无限期。

这给予罗马的新主人足够长的时间去改造政体。在他看来，元老院已经残破，必须修补；护民官过度强大，必须驯服。换言之，要将这世界变成对“贵族派”安全的。最重要的是，苏拉要设法避免另一个苏拉的出现。

元老院的成员被增加到600人。政治职务的晋升阶梯——“荣耀进阶”（*cursus honorum*）很清楚地规定，每项官职都有最低年龄的门槛。有资格竞选专司财务的低阶财务官（quaestor）的年龄至少是30岁；竞选市政官则必须达到36岁（这职务并非“荣耀进阶”必需的一阶）；副执政官为39岁；最后，执政官则是42岁。财务官的名额从8位提高到20位，他们在任职结束之时，自动加入元老院。借此方法，元老院成员可以固定更新。苏拉设立不同的新法庭去负责审判种种不同的罪行。陪审团成员不再是骑兵，而完全是元老。

苏拉设法控制不听话的将军，如他本人曾经就是那样，若没有得到罗马明确的准许，总督被禁止离开他们所在的行省，或者在行省之外作战。若不服从便会遭到指控叛国罪的指控，罪名的字面意思是“降低罗马人民的尊严”。

护民官的否决权受到限制，所以他们再也无法在没有元老院事先授权的情况下，提出法案。

让世人震惊的是，这独裁者在完成他的立法计划之后，竟然辞职，他在公元前80年时退休去过自己的生活。他似乎有段快活的时光。根据普鲁塔克的记载，他的妻子过世，他娶了一位年轻女子，她在一场角斗士的表演中看上了他。除此，普鲁塔克写道：

> 他仍然与那些跳芭蕾舞或弹琴的女人以及来自剧场的人结交。他们习惯整日一起躺卧饮酒作乐。对苏拉最有影响的男人是喜剧演员罗歇斯（Roscius）、首席芭蕾舞者索瑞克斯（Sorex），以及专门扮演女性的梅特罗比乌斯。梅特罗比乌斯已经过了风华正茂的年纪，但无论如何，苏拉仍坚称两人深爱彼此。[23]

说来也奇怪，当他与朋友在街上行走时，没人去拦阻或伤害他。他曾遭遇过的最坏事情，是有一次一路跟踪他到家的少年对他的侮辱。这位前独裁官耐心地忍受，只是说（颇有先见之明）："这小伙子也会阻止其他任何放下重要权力的人。"[24]

终其一生，苏拉相信个人的运气，所以在他名字后再加上"费利克斯（Felix），意为"幸运"的别名。在这一点上他与罗马传奇国王塞尔维乌斯·图里乌斯相似，后者也对自己的好运气大做文章。但是正如那位国王一样，运气在生命的最终放弃了他。他的退休时间并不长。公元前78年，他患了一场让他受尽折磨的疾病（导致他胃肠溃疡，发出恶臭，小虫吞食坏死肌肉），死去时享年约60岁。他身上的初期症状或许可以解释他为何会突然辞职。

在公元4世纪，西方的罗马帝国离败亡之日仅有一百年不到，一部关于86名罗马知名人士的短篇传记《罗马城的名人》（*De viris illustribus urbis Romae*）得以出版。所有罗马史中最出名的人物都在里面，从罗慕路斯和瑞摩斯到马克·安东尼。这名单亦包括5名外国人，是那些罗马共和国最危险的敌人：他们是皮洛士、汉尼拔、维里亚图斯（西班牙的游击战士）、埃及艳后克利奥帕特拉（Cleopatra）七世，还加上米特里达梯。

本都国王花费了人生的很长一段时间去反抗罗马，几乎要摧毁它在东地中海的势力。当苏拉离开意大利去讨伐他时，米特里达梯已控制巴尔干和小亚细亚，并且可以支配使用庞大的财务和人力资源。但是经过两次战役后，罗马军团将他逐出希腊，并且攻占雅典，这城市当初曾邀请米特里达梯来将它从罗马人手中解放出来，现在城市市中心的许多地方被摧毁，甚至有许多雅典人被杀害。

在公元前85年，苏拉跨海进入小亚细亚，但是他没有持续征战，而是在一个靠近特洛伊废墟，被称作达尔达努斯（Dardanus）的地方迅速协商出一项安排。米特里达梯同意交出舰队，撤离所有在小亚细亚攻占的领土，并支付2 000塔兰特的赔偿金。他获得的回报是不仅维持王位，而且被给予“最惠国待遇”，成为罗马人民的朋友及联盟。在当时的处境下，这并非一个不好的结果。但是8万名罗马人的亡魂仍未得到安抚。

在公元前75年或前74年时，俾斯尼亚国王过世，他时而是本都的朋友，时而是敌人。他死后将他的领土遗留给罗马。元老院接受了这份遗产，完全不在乎这将会对东方势力的平衡带来何种冲击。让罗马人出现在他的家门口，完全超过了米特里达梯所能容忍的限度，所以他再度入侵这新行省。

两位代理执政官被任命去分别管辖俾斯尼亚行省和亚细亚行省。米特里达梯攻克前者，却被后者击败，击败他的是卢修斯·李锡尼·卢库卢斯（Lucius Licinius Lucullus），一位极具才气但十分自负的将军。两年的战斗毁灭了一支庞大的本都军队。米特里达梯逃到了他自己王国所提供的安全之地。

卢库卢斯从容不迫，拒绝接受妥协的和平，如苏拉所曾做过的，他领军攻打本都王国。这战争极为艰辛，但是在公元前70年时，他已经使这王国听其摆布。米特里达梯逃到亚美尼亚，他的女婿提格拉涅斯（Tigranes）是当地国王，为他提供庇护。罗马指挥官派遣特使到亚美尼亚宫廷去，要求交出本都国王。在等待回复之时，卢库卢斯重组他自己所在行省的财政，此前该省财政一直在极沉重的债务下苟延残喘。他的改革激怒了那些四处勒索、习惯暴利的罗马包税人。他们发动一场耳语攻势来对付卢库卢斯，声称他为了个人荣耀，蓄意将战争拖延。

提格拉涅斯拒绝交出他的岳父，而米特里达梯现在则回到本都。卢库卢斯于是入侵亚美尼亚，不过在赢得一些重要胜利后，他的军队拒绝继续作战。他是位有效率的指挥官，却不知如何管理属下。让他十分困扰的是他被苏拉所偏爱的格奈乌斯·庞培（Gnaeus Pompeius）取代，这人以“伟大的庞培”（Pompey the Great）为我们所知。他没经历什么困难就完成了卢库卢斯几乎已经要完成的事业。

米特里达梯被他的两个儿子背叛，最后被围困在克里米亚半岛的一座城堡里。他不再抱任何希望，所以服毒自杀，但即使他迅速四处走动来加快药效，也没有效果。这显然是因为东方国王常见的防身之术，他多年来定期服用小剂量的不同毒药，让自己习惯它们的毒性。结果本都国王只好命令仆人将他杀掉。他死时约七十岁，而此前已经给罗马制造了几乎长达半个世纪的麻烦。

庞培不仅是一位有能力的战士，更是一位有天分的管理者。在返回意大利之前，他对东方地区进行重整，这些举措后来延续多年。他从黑海的本都开始，通过整个东地中海，一直到当时仍然独立的埃及疆界一线，建立一系列由罗马直接治理的行省。在其旁边则是一系列自由独立的国家，由附庸国王治理，这里成为罗马势力范围与幼发拉底河到印度河之间强大帕提亚帝国的缓冲地带。

公元前61年9月29日，庞培在他第45岁生日那天，举行了一个最精彩绚丽的胜利大游行[25]，来纪念他在小亚细亚半岛的胜利和之前在地中海对海盗战争取得的胜利。一长串由马匹所拉的车厢和轿子里，装载着数量多到不可思议的贵重金属。这包括价值7 500万第纳里的银币（或许等于罗马全年的税收）；米特里达梯的王座及令牌，还有国王的雕像，它超过3.6米高，由纯金打造；还有用金银打造的马车。

其他有异国情调的展示品包括一个实心的黄金月亮，一个镶有宝石的大型棋盘，还有百科全书作家老普林尼所提及的“黄金打造的方形山，上面有野鹿和狮子以及各种水果，以黄金蔓藤作为边界”。这神秘的对象或许是宴会里的餐桌摆饰。总的来说，罗马公众观看了一场最为夸张的东方奢华生活的展示。

大型图画描绘了征战中的一些高潮时刻。提格拉涅斯和米特里达梯在画中作战、战败以及逃命。本都国王之死也被呈现出来。提格拉涅斯则是被活捉，他与妻女和其他俘虏在胜利游行队伍中行走。一旦庆祝结束，依据惯例，他将在图利亚努姆监狱被处死。

一处洋溢着骄傲的公布栏夸口说：

> 掳获的船舰以及铜制船首[26]，800件；
> 被修建的城市：
> 在卡帕多奇亚，8座；
> 在西里西亚省及空叙利亚，20座；
> 在巴勒斯坦，1座，即现在的塞琉古。

被征服的国王：*

亚美尼亚人提格拉涅斯，

伊比利亚人阿图拉色斯（Atroces），

阿尔巴尼亚人欧罗爱遮斯（Oroezes），

米底人大流士，

纳巴泰人亚哩达（Aretas）

科马基尼人安条克。

将军庞培乘坐一部上面镶有珠宝玉石的马车，身上披戴曾经属于亚历山大的外袍——“假如有人能相信那是真的！”抱持怀疑之心的阿庇安如是说。显然这是在米特里达梯的财产中发现的。庞培极为崇拜这位马其顿国王，而且在游行队伍中的某处有他本人的半身肖像，肖像很精巧地以珍珠制作，形态模仿亚历山大，将前额的头发往后梳去。

随着庞培从东方回师，罗马的崛起已经完成。共和国已经摧毁他最后一个外敌，而它拥有古典世界历史上最庞大帝国的地位，现在已经安然巩固。除了北非一些受到摧残的碎片地带外，共和国控制了整个地中海的全部海岸。

接下来的 150 年将会见证更多的领土扩张。大体而言，这是相当具有侵略性的巩固。他们防卫来自北方的凯尔特人的威胁，这是在公元前 4 世纪他们攻占罗马之后，罗马屡屡出现的梦魇。在公元前 50 年代，盖乌斯·尤里乌斯·恺撒征服并兼并高卢（大致等于今日的法国），而随后一个世纪则是皇帝克劳狄（Claudius）入侵不列颠。同一时期，

* 以下这些地方除了纳巴泰（今日的约旦附近）外，皆在两河流域上游。——译者注

罗马终于完成全面占领西班牙，而罗马的北方疆界则延伸到莱茵河与多瑙河，这是一个强大的防卫重地。随着克利奥帕特拉之死，埃及从一个附庸王国变成罗马行省。帝国终于建立了它的自然疆界。

苏拉的希望在他死后成为泡影，在削弱公民大会力量、强化元老院和限制手握大军的强大代理执政官诸方面，他意图恢复政体的稳定。“剥夺公权”（以及马略稍早之前的屠杀）却透露出一个关键的真相：统治阶级已经忘掉在世家贵族与平民阶层斗争中，它曾显示出来的那种充满想象和创意的包容与妥协。

苏拉带来的改革来得太晚，所以没带来多少好处。统治系统已经崩解到无法修复，这有环环相扣的理由。首先，如已经提到过的，授予整个意大利人民公民权，意味着适合小型城邦国家的公民大会，已经失去其民主的合法性，因为现在大多数的公民无法参加它的集会。如今护民官从平民利益的护卫者，转变为城市暴民的管理者，所以能够将政府的权力从元老院劫持走。这动摇到“混合”政体里三个部分的平衡（如波利比乌斯及西塞罗所见到的）——亦即执政官、元老院和人民所代表的国王政治、寡头政治与民主政治的原则。

帝国的到来大大增加了政府事务的复杂性。所有执行官员都必须每年选一次的制度安排，就算不会完全阻碍有策略的规划，也会让规划变得困难许多。贵族之中并没有足够的才干之士来确保称职的行政治理。要监督行省总督，避免他们透过勒索和诈骗去致富，则被证明是不现实的。在理论上，元老院是个可以研究和解决长期议题的论坛，但是倾向平民主义的护民官对它的攻击，大大削弱其权威。

在地中海遥远角落发生的主要危机，意味着规定不得不被扭曲。

一些能干而富于野心之人，在获得人民支持后，能够一直取得特别指挥权，这权力将自然延续长达数年（例如苏拉和庞培受命到东方去镇压米特里达梯）。

过去提供军团征召战士的乡村小农阶级的衰落，以及从民兵向必须长期服役的职业军队的转化，意味着士兵不再对国家效忠，反而要依赖自己的将军来照顾自身的利益。元老们因自私而不愿把农耕土地作为奖赏赠予退伍战士，只会让状况变得更糟。

所以苏拉立下的法律未经太久便开始被废止。庞培与一位大胆的金融投机者马库斯·李锡尼·克拉苏（Marcus Licinius Crassus）在政治上结为同盟。元老院太过虚弱，无法阻止他们成为执政官（虽然他们很明显不符合竞选资格）并恢复平民护民官的权力。

当然元老院并未衰弱到不敢去斥责他们。在得到特别指挥权的任务结束后，包括针对米特里达梯的战争，在精彩的胜利大游行之后，庞培应该要解散他的军队，但是元老院拒绝协助他。当时最杰出的政客是一位“群众派”的贵族盖乌斯·尤里乌斯·恺撒，他说服闹僵的庞培和克拉苏与自己结成一个秘密联盟，这后来以“前三头同盟”（First Triumvirate）为人所知。

三人将资源（随从以及钱财）齐聚在一起，开始控制这个国家。恺撒被选为公元前 59 年的执政官。他忽视执政官同僚的阻挠企图，通过法律来安顿庞培的老兵，并且为克拉苏和他自己取得特别指挥权。克拉苏远征帕提亚帝国，却发现自己有点儿不自量力。简言之，他被击败并被杀害。

恺撒则进展顺利。他耗费十年的时间去征服高卢的凯尔特部落，证明他自己在高卢战场如同他在罗马广场上一样杰出。他到公元前

50年时才回到国内政坛。他企图要再度竞选执政官一职，但是元老院以选举程序性问题来抵制他。所以恺撒率领军团跨过一条叫卢比孔（Rubicon）的小河流，这条河是山南高卢行省与意大利之间的界线。“骰子已经掷下去了”，他冷冷地说。元老院则将庞培拉拢过来并且进行反击，不过恺撒在希腊北部法萨卢斯的一场大战中，击败他的老伙伴。庞培逃往埃及，在那里，神经紧张的埃及政府将他杀死。

在公元前45年时，战争已经结束，恺撒成为罗马世界的主人。他并不打算重蹈苏拉的覆辙，早早退休。他任命自己为终身独裁官。这几乎等于称王，这是无法饶恕的罪行。在公元前44年3月15日，他被愤怒的贵族刺死，他倒在伟大的庞培雕像旁边。

还要经过14年，和平才会回归帝国。恺撒的养子屋大维（Octavian）——一个缺乏经验的18岁年轻人，以及恺撒忠实的追随者、有能力却懒惰的指挥官马克·安东尼（Mark Antony），发动了一次与苏拉一样野蛮的“剥夺公权”。在腓立比（Philippi）击败暗杀恺撒的人之后，他们将帝国平分。屋大维取得西方，而安东尼则占据东方。对他们来说，共和国已经死去。然而他们之间接着发生冲突，导致公元前31年的另一场内战，屋大维在亚克兴（Actium）的海战中，赢得最后胜利。

在公元前27年屋大维以高超的技巧恢复共和国，但只是名义上的共和。他改称奥古斯都（Augustus，意为“受人敬重的”），恢复选举，政治生活好像恢复正轨。但是他确定要由自己掌控军团，而且他也被赋予会随时更新职权范围的护民官之权——包括否决权、通过法律之权和神圣不可侵犯的人身权，却没有实际担任这职务时那种烦人的责任。统治阶级在经过战争的摧残与杀戮后，接受了这种假象。

自从提比略·格拉古的护民官任期以来，已经过了大约100年的时间，而自“苏拉独裁”至今则过了将近50年的时间。就像一出希腊悲剧那无法改变的情节一样，他们所制造的政体的崩溃，最终成为现实。

第 18 章

结　语

经常有人说历史是由胜利的一方所写，但就罗马的情形来看，却是由输家占领了叙述。即使是那些在皇帝严厉监视之下出版作品的人，也会带着敬意和怀旧来回顾共和国。关于这一点，西塞罗与瓦罗贡献良多。他们虽然犯了学术错误，也做了错误评价，但是就像罗马圣火一样，他们保存了濒死的共和国的精神。

他们是政治上的失败者。他们是尤里乌斯·恺撒的政敌，见证了他们所有的希望被毁灭殆尽。瓦罗与这大独裁者达成谅解，和平共存，他获得批准在罗马建立第一个公共图书馆，他圆满地在 89 岁的年龄自然死去。而西塞罗则坚定不移。在躲过 3 月 15 日的暗杀后，他勇敢地回到政治圈并设法拯救共和国，却成为屋大维与马克·安东尼“剥夺公权”的牺牲者。

作为作家，这两位好朋友均出类拔萃。他们在乡间的休养生活并未虚度。他们写了许多有关罗马崛起的文章，尽其可能地发掘和分析过去。西塞罗对瓦罗说：

> 我们在自己的城市里游荡迷失，仿佛陌生访客，但您的书引导我们，就好像一条回家之路，使我们终于了解我们是谁以及身在何处。您已经写尽了我们国家的城邦时代，它的历史年表、宗教的规则、民政和军事机构、区域和地点的图谱……您也让我们注目于我们的诗人，还有对拉丁文学和拉丁语言总体。[1]

西塞罗与瓦罗相比，学者身份并不明显，他更像是政论家。他说道："假如我们无法在元老院或罗马广场报效国家，那就应该像过去的博学之士那样，在我们的图书馆服务国家，去研究我们的习俗和法律。"[2]他最主要的贡献是《论共和国》与《论法律》(*de legibus*)，这是两部相当有分量的典籍，他在其中探讨罗马政体的历史，罗马政体虽然有需改革之处，但西塞罗仍赞美了其长处。身为一位温和的保守主义者，他相信"过度的自由会导致族群和个人遭到过度的奴役"。[3]

西塞罗有锐利的洞察力，但他的书并没对那些真正发生的事情做出更准确的描述，这似乎有些奇怪。原因是他就像其同时代人那样，基本上以个人视角，而非从意识形态或结构的角度来看待政治。道德在公共生活上已经倾颓沦丧。只要能回归传统价值，回归"祖宗成法"，那一切都必将完好。但恺撒难以苟同。他以天才的洞见，看到逐步渐进的改革将无法挽救当下，回到辛辛纳图斯的理想也同样行不通。一个崭新的政府体制是有必要的。

西塞罗在公元前45年遭受丧女之痛，他继续撰写了一系列的书籍，将希腊哲学介绍给拉丁读者。这些著作成为他后世名声的基础，而且在过去两千年，赋予世世代代欧洲读者以思考的能量。

西塞罗认为尤里乌斯·恺撒是第二位汉尼拔，这位独裁者操弄胁迫身为政治家的西塞罗，却以最高的敬意来对待身为作家的他。恺撒曾经评价西塞罗说："就推进罗马精神的疆界比扩张罗马帝国的疆界还要伟大这点而言，他是赢家，应该获得比任何胜利游行还要荣耀的桂冠。"[4]

从最糟的敌人处得到的赞美是最为恼人的，但也是最为可信的恭维。

所以罗马共和国这冗长而缓慢的崩解有个积极的后果。时代的不确定性促使罗马人如西塞罗和瓦罗，去探索他们集体拥有的过去，去为危机找出一个解释，而且将其作为解毒的药剂，揭示出他们国家那逐渐消逝的伟大的缘由。他们呼唤出理想的罗马，这理想在两千年之后仍然存活着、呼吸着。

但是过去已无法挽回，他们了解这一点。西塞罗为它写下墓志铭：

> 这共和国在交到我们手上时，像幅美丽的画，它的颜色已经随着岁月增加而褪去。但我们的时代不仅没有恢复它原先的颜色，让它历久弥新，甚至没有努力试图保存它的设计和人物的模样。[5]

大事年表

标记 * 的日期来自传承或传说故事，其中有些被判断可能是有历史价值的。此处列出的一部分人名地名，并未出现在正文之中，是为了避免叙述烦琐。年代皆为公元前，除非另有标示。

*1084	特洛伊沦陷。
*753	罗穆路斯建立罗马。
约 625	最早有证据证明罗马与伊特鲁里亚人发生接触。
*753—715	罗穆路斯。
*715—673	努马·庞皮留斯。
*673—642	图卢斯·奥斯蒂吕斯。
*642—616	安库斯·马尔西乌斯。
*617—579	老塔克文。
*579—534	塞尔维乌斯·图里乌斯。
*534—510	“傲慢的”塔克文。
509	王政覆亡。
494	第一次平民撤离。
493	斯普利乌斯·卡修斯与拉丁人签订条约。
*491	科里奥兰纳斯进军罗马。
486 起	罗马人与埃魁人及沃尔西人的战争，在接下来 50 年期间时有发生。
479	克律美拉战役；费边家族的牺牲。
474	伊特鲁里亚人在库迈外海被叙拉古的希罗一世击败。
471	平民会议以及护民官获得官方认可。
451—450	十人委员会的统治。十二铜表法公布。
449	平民撤离。瓦勒里乌斯—贺雷修斯法通过。护民官权力在法律上得到认可。
447	公民大会选出财务官。部落大会很可能已经成立了。
445	拥有执政官权力的军事护民官取代执政官。
443	监察官首次被任命。

431 辛辛纳图斯任职独裁官。

阿尔基多斯山之战。埃魁人被彻底击败。

396 开始支付士兵薪水。

维爱被攻陷。

390（或387）阿里亚河之战。

高卢人攻占罗马。

378 罗马的塞尔维乌斯城墙开始修筑。

367 李锡尼及塞克斯提乌斯法通过。恢复执政官一职。

世家贵族首次选出市政官。

366 第一位平民执政官选出。第一位副执政官选出。

358 与拉丁人的条约续约。

356 第一位平民出身的独裁官。

354 与萨莫奈人结盟。

348 与迦太基的条约续约。

343—341 第一次萨莫奈战争。

340—338 拉丁人反叛。拉丁联盟被解散。

337 第一位平民副执政官被选出。

326—304 第二次萨莫奈战争。

323 亚历山大大帝过世。

321 罗马在卡夫丁峡谷战败受辱。

312 阿庇乌斯·克劳狄·凯克斯就任监察官。

298—290 第三次萨莫奈战争。

295 森提诺战役。

287 霍腾西乌斯法（Lex Hortensia）使得平民议会的决议对全体公民有效，成为正式法律。

282 塔林敦攻击罗马的海军舰队。

281 罗马人攻击塔林敦，后者请求伊庇鲁斯国王皮洛士协助。

280—275 与皮洛士的战争。

279 阿斯库路姆之战。

278 罗马人与迦太基人订约。

皮洛士前往西西里岛。

276 皮洛士回到意大利。

275 皮洛士在迈尔温图姆（又称贝尼温图姆）被击败后，返回希腊。

272　　塔林敦向罗马投降。

李维·安德罗尼库斯被带到罗马。

264　　第一次布匿战争开始。麦西拿的"战神之子"向罗马请求协助对抗迦太基。罗马派出远征军。

罗马第一次出现角斗士的表演。

263　　希罗二世改变立场，使叙拉古与罗马结盟。

263（或262）西西里的希腊城邦落入罗马控制。

262（或261）迦太基军事重镇阿克拉格斯遭罗马围攻沦陷。

261　　迦太基海军从萨丁岛进犯意大利海岸。罗马建设一支舰队。

260　　罗马在米莱海战获胜。

259　　哈米尔卡·巴卡在西西里征战；也在科西嘉及萨丁岛作战。

258　　罗马攻击帕诺尔摩斯。迦太基人在萨丁岛的苏契（Sulci）外海被击败。

257　　罗马劫掠马耳他并在丁达里（Tyndaris）赢得小规模胜利。

256　　雷古拉斯在伊克诺姆斯外海击败迦太基舰队，之后航向北非，在那里他击败一支迦太基陆军，并且攻占突尼斯。

256（或255）和平协商失败。

255　　斯巴达人杉西普斯领导迦太基军队在突尼斯附近战胜雷古拉斯，并将他俘虏。罗马舰队在波恩海岬胜利。雷古拉斯残余部队获得解救。暴风雨对罗马舰队造成极大损伤。

255/54　　罗马重建舰队。

254　　罗马攻占帕诺尔摩斯；迦太基占领得雷帕那，并且攻占阿克拉格斯。

253　　罗马人无法攻占利利巴厄姆。罗马在暴风雨中蒙受重大损失。

252　　罗马攻占特迈·希美拉（Thermae Himerae）以及利帕拉（Lipara）群岛。

251/50　　哈斯德鲁巴在靠近帕诺尔摩斯处被击败。

250—241　　罗马围攻利利巴厄姆。

249　　迦太基在得雷帕那外海对克劳狄·普尔喀赢得重大海军胜利。在卡马里纳（Camarina）附近罗马在暴风雨中严重受损。罗马攻占俄依克斯。

248　　迦太基佣兵兵变被镇压。

248—244　　迦太基攻击意大利海岸。

247　　哈米尔卡·巴卡抵达西西里，在赫克特山（Mount Heirkte）上扎营。

244　　哈米尔卡·巴卡攻占俄依克斯。

242　　新的罗马舰队围堵得雷帕那以及利利巴厄姆。

242/41　　罗马舰队在爱格提斯群岛外获得决定性胜利。

241　和约使罗马人控制西西里。第一次布匿战争结束。

241—237　迦太基陷入佣兵叛乱。

238—225　罗马人侵科西嘉及萨丁岛。

236　哈米尔卡·巴卡和儿子汉尼拔前往西班牙。哈米尔卡·巴卡发动征服西班牙之战。

231　罗马派使节团到西班牙会晤哈米尔卡·巴卡。

229—228　第一次伊利里亚战争。

228　哈米尔卡·巴卡在战斗中阵亡。女婿哈斯德鲁巴继任指挥。

226　罗马派使节团到西班牙会晤哈斯德鲁巴。埃布罗河条约。

225　凯尔特人入侵意大利，在特拉蒙之战被制止。

221　哈斯德鲁巴遭到暗杀。汉尼拔继续指挥。

萨贡托向罗马求援。

219　第二次伊利里亚战争。

汉尼拔急攻取下萨贡托。

218—201　第二次布匿战争。

218　汉尼拔横越阿尔卑斯山，进入意大利。

提契诺河之战及特雷比亚之战。

217　特雷西米尼湖之战。

216　费边·马克西姆斯担任独裁官。

坎尼之战。南意大利发生大规模叛离，卡普阿叛变。

215　罗马部分复原。

叙拉古国王希罗二世过世。

214　罗马在西班牙成功。

叙拉古变节投向迦太基人。

214—205　第一次马其顿战争。

213　马塞勒斯围攻叙拉古。

212　汉尼拔攻占塔林敦。

马塞勒斯攻占叙拉古。

普布利乌斯·西庇阿攻占萨贡托。

211　汉尼拔进军罗马。

卡普阿被罗马人攻下。

普布利乌斯和格奈乌斯·西庇阿兄弟在西班牙战败阵亡。

210　年轻的普布利乌斯·西庇阿（后来的“非洲征服者”大西庇阿）到达西班牙。

209 大西庇阿占领新迦太基。

208 马塞勒斯中伏被杀。

大西庇阿赢得巴埃库拉之战。哈斯德鲁巴脱离西班牙，进军意大利。

207 哈斯德鲁巴在梅陶罗河之役被击败阵亡。

206 大西庇阿赢得伊里帕之战，回意大利。

205 大西庇阿被选为执政官，获得进攻非洲指挥权。

大西庇阿在西西里。

204 大西庇阿登陆北非。

恩尼乌斯被带到罗马。

母神的祭祀被引进罗马。

203 迦太基人和努米底亚人营区被焚毁。

大平原之战。

马其顿与安条克三世和解。

汉尼拔被召回迦太基。

202 苏拉之前最后一位被任命的独裁官。

扎马之战。迦太基投降。

费边·皮克托尔以希腊文书写第一部罗马史。

201 罗马协商和平条约。迦太基成为附庸国家。

200—196 第二次马其顿战争。

197 马其顿的菲利普五世在狗头山之役战败。

罗马与菲利普签订和平条约。

196 弗拉米尼努斯在科林斯宣布解放希腊。

汉尼拔在迦太基被选为“苏菲特”。

195 汉尼拔被放逐。

马西尼萨开始侵犯迦太基领土。

194 罗马撤离希腊。

192—189 与安条克三世发生战争。

安条克在希腊出现。

191 温泉关之战。安条克被逐离希腊。

189 安条克在麦格尼西亚战役中败给大西庇阿兄弟。

188 整顿亚细亚。

187 对大西庇阿兄弟的批评。

186　　酒神祭阴谋。

184　　大西庇阿离开罗马。

加图当选监察官。

181—179　　西班牙的第一次凯尔特–伊比利亚战争。

179　　马其顿国王菲利普五世过世，由柏修斯继任。

173　　罗马派遣特使去仲裁马西尼萨和迦太基的冲突。

172　　首次选出两位皆是平民出身的执政官。

172—167　　第三次马其顿战争。

168　　马其顿国王柏修斯在皮德纳之役战败。

167　　马其顿被分割成四个共和国。一千名亚该亚人（包括波利比乌斯）被遣送到意大利审判。

166—159　　特伦斯创作了喜剧。

153—151　　西班牙第二次凯尔特–伊比利亚战争。

151　　迦太基对马西尼萨宣战。

149—146　　第三次布匿战争。

149　　老加图的《起源记》出版。

147　　马其顿成为罗马行省。

146　　罗马建立非洲行省。

罗马与亚该亚联邦发生战争。

罗马攻占并劫掠亚该亚联邦首都科林斯。

143—133　　西班牙的第三次凯尔特–伊比利亚战争。

133　　提比略·格拉古被选为护民官。土地改革法案通过；土地委员会成立。

国王阿塔罗斯（Attalus）三世将帕加马王国作为遗产，留给罗马。

提比略·格拉古被暴动的元老们所杀。

西庇阿·埃米利亚努斯攻占努曼提亚。西班牙被平定。

西西里奴隶起义爆发。

132　　成立特别法庭来严惩提比略·格拉古的支持者。

公民大会以秘密投票方式对立法进行投票。

西西里奴隶战争结束。

129　　西庇阿·埃米利亚努斯在神秘状况中死去。

125　　给拉丁人参政权的提案失败。

123　　盖乌斯·格拉古第一次选上护民官，当年及次年提出许多法案。

确认提比略·格拉古土地改革法案。

特别法庭被禁止判决死刑，除非得到公民大会允许。

司法改革，勒索法庭的陪审团只由骑士阶层组成。

庞大的海外殖民地被规划，包括在迦太基的朱诺尼亚。

粮食供应和分配获得改善。

许多营建和道路修筑计划被执行。

要将公民权扩及所有意大利盟友的提议遭到拒绝。

122 盖乌斯·格拉古第二次被选为护民官。

盖乌斯·格拉古受另一护民官马库斯·李维·德鲁苏斯阻挠，无法在121年选举获胜。

元老院首次通过国家紧急状况的“最后紧急决议”。

盖乌斯·格拉古及其支持者被元老与骑士所组成的军队击败。盖乌斯·格拉古被杀害或是自杀。

116 朱古达问题开始出现。元老院调查委员会将努米底亚分割给朱古达与阿德赫巴尔。

112 朱古达围攻阿德赫巴尔，后者投降并遭杀害。在努米底亚的意大利商人被屠杀。

罗马对朱古达宣战。

111 朱古达投降，但是保有王位。他造访罗马，在当地谋杀一位努米底亚对手。

110 与朱古达的战争再度爆发。

109 梅特路斯对朱古达进行讨伐。

107 马略被选为执政官，取代梅特路斯。

106 马略前进到西努米底亚。

毛里塔尼亚国王波库斯将朱古达交给苏拉。

105 辛布里人及条顿人在靠近隆河的阿劳西奥击败两支罗马军队。

104 马略第二次任执政官，重组罗马军队装备及战术。

朱古达在马略胜利大游行后绝食自杀。

第二次西西里奴隶战争。

103 马略第三次任执政官，在高卢训练军队。

萨图尼努斯被选为护民官，与马略合作。

把非洲的土地分配给马略老兵。

102 马略第四次任执政官，在阿克瓦埃赛克斯提埃（今日的普罗旺斯艾克斯，Aix-en-Provence）击败条顿人。

101 马略第五次任执政官，与卡图鲁斯一起在维尔塞莱附近击败辛布里人。

100　萨图尼努斯第二任护民官。

马略第六次任执政官，与萨图尼努斯决裂。

罗马发生暴动。元老院通过国家紧急状况“最后紧急决议”。马略恢复秩序，萨图尼努斯及其党羽被私刑处死。

第二次西西里奴隶战争结束。

98　马略离开政治圈，以私人身份到亚细亚行省旅行。

96　苏拉担任西里西亚省代行执政官，下令本都国王米特里达梯离开帕夫拉戈尼亚和卡帕多奇亚。米特里达梯接受。

91　小马库斯·李维·德鲁苏斯被选为护民官。他要使意大利盟友有参政权的计划失败，并遭到暗杀。

“同盟战争”爆发。

米特里达梯攻占俾斯尼亚。阿奎留斯唆使入侵本都王国。

90　罗马人在同盟战争中失利。

罗马颁赠公民权给意大利盟友。

89　罗马在同盟战争中获胜。

88　同盟战争局限于针对萨莫奈人。萨莫奈人投降。

苏拉第一次任执政官。

苏尔比基乌斯·鲁弗斯任护民官，提议将对抗米特里达梯的指挥权从苏拉转移马略。

苏拉进军罗马，攻占城市，废除苏尔比基乌斯法。

马略逃亡非洲。

米特里达梯入侵小亚细亚，下令屠杀罗马人和意大利人。米特里达梯被雅典邀请去“解放希腊”。

87　西纳与马略控制罗马，屠杀政敌。

苏拉登陆希腊，围攻雅典。

86　雅典沦陷。本都王国军队在两次战败之后，撤离希腊。

马略第七次任执政官，过世。

西纳派出军队到亚洲（但在公元前 84 年被苏拉接收）。

85　苏拉与米特里达梯在靠近特洛伊的达尔达诺斯协商和平条约。

84　获罗马公民权的意大利人分布在所有部落中。

西纳兵变遇害。

83　苏拉登陆意大利。

第二次米特里达梯战争（截止到公元前 82 年）。

82　　在意大利的内战。苏拉赢得“科林门”之战。

　　开始推行“剥夺公权”、抄家没产的政策。

81　　苏拉被任命为独裁官，改革政体和刑事法。

80　　苏拉第二次任执政官。

79　　苏拉辞去独裁官。

78　　苏拉过世。

75（或 74）　　国王尼科美得斯（Nicomedes）将俾斯尼亚王国遗留给罗马。

74　　米特里达梯入侵俾斯尼亚。卢库勒斯被授予对抗他的指挥权。

73—71　　意大利发生由斯巴达克斯所领导的奴隶叛变。

68　　在与米特里达梯作战成功之后，卢库勒斯的部队军心浮动。

67　　庞培被授予攻打海盗的指挥权，成功清除地中海海盗。

66　　庞培被授予对抗米特里达梯的指挥权。

63　　米特里达梯自杀。

　　西塞罗担任执政官。

62　　庞培整顿东方，回意大利。

61　　元老院拒绝批准庞培的安排以及分配土地给他的士兵。

60　　尤里乌斯·恺撒、庞培与克拉苏同意结盟，以“前三头同盟”为世人所知。

59　　恺撒担任执政官。

58—50　　恺撒征服高卢。

49—45　　罗马内战。

48　　法萨卢斯之战。

44　　恺撒遭到暗杀。

43—33　　屋大维、马克·安东尼与马库斯·埃米利乌斯·雷必达（Marcus Aemilius Lepidus）建立“后三头联盟”。

　　“剥夺公权”令。西塞罗被处死。

32—31　　罗马内战。

31　　安东尼与克利奥帕特拉在亚克兴之战战败。

30　　安东尼与克利奥帕特拉自杀。

27　　屋大维即奥古斯都建立新的宪法安排。

公元 43　　皇帝克劳狄入侵不列颠。

致　谢

我在英格兰两根忠诚的支柱分别是我的代理人 Christopher Sinclair-Stevenson 以及伦敦图书馆。在大西洋彼端那足为楷模的编辑 Will Murphy 和帮助他的助理编辑 Katie Donelan，一直忍受我错过截稿期限，而且他们始终是充满智慧建议的源泉。正如对我之前的书籍一样，德州奥斯汀大学的 Robert Cape 教授很慷慨地读了原稿，并提供珍贵的评论与建议。

我十分感谢牙医 Shahin Nozohoor 有关皮洛士牙齿状况的建议。

我十分感激企鹅出版社允许我大量引用李维和波利比乌斯的译文。

资料来源

我们对罗马共和国史知识的主要来源是书籍，它们大多数是在公元前 1 世纪到公元 3 世纪帝国的鼎盛时期书写的。宗教抄写员与各种散文作家，则一直写到拜占庭帝国时代。大多数史料提供了事实，但是那些处理罗马建国初期的人则没能成功地将事实与传说分别开来，而且在记载的空白之处，往往会填充那些被认为是合理的、哪怕实际上并未真实发生过的事情。共和国逐渐倾颓之年所发生的事件，被利用来重新塑造早期的故事。有时候某个时代发生的事件，会被复制插入到之前的时代。

李维（公元前 59—公元 17）是一位北意大利人，几乎与皇帝奥古斯都同时。他写作了一部从罗马建国直到他自己所在时代的庞大历史作品。完成时共有 142 “卷”（一卷是一个很长的章节）。然而许多古代的文献没有将帝国的覆亡以及基督教僧侣的论断存留下来。今天我们仅有李维的 35 卷史书。他是位高级的文字艺术家，其作品的一些片段读起来扣人心弦，但是他在历史画布上添加了道德色彩和戏剧性，这些必须先被清除掉，部分真相赤裸的样子才能被识别出来。

相比之下，希腊人波利比乌斯（约公元前200—前118）作为人质，在罗马生活度过人生中最重要的时光，在那里他进入罗马领导人物的圈子，写作（对他而言）最近的历史。他研究的是公元前264年到前146年罗马崛起为地中海领导强权的这段时间。他并非伟大的、有风格的写作者，但对准确性十分坚持。他与事件的幸存者交谈，检查文件（例如条约），对地理多加注意（经常去探访该地），甚至亲自经历历史现场。“单纯陈述事实或许会让我们有兴趣，”他说，“但是只有将个中缘由也加进去时，研读历史才会变得有收获。”[1]他的基本态度类似于伯罗奔尼撒战争史学家修昔底德。在修昔底德40卷的《历史》中，只有最初5卷被完整保存下来，其他许多部分则是以收藏在拜占庭帝国境内各地图书室的节录合集的形式留存下来。

另一个有天分的希腊人是普鲁塔克，他的人生横跨公元1世纪前后。他有种不太寻常的想法，去写作知名的希腊人与罗马人的“平行”传记，例如亚历山大大帝和尤里乌斯·恺撒。虽然这些对比很少给普鲁塔克的主题带来新的见解，但是每部传记都是精彩而独立成篇的文献。作者很有效地利用他接触到的每项史料，虽然他并不经常会对它们的可靠性做充分的评估。他未曾声称自己是史学家，他更像是一位道德学家，去探索人格对个人命运具有的影响。他对有意义的趣闻逸事具备锐利的眼光。普鲁塔克此外也是一位多产的散文家，而且他的作品大量汇聚了希腊与罗马世界里能收集到的信息。

1世纪末时，一位希腊人，西西里的狄奥多罗斯，出版了一部“世界”史（universal history），虽然实际上它集中讲述希腊、作者自己的家乡西西里和罗马晚期。全部40卷之中有15卷留存下来，其他则是残篇。他是位不甚严谨的作家，可靠程度往往依赖于他未指明出处的史料，而且经常全盘遵循史料的说法。

卡修斯·狄奥（约公元164—229年）是个希腊人，后来成为罗马元老和执政官。他写作了一部从罗马建国到公元229年的80卷的罗马史。关于布匿战争的10卷已经佚失。公元前69年到公元46年的部分内容留存下来，虽然在公元6年之后会有缺漏。其他部分则是以残篇和节录改写的方式存留下来。他十分冷静，通常令人信服，但是不甚精彩。

我们所列举的作家背后有许多他们所依赖的众多史学家，但这些史学家的作品已经佚失。其中第一个撰写罗马城历史的人，一位叫作昆图斯·费边·皮克托尔（Quintus Fabius Pictor）的罗马元老，他生活在公元前3世纪的下半叶。他以希腊文写作，既是因为他要将希腊史学写作的原则运用在罗马史的写作上，既是因为希望希腊世界了解这个新近崛起的国家。

昆图斯·恩尼乌斯（公元前230—前169）写作了一部史诗《编年纪》(*Annales*)，该书讲述罗马人民从特洛伊沦陷、埃涅阿斯流浪到他自己所处时代的故事，但只有吊人胃口的残篇存留。他的朋友监察官马库斯·波尔基乌斯·加图，也以其《起源记》说出类似的故事，但也已佚失，这部作品原创之处是其以拉丁散文写作。

一些重要但已经佚失的希腊史学家的著作也关注到罗马，这些人之中有位于卡迪亚的希洛尼摩斯（Hieronymus of Cardia）以及陶罗米尼姆的蒂迈欧，后者是一位西西里人，被认为扭曲史实，而这点激怒了波利比乌斯。

但最初的罗马史学家是从哪里去寻找他们所需的信息来填补他们的叙述的呢？家族传统是个有用的来源——强大的贵族家室保存有关

他们祖先生平、他们所曾担任过的职务及所庆祝过的胜利游行的种种细节。然而这里必须小心，因为效法往圣先贤经常会导致夸张的说法。

接着，这里一定还有口述传统，或许会在节庆表演中戏剧来呈现。例如，推翻塔克文王朝的故事读起来像剧场里的闹剧。（我们知道在共和国晚期，有关罗马主题的戏剧经常被演出，比如有关罗穆路斯，王政的推翻以及萨莫奈战争中的森提诺战役。）

共和国的官员保存了档案记录。最高祭司长负责《大事年鉴》（*annales maximi*），这是重要事件和任职官员名字的年度记录。其他机构或许也保存记录，而且平民在阿文丁山丘上的刻瑞斯神庙中，也有他们自己的档案。这些文件或许可以追溯至共和国开始之初，在早期的数个世纪里，这些数据是稀少且基础的。条约、法律和奉献文也被写下，有些时候是以石碑或铜器上的铭文形式出现。

从公元前 2 世纪开始，受教育的罗马人开始对古文物研究发生兴趣。曾经有人很机智地说，一位古文物学家可以被定义为“对历史事实而非对历史感兴趣的人”。[2] 西塞罗的朋友瓦罗是他那时代最伟大的古文物学者，也是一位孜孜不倦的作家。古代文本如“十二铜表法”、罗马建筑物及纪念碑文、国家档案、拉丁语言、历法、宗教祭祀、家族史、社会习俗、地名和仪式用语，通通落入他研究的范围。不幸的是，有些诠释偏离太远，特别是字源学的部分，不过许多奇怪有趣的信息因此被搜集起来。另一位多产的古文物学者是哈利卡纳苏斯的狄奥尼修斯（Dionysius of Halicarnassus），他大约与奥古斯都同时，他的目标是要让希腊人接受罗马人的统治。他是个平凡无趣的人，但他那长篇巨作《罗马古文物》（*Roman Antiquities*）则是有关罗马传说中建国初期怪异细节的宝库。

西塞罗在他自己的《论共和国》里对早期罗马历史做出了一些有用的评论，这本身就很有意思，而且也透露出公元前1世纪时被广泛接受的叙述。在《论法律》中，他研究法律的性质，并对罗马政体提出详细改革建议。

罗马与希腊史学家对社会事务、艺术和设计、女性角色与地位以及经济发展皆着墨甚少。他们将焦点集中在政治与军事事务，以及大人物的丰功伟绩上。很幸运的是，西塞罗的私人通信存留了下来，透露出共和国毁灭过程中的生活是何种样子。类似的还有一些种类不同的医学文本，例如塞尔苏斯（Celsus）的作品。共和国晚期及帝国时代的一些诗人描述了上层阶级在闲暇时的模样。然而要对希腊罗马世界如何运作有更广泛的了解，我们必须依赖考古学家那日益成熟且富有教益的发现，和大量刻写下的碑铭，其对整个地中海世界地方统治者的所作所为以及普通百姓的日常生活，都带来了令人着迷的洞见。这类材料是残破不全的，而且难以诠释，尽管如此，仍然极有价值。

参考文献

古代文献

这里没有出现的引用来源，其原文和英语译本可以在哈佛大学出版社的洛布古典丛书（Loeb Classic Library）中找到，我将它们列在缩略表的注释中。我引用的其他译文均出自下列。

Artemidorus, Oneirocritica, trans. R. J. White, The Interpretation of Dreams（Park Ridge, 1975）.

Asconius: Commentaries on Five Speeches of Cicero, trans. and ed. Simon Squires（Wauconda, IL: Bolchazy-Carducci Publishers, 1990）.

Aurelius Victor（attributed）, De viris illustribus, Andreas Schottus（8 vols., Antwerp, 1579）.

Aurelius Victor（attributed）, De Caesaribus, www.roman-emperors.org/epitome.htm.

Bible（Good News Bible, 1966; New York: American Bible Society）.

Catullus, Carmina（Odes）, trans. James Michie（London: Rupert Hart-Davis Ltd., 1969）（Also in Loeb）.

Corpus Inscriptionum Semiticarum {CIS}. Pars Prima Inscriptiones Phoenicias Continens（Paris, 1881）.

Eutropius, Flavius, Breviarium（Abridgement of Roman History）, trans. H. W. Bird（Liverpool: Liverpool University Press, 1993）.

Festus, Breviarium rerum gestarum populi Romani（Summary of Roman History）, ed. W. Förster（1874）, C. Wagener（1886）.

Horace（Quintus Horatius Flaccus）, Carmina（Odes）, trans. James Michie（Harmondsworth, UK: Penguin Books, 1967）（Also in Loeb）.

Horace, The Complete Odes and Epodes, trans. W. G. Shepherd（London: Penguin Books, 1983）.

Horace, Satires and Epistles, Persius, Satires, trans. Niall Rudd（London: Penguin Books, 1973）.

Inscriptiones Latinae Selectae, H. Dessau（Berlin, 1891-1916）.

Livy, The Early History of Rome, trans. Aubrey de Selincourt（London: Penguin Books, 1960）.

Livy, Rome and Italy, trans. Betty Radice（Harmondsworth, UK:Penguin Books, 1982）.

Livy, The War with Hannibal, trans. Aubrey de Selincourt（Harmondsworth, UK: Penguin Books, 1965）.

Livy, Rome and the Mediterranean, trans. Henry Bettenson（Harmondsworth, UK: Penguin Books, 1976）.

Orosius, Paulus, Historiarum Adversum Paganos Libri VII（"Seven Books of History Against the Pagans"）. See the Latin Library, www.thelatinlibrary.com/.

Plautus, The Comedies, trans. various hands, 4 vols.（Baltimore and London: Johns Hopkins University Press, 1995）.

Pliny the Elder, Natural History: A Selection, trans. John F. Healy（London: Penguin Books, 1991）.
Plutarch, Makers of Rome, trans. Ian Scott-Kilvert（Harmondsworth, UK: Penguin Books, 1965）.
Plutarch, Fall of the Roman Republic, trans. Rex Warner（Harmondsworth, UK: Penguin Books, 1958）.
Polybius. The Rise of the Roman Empire, trans. Ian Scott-Kilvert（Harmondsworth, UK: Penguin Books, 1979）.
Propertius, The Poems, trans. W. G. Shepherd（London: Penguin Books, 1985）.
Sallust, The Jugurthine War, The Conspiracy of Catiline, trans. S. A. Handford（Harmondsworth, UK: Penguin Books, 1963）.
Terence, The Comedies, trans. Peter Brown（Oxford: Oxford University Press, 2006）.
Virgil, The Aeneid, trans. C. Day-Lewis（Oxford: Oxford University Press, 1986）.
Virgil, The Aeneid, trans. W. F. Jackson Knight（London: Penguin Books, 1956）.
Virgil, The Georgics, trans. C. Day-Lewis（London: Jonathan Cape, 1940）.
Selected Modern Studies
Citations are usually the author's surname.
Balsdon, J. P. V. D., Roman Women: Their History and Habits（London: The Bodley Head, 1962）.
—, Life and Leisure in Ancient Rome（London: The Bodley Head, 1969）.
Briquel, Dominique, Les Étrusques（Paris: Presses Universitaires de France, 2005）.
Briscoe, John, A Commentary on Livy Books XXXI-XXXIII（Oxford: Oxford University Press, 1973）.
—, A Commentary on Livy Books XXXIV-XXXVII（Oxford: Oxford University Press, 1981）.
—, A Commentary on Livy Books XXXVIII-XL（Oxford: Oxford University Press, 2008）.
The Cambridge Ancient History, vols. 7.2, 8, and 9（Cambridge: Cambridge University Press, 1989, 1989, and 1992）.
Champion, Jeff, Pyrrhus of Epirus（Barnsley, UK: Pen and Sword Books, 2009）.
Collins, Randall, Violence: A Micro-sociological Theory（Princeton, NJ: Princeton University Press, 2008）.
Cornell, T. J., The Beginnings of Rome: Italy and Rome from the Bronze Age to the Punic Wars（c. 100-264 BC）(London: Routledge, 1995）.
Duggan, Alfred, He Died Old: Mithradates Eupator, King of Pontus（London: Faber, 1958）.
Dyson, Stephen L., Rome: A Living Portrait of an Ancient City（Baltimore: Johns Hopkins University Press, 2010）.
Flaubert, Gustave, Salammbo, trans. Robert Goodyear and P. J. R. Wright（London: New English Library, 1962）.
Frost, H., "The Prefabricated Punic Warship," in H. Devijver and E. Lipiński, eds. Punic Wars（Louvain: Peeters Press, 1989）.
Goldsworthy, Adrian, The Roman Army at War: 100 BC-AD 200（Oxford: Oxford University Press, 1996）.
—, In the Name of Rome: The Men Who Won the Roman Empire（London: Weidenfeld and Nicholson, 2003）.
Grant, Michael, Gladiators（London: Penguin Books, 1991）.
—, The History of Rome（London: Weidenfeld and Nicolson, 1978）.

Green, Peter, Alexander of Macedon,（Harmondsworth, UK: Penguin Books, 1974）.

— , From Alexander to Actium: The Hellenistic Age（London: Thames and Hudson, 1990）.

Holleaux, Maurice, "L'entretien de Scipion l'Africain et d'Hannibal," Hermes 48, no. 1（1913）: 75-98.

Hopkins, K., and M. Beard, The Colosseum（London: Profile Books, 2006）.

Janger, M., Livy, Hannibal's Monument, and the Temple of Juno at Croton, Transactions of the American Philological Association, vol. 136, no. 2（Autumn 2006）: 389-414, University of Pennsylvania, Philadelphia.

Keppie, Lawrence, The Making of the Roman Army（London: B. T. Batsford, 1984）.

Lancel, Serge, Carthage: A History（Hoboken, NJ: Wiley-Blackwell, 1995）.

Leigh, Matthew, Comedy and the Rise of Rome（Oxford: Oxford University Press, 2004）.

Macaulay, Thomas Babington, Lays of Ancient Rome, 1842.

Miles, Richard, Carthage Must Be Destroyed: The Rise and Fall of an Ancient Mediterranean Civilization（London: Penguin Books, 2010）.

Momigliano, Arnaldo, Alien Wisdom: The Limits of Hellenization（Cambridge: Cambridge University Press, 1975）.

Mommsen, Theodor, trans. W. P. Dickson, The History of Rome（Gloucester, UK: Dodo Press, originally published 1894）.

Oakley, S. P., A Commentary on Livy, Books 6-10（Oxford: Oxford University Press, 2008）.

Ogilvie, R. M., A Commentary on Livy, Books 1-5（Oxford, 1965; repr. with addenda, 1970）.

Potter, T. W., Roman Italy（London: Guild Publishing, 1987）.

Richardson, L. Jr., A New Topographical Dictionary of Ancient Rome（Baltimore: Johns Hopkins University Press, 1992）.

Salmon, E. T., Samnium and the Samnites（Cambridge: Cambridge University Press, 1967）.

Scullard, H. H., Scipio Africanus: Soldier and Politician（London: Thames and Hudson, 1970）.

— , A History of the Roman World 753 to 146 BC（London: Routledge, 1935; 4th ed. 1980）.

, From the Gracchi to Nero: A History of Rome 133 BC to AD 68（London: Routledge, 1988）.

Stambaugh, John E., The Ancient Roman City（Baltimore: Johns Hopkins University Press, 1988）.

Toner, Jerry, Popular Culture in Ancient Rome（Cambridge: Polity Press, 2009）.

Walbank, Frank W., A Historical Commentary on Polybius, vol. 1（1957）, vol. 2（1967）, and vol. 3（1979）, Oxford University Press.

Warmington, B. H., Carthage（Harmondsworth, UK: Penguin Books, 1960）.

缩略表

	Cicero, Marcus Tullius; Academica（Academics）
	Appian, Civil Wars
	Appian, Warwith Hannibal
	Appian, Mithridatic Wars
	Appian, Punic Wars
	Appian, Samnite Wars
	Appian, Sicilian Wars
	Appian, Spanish Wars
	Appian, Syrian Wars
	Aristotle Politics
	Arrian（Lucius Flavius Arrianus Xenophon）, Anabasis of Alexander
	Arrian（Lucius Flavius Arrianus Xenophon）, Indica（Indian Matters）
	Artemidorus, Oneirocritica
	Asconius, Commentaries on Five Speeches of Cicero
	Athenaeus of Naucratis, Deipnosophistae（Learned Banqueters）
	Augustine, De civitate dei（On the City of God）
	Aulus Gellius, Noctes Atticae（Attic Nights）
	Aurelius Victor（attributed）, de Caesaribus
	Aurelius Victor（attributed）, De viris illustribus
	Bible
	Caesar, Gaius Julius, Commentarii de bello civili（The Civil War）
	Cambridge Ancient History
	Catullus, Carmina（Odes）
	Cato, Marcus Porcius, De agri cultura *（On Farming）
Cic Att	Cicero, Marcus Tullius, Epistulae ad Atticum（Letters to Atticus）［I use the order and numbering of the D. R. Shackleton Bailey Loeb edition.］
Cic Balb	Cicero, Marcus Tullius, Pro Balbo（In defense of Balbus）
Cic Brut	Cicero, Marcus Tullius, Brutus
Cic Div	Cicero, Marcus Tullius, De divinatione（On Divination）
Cic Fam	Cicero, Marcus Tullius, Epistulae ad familiares（Letters to His Friends）［I use the order and unmbering of the D. R. Shackleton Bailey Loeb edition.］
Cic Fin	Cicero, Marcus Tullius, De finibus bonorum et malorum（On Ends of Good and

	Evil）
Cic Har	Cicero, Marcus Tullius, De haruspicum responsis（On the Responses of the Omen-Diviners）
Cic Invent	Cicero, Marcus Tullius, De inventione（On Rhetorical Invention）
Cic Off	Cicero, Marcus Tullius, De officiis（On Duties）
Cic Phil	Cicero, Marcus Tullius, Philippicae（The Philippics）
Cic Rep	Cicero, Marcus Tullius, De re publica（The Republic）
Cic Rose Am	Cicero, Marcus Tullius, Pro Roscio Amerino（In Defense of Rosscius Amerinus）
Cic Sen	Cicero, Marcus Tullius, De senectute（On Old Age）
CIL	Corpus Inscriptionum Latinarum
CIS	Corpus Inscriptionum Semiticarum
Col Re Rust	Columella, Lucius Junius Moderatus, De re rustica（On Agriculture）
Corn Nep Ham	Cornelius Nepos, Lives of Great Foreign Leaders, Life of Hamilcar
Dio	Cassius Dio, Roman History
Dio Chrys	Dio Chrysostom, Orations
Dio of H	Dionysius of Halicarnassus, Roman Antiquities
Dio Sic	Diodorus Siculus, Historical Library
Eccl	Ecclesiastes, Book of , Bible
Enn	Ennius, Quintus, Annales（Annals）
Eutrop	Eutropius, Flavius, Breviarium（Abridgement of Roman History）
Ezek	Ezekiel, Book of, Bible
Fest	Festus, Breviarium rerum gestarum populi Romani*（Summary of Roman History）
Flor	Florus, Publius Annaeus, Epitome de T. Livio Bellorum omnium annorum DCC Libri II *（Epitome of Livy's Histories）
Her	Herodotus, The Histories
Hom Il	Homer, Iliad
Hom Od	Homer, Odyssey
Hor Car	Horace（Quintus Horatius Flaccus）, Carmina（Odes）
Hor Ep	Horace（Quintus Horatius Flaccus）, *Epodon Liber（Epodes）
Hor Epist	Horace（Quintus Horatius Flaccus）, Epistulae（Epistles）
Hor Sat	Horace（Quintus Horatius Flaccus）, Sermones（Satires）
ILS	Inscriptiones Latinae Selectae
Jer	Jeremiah, Book of, Bible
Livy	Livy（Titus Livius）, Ab urbe condita（From the Foundation of the City）
Macr	Macrobius, Ambrosius Theodosius, Saturnalia
Oros	Orosius, Paulus, Historiarum Adversum Paganos Libri VII（Seven Books of History Against the Pagans）
Paus	Pausanias, Description of Greece
Pet	Petronius, Gaius, Satyricon

Pind	Pindar, Nemean Odes
Plaut Capt	Plautus, Titus Maccius, Captivi（The Captives）
Plaut Curc	Plautus, Titus Maccius, Curculio（The Weevil）
Plaut Poen	Plautus, Titus Maccius, Poenulus（The Little Carthaginian）
Plin Nat Hist	Pliny the Elder, Naturalis Historia（Natural History）
Plut Alex	Plutarch, Life of Alexander
Plut Cat Maj	Plutarch, Life of Cato the Elder
Plut Cor	Plutarch, Life of Coriolanus
Plut Fab	Plutarch, Life of Fabius Maximus
Plut Flam	Plutarch, Life of Flamininus
Plut G Grac	Plutarch, Life of Gaius Gracchus
Plut Mar	Plutarch, Life of Marius
Plut Marc	Plutarch, Life of Marcellus
Plut Mor	Plutarch, Moralia
Plut Pom	Plutarch, Life of Pompey
Plut Popl	Plutarch, Life of Poplicola
Plut Pyr	Plutarch, Life of Pyrrhus
Plut Rom	Plutarch, Life of Romulus
Plut Sul	Plutarch, Life of Sulla
Plut Tib Grac	Plutarch, Life of Tiberius Gracchus
Polyb	Plutarch, The Histories
Prop	Propertius, Sextus Aurellus, Carmina
Sall	Sallust（Gaius Sallustius Crispus）, Bellum Iugurthinum（War Against Jugurtha）
Sall Hist	Sallust（Gaius Sallustius Crispus）, Histories
Strabo	Strabo, Geographica（The Geography）
Suet Caes	Suetonius（Gaius Suetonius Tranqillus）, Life of Julius Caesar
Suet Tib	Suetonius（Gaius Suetonius Tranqillus）, Life of Tiberius（de vita Caesarum, The Twelve Caesars-lit.,"On the Life of the Caesars"）
Tac Hist	Tacitus, Publius（or Gaius）Cornelius, Historiae（Histories）
Ter Ad	Terence（Publius Terentius Afer）, Adelphi（The Brothers）
Ter Hec	Terence（Publius Terentius Afer）, Hecyra（The Motheer-in-Law）
Theo	Thophrastus, De Causis Plantarum（On the Origins of Plants）
Val Max	Valerius Maximus, Factorum et dictorum memorabilium（Memorable Acts and Sayings）
Var Ling Lat	Varro, Marcus Terentius, De lingua Latina
Var Rust	Varro, Marcus Terentius, De re rustica
Virg Aen	Virgil（Publius Vergilius Maro）, Aeneid
Virg Geo	Virgil（Publius Vergilius Maro）, Georgica（Georgics）
Zon	Zonaras, John, Extracts of History（Cassius Dio epitomes）

注　释

序　曲

西塞罗的书信让我们能够细致入微地观察到罗马帝国晚期的生活品质。

1. Cic Fam 175 (9 1).
2. Plut Sull 31 1– 2.
3. Plut Sull 31 6.
4. Cic Rosc Am 46 135.
5. Cic Fam 177 (9 2).
6. Var Rust De re rustica.
7. Cic Fam 179 (9 5).
8. Op. cit., 180 (9 4).
9. Op. cit., 181 (9 6).
10. Macaulay, Horatius stanza 27.

第 1 章　新特洛伊

埃涅阿斯故事有不同的改编版本流传着。我大部分依赖维吉尔的经典叙述，即他的史诗《埃涅阿斯纪》，但也使用在哈利卡纳苏斯的狄奥尼修斯著作中对这些事件的不同说法。

1. 根据其他传统说法，“守护神”神像被尤利西斯和希腊英雄狄俄墨得斯偷去。根据不同说法，神像可能留在雅典，斯巴达或是罗马。
2. Dio of H 1 46.
3. Virg Aen 1 421-25.
4. Virg Aen, 4 215-17.
5. Virg Aen passim.
6. Op. cit., 4 360-61.
7. Op. cit., 4 624-29.
8. Dio of H 1 64 4-5.
9. Dio of H 1 65 1.

第 2 章　国王与僭主

有关罗穆路斯及瑞摩斯的出生和早期的活动取自哈利卡纳苏斯的狄奥尼修斯、普鲁塔克以及李维。其中的基本故事未被质疑，但是细节多有不同，而且引起激烈辩论。

1. Dio of H 1 41 1.
2. Plut Rom 6 3.
3. 在这故事中会出现 Lupercalia（牧神节）归之于西塞罗的朋友，史学家 Aelius Tubero。Dio of H 1 80 1.
4. Dio of H 184 1.
5. Cic Rep 2 5 10.
6. Dio of H 1 87 2.
7. 请参考，例如，埃斯库罗斯的悲剧《七雄攻打底比斯》(Seven Against Thebes)。
8. Genesis 4:9- 16.
9. Plut Rom 12 2-6.
10. Dio of H 1 87 2.
11. 原先是谷仓之神。
12. Dio 1 5 11.
13. Ioann. Laur. Lyd., De magist. rei publ. Rom. 1 7.
14. Livy 1 16 5-7.
15. 费边·皮克托尔。
16. Cic Rep 2 10.
17. Suet Caes 88.
18. Cic op. cit., 2 14.
19. Plut Cor 25 3.
20. 有关荷拉斯的故事，请见 Livy 1 26.
21. Livy 1 26.
22. Op. cit., 1 29 6.
23. 请查阅 Richardson 相关的条目。
24. Livy 1 32 6.

第 3 章　驱逐暴君

李维和哈利卡纳苏斯的狄奥尼修斯的作品是这一章的主要文献，还有西塞罗的《论共和国》中一些有价值的评论。

1. 这是西奥多 · 莫姆森的观点，请见 Mommsen 1 9, p. 121, referring to Suet Tib 70 3. 赫库芭是特洛伊国王普里阿摩斯之妻。
2. Livy 5 1 6.
3. Festus 358 L.
4. 这一段主要参考 Heurgon,224– 25.
5. Heurgon, p. 152 (引用 Raniero Mengarelli).
6. 引用自 Ath 12 14 517d. 我们很难判断这段证言的分量。波西多尼乌斯的话使其增添了可信度，请见 Diodorus Siculus 5 40. 波西多尼乌斯将这种堕落行为归咎于伊特鲁里亚人在几个世纪的罗马征服之后的衰落。但乱交本身与军事能力高低并无内在联系。
7. 发生在前 620- 前 610 年间。传统上认为时间追溯到公元前 657 年，但最近的学者认为库普塞鲁斯的介入应当离我们更近。请见 Cornell, p. 124.
8. Strabo 8 c. 378.
9. Cic Rep 2 19 (34).
10. Ibid., 2 19 34.
11. Dio of H 3 71.
12. Ibid., 3 72 5.
13. 公元 1 世纪的罗马皇帝克劳狄是位伊特鲁里亚人的专家，关于赛尔维乌斯的权力升迁，他讲过一个截然不同而且更具历史意义的故事。根据他的说法，赛尔维乌斯是个率领军队而来的伊特鲁里亚冒险家。可参见克劳狄后来留在一块碑文上的演讲。Table of Lyons ILS 212 1 8– 27.
14. 有些古代历史学家可能感到一位罗马国王有个具有奴隶血统的后代是“有失体面”的，认为这个女奴隶原本是个贵族女性，但后来在战争中被俘。见 Livy 1 39.
15. Cic Rep 2 21 (37).
16. Livy 1 41 5.
17. 比如公元 1 世纪的苏拉和恺撒那样。
18. 参见 Cornell, p. 146.
19. Cic Rep 2 22 39– 40.
20. Livy 1 44 2. Dio of H 422 2 给出的数字是 84 700.
21. 关于罗马的人口，参见 Cornell, pp.204– 08.
22. Livy 1 47 11.
23. Ibid., 1 47 6– 7.
24. Pet 48.
25. Amedeo Mauri in 1932.
26. Cic Rep 2 25 45.
27. 这一段参见 Dio 2 11 6.
28. Livy 1 54 10.
29. Ibid., 1 56 6.
30. Paus 10 5 5.
31. 现存于德尔斐考古博物馆。
32. 事实上，有三位皮提亚，其中两位轮班，第三位则为作为预备役。德尔斐神谕相当于一个家庭小作坊。
33. 这件事我参考的是李维的更完善、甚至更具戏剧色彩的讲述（1 57-59）而不采取狄奥尼修斯的说法，狄奥尼修斯将关键人物在阿迪亚和罗马移来移去，无非是想炮制出某种看似真实的感觉。

第 4 章　那么到底发生何事?

李维、哈利卡纳苏斯的狄奥尼修斯以及西塞罗的著作是主要文献史料。

1. Livy 1 Preface 6-7.
2. Dio of H 1 61 1.
3. Ogilvie 1 p. 32.
4. Cic Rep 2 14 27.
5. Cic Rep 2 14 26.

第 5 章　土地与人民

诗人维吉尔、贺拉斯和普罗佩提乌斯（Sextus Propertius）呼唤出罗马的史前史，有关一个更详细的叙述，请见 Scullard 的 A History of the Roman World 753 to 146 B. C. 第一章。

1. Livy 1 31 1.
2. Theo 5 8 3.
3. Strabo 5 3 5.
4. Dio Sic 5 40 5（引用波西多尼乌斯）。
5. Hor Ep 2 7-16.

6. Hor Sat 2 6 1-4.

7. Prop 4 1 11-14.

8. 荷马有可能不止一位作家，甚至可能是女性。Samuel Butler 辩称说《奥德赛》的作者是位年轻的西西里女性（见 The Authoress of the Odyssey,1897）。

9. Cic Rep 2 15 29.

10. Virg Aen 8 315-18.

11. Virg Aen 8 321.

12. Virg Aen 8 348.

13. Virg Aen 8 360-361.

14. 现代考古学家已经发现数个屋舍用来立柱子的深洞和切割下来的材料，推断可能存在不止一间房屋。在卫城山丘现存一座复制的屋舍。

15. 见 Stambaugh, pp. 11-12。

第 6 章　终获自由

李维、哈利卡纳苏斯的狄奥尼修斯以及西塞罗是主要文献史料的作者，加上卡修斯 · 狄奥。普鲁塔克的普布里科拉（Publicola）传记，也描述了布鲁图斯亲生儿子被处决之事。

1. Ogilvie, pp. 94-96, 218-20。他辩称说，有可能因为卢克丽霞预期她那拥有全权的丈夫主持的家庭法庭会做出不利于她的判决（这是当时对通奸最常见的处理方式），所以她先行自杀。

2. 他们的权力或许会在后面的时间发展，我这里描述的是他们的最大职权范围。或许这官职最初被称为 praetors（译注：后来的副执政官）。有些现代人说在执政官出现之后，曾有段时间共和国是由一人（而非二人）统治。但少有证据支持此点，所以两位执政官（或 praetors）的传统，仍是有说服力的。

3. 这是传统认为的年代，或许误差不过一两年是正确的。第一对执政官之一布鲁图斯，有多少成分是真实历史人物，仍有争议。

4. 执政官会通过选举来选择他们的接任人选，但若他们缺席，则可任命一位独裁官来达成此项任务。

5. 有关早期元老院的结构，请看 Cornell, pp. 248-49。

6. Mommsen, Römisches Staatsrecht, vol. 3, chap. 2（1887）.

7. Cic rep 2 31 54.

8. 在国王统治时期存在着上诉的权利，而且无须让步。

9. Cic Rep 2 31（57）.

10. 这揭穿叛徒的故事和西塞罗在公元前 1 世纪揭发喀提林的叛变有奇怪的相似性。

11. Plut Popl 6 1.

12. Dio of Hal 5 8 1.

13. Plut Popl 6 3-4.

14. Polybius 6 55 以不同方式结束这故事：贺雷修斯溺水淹死。

15. Aul Gell 4 5.

16. Pliny Nat Hist 16 236。

17. 有关这围攻，请见 Livy 2 12 1。

18. Codrus，这是雅典半神话国王的最后一位，之后他由执政的新职位所接替。

19. 这来自塔西陀（Tacitus），在 Tac Hist 3 72。

20. Pliny Nat Hist 34 139

21. Dio of H 5 36 2-4。当然也有可能这些故事被编出来去解释这个街名。

22. Livy 2 14 1-4.

第 7 章　人罢工

李维以及哈利卡纳苏斯的狄奥尼修斯的著作是主要文献史料来源，还有普鲁塔克的科瑞欧拉努斯传记。科瑞欧拉努斯的事件几乎确定是虚构的；西塞罗在 Brutus 41-43 中评论说：“科瑞欧拉努斯很明显是第二位地米斯托克利（Themistocles）。”地米斯托克利是在波斯第二次入侵时雅典的解救者，他被放逐，然后开始阴谋对付自己的祖国。

1. 一些古代史料，如 Plut Cor 6 1，指出这座山离城 3 英里，在阿尼尔河旁。但阿文丁山丘作为一个与民主政治关系密切的地点，似乎是更可能的选择。

2. 现在的共识是撤出罗马是真实的历史事件，的确是债务危机使然。

3. Livy 2 32 9 12.

4. 见 Ogilvie, pp. 22-33。
5. Livy 2 23（以及以下之引文）。这事件或许发生或许没有发生。它类似于自命为演说者的修辞练习，但这故事当然是相当典型。
6. Appius 是前名（praenomen），独属于 Claudius 这氏族。
7. 我依循 Cornell, pp. 256-58。
8. 这是来自 Mommsen 3 145 的词语，他自己则是根据 Livy 2 44 9。
9. 狄奥尼修斯给予这两位最初的护民官这些或许是虚构的细节。根据 Asc, p. 117，布鲁图斯或许本名应该是卢修斯·阿尔比努斯（Lucius Albinus）。
10. Cornell, p. 260.
11. 在公元前 471 年。
12. 这是在公元前 449 年的瓦勒里乌斯—贺雷修斯法。
13. Livy 3 55 13.
14. Zon 7 15.
15. Dio of H 7 25 4.
16. Plut Cor 16 4.
17. 伏伦妮娅与科里奥兰纳斯的会面可在 Plut Cor 33-46 见到。
18. Livy 3 9 11.
19. 斯普利乌斯·卡修斯是在公元前 502 年，前 493 年及前 486 年担任执政官。有些现代学者不相信他的野心以及失败。
20. 我们的史料证据或许有些混乱。斯普利乌斯·卡修斯不可能在他父亲这样权力极大的家长主持，由亲戚组成陪审的家庭法庭上被定罪。
21. 据说在公元前 454 年时，有一个三人组成的代表团曾经到雅典去研究梭伦（Solon, 公元前 638—前 558）的法律。这件事很可能不会发生，当时伯利克利（Pericles）执政，所以几乎不可能会向访客展示如此旧式以及过时的立法。然而，罗马会考虑在意大利的希腊城邦的法律和宪政，则是可信的。另一个传统则说有一位被流放的哲学家为十人委员会提供了建议。
22. 例如 Ogilvie, p. 452 确定地说“第二个委员会从头至尾是虚构的”。
23. Livy 3 33 2.
24. Livy 3 39 3.
25. 现代学者对这种与卢克丽霞之受强暴的类似事件感到怀疑。或许这是正确的，但是 Cornell p. 275 辩称说阿庇乌斯·克劳狄与维吉妮雅的故事或许古老，但其成分可能会有事实之根据。
26. Livy 3 48 1-3。这演说词出自李维的想象。
27. Livy 3 52 2 说他们前往圣山，但这或许是没必要的补充。
28. Livy 3 54 3-4.
29. Cic Rep 2 31 54.
30. 这很奇怪，在连续数个世纪，克劳狄氏族产生一代又一代的不可理喻的人物。有人声称所有这些是由怀有敌意的罗马史学家捏造出来的。这也许是捏造的，但在共和国晚期还能看到行径恶劣的克劳狄氏族的人，比如在西塞罗的通信中，他与克劳狄·普尔喀以及阿庇乌斯·克劳狄的关系。与其说是基因使然，倒不如说是那不受欢迎的家族使命感，让他们不得不按他人的期望行事。
31. Dio of H 9 54 3-6。这无疑又是另一个想象的重建。
32. 古代史料对瓦勒里乌斯–贺雷修斯法（Lex Valerio-Horatia）有不同的说法。其中的困难是，确实发生了真正的制度改变，但完全不清楚改变发生在何时。我在此依循主流的现代意见，那些希望进一步地深究这枯燥问题的读者，可以参考 CAH 7 2, pp. 227-35。
33. Livy 3 34 6.
34. Table 7 10（根据传统的表列）。
35. Table 7 1.
36. Table 3 10.

第 8 章　罗马沦陷

李维和哈利卡纳苏斯的狄奥尼修斯的著作是主要文献来源，而西塞罗与波利比乌斯亦有所贡献。

1. 这日期是由 Livy 2 42 5 所给的。
2. 尤土尔纳水池。
3. 他们在希腊的化身是卡斯托耳与波吕刻斯。
4. Dio of H 6 13 5.
5. Livy 6 12 2.
6. Polyb 3 22 11-13。这条约是历史性的。可靠的波利比乌斯说他亲眼见到了，而且这条约保留在铜碑上，收藏在市政官的财库里，也就是是在主神朱庇特的神庙之中。他坦白自己在翻译这古老拉丁文时遇见一些麻烦，但是他所给的文本是合理且说得通的。
7. Latium Vetus，旧拉丁姆。
8. Cic Balb 53.
9. Dio of H 6 95 2.
10. Livy 4 37 1-2.
11. Livy 3 26-29.
12. Livy 5 22.
13. 第一次维爱战争是在公元前 483—前 474 年。
14. Livy 2 48 8。这是李维式的重建。
15. Briquel, p. 44.
16. Livy 4 19，一个逼真的陈述。
17. 这碑铭及胸甲或许在公元前 222 年被修复，当第二位 spolia opima 得主要在神殿里进行他的奉献时。见 Ogilvie Livy 1-5, pp. 558-65。
18. Keppie p. 18.
19. 根据 Livy 5 16 9-11。
20. 见 Ogilvie 1, pp. 658-59。
21. Livy 5 19 10-11.
22. Dio of H 13. 3。Xoanon 是木雕像。当代塑像必然是用陶土素烧的。
23. Livy 5 21 3.
24. Livy 5 21 8-9.
25. 这方面可能的臆测，见 CAH 7 2, pp. 312-13。
26. Livy 5 22 6.
27. 这诗人是塞克斯图斯·普罗佩提乌斯。见 Carmina 4 10 27 30。
28. Livy 5 37 1.
29. Polyb 2 17 8-12.
30. 这段文字是根据 Dio Sic 5 28 及 32。
31. 假如这故事有任何真实性的话，那可能是凯尔特人被邀请去干预克鲁西姆的某些内部争执。
32. Scullard p. 103.
33. 李维为了戏剧效果，夸张这灾难。从接下来发生的事情来看，许多军队已经成功脱逃。
34. Livy 5 39-49。他过度夸张凯尔特人所造成的伤害。
35. 有关这诠释，请见 Ogilvie p. 725。亦见 Livy 5 41。
36. Livy 6 1.
37. 朱诺对鹅并无特别的兴趣。这些禽类或许被畜养在卫城上占卜官的地方，在那里神明的喜怒哀乐可由鸟类如何去吃食物来判知。见 Ogilvie, p. 734，这故事是“真正的历史”。
38. Livy 5 47.
39. Livy 5 48 9.
40. 见 Oakley 1, pp. 360-65 有关“高卢人在阿里亚河及森提诺之间攻击罗马人”的讨论。
41. 西哥特人阿拉里克（Alaric）在公元 410 年攻占罗马。
42. Poly 2 18 3.
43. Livy 5 55。这故事或许是一个有关这城市的古老神话，被捏造来去解释罗马排水系统布置的杂乱无章。
44. Livy 6 32.
45. Dio of H 4 13 4.

第 9 章　在轭门之下

李维的著作是主要文献史料，卡修斯·狄奥、西塞罗以及哈利卡纳苏斯的狄奥尼修斯亦有所贡献。

1. 本章的开头部分是要讨论“卡夫丁灾难”，在 Livy 9 1 中有描述。
2. Livy 9 6 1-2.
3. Livy 9 11 6-7.
4. Dio 8 36 21.
5. Cic Invent 2 91-94.
6. CAH 7,pt.2, p.371.
7. Dio 8 36 21.

8. Grant,p. 61.
9. Livy 6 35 8.
10. 罗马史家，包括李维，提及有五年之久的官员空窗期。这是极不可能的，这样写或许是要让共和国早期的传统记载与中期的准确纪年统一起来。
11. 副执政一职在公元前 337 年开放给平民。
12. Ovid 1 641-44。
13. Livy 8 28 1。李维主张废除债奴，但他或许言过其实。
14. Sall Epist *ad Caesarem senem,* I.1.2。拿破仑在考虑法国的元帅人选时，说出同样著名的话："谁有这运气呢？"
15. 见 Livy 9 29 以及 Dio Sic 20 36。
16. Dio of H 3 67 5.
17. Livy 8 12 15-17 写道，昆图斯·普布利乌斯·斐罗（Quintus Publius Philo）通过有关平民议会的一道法律，但更有可能的是普布利乌斯承认平民议会的决议案的效力，假如这些决议得到元老院的同意，这整个措施则是在公元前 287 年通过，正式成为法律。见 Oakley 2,pp. 524-27。
18. Cic Rep 2 1 2.
19. Polyb 6 10 13.
20. Livy 8 7 陈述这故事。
21. Livy 8 9 6-8。不能确定究竟这是否祭典文本的准确引文，或只是李维捏造出来。然而这虚构必然也会对其读者具有说服力，因为他们对生活中的许多典礼仪式都很熟悉。
22. 见 CAH 7 2, p. 362。
23. CAH 7 2, p. 367.
24. CAH 7 2 353。这看似准确，其实背后是某种巧妙的猜测。
25. 见 Salmon pp. 14-27 对萨莫奈更为详细的描述。
26. Salmon pp. 14-27.
27. Ath 12 518b.
28. Strabo 5 4 12.
29. Hor Car 3 6 39-41.
30. 有关角斗士竞技的起源，见 Grant, *Gladiators*, pp. 19 和 55。
31. 有些现代的权威认为这场战争未曾发生过，但是见 Oakley vol. 2 pp. 307-11。
32. Livy 8 23 8-9.
33. Livy 10 26 14.
34. Livy 10 27 8-9.
35. Thomas Creevy, Creevy Papers, p. 236（London: John Murray, 1903）.
36. 有些现代学者质疑这次"奉献"（*devotio*）的历史真相，然而有丰富的证词证明了这两位德西乌斯·穆斯（Decius Mus）的"奉献"，而且这较年轻的德西乌斯·穆斯在森提诺捐躯，是不容置疑的。见 Oakley4,pp. 290-91。
37. Livy 10 31 15.
38. 以下数段有关战士在战场的经验归功于兰德尔·柯林斯（Randall Collins）的《暴力》（*Violence*），这综合了许多对现代战争的研究结果。我谨慎地假设，其中一些基本的发现是可以合理地施用在罗马军团士兵身上的。
39. Carl von Clausewitz, *on War*, Book 2, chap. 2, paragraph 24.
40. Collins, p. 40.
41. Collins, pp.44ff. 有关第二次世界大战的战斗。
42. Collins, p. 47.
43. Collins, p. 69。这比例是根据二战战斗相关的照片证据所做的检讨。
44. Collins, p. 79.
45. Polyb 6 24 8-9.
46. 见 Oakley4, p. 3。
47. CAH 7 pt.2, pp. 383ff.

第 10 章　冒险家

阿里安、普鲁塔克以及昆图斯·克提斯（Quintus Curtius）写作亚历山大的生平。隐藏在那幻想式的"亚历山大罗曼史"（Alexander Romance）故事背后是宫廷的起居注，涵盖国王的最后几天。普鲁塔克的著作则是皮洛士的主要文献史料。

1. 据传亚历山大是被毒杀的。但这不太可能，因为他在生病之后仍存活超过两个礼拜之久，而在古代，几乎可以确定无法取得发作速度如此缓慢的毒药。因为疾病而无法预料的死亡，经常被错误地认为是有人搞鬼。

2. Arr 7 26 3.
3. Arr 7 1 4.
4. 这是阿尔弗雷德·丁尼生（Alfred Tennyson）勋爵诗歌 *Ulysses* 的最后一句。
5. Cic Rep 3 14 24.
6. 读者会记得在《哈姆雷特》第二幕第二景中演员形容这事件时的演说。
7. Plut Pyr 11 2.
8. Plut Pyr 3 4-5.
9. Plut Pyr 3 4-5
10. 另一个建议（见 Champion, p. 19）是“融合牙”（fused teeth），但这些通常只会在一对牙齿上，而非一整排牙齿。
11. Dio 9 40 3-4.
12. Hom Il 1 491f.
13. Hor Epist 1 16 11.
14. Hor Car 2 6 17-18.
15. Hor Car 2 6 13-16。伊米托斯（Hymettus）是雅典所在阿提卡（Attica）区域的一座山，以其蜜蜂出名。维那弗鲁（Venafrum）是位于中部意大利的一处平原，有福图努斯（Volturnus）河经过，在那里橄榄树十分茂盛。
16. Strabo 6 3 4.
17. Strabo 6 3 4
18. Livy 9 14 1.
19. 接下来之事件记录在 Dio 9 39 3-10 以及 Dio o H 19 5-6。
20. App Samn 7 3.
21. Plut Pyr 14 2-7.
22. 这段落是归功于 E. S. Roberts, “ The Oracle Inscriptions Discovered at Dodona, ” Journal of Hellenic Studies, vol. 1, 1880。
23. Hom Il 16 233ff.
24. Paus 8 11 12。根据 Peter Levi，这“西西里”或许是位于孙格鲁（Syngrou）街上方，前往雅典港口比雷埃夫斯（Piraeus）路上的数座小丘之一。
25. Dio 9 40 6.
26. 见 CAH 7 2 pp. 463-66。
27. Arr 5 17.
28. Plut Pyr 15 3-4.
29. Plut Pyr 16 2.
30. Plut Pyr 16 2.
31. Dio of H 19 9-10。无论卡修斯·狄奥是从原来的通信中所引用还是自己捏造，这通信的内容都有历史价值。
32. Plut Pyr 16 5.
33. 这陈述是矛盾的。最好的假设是亚历山大在夜间时，下令军队在河流更下游处，在不受攻击的情况下过河，从而在早上袭击波斯人。见 Green, *Alexander of Macedon,* Appendix。
34. Plut Pyr 21 9.
35. CAH 7 pt.2,pp. 468-69.
36. Plut Pyr 26 2。这说话的人是安提柯·戈那塔斯（Antigonus Gonatas），马其顿国王。
37. Zon（Dio）8 4.
38. Zon（Dio）8 4.
39. Plut Pyr 14 2.
40. Plut Pyr 14 2.
41. Zon（Dio）8 4.
42. App Samn 10 1.
43. Plut Pyr 19 1.
44. Plut Pyr 19 5.
45. Cic Brut 14 55.
46. 有关这段文章，请见 CAH 7 pt.2 pp. 471-72。
47. Plut Pyr 21 10.
48. Polyb 3 25 3-5.
49. 布匿即迦太基。Punic 是迦太基之希腊文 Phoinix 的拉丁化。
50. Plut Pyr 24 3.
51. Plut Pyr 31 2.
52. Plut Pyr 8 1。有关“他脖子的姿势”，见 Plut Alex 4 1。
53. Plut Pyr 23 6.

第 11 章　茫茫大海之中

李维关于这段历史的描述仍然缺席。波利比乌斯这位古代罗马历史作家中最为准确者，现在全力出击。卡修斯·狄奥以及阿庇安提供一些协助。有一道碑文形容汉诺的旅行。《圣经》对迦太基人的宗教提供了一些理解。

1. Warmington pp. 7 4-6（Müller, K.［ 1965］: *Geographi graeci minores* 1 1-14）。刻有汉诺通信的碑铭被从腓尼基文译成希腊文，现在已经佚失。学者对其真实性仍有争议，但是他所说的故事在内容上是一致的，并符合地理学。因为这种信是公开的，所以可以合理假设，一些细节会被更动或省略，来欺骗潜在的对手，特别是其前面的部分。
2. Pind 4 69.
3. Her 4 196.
4. Arr Ind 43 11-13.
5. Arr Ind 43 11-13.
6. Her 4 42.
7. Avienus 在他地理学的诗歌 *Ora Martima*（“海岸”）中，114-29, 380-89, 404-15 行。
8. Ezek 26: 13-14.
9. Dio Chrys 25 7.
10. Col Re Rust 1 1 10.
11. 特别是 Col Re Rust。
12. Col Re Rust 9 14 6.
13. 见 Dyson, p. 18。
14. Flaubert, p. 44.
15. App Pun 96.
16. Plut Mor 7990.
17. 2 Kings 23:10.
18. Jer 19:5.
19. Dio Sic 20 14 4-6.
20. Plut Mor 171 C-D.
21. CIS i 5507.
22. Arist Pol 2 8.
23. Cic Rep 1 frag 3.
24. Polyb 1 7 3-4.
25. Dio Sic 23 1 4.
26. Polyb 1 10 6.
27. Polyb 1 11 5.
28. Dio fragment 11 43.
29. 可能的其他布置还有五人划一桨，或是三人划上方的桨，而两人划下方的另一支桨。
30. Dio fragment 1 20 12.
31. 有些人质疑这故事，认为罗马可以从塔林敦人那里借用海军技术。但看起来他们似乎没有五层舰（假如有，他们必然会出借）。迦太基的船只被认为是在水面上服役的战舰中最佳的。
32. Dio fragment 1 21 2.
33. Oros 4 4 8.
34. Aul Gell 7 4 3. 这史学家是昆图斯·埃里乌斯·图贝罗（(Quintus Aelius Tubero)，或是他同名的父亲，或是他同名的儿子。波利比乌斯并未提及回到罗马的故事，如果发生。他必然会提及，所以这已经不可信了。至于雷古拉斯被施以酷刑，这或许是虚构出来去为他妻子被认为曾对两位迦太基战俘施以酷刑进行辩护。见 CAH 7,pt.2, p. 556。
35. Suet Tib 2 2 2.
36. Suet Tib 2 4.
37. App Sic（Constantine Porphyrogenitus, The Embassies: 1）.
38. Polyb 1 58 5-6.
39. Corn Nep Ham 1 5.
40. Polyb 1 63 4.

第 12 章　“汉尼拔在门口！”

波利比乌斯的著作是最重要且可靠的史料，李维则述说相同的故事，但是更具有戏剧性。对卡修斯·狄奥、西西里的狄奥多罗斯以及阿庇安的著作要小心使用。

1. Polyb 3 11 5-7。在原著中，这句话是间接语句。
2. Cic Fin 4 9 22.
3. Corn Nep Ham 3 2.
4. App Han 2 2.
5. Polyb 1 88 6.
6. Flaubert, pp. 245-46.
7. Polyb 3 2 8 1.
8. Dio Sic 25 8.

9. 见 Miles, pp. 219-20。
10. Dio 12 48.
11. Polyb 2 13 7.
12. Livy 21 4 5-8.
13. Polyb 9 26 11.
14. Polyb 3 15 7.
15. Aug Civ 3 20.
16. App Span 12.
17. Polyb 3 33 2-4.
18. 这是历史的怪异之处：前两次布匿战争爆发的时间间隔与两次世界大战的时间间隔一样，而且就像德国人那样，迦太基人也认为他们并未被真正击败，反而被迫要支付过度的赔偿，且很不公平地被没收主权之下的国土。
19. 在这段落里所有的数字是来自在数字上通常保守的波利比乌斯（polyb 3 35）。
20. 这段落归功于 Miles, pp. 241-55。
21. Cic Div 1 24 49.
22. CAH 8, p. 39.
23. Livy 21 37.
24. Livy 21 37.
25. Polyb 10 3 4-5.
26. Livy 21 62 9 及 22 1 10.
27. 弗拉米尼乌斯的同代人对他并不友善，而古代史家或许夸张了他的失败之处。然而还是没有理由可以拒绝指控他欠缺耐心。这解释了他的行动。译注：他是政治上的"新人"（homo novus，所以只有两个名字，没有氏族名 nomen），又走支持平民的路线，当然不受权力阶层的欢迎。
28. Livy 21 6.
29. Livy 22 7.
30. Plut Fab 1 3.
31. Cic Sen 12.
32. Livy 22 61 14.

第 13 章　无尾翼的鸟

李维和波利比乌斯完整讲述了第二次迦太基战争的故事。后者的著作对了解罗马的军事组织特别有用。

1. Cic Off 1, 24, 84.
2. Plin Nat Hist 34 32.
3. Plut Mar 19 1。
4. Plut Mar 21 5.
5. Livy 27 16 8.
6. Livy 26 18 3.
7. Livy 25 2 6.
8. Polyb 10 2 5.
9. Polyb 10 40 6.
10. Livy 27 47.
11. Polyb 11 2 9-10.
12. Livy 27 51 12.
13. Livy 24 3。对朱诺神庙的讨论来自 Jaeger。
14. Cic Div 1 24 48.
15. 这是来自汉尼拔的私人历史作家希勒诺斯，但经过科利乌斯·安提培特（Coelius Antipater）的整理。
16. Livy 30 20 6.
17. Polyb 15 19 5-7.
18. Polyb 6 19-42.
19. Polyb 6 39 11.
20. Aur Vic Caes 37 3。这是一个后来的史料，但是与迦太基经济复苏的性质相符。
21. Livy 33 46 1-7.
22. Livy 33 47 5.
23. App Syr 10.
24. 见 Lancel, p. 195; Holleaux, pp. 75-98。
25. Plut Flam 20 4-6 (包括汉尼拔最后说的话)。
26. 乌头毒草（aconite）是在古代世界已知最具毒性的毒物，通常需要一个小时就能奏效，大剂量或许可以立即致命。发作后的症状很痛苦，但很难获得大剂量的乌头毒草，效果也很难确定。所以让奴隶帮助自杀是更可靠的选择。
27. Plut Flam 21 1.

第 14 章　变化与衰败

波利比乌斯著作中涵盖这段历史的部分已经佚失，所以李维的著作是主要史料。普鲁塔克和特伦斯则记载了罗马的日常生活。

1. Livy 39 10 6-7.
2. Livy 39 13 10-12.
3. CIL i2 2, 581.
4. Livy 39 19 5.
5. Livy 40 5 7.
6. Livy 39 8 3-6.
7. Cat 63 6-10。卡图卢斯在公元前 1 世纪时写作，但他呼应了那被认为是在公元前 3 世纪时所相信及所做的事情。译注：诗人全名为盖乌斯·瓦勒里乌斯·卡图卢斯（Gaius ValeriusCatullus）。
8. Plut Marc 5 1-2.
9. Polyb 6 53-54.
10. 对在罗马城市生活的一个更充分的陈述，请见 Stambaugh, passim。
11. Plaut Curc 461ff.
12. 这对罗马广场的形容取自普劳图斯的 *Curculio* pp. 462-86。在理论上普劳图斯与特伦斯（见以下）意将他们的戏剧设定在希腊的，但是他们对城镇的描绘很显然是罗马。
13. Dyson, p. 49.
14. 铺设路面始于公元前 174 年。
15. Var Ling Lat 7 15.
16. Ter Ad 573-84.
17. Plaut Capt lines 4 78-84.
18. Var Rust 2 Preface 1.
19. CIL 11 600.
20. Plut Cat Maj 3 1-2.
21. Cat Agr intro 4.
22. Cat Agr 5 2 4-5.
23. Cat Agr 2 7.
24. Livy 7 2 3-13。李维或许是借用瓦罗（现以佚失）有关剧场的作品。这解释说得通。
25. Virg Geo 2 384-88.
26. Val Max 2 4 2.
27. Ter Hec Prologue 33ff.
28. Hom Il 23 175.
29. Cat Agr 57.
30. Plut Cat Maj 3 6-7.
31. Polyb 31 25.
32. Polyb 31 26 3-4.
33. Plu Cat Maj 17。这故事有不同的说法，其中之一是这男孩其实是女的，另一个说法则是被杀的人是一位被定死罪的犯人，而非杰出的凯尔特人，第三种说法则是娼妓要求这么做，而最后这工作是由一位亦庄官完成，而非执政官本人。然而在陈述此事时，李维（39 42）声称他已经读过老加图对此事所做的演讲词，于是没理由去怀疑李维认为老加图的说法比较可能接近真相。
34. 现存对西庇阿家族的审判说法是混乱的，我依循了我希望是说得通的叙述。
35. Polyb 23 14 3（Suid）.
36. 正如经常发生的那样，这里也有不同的故事。但是李维曾造访力特隆，那里有一座西庇阿雕像的坟茔。虽然在罗马的家族陵墓中也竖立着一尊雕像，这或许是为了纪念。看起来最有可能是力特隆成为西庇阿的最后下葬之处。除了他，那里的坟墓又可能属于谁呢？

第 15 章　光彩亮丽的东方

李维及波利比乌斯逐渐退出这一部分的叙述。普鲁塔克有关老加图及埃米利乌斯·保卢斯的传记是有用的。有关迦太基的沦陷，我们极为依赖阿庇安。“光彩亮丽的东方”（The Gorgeous East）系出自华兹华斯（William Wordsworth）的诗《有关威尼斯共和国的沦亡》（*On the Extinction of the Venetian Republic*）。

1. Polyb 18 11 5.
2. Eccl 10: 16。《圣经·旧约》中的这一书是在约公元前 200 年时写作的。
3. 请见 Livy 22 10 有关这整个会面的记述，包括执政官的反驳。
4. Polyb 18 1-12。亦见 Livy 32 32-36。其他类似敌对双方的会议包括前三头在公元前 43 年于波诺尼亚附近河流岛屿，以及塞克斯特斯·庞培（译注：庞培之子，在庞培死后，变为海盗，继续内战）与屋大维及马克·安东尼于公元前 39 年在米塞努姆海岬的会面。
5. Plut Flam 10 2.
6. Polyb 18 46 5.

7. Polyb 7.
8. Plut Flam 10 6.
9. App Syr 61.
10. Hom Od 11 601-3.
11. Ath 6 253 b-f。见 Green, *From Alexander to Actium*, p. 55。译注：这被歌咏的对象是“攻城者”德米特里一世（Demetrius I Poliocertes）。
12. Livy 34 58 2.
13. Ibid., 38 39 10.
14. Ibid., 40 23 4-9。李维确定这是伪造的，否则没有更好的解释。
15. Ibid. 40 56 8-9.
16. Var Rust 1 17 1.
17. Dio Sic 5 38 1.
18. Art 1 78。引用于 Toner, p. 71。阿特米多路斯（Artemidorus）活跃于公元 2 世纪，但是他使用之前作家的材料，而且他的例证似乎不会受时间影响。
19. 剧中场景设定在希腊西北的埃托利亚地区，正如普劳图斯的其他剧本那样，我们无可避免地认为这些角色与日常所见的罗马人非常相似。
20. 并不太能确定汉诺究竟是否以正确的迦太基腓尼基语说话，这是一种已经失传的语言，还是指喜剧里随意拼凑而成的。
21. App Pun Wars 69.
22. Plut Cato Maj 27 1.
23. 这句著名的话以不同方式出现在 Plut Cat Maj 27，Pliny NH 15 74，Florus 1 31 4，Aur Vic Vir ill 47.8.
24. Plut Mar 200 11。译注：这个批注显然有误。
25. Eutrop 4 16.
26. App Pun 74.
27. App Pun 75.
28. App Pun 75.
29. Hom Od 10 495.
30. App Pun 132。阿庇安说这来自波利比乌斯，而后者则是亲耳听到西庇阿说出这些诗句。
31. Homer Il,6 448-49.
32. 那天的确来到。这是公元 410 年 8 月 24 日，当西哥特人阿拉里克（Alaric）攻占罗马。
33. App Civ 1 24.
34. 这部分归功于 Miles, pp. 348-51。
35. Macr 6 2 31.
36. Enn 8 270。这句以及下面两句的引文根据洛布古典丛书来确定章节行数。Skutsch, *The Annals of Ennius*, OUP, 1985。
37. Enn 8 282.
38. Enn 8 293.
39. Plut Cat Maj 9 2.
40. 希腊必须等到 19 世纪才获得完全的自由。
41. Dio Sic 32 4 4-5.

第 16 章　流血的兄弟

阿庇安有关此处的资料甚丰，而普鲁塔克有关提比略·格拉古及盖乌斯·格拉古的传记是主要史料。

1. Plut G Grac 19 2.
2. Hor Car 1 5 5。“ Casually chic ”（“平易近人的品味”）是来自 James Michie 的翻译。
3. Val Max 4 4 praet.
4. 科妮莉亚嫁给格拉古让人想到儿子提比略的婚姻，或许不可靠。
5. Plut Tib Grac 1 2-3.
6. 引自 Balsdon, *Life and Leisure*, p. 119（Porphyrio and Ps）Acron on Hor Sat 1 2 31f.）。
7. 见 Balsdon, *Roman Women*, p. 48。
8. Sall Cat 25 1-5.
9. Plut Tib Grac 2 2.
10. Plut Tib Grac 8 5。
11. 或许卡夫丁峡谷的故事是在后来针对这场大败仗的观点之下，被重新改写的。
12. Cic Har 43.
13. Plut Tib Grac 9 4.
14. Plut Tib Grac 10 5.
15. App Civ 1 12.
16. 我假设这是在朱庇特神殿之前。见 Richardson fig. 19, p. 69.
17. CAH 9, p. 60.
18. Plut Tib Grac 19 3.
19. Aul Gell 10 3 5.
20. Plut G Grac 2 5.

21. Cic Div 1 26 56.
22. Corn Nep Fragment。学者意见倾向于接受这些书信残篇的真实性。
23. Plut G Grac 4 1-2.
24. Plut G Grac 6 4.
25. CAH 9, p. 83.
26. 这有些怪异，因为护民官被认为不应该跨越城界。或许小格拉古获得某种特别的允许。
27. Plut G Grac 13 2.
28. Plut G Grac 17 4.
29. 我借用了 Andrew Lintott 这个绝妙比喻，CAH 9, p. 85。
30. App Civ 1 2.
31. Plut G Grac 19 2.

第 17 章　胜利与灾难

普鲁塔克的马略和苏拉传记是重要的史料（同样如此但没到相同程度的还有恺撒、西塞罗及庞培这些人的传记）。撒路斯特对纠尔谷塔战争的记载是根本的史料。此处主要依靠阿庇安提供大部分的叙述，也加上卡修斯·狄奥。Keppie 的记载在军事事务上极有价值。

1. Aur Vic Caes 33。这是后来的史料，所以我们无法确定这种说法。
2. Sall Hist 85 29-40。盖乌斯·撒路斯提乌斯·克利斯普斯，这个我们常称之为撒路斯特的人，可能写下这段演说。但假如这些不是马略所说的，它们仍然很好地呈现那怨恨的感觉。
3. Plut Mar 2 1.
4. Plut Mar 6 3.
5. 对苏拉个人生活的陈述，包括这句诗，是取自 Plut Sul 2。
6. 这个拉丁词只发现复数的使用；当用为单数时，我采用这个词的英语化：optimate。
7. Sall 7-8.
8. Plut Mar 8 3.
9. Plut Mar 12 3.
10. Plut Mar 13 1.
11. Plut Mar 25 1.
12. Plut Mar 29 4.
13. Plut Mar 32 1.
14. Plut Mor 800f.
15. 这接着发生的战争是为“同盟战争”（Social War，来自 *socius*，拉丁文的“盟友”）。
16. Florus 2 6 11.
17. 这种像罗宾汉的故事或许具有传奇性质。
18. Plut Mar 31.
19. Cic Brut 203.
20. App Civ 1 55.
21. Plut Mar 45 6.
22. App Civ 1 103。在其他地方阿庇安给出的数字是“40”（App Civ 1 95）。
23. Plut Sul 36 1.
24. App Civ 1 104.
25. 其中的细节取自 App Mith 1 116-17，Plut Pom 45 以及 Plin Nat Hist 33 151 及 37 13-14。
26. App Mith 1 117.

第 18 章　后语

西塞罗的书信以及他的《论共和国》《论法律》是主要的史料。

1. Cic Acad 1 3 9.
2. Cic Fam 177（9 2）.
3. Cic Rep 1 68.
4. Plin Nat Hist 7 117.
5. Cic Rep 5 2.

资料来源

1. Polyb 12 25b.
2. 引用于 Cornell, p. 2。

PAESI
norcia
cascia
rieto
Piedelupo
Taglacozo
riofreda
cereto
cele
zirzano
nometo
aspra
cantalupo
scandriglia
Vicouaro
subiaco
cotanello
strocone
torre
uacuna
nerula
villa di uopiscο
motopoli
Tiuoli
villa di cassio
villa d'adriano
soldi sipolo
farfara
m. genaro
palombara
la badia
S. puoli
villa di quintiliano
Teuerone
P. lucano
farfaro f.
móticelli
calcare
S. angelo
grepere
lamétano
torre
Teuere f.
Toretta
nazano
fiano
S. Lutia
maglano f.
pózano
Ciuitella
m. ritondo
S. Colobon
S. uasilo
S. oresto
lesprignano
ariano
m. forte
casalnouo
C. S. silvestro
C. iubileo
morlupo
borghetto
prima porta
arignano
monte de la guardia
C. nouo
lasico osteria
ferutini
mola
S. cornelia
m. tiuuri
R O
P. molle
P. castello
P. beluider
scrofano
straparanza
uacareccia
stabia
borghetto
la + m. mari
la storta
3. capane
osteria
Carcata
Fermello
C. S. elia
Neye
lisola
osterie
mazano
bacandlo
bosco
Campagnano
baccano
Cesano
Palmarolo
sutri
m. rosi
quarto di S. sauo
acquadotti
mola
galera
galera f.
brandita
ualle santa
Triuignano
lago di bracciano
Anguillara
Cornazano
S. antonio
mantiana selua
Ciuitella
Castiglione
Bracciano
torre
viano
m. crano
bassano
ciglione
stellana
C O
S A B I N A
A
C A
A N N A